国家出版基金项目
NATIONAL PUBLICATION FOUNDATION

中国传统村落文化抢救与研究

文化区系列

中国传统村落概论

吴必虎 罗德胤 张晓虹 汤敏 ◎ 主编

张宝秀 成志芬 ◎ 编著

海天出版社
·深圳·

图书在版编目（CIP）数据

中国传统村落概论 / 吴必虎等主编. — 深圳：海天出版社，2020.12

（中国传统村落文化抢救与研究. 文化区系列）

ISBN 978-7-5507-2984-1

Ⅰ. ①中… Ⅱ. ①吴… Ⅲ. ①村落－研究－中国 Ⅳ. ①K928.5

中国版本图书馆CIP数据核字(2020)第157670号

审图号：GS（2020）5315号

中国传统村落概论
ZHONGGUO CHUANTONG CUNLUO GAILUN

出 品 人	聂雄前
项目策划	许全军
项目统筹	南　芳
责任编辑	熊　星
责任校对	李　想
责任技编	郑　欢
装帧设计	知行格致

出版发行	海天出版社
地　　址	深圳市彩田南路海天综合大厦（518033）
网　　址	www.htph.com.cn
订购电话	0755-83460239（邮购、团购）
设计制作	深圳市知行格致文化传播有限公司　Tel：0755-83464427
印　　刷	中华商务联合印刷（广东）有限公司
开　　本	787mm×1092mm　1/16
印　　张	22.75
字　　数	326千
版　　次	2020年12月第1版
印　　次	2020年12月第1次
定　　价	398.00元

海天版图书版权所有，侵权必究。
海天版图书凡有印装质量问题，请随时向承印厂调换。

"中国传统村落文化抢救与研究·文化区系列"编委会

EDITORIAL COMMITTEE

丛书主编：吴必虎　罗德胤　张晓虹　汤　敏

《中国传统村落概论》

编委会主任：张宝秀、成志芬
编委会成员：朱永杰、刘剑刚、李 扬、
　　　　　　时少华、张 勃、苑焕乔、
　　　　　　周爱华
编写分工：第一章　张宝秀、成志芬
　　　　　第二章　朱永杰
　　　　　第三章　刘剑刚
　　　　　第四章　李 扬
　　　　　第五章　成志芬、苑焕乔
　　　　　第六章　张 勃、李 扬
　　　　　第七章　时少华

《中原传统村落》

编委会主任：丁 华、张 东、
　　　　　　杨 博、郭晋媛
编委会成员：杨晓俊、戴 宏、刘改芳、
　　　　　　栗晓楠、刘 晗、姚 浪、
　　　　　　李羿祥、薛艳青、戴景文、
　　　　　　蒋星怡、朱凯凯、黄静怡、
　　　　　　廖文强、张 悦、陈鑫源、
　　　　　　陈姗姗、陈添珍、高媛媛、
　　　　　　刘丽丽、易远铨、黎燕君、
　　　　　　王 坤、易 雪、萧僖雯、
　　　　　　沈思源、苏小燕

《徽州传统村落》

编委会主任：张云彬、张宏梅、王 娟
编委会成员：张 茹、沈思佳、张业臣、
　　　　　　张小军、闻 飞、方敦礼
编写分工：第一章　张云彬
　　　　　第二章　张宏梅、张云彬
　　　　　第三章　张云彬
　　　　　第四章　王 娟
　　　　　第五章　张云彬、张宏梅、
　　　　　　　　　王 娟
　　　　　第六章　张宏梅

《荆楚传统村落》

编委会主任：龚胜生、何小芊、胡 娟、
　　　　　　陈丽军
编委会成员：伍昌友、李孜沫、魏幼红、
　　　　　　张 涛
编写分工：第一章　龚胜生、何小芊
　　　　　第二章　何小芊
　　　　　第三章　胡 娟、龚胜生
　　　　　第四章　胡 娟
　　　　　第五章　陈丽军
　　　　　第六章　陈丽军
　　　　　第七章　何小芊

《客家传统村落》

编委会主任：陈　川
编委会成员：萧清碧、黄宗焕、李长青、
　　　　　　何烈孝、沈　洁
编写分工：第一章　陈　川、萧清碧
　　　　　第二章　陈　川、萧清碧
　　　　　第三章　萧清碧、陈　川、
　　　　　　　　　黄宗焕、李长青
　　　　　第四章　萧清碧、陈　川、
　　　　　　　　　黄宗焕
　　　　　第五章　萧清碧、李长青、
　　　　　　　　　黄宗焕、陈　川
　　　　　第六章　陈　川、萧清碧、
　　　　　　　　　黄宗焕、何烈孝

《西南传统村落》

编委会主任：刘丹萍、高　璟、吴艳阳、
　　　　　　徐　燕
编委会成员：陈玲玲、刘博宇、郭可欣、
　　　　　　赵昱嫣、郭聪聪、方家刚、
　　　　　　宋尚周
编写分工：第一章　刘丹萍、高　璟
　　　　　第二章　刘丹萍、高　璟
　　　　　第三章　刘丹萍、高　璟
　　　　　第四章　刘丹萍、高　璟
　　　　　第五章　刘丹萍、高　璟、
　　　　　　　　　吴艳阳、徐　燕
　　　　　第六章　刘丹萍、高　璟

《关东传统村落》

编委会主任：朱晓蕾、王福刚
编委会成员：付　卉、甘　静
编写分工：第一章　付　卉、朱晓蕾
　　　　　第二章　朱晓蕾
　　　　　第三章　王福刚
　　　　　第四章　朱晓蕾
　　　　　第五章　甘　静、朱晓蕾、
　　　　　　　　　王福刚
　　　　　第六章　朱晓蕾

《吴越传统村落》

编委会主任：崔　峰、王丽娴、张光明
编委会成员：千继贤、王　瑜、朱晓庆、
　　　　　　尤　峰
编写分工：第一章　崔　峰、朱晓庆
　　　　　第二章　崔　峰、千继贤
　　　　　第三章　王丽娴、崔　峰
　　　　　第四章　王　瑜
　　　　　第五章　崔　峰、尤　峰
　　　　　第六章　张光明

《西北传统村落》

编委会主任：李 丁、苗 红、冶建明
编委会成员：韩雅敏、林 燕、孟 璐、
　　　　　　王文倩、李珍珍、黄 雪、
　　　　　　耿一睿、刘国锋、王 芸、
　　　　　　王 宁、余 洋、王 鑫
编写分工：第一章　李 丁、苗 红、
　　　　　　　　　冶建明
　　　　　　第二章　李 丁
　　　　　　第三章　苗 红
　　　　　　第四章　冶建明
　　　　　　第五章　李 丁、苗 红、
　　　　　　　　　冶建明

《滨海传统村落》

编委会主任：裴 丹
编委会成员：黄丽华、严琳霞、李丹洋、
　　　　　　尚珍宇
编写分工：第一章　裴 丹
　　　　　　第二章　裴 丹
　　　　　　第三章　尚珍宇、裴 丹
　　　　　　第四章　李丹洋、严琳霞、
　　　　　　　　　裴 丹
　　　　　　第五章　黄丽华、严琳霞、
　　　　　　　　　李丹洋、裴 丹
　　　　　　第六章　严琳霞、裴 丹

《黄淮海传统村落》

编委会主任：邢慧斌
编委会成员：魏云刚、孙庆久、佟 薇、
　　　　　　吴 军、马 晓
编写分工：第一章　佟 薇、邢慧斌
　　　　　　第二章　孙庆久、邢慧斌
　　　　　　第三章　马 晓、邢慧斌
　　　　　　第四章　魏云刚、邢慧斌
　　　　　　第五章　吴 军、邢慧斌

《巴蜀传统村落》

编委会主任：刘小方、李小波
编委会成员：纪凤仪、冯祉烨、王晓文
编写分工：第一章　冯祉烨、刘小方、
　　　　　　　　　李小波
　　　　　　第二章　冯祉烨
　　　　　　第三章　刘小方、冯祉烨
　　　　　　第四章　纪凤仪

《藏蒙传统村落》

编委会主任：朱普选

编委会成员：明庆中、梁旺兵、曾 谦、
琼 达、罗赟敏、黄 丽、
尚前浪、先 巴、秦 旭、
李 凡、阿荣娜、肖卫东、
史家铭、达 桑、慈尚普、
蒋其平

编 写 分 工：第一章　朱普选
第二章　琼 达、肖卫东、
史家铭、达 桑、
慈尚普、蒋其平
第三章　罗赟敏、先 巴
第四章　梁旺兵、秦 旭
第五章　黄 丽
第六章　尚前浪、李 凡、
明庆中
第七章　曾 谦、阿荣娜

《东南传统村落》

编委会主任：吴荣华、王国栋、郑庆之、
黄丽华

编委会成员：叶乃齐、冯仕晏、曾健鹏、
陈秋晓、邓冰蓉

编 写 分 工：第一章　王国栋
第二章　王国栋
第三章　郑庆之
第四章　吴荣华
第五章　吴荣华、王国栋、
黄丽华
第六章　吴荣华、王国栋、
黄丽华

《江淮传统村落》

吴小伟　编著

致谢

林丽琴、姜丽黎、宋尚周、谢冶凤、王梦婷、王定镇、王 琳、周爱清、陈建茂、于小强

序言
PREFACE

　　进入二十一世纪的中国，城市化进程发展十分迅速。城市化脚步之快，快过了这个社会的思考的速度。在这样一种背景下，大量的农业人口进城，大量的乡村"空心化"，伴随着相当长的一个时期内地方发展对土地财政的严重依赖，在村集体所有制的宅基地制度基础上农民对乡村规划建设的弱势地位，以及其他一些社会经济和文化原因，导致了中国传统村落大片大片消失。正如一大批分布于全国各地，从事各行各业，痛惜于传统村落的快速消亡，钟情于怀念美丽田园生活里的梦幻童年，致力于利用各种方式抢救濒于困境的故土，投身于丰富多姿的乡村文化遗产研究领域的人们一样，五六年前我们几个志同道合的小伙伴，清华大学建筑学院的罗德胤副教授，北京大学俞孔坚教授的学生、古村之友发起人汤敏硕士，浙江桐乡乌镇和北京古北水镇主理人陈向宏先生，发起成立了古村镇大会，并分别在浙江乌镇、山东滨州、北京古北水镇和山西碛口古镇，召开了四次古村镇大会。在办会过程中，几位会议创办人提起了组织编辑出版一套古村研究丛书的想法，这一想法得到了深圳海天出版社的支持，申报了"十三五"出版规划，并顺利获得批准立项。

这套丛书的框架相当庞大，初步设想包括文化区系列、物质文化系列和非物质文化系列。这么庞大的系列，组织起来难度可想而知。为了增强组织和编写力量，我们又邀请了复旦大学中国历史地理研究所所长张晓虹教授加盟。目前推出的十五册，仅是其中第一辑文化区系列。

为什么要从文化区视角组织第一辑系列丛书？这主要基于中国传统村落形成发展于中国广袤的国土、悠久的历史、多民族共融的文化视角的考虑。

从自然地理角度看，中国南北横跨热带、亚热带和温带三个气候地带，东西纵盖60多个经度，具有东部滨海平原、中部山地高原盆地、西部干旱沙漠和高寒山地高原等多种地貌形态，海拔高度又具有从海平面以下数百米到世界屋脊最高峰8848.86米的最大高差形成的垂直气候带和植被带。在这么广阔、多样的自然地理条件下形成的村落，必然呈现出世界上最为丰富的聚落景观和文化形态。

此外，动辄数千年的悠久历史和历史上波澜壮阔的人口迁移与融合，又为传统村落打上了深厚文化底蕴和丰富民族特色的烙印。

基于以上几个条件，实际上，文化区系列的传统村落，从一个较为宏观的层面，而非村落本身，更非民居建筑单体，来呈现和传承中国灿烂多姿的乡村文明画卷。

第一辑文化区系列的传统村落板块，除了第一册《中国传统村落概论》综述其概，其余十四册基本上放在特定文化区的概述、物质文化、非物质文化，以及传统村落文化保护与旅游活化这样一个基本结构内阐述。其中绝大多数分册表述的是一个较为连续的地域单元，如中原、江淮、巴蜀、客家等文化区，这些文化区虽然具有基本上一致的身份认同，但具体绘制到地图上时，并非易事。

文化区属于一种人类认知的范畴，不仅难以提出统一准确的判别标准，而且即使有一些参数可供核准，但在不同的审视者眼里得到的评价结果也会存在不同。另外，人口迁移、现代化冲击和民族融合，也客观存在着两种甚至更多的文化融合，出现了一些所谓的文化叠合区域。例如，在讨论青藏高原时，可以把青海与西藏视为一个整体区域，但实际上青海除了藏蒙文化，在接近甘肃和新疆的部分，也还有相当多的西北文化。此外，在中原文化区与黄淮海文化区之间、中原文化区与江淮文化区之间、吴越文化区与徽州文化区之间，也都存在一定程度的文化叠合现象。

一般情况下，文化区应该是连续的地域空间，但也有个别情况比较特殊，一个是藏蒙文化，它是按照藏传佛教的分布特点来组织的，藏传佛教影响区的村落或集镇，都有围绕喇嘛庙而建设的特点，它们在空间上地域非常广大。另一个是滨海文化，它是按照临海居岛的地理特点来组织的，涉及中国一万多公里的海岸线，北面涉及黄渤海，中间是东海，南部是南海，这些绵长的海岸线和有人居住的岛屿上，形成的岛居海厝不仅独具一格，而且同样彰显中国自身的海洋文化。关于这一点，过去的传统村落研究，常常并未加以足够重视。

包括传统村落在内的文化景观具有丰富的多样性，区域多样性是其突出表现之一。这套丛书力图通过对进入官方视野、获得几个部委共同颁布的传统村落体系的乡村聚落为主要探讨对象的分析，来获得社会更加广泛的注意，让更多的机构和社会各阶层关注传统村落的传承和发展，唤起更多的部门和公众研究传统村落传承和发展过程中存在的政策、法规、理念与价值冲突，共同寻求其解决之道，为中国传统村落这一特殊文化景观的保护和长期发展贡献一份自己的力量。

吴必虎

2020 年 12 月 11 日

于北京大学逸夫二楼

目录
CONTENTS

第一章 概述 001

第一节 中国传统村落的界定 / 002
一、目前学界的定义 / 002
二、中国传统村落与"地方" / 005
三、中国传统村落的特色 / 008
四、本研究的界定 / 009

第二节 中国传统村落的文化区划及区域特征 / 009
一、中国文化区域的划分 / 009
二、中国传统村落的文化区划分 / 015
三、中国传统村落的文化区域特征 / 016

第三节 中国传统村落的空间分布格局、历史发展特征与类型 / 018
一、中国传统村落的空间分布格局 / 018
二、中国传统村落的历史发展特征 / 025
三、中国传统村落的类型 / 025

第二章

中国传统村落形成的历史地理背景 029

第一节 人口迁移视角下传统村落形成的主要动力机制 / 030

第二节 中国传统村落空间分布的历史地理因素 / 033
  一、宏观分布方面的地理影响因素 / 033
  二、具体选址方面的地理影响因素 / 035
  三、其他影响因素 / 037

第三章

中国传统村落的物质文化景观 049

第一节 概说 / 050
  一、起源与演变 / 050
  二、传统村落景观特征的影响因素 / 053

第二节 中国传统村落的景观特征 / 058
  一、选址与布局 / 058
  二、村落形态类型与空间构成 / 071
  三、村落的景观意象 / 081

第三节 中国传统村落的物质景观要素与民居类型 / 084
  一、村落物质景观构成要素 / 084
  二、传统村落的民居构筑类型 / 088

第四章

中国传统村落的非物质文化遗产 095

第一节 传统村落中的非物质文化遗产如何界定 / 096
  一、非物质文化遗产及其内涵 / 096
  二、传统村落中非物质文化遗产的界定 / 097

第二节 传统村落中的非物质文化遗产保护现状 / 101
　　一、传统村落文化加快凋零消逝，亟须更新
　　　　理念 / 101
　　二、对传统村落中的非物质文化遗产认识不足，
　　　　保护力度不够 / 106

第五章　中国传统村落的价值　111

第一节 建筑与艺术价值 / 113
　　一、北方合院式建筑 / 114
　　二、西北黄土高原窑洞式建筑 / 117
　　三、云贵地区干栏式建筑 / 119
　　四、东南沿海土楼式建筑 / 120

第二节 历史价值 / 122
　　一、案例一：北京门头沟区马栏村 / 122
　　二、案例二：北京顺义区焦庄户 / 123

第三节 文化价值 / 124
　　一、案例一：北京灵水村的耕读文化 / 125
　　二、案例二：新疆喀纳斯图瓦村的民俗文化 / 125
　　三、案例三：北京三家店村的物质文化遗产 / 127
　　四、案例四：北京琉璃渠村的非物质文化遗产 / 131

第四节 社会价值 / 134

第五节 经济价值 / 136

第六节 生态价值 / 137

第六章

中国传统村落的保护
143

第一节　当前保护传统村落的必要性与重要性 / 144
　　一、传统村落的生存危机 / 144
　　二、传统村落的多种功能 / 146

第二节　传统村落保护行动与政策措施 / 150
　　一、传统村落保护行动的兴起与发展进程 / 150
　　二、传统村落保护行动的主要任务、基本要求和政策措施 / 157
　　三、传统村落中的非物质文化遗产保护 / 162

第三节　修复与提升：提升传统村落保护水平的关键词 / 178
　　一、修复 / 179
　　二、提升 / 182

第七章

旅游与中国传统村落的活化利用
187

第一节　旅游与传统村落保护以及活化利用的关系：坚持保护与发展利用相平衡相协调 / 189

第二节　传统村落旅游资源的类型、评价与开发利用形式 / 194
　　一、传统村落旅游资源的类型 / 194
　　二、传统村落旅游资源的评价：以北京传统村落为例 / 197
　　三、传统村落旅游资源的开发利用形式 / 200

第三节　传统村落文化旅游资源保护与活化利用的困境 / 202
　　一、传统村落建筑遗产保护与利用的困境 / 202
　　二、民间文化与技艺保护、利用中的传承困境 / 204

三、传统文化原真性保护中的困境 / 206

第四节 旅游与传统村落的保护及活化利用原则 / 207
  一、价值识别 / 208
  二、产品识别 / 209
  三、治理识别 / 210

第五节 旅游与传统村落保护、活化利用方式 / 212
  一、促进旅游与生态博物馆建设实践融合 / 213
  二、盘活文化旅游资源，促进非物质文化与技艺的传承 / 215
  三、注入社区营造，留住美丽乡愁 / 218
  四、挖掘传统村落新的生命力，增强传统村落的文化自信与凝聚力 / 220

参考文献 / 224

附录：中国传统村落名录 / 228

后记 / 345

中国传统村落
文化抢救与研究

文化区系列

第一章

Chinese Traditional Villages
村落

概述

第一节
中国传统村落的界定

一、目前学界的定义

什么是传统村落？不同学科背景的学者对其的界定存在一些差异。如中国传统村落保护与发展研究中心冯骥才从遗产学的角度对传统村落做了界定，他认为，传统村落是与物质文化遗产、非物质文化遗产不同的另一类村落遗产，三者共同构成遗产三大保护体系。因为传统村落兼有物质文化遗产和非物质文化遗产，村落里这两类遗产互相融合和依存，是一个整体。村落里不仅有乡土建筑，还有大量的历史记忆、宗族传衍、俚语方言、乡约乡规、生产方式等。①费孝通从社会学的视角认为，"村落是一群家庭同住在一地方而产生的社会组织"②，并认为，传统乡村聚落和传统城市是中国传统聚落的两大体系③。汪欣在《传统村落与非物质文化遗产保护研究》一书中梳理了部分学者对传统村落的界定，他从聚落的角度加以分析，"传统村落是指农业社会中人们进行劳动生产、居住、生活、休息以及进行各种社会活动的场所"④。学者冯淑华也从聚落的视角认为，"传统村落是指农业社会中人们居住、生活、休息和进行各种社会

---

① 冯骥才.文化先觉：冯骥才文化思想观[M].银川：阳光出版社，2014：179.
② 费孝通.六上瑶山[M].北京：群言出版社，2015：105.
③ 费孝通.乡土中国[M].北京：生活·读书·新知三联书店，1985：4-5.
④ 汪欣.传统村落与非物质文化遗产保护研究：以徽州传统村落为个案[M].北京：知识产权出版社，2014：39-40.

活动的场所，也是人们进行劳动生产的场所。这些场所构成了农村特有的景观体系，它由聚落景观、经济景观、社会景观和文化景观组成"[1]。学者刘沛林从文化地理学的视角认为，"古村落是古代保存下来，村落地域基本未变，村落环境、建筑、历史文脉、传统氛围等均保存较好的村落，是现代环境里所能见到的古代村落"[2]。有文化地理学者认为，传统村落是农村文化的重要载体，是国民的集体乡愁。[3]肖文评认为，"中国传统村落是农耕文明的精髓和中华民族的根基，蕴藏着丰富的历史文化信息与自然生态景观资源，是我国乡村历史、文化、自然遗产的'活化石'和'博物馆'，是中华传统文化的重要载体和中华民族的精神家园"[4]。

虽然对传统村落的界定各有差异，但是大家一致认为，"传统村落"是 2012 年 9 月后出现的新名词，其原名是"古村落"。"2012年 9 月，经传统村落保护和发展专家委员会第一次会议决定，将习惯称谓'古村落'改为'传统村落'"，并认为，传统村落"是指民国以前建村，保留了较长的历史沿革，即建筑环境、建筑风貌、村落选址未有大的变动，具有独特的民俗、民风，虽经历了久远的年代，但至今仍为人们服务的村落"[5]。

2012 年 12 月 12 日，《住房城乡建设部 文化部 财政部关于加强传统村落保护发展工作的指导意见》(建村〔2012〕184 号)指出："传统村落是指拥有物质形态和非物质形态文化遗产，具有较高

---

[1] 冯淑华. 传统村落文化生态空间演化论 [M]. 北京：科学出版社，2011：1-3.
[2] 刘沛林. 古村落：和谐的人聚空间 [M]. 上海：上海三联书店，1997：6.
[3]《读者·乡土人文版》编辑部.《读者·乡土人文版》2015 年季度精选集：冬季卷：恰到好处的人生 [M]. 兰州：敦煌文艺出版社，2016：293.
[4] 肖文评. 客家村落 [M]. 广州：暨南大学出版社，2015：1.
[5] 中国文化遗产研究院. 国家考古遗址公园实用手册 [M]. 北京：文物出版社，2015：38.

的历史、文化、科学、艺术、社会、经济价值的村落。传统村落承载着中华传统文化的精华,是农耕文明不可再生的文化遗产。传统村落凝聚着中华民族精神,是维系华夏子孙文化认同的纽带。传统村落保留着民族文化的多样性,是繁荣发展民族文化的根基。"之后,一些学者对传统村落的界定采用了此概念。如高成全、赵玉凤等学者认为,传统村落是指"拥有物质形态和非物质形态文化遗产,具有较高的历史、文化、科学、艺术、社会、经济价值的村落,是历史最悠久、数量最大、分布面最广、文化内涵最丰富的一种聚落类型。传统村落是中国传统建筑精髓的重要组成部分,真实地反映了农业文明时代的乡村经济和极富人情味的社会生活,对历史的传承,比文字记载更准确、更真实"[1]。有学者认为,传统村落是指"拥有物质形态和非物质形态文化遗产,具有较高的历史、文化、科学、艺术、社会、经济价值的村落,被誉为中华民族的DNA"[2][3]。有学者认为,传统村落"原名古村落,指村落形成较早,拥有较丰富的文化与自然资源,具有一定历史、文化、科学、艺术、经济、社会价值,应予以保护的村落。传统村落中蕴藏着丰富的历史信息和文化景观,是中国农耕文明留下的最大遗产"[4]。

---

[1] 高成全,赵玉凤,李晓东.新型农村发展与规划[M].成都:西南交通大学出版社,2015:294.
[2] 姚小云,刘水良.武陵山片区非物质文化遗产保护与旅游利用[M].成都:西南交通大学出版社,2015:142.
[3] 武翠英,张晓明,任乌晶.中国少数民族文化发展报告:2014~2015[M].北京:社会科学文献出版社,2015:202.
[4] 王泽厚.农村政策法规[M].济南:山东人民出版社,2016:312.

二、中国传统村落与"地方"

"地方"是文化地理学研究的核心概念,最早是由美国地理学家怀特(J.Wright)于1947年提出的,他认为地方是附着主观性的区域。[①]之后一段时间,对地方的研究不是很多。直到1976年,加拿大人文主义地理学家雷尔夫(E.Relph)在其专著 Place and Placelessness(《地方与无地方性》)再次提出"地方"的概念、地方的重要性以及地方性。雷尔夫认为,地方是人类和自然次序的融合,是人类经验的中心,它们较少被区位、景观等定义,而是充满了人们生活世界的经验和情感。[②]1977年,美国地理学家段义夫(Yi-Fu T.)在其专著 Space and Place: the Perspective of Experience(《空间与地方:经验的视角》)中提出,空间被赋予文化意义的过程就是空间变为地方的过程。[③]1987年,英国政治地理学家阿格纽(John A. Agnew)提出了地方的三个要素:场所、区位和地方感知。[④]中国台湾文化地理学者王志弘认为,地方区别于区域、地区、区位等概念,它是具有文化意义的场所,是持续变动和转化的场所。[⑤]

按照学者们对"地方"的理解,传统村落是地方,因为居住在传统村落的人们在村落的发展历史过程中赋予了村落特殊的情感和文化意义。

---

① WRIGHT J K.Terrae incognitae: The place of the imagination in geography[J].Annals of Association of American Geographers, 1947(37): 1–15.
② RELPH E.Place and placelessness[M].London: Pion Ltd, 1976: 1–55.
③ Yi-Fu T.Space and place: the perspective of experience[M].Minneapolis: University of Minnesota Press, 1977: 20–30.
④ R.J. 约翰斯顿.人文地理学词典[M].柴彦威,等,译.北京:商务印书馆,2004: 511.
⑤ 王志弘.领域化与网络化的多重张力:"地方"概念的理论性探讨[J].城市与设计学报,2015, 7(23): 71–100.

研究和保护传统村落要找到每个传统村落的独特性和独特的文化。也即研究地方要关注地方的"地方性"。因为，雷尔夫认为，地方多样性的丧失预示着地方意义更大的丧失，从而导致无地方性。[1] 美国地理学家恩特里金（J. Nicholas Entrikin）认为地方的同质化导致一些意义丧失。[2] 故宫博物院前院长、国家文物局前局长单霁翔先生认为，每种文化都是在特定的地理环境和特定的人群中产生和发展的，它联系到特定的生活方式、价值体系、宗教信仰、工艺技能、传统习俗等丰富的内容。[3] 目前，人文地理学对"地方性"的理解，主要有人文主义地理学者和结构主义地理学者两个派别。人文主义地理学者的观点主要认为地方性是由人类的经验和情感所组成的，人们在一个地方的经历不同，对这个地方的情感也不同，他们赋予的地方性也不同，所以地方性是有主体的，地方性是内生的。[4] 而结构主义地理学者认为，地方性是由一个地方在整个区域系统中的位置决定的，地方性不仅是区位、自然条件的差别，还是全球政治经济的整体格局所造就的，他们认为地方性是外生的。这两个派别说明了地方性形成的两种机制，这两种机制都在现实中存在着，有时可以相互联结。[5] 虽然地方性存在两种不同的形成机制，但各个派别都认为地方性强调地方的唯一性和不可复制性。因此，研究中国传统村落要挖掘每个村落独特的地方性，这样

---

[1] RELPH E.Place and placelessness[M].London: Pion Ltd, 1976: 79-117.
[2] R.J. 约翰斯顿.人文地理学词典[M].柴彦威，等，译.北京：商务印书馆，2004：514.
[3] 单霁翔.城市文化与传统文化、地域文化和文化多样性[J].南方文物：2007（2）：2-28.
[4] RELPH E.Place and placelessness[M].London: Pion Ltd, 1976: 2-45; Yi-Fu T.Space and place: the perspective of experience[M].Minneapolis: University of Minnesota Press, 1977: 19-33.
[5] COCHRANE A.What a difference the place makes: The new structuralism of locality[J].Antipode, 1987, 19: 354-363.

保护传统村落才能发挥出重要的意义，对于文化多样性的保护才能贡献力量。

　　研究和保护传统村落要关注人们对于村落的地方认知和地方认同。地方认知是人们对地方象征意义的了解，即对"它是哪种地方"的了解。[①] 它来源于人们对地方景观的体验以及其他的一些生活经验等。地方认知是地方感的重要组成部分。人们若没有地方认知，就不会对地方产生地方感，没有地方感就不会产生地方态度。[②] 因此，地方认知决定了人们的地方态度。地方认同是指地方给个人的自我意识或身份所带来的物质的、符号的、属性的方式。[③] 有学者也认为，地方认同可以被定义为用地方作为自我特征的一种描述。因为人们有多种角色，会有多种认同。[④] 地方认同对人们的自我定义是重要的。[⑤] 地方认知是地方认同的基础，因为前者比后者能更好地了解人们的地方态度，人们只有对地方有了地方满意度，才能产生地方认同，从而决定他们的地方行为。具体到传统村落，人们只有对传统村落产生了地方认知和地方认同，才能去自觉保护它们。

---

① BRANDENBURG A M, CARROLL M S.Your place or mine?The effect of place creation on environmental values and landscape meanings[J].Society&Natural Resources, 1995, 8（5）: 381-398.
② STEDMAN R C.Toward a social psychology of place: Predicting behavior from place-based cognitions, attitude and identity[J].Environment and behavior, 2002, 34（5）, 561-581.
③ PROSHANSKY H M, FABIAN A K, KAMINOFF R.Place-identity: Physical world socialization of the self[J].Journal of environmental psychology, 1983, 3（1）: 57-83.
④ HUMMON D M.Commonplaces: Community ideology and identity in American culture[M].Albany: State University of New York Press, 1990.
⑤ STRYKER S.Symbolic interactionism: A social structural version[M].California, The Benjamin-Cummings Publishing Company, 1980.

三、中国传统村落的特色

有关中国传统村落的特色，可以结合地方的地方性分析思路来进行分析。中国文化地理学者周尚意教授认为，每个地方具有地方的三个本性：第一本性，地方的真山真水，即地方的第一自然。第二本性，地方的建筑等文化景观，即第二自然。第三本性，地方发生的历史事件、地方居民的意识形态等。① 依据这个分析框架，中国传统村落的特色可以总结为：第一，村落特殊的自然地理环境；第二，村落的道路格局、民居建筑等人文景观；第三，村落中发生的历史事件、村民的意识形态、独特的民风民俗等。如有学者分析了浙江省江山市清湖镇瓦窑村的特色：第一本性，利于制陶的泥土、幽美的溪流水塘、丰富的自然植被、秀美的田园风光。第二本性，奇特的古窑遗址形成村落特色的空间肌理，目前瓦窑村保留有封建时期村民用泥拉壶工艺制作日用陶瓷的150座土窑遗址，当时这些陶器被运往杭州、宁波、江西、福建等地。第三本性，深厚的制陶文化（独特的制陶工艺与产品在制陶历史上占有一席之地）。② 又如，有学者分析了皖南古村落的特色，如古村落的环境特色和民居建筑的特色。③

---

① 周尚意.人文主义地理学家眼中的"地方"[J].旅游学刊，2013（04）：6-7.
② 耿虹，郭长升.理想空间：小城镇规划与策划：No.63[M].上海：同济大学出版社，2014：73-74.
③ 吴晓勤，等.世界文化遗产：皖南古村落规划保护方案保护方法研究[M].北京：中国建筑工业出版社，2002：92-94.

四、本研究的界定

综合学者们的观点，本研究对中国传统村落的界定一方面基本采用中华人民共和国住房和城乡建设部、中华人民共和国文化部（现中华人民共和国文化和旅游部）、中华人民共和国财政部于2012年公布的概念："传统村落是指拥有物质形态和非物质形态文化遗产，具有较高的历史、文化、科学、艺术、社会、经济价值的村落。"另一方面，本研究认为每个中国传统村落具有其地方的独特性，可以呈现独特的地方文化。

第二节
中国传统村落的文化区划及区域特征

一、中国文化区域的划分

中国疆域辽阔，自然地理环境多样，不同的自然地理环境支配人们形成了不同的物质文化和精神文化。表现在地域上，就形成了不同的地域文化区。文化区是指某种文化特征或属于某一文化系统的人在空间上的分布。按照文化区的形态，文化区可以分为三类：形式文化区、功能文化区和乡土文化区（或称感觉文化区）。形式文化区的特征是，在该区域内，存在一个文化特征鲜明的核心区和一个文化边缘区，其文化特征的变化遵循距离衰减原则，文化特征消失的地方就是形式文化区的边界（边界较为模糊）。功能文化区是指受政治、经济、社会等功能影响的文化空间范围，一般具有一个中心和鲜明的边界，而无过渡地带。乡土文化区是指为居民所意识、所感知到的文化的空间范围，同时该范围又被区域外的人们认可，它无功能中心，也无明确的边界。目前最常用的是形式文化区，即通称的文化区。①②

先秦时期，人们就开始对地域进行划分，把大区域划分为不同的小区域，如《尚书·禹贡》对九州的划分，这些区域的划分也为后来地域文化区的划分奠定了基础。

具体到目前中国文化区域的划分，不同的学者有不同的划分标准和方法。学者金其铭等在《中国人文地理概论》中将文化区分为齐鲁文化区、中州文化区、三晋文化区、燕赵文化区、楚文化区、江淮文化区、吴越文化区、徽文化区、巴蜀文化区、客家文化区等。③文化地理学者王会昌认为，文化区不仅是一个空间地域概念，它还随着历史的发展而不断变化（如东北地区由起初的游牧文化区发展变化为大批汉人开发的农业文化区）。首先，依据瑷珲到腾冲的"胡焕庸线"，可以把我国大体分为两个一级文化区：东部农业文化区和西部游牧文化区。其次，根据民族分布和文化特征的差异（文化特征差异与自然地理环境紧密联系），将东部农业文化区又划分为中国传统农业文化亚区和西南少数民族农业文化亚区两个二级文化亚区，将西部游牧文化区分为蒙新草原—沙漠游牧文化亚区和青藏高原游牧文化亚区两个二级文化亚区。再次，依据民族分布、地理景观、文化特征等，又将中国传统农业文化亚区分为12个文化

---

① 陈慧琳.人文地理学[M].北京：科学出版社，2001.
② 周尚意，孔翔，朱竑.文化地理学[M].北京：高等教育出版社，2009：229.
③ 金其铭，等.中国人文地理概论[M].西安：陕西人民教育出版社，1990.

```
Ⅰ 东部农业文化区                    Ⅱ 西部游牧文化区
    ⅠA 中国传统农业文化亚区              ⅡA 蒙新草原—沙漠游牧文化亚区
        ⅠA1. 关东文化副区                   ⅡA1. 内蒙古文化副区
        ⅠA2. 燕赵文化副区                   ⅡA2. 北疆文化副区
        ⅠA3. 黄土高原文化副区                ⅡA3. 南疆文化副区
        ⅠA4. 中原文化副区                ⅡB. 青藏高原游牧文化亚区
        ⅠA5. 齐鲁文化副区
        ⅠA6. 淮河流域文化副区
        ⅠA7. 巴蜀文化副区
        ⅠA8. 荆湘文化副区
        ⅠA9. 鄱阳文化副区
        ⅠA10. 吴越文化副区
        ⅠA11. 岭南文化副区
        ⅠA12. 台湾海峡两岸文化副区
    ⅡB. 西南少数民族农业文化亚区
```

图 1-1　学者王会昌对中国文化区的划分

副区，将蒙新草原—沙漠游牧文化亚区分为 3 个文化副区。具体划分如图 1-1[①]所示。学者李慕寒、沈守兵在《试论中国地域文化的地理特征》中将中国分为 16 个地域文化区：燕赵文化区、秦晋文化区、中原文化区、齐鲁文化区、荆楚文化区、巴蜀文化区、两淮文化区、吴越文化区、江西文化区、闽台文化区、岭南文化区、云贵文化区、关东文化区、草原文化区、西域文化区、青藏文化区。[②]北京大学吴必虎教授等采用四项对农业文化景观影响的自然指标（三级阶梯地形界线、四百毫米年降水量线、农业气候区划和自然地理区划），以及四项社会经济指标［民族分布区、人口区（包括胡焕庸线）、农业区和经济区界线］作为文化区划分的参考标准，将中国文化区划分为东南部农业文化大区和西北部牧业文化大区，农业

---

① 王会昌. 中国文化地理 [M]. 武汉：华中师范大学出版社，1992：227-233.
② 李慕寒，沈守兵. 试论中国地域文化的地理特征 [J]. 人文地理，1996（01）：7-11.

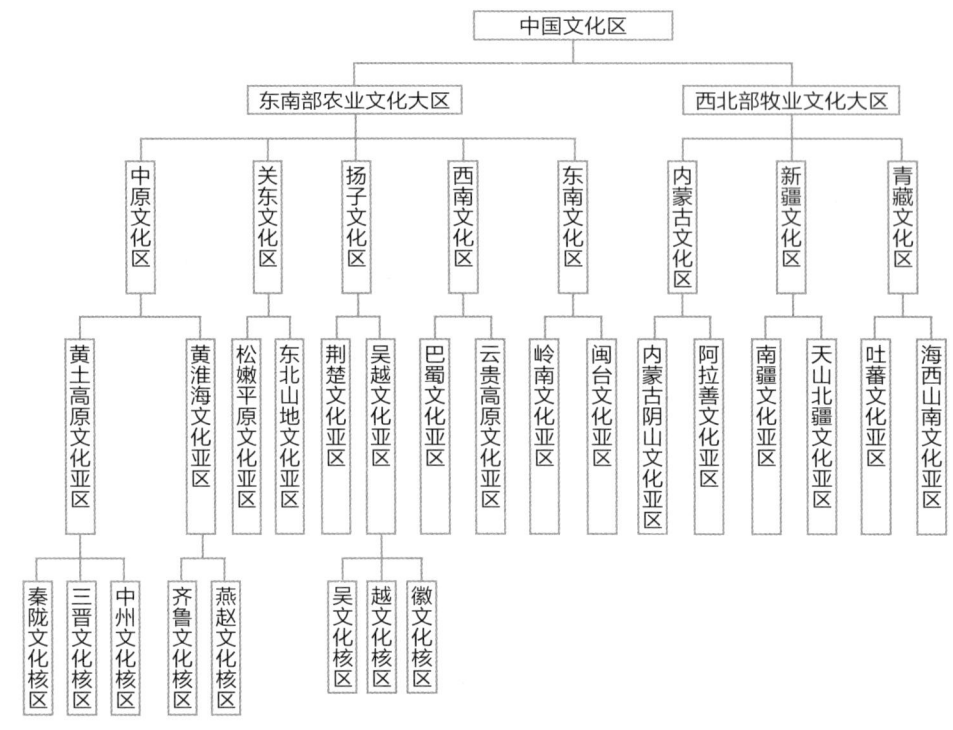

图 1-2　学者吴必虎等划分的中国文化区

文化大区之下又分为中原文化区、关东文化区、扬子文化区、西南文化区、东南文化区五个区，牧业文化大区又分为内蒙古文化区、新疆文化区和青藏文化区。每个文化区下面又分为文化亚区。具体划分如图 1-2[①]所示。复旦大学中国历史地理研究所教授朱海滨认为，中国文化区首先可以划分为农业文化区和游牧文化区两大部分。其中，东部农业文化大区又分为东北文化区、燕赵文化区、黄土高原文化区、中原文化区、齐鲁文化区、淮河流域文化区、巴蜀文化区、荆湘文化区、鄱阳文化区、吴越文化区、闽台文化区、岭南文

---

① 中华文化通志编委会，吴必虎，刘筱娟.中华文化通志：艺文典：景观志[M].上海：上海人民出版社，1998.10.

化区、云贵高原文化区等共 13 个区。西部游牧文化大区又细分为内蒙古文化区、北疆文化区、南疆文化区、青藏高原文化区，因此中国文化区共分为 17 个文化区。①《高中新教材优秀教案：高二地理》与学者朱海滨的文化区观点一致，也将中华文化区划分为以下 17 个文化区：东北文化区、燕赵文化区、黄土高原文化区、中原文化区、齐鲁文化区、淮河流域文化区、巴蜀文化区、荆湘文化区、鄱阳文化区、吴越文化区、闽台文化区、岭南文化区、云贵高原文化区、内蒙古文化区、北疆文化区、南疆文化区和青藏高原文化区。②学者周尚意、孔翔、朱竑编著的《文化地理学》在已有地域文化的基本分布格局的基础上，结合改革开放和市场经济等因素给各个地域文化带来的影响，把中国分为 16 个地域文化区：燕赵文化区、秦晋文化区、关东文化区、中原文化区、吴越文化区、岭南文化区、闽台文化区、两淮文化区、齐鲁文化区、江西文化区、湘楚文化区、巴蜀文化区、云贵文化区、青藏文化区、内蒙古草原文化区、新疆文化区。学者魏晓芳认为中国文化区在大尺度上分为东南农业文化大区和西北牧业文化大区，其中，东南农业文化大区分为中原文化区、关东文化区、扬子文化区、西南文化区、东南文化区。西北牧业文化大区划分为内蒙古文化区、新疆文化区、青藏文化区。每个文化区又可分为不同的小型文化区（如图 1-3③ 所示）。而广西师范大学文化学者覃德清认为，中国文化区按照简明的两分法，通常是以秦岭—淮河为界，分为南北文化区。再细分的话，分为北方草原游牧文化区、黄河流域麦作文化区、长江流域稻作文化区、珠江流

---

① 朱海滨.鸟瞰中华：中国文化地理[M].沈阳：沈阳出版社，1997：73.
② 任志鸿.高中新教材优秀教案：高二地理：上册[M].海口：南方出版社，2005：176.
③ 魏晓芳.三峡人居环境文化地理变迁[M].南京：东南大学出版社，2014：152.

域与闽台文化区、滇黔青藏高原文化区。具体到每个文化区又可以分为若干次级的文化区（见图1-4①）。

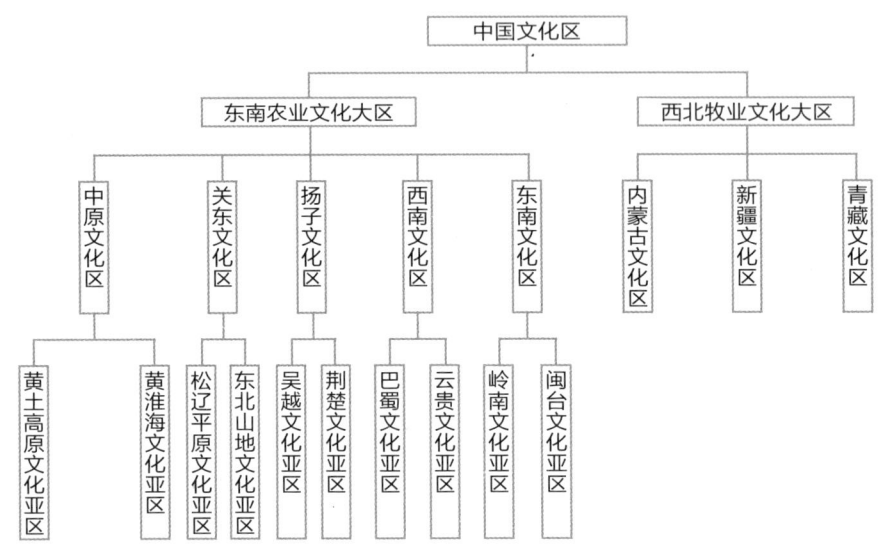

图1-3 学者魏晓芳对中国文化区的划分

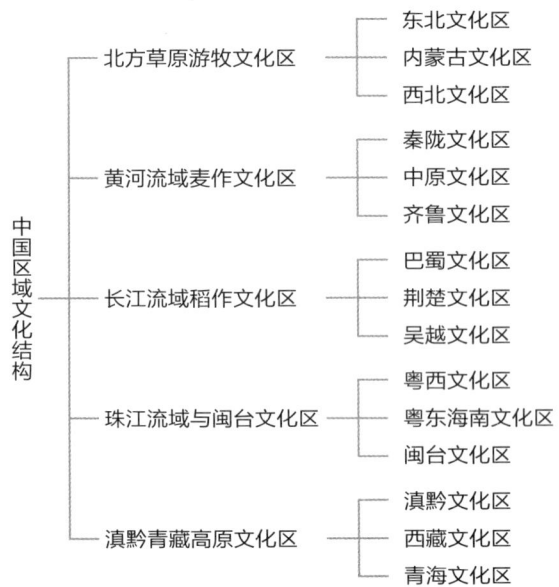

图1-4 文化学者覃德清对中国文化区的划分

① 覃德清.中国文化学[M].桂林：广西师范大学出版社，2015：134.

综上，目前大部分学者对中国文化区的划分虽标准不一，但大同小异，都是根据自然地理环境、区域的民族分布、人口特征、文化特征等进行划分的。

二、中国传统村落的文化区划分

在本套丛书的区域系列专著中，中国传统村落的文化区划分，分为中原文化区（涉及陕西、河南、山西等）、关东文化区（涉及辽宁、吉林、黑龙江等）、黄淮海文化区（涉及河北、天津、北京、山东等）、荆楚文化区（涉及湖南、湖北、江西等）、吴越文化区（涉及江苏、浙江、安徽、江西、上海等）、江淮文化区（涉及安徽、江苏、河南、湖北等）、徽州文化区（涉及安徽、江西等）、客家文化区（涉及江西、福建、广东、广西等）、东南文化区（涉及福建、广东、海南、台湾等）、巴蜀文化区（涉及四川、重庆等）、西南文化区（涉及云南、贵州、广西等）、西北文化区（涉及甘肃、新疆、宁夏等）、藏蒙文化区（涉及西藏、青海藏族集中聚居区、甘肃藏族集中聚居区、云南藏族集中聚居区、四川藏族集中聚居区、内蒙古藏传佛教地区等）、滨海文化区（涉及渤海、黄海、东海、南海诸岛沿海和海洋海岛区域）。各个区域的传统村落文化又包含物质文化和非物质文化两大部分内容。

三、中国传统村落的文化区域特征

各个文化区的传统村落多具有该文化区的典型文化特征，具有独特的物质文化和生产生活习俗、民间艺术、信仰等非物质文化。其中，中原文化区的传统村落在地形地貌上兼具山地、盆地、平原等类型，黄河贯穿其中。它们是我国北方农耕文化的摇篮，是我国的农业起源中心之一，村落历史悠久，村民崇尚礼仪，民风淳厚。村民勤俭持家、厚朴、爽直、坚韧、平和。关东文化区的传统村落是历史上多民族聚居的地方，村民曾经以森林狩猎、江河渔猎为生活方式，后来又以农耕为主要生活方式[①]，融合了游牧狩猎的少数民族文化与汉族的农耕文化，具有开拓、豪放、粗犷、古朴、开放的文化精神。黄淮海文化区的传统村落具有燕赵文化与齐鲁文化的特征，民风淳厚，村民重礼仪、尚德义、勤劳、清廉、豪放、慷慨。荆楚文化区的传统村落透射着楚风楚俗的特点，村落居民重视教化，教育水平高[②]，具有细腻、清新浪漫的特征。吴越文化区传统村落的文化传承了东周时期吴国和越国的文化，为独具特色的东南沿海地域文化。在风俗方面，有鲜明的地域特征，语言方面也自成体系。居民性柔慧、善于习文，民风淳朴。江淮文化区的传统村落是较为传统的农业耕作区，文化有杂糅相间、南北兼备的过渡特点，民风淳厚，力农务本。徽州文化区的传统村落蕴含着坚忍、耐劳的徽商精神以及中国传统的"和"文化精神。客家文化区的传统村落是以中国古代汉民族在漫长的迁徙过程中所形成的客家独特的语言符号、

[①] 覃德清.中国文化学[M].桂林：广西师范大学出版社，2015：131.
[②] 曹诗图.旅游文化与审美[M].武汉：武汉大学出版社，2007：246-249.

音乐戏曲、民俗舞蹈、建筑、饮食等客家文化为基础的传统村落。东南文化区的传统村落受到我国传统思想的束缚较小，开放度和外向性较高，是既有中国传统文化的基本特征，又深受外来文化的影响，并且兼备少数民族文化习俗的多元复合型文化[1]。巴蜀文化区的传统村落，因自然地理环境上自成一体，长时期交通不便，与外沟通困难，文化自成风格，形成强烈的区域文化：既留有古巴国和古蜀国的文化印迹，又具有开放流动的特征。西南文化区的传统村落地貌类型多样，兼有山地、高原、丘陵、盆地等。山高谷深，民族众多，在较为封闭的自然地理背景下，形成独特的地域文化，既形成了淳朴秀丽、精美柔顺的特征，也形成了传统、固执、安于天命的思想。西北文化区的传统村落主要是绿洲文化和草原文化的融合地，人们在严酷的自然地理环境中形成了豁达、韧性十足的性格，以及吃苦耐劳、苦中取乐的精神。藏蒙文化区的传统村落主要分布在高原、山地上，原生态文化保存较好，以独特的建筑、服饰、饮食等藏族文化为主要特色。宗教影响着社会的多个层面。人们具有知足、平和的性格，开朗祥和、与世无争的民风，坚忍不拔和刻苦勤劳的精神。这和他们的自然地理环境和生存条件是分不开的。滨海文化区的传统村落多有开放自由的外来文化色彩。[2]

---

[1] 李慕寒. 文化地理学引论 [M]. 徐州：中国矿业大学出版社，1995：206.
[2] 周尚意，孔翔，朱竑. 文化地理学 [M]. 北京：高等教育出版社，2009：228-230.

第三节
中国传统村落的空间分布格局、历史发展特征与类型

一、中国传统村落的空间分布格局

2012年12月17日，住房城乡建设部等部门组织开展了全国第一次传统村落摸底调查，在各地初步评价推荐的基础上，经传统村落保护和发展专家委员会评审认定并公示，住房城乡建设部、文化部、财政部将第一批共646个具有重要保护价值的村落列入中国传统村落名录。2013年8月26日，根据《住房城乡建设部等部门关于印发〈传统村落评价认定指标体系（试行）〉的通知》，在各地初步推荐上报的基础上，经传统村落保护和发展专家委员会评审，住房城乡建设部、文化部、财政部联合公布了第二批列入中国传统村落名录的村落共915个。2014年11月17日，住房城乡建设部、文化部、财政部等部门将994个村落列入第三批中国传统村落名录。2016年12月9日，住房城乡建设部、文化部、国家文物局、财政部等单位共公布了1598个中国传统村落。2019年6月6日，住房城乡建设部、文化和旅游部、国家文物局、财政部、自然资源部、农业农村部将2666个村落列入第五批中国传统村落名录。

截至 2019 年 6 月，住房城乡建设部、文化和旅游部、财政部等部门共公布了五批 6819 个中国传统村落。五批中国传统村落在各个省区市的分布如表 1-1 所示。其中，第五批公布的传统村落最多，约占 39.1%。第四批次之，约占 23.4%。之后依次是第三批、第二批、第一批（图 1-5）。可见，对中国传统村落的重视在不断提高，对其发现和挖掘的工作也在不断加强。

关于传统村落的空间分布，在第一批中国传统村落中，贵州省分布最多，达 90 个；其次是云南省，为 62 个；山西省和福建省分布并列第三，均为 48 个（图 1-6）。在第二批中国传统村落中，云南省分布最多，为 232 个；贵州省分布位居第二，为 202 个（图 1-7）。在第三批中国传统村落中，云南省分布位居第一，为 208 个；贵州省分布位居第二，为 134 个；浙江省分布位居第三，为 86 个；山西省分布位居第四，为 59 个（图 1-8）。在第四批中国传统村落中，浙江省分布位居第一，为 225 个；湖南省分布位居第二，为 166 个；山西省分布位居第三，为 150 个（图 1-9）。在第五批中国传统村落中，湖南省分布位居第一，为 401 个；山西省分布位居第二，为 271 个；福建省分布位居第三，为 265 个（图 1-10）。从全部的中国传统村落来看，贵州省分布位居第一，为 724 个；云南省分布位居第二，为 708 个；湖南省分布位居第三，为 658 个（见图 1-11，图 1-12）。可见，中国传统村落在中国的西南部分布更广。

表1-1 五批中国传统村落在各个省区市的分布情况

单位：个

批次	北京市	天津市	河北省	山西省	内蒙古自治区	辽宁省	吉林省	黑龙江省	上海市	江苏省	浙江省	安徽省	福建省	江西省	山东省	河南省	湖北省	湖南省	广东省	广西壮族自治区	海南省	重庆市	四川省	贵州省	云南省	西藏自治区	陕西省	甘肃省	青海省	宁夏回族自治区	新疆维吾尔自治区	合计
一	9	1	32	48	3	0	0	2	5	3	43	25	48	33	10	16	28	30	40	39	7	14	20	90	62	5	5	7	13	4	4	646
二	4	0	7	22	5	3	2	1	0	13	47	40	25	56	6	46	15	42	51	30	0	2	42	202	232	1	8	6	7	0	3	915
三	3	0	18	59	16	8	4	2	0	10	86	46	52	36	21	37	46	19	35	20	12	47	22	134	208	5	17	2	21	0	8	994
四	5	2	88	150	20	9	3	1	0	2	225	52	104	50	38	25	29	166	34	72	28	11	141	119	113	8	41	21	38	1	2	1598
五	1	1	61	271	2	13	2	8	0	5	235	237	265	168	50	81	88	401	103	119	17	36	108	179	93	16	42	18	44	1	1	2666
合计	22	4	206	550	46	30	11	14	5	33	636	400	494	343	125	205	206	658	263	280	64	110	333	724	708	35	113	54	123	6	18	6819

（注：数据不含港澳台）

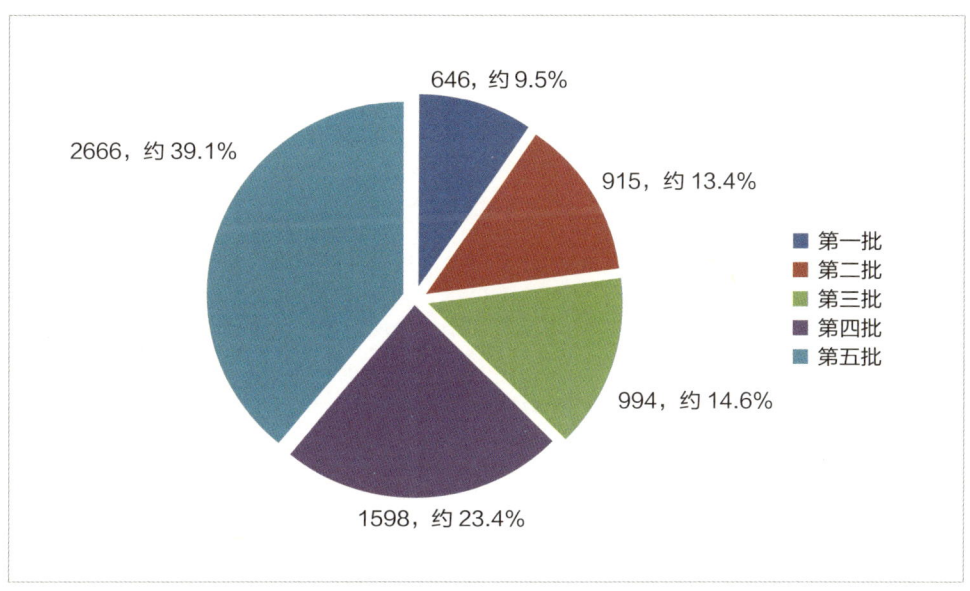

图1-5 第一批至第五批中国传统村落的数量及其所占比例

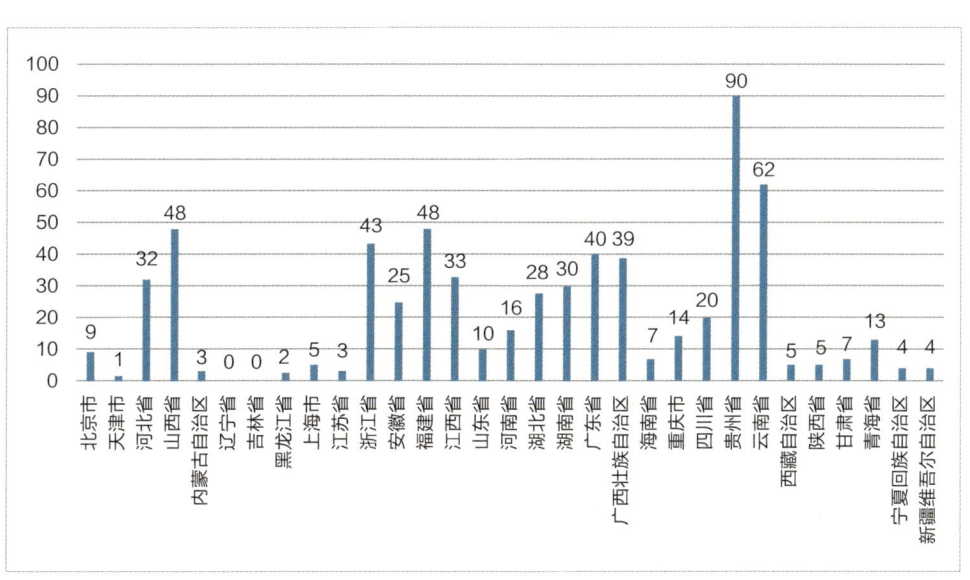

图1-6 第一批中国传统村落的空间分布状况

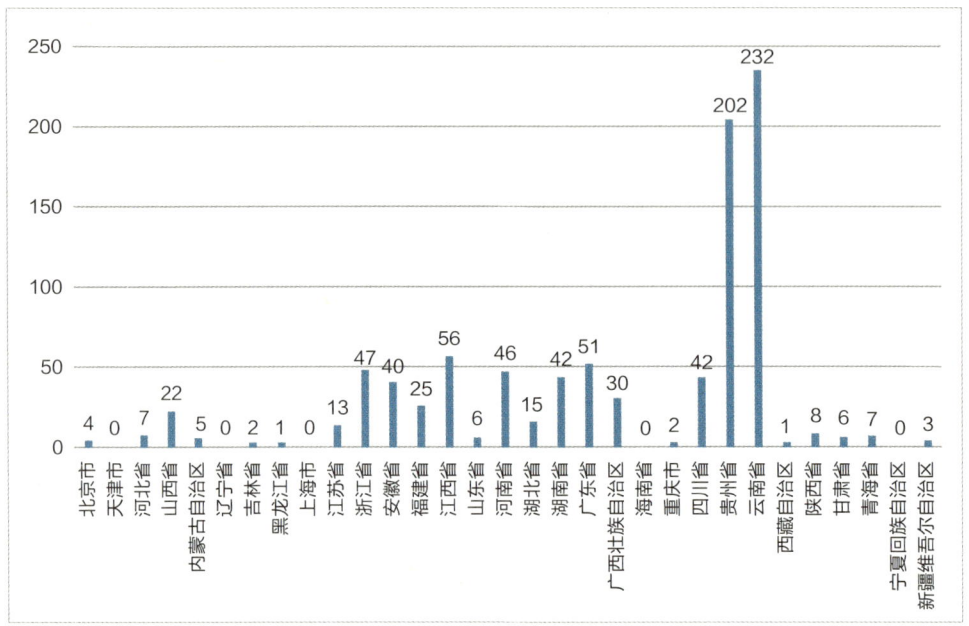

图1-7　第二批中国传统村落的空间分布状况

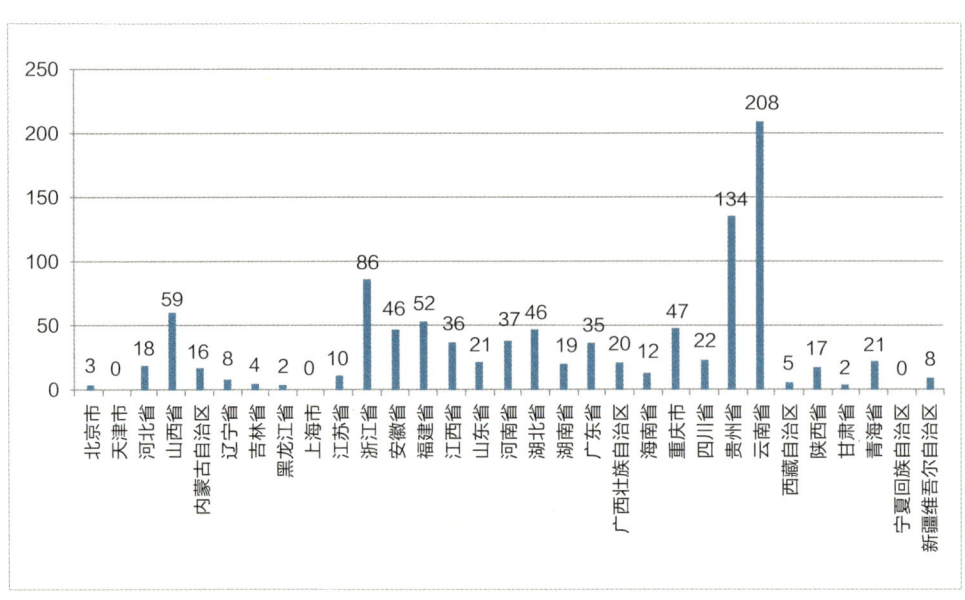

图1-8　第三批中国传统村落的空间分布状况

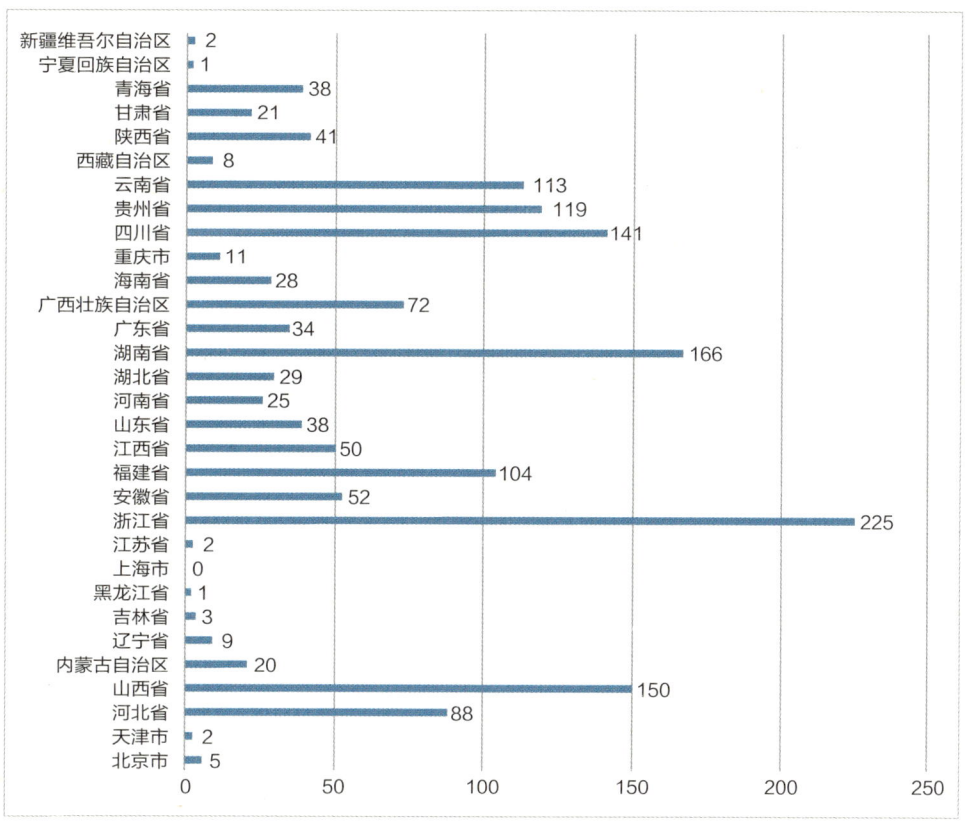

图1-9 第四批中国传统村落的空间分布状况

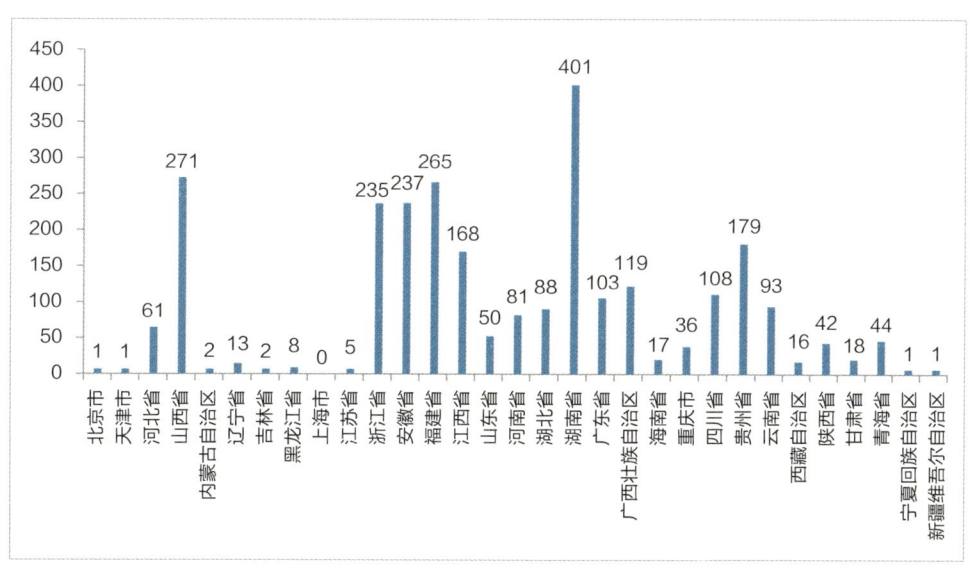

图1-10 第五批中国传统村落的空间分布状况

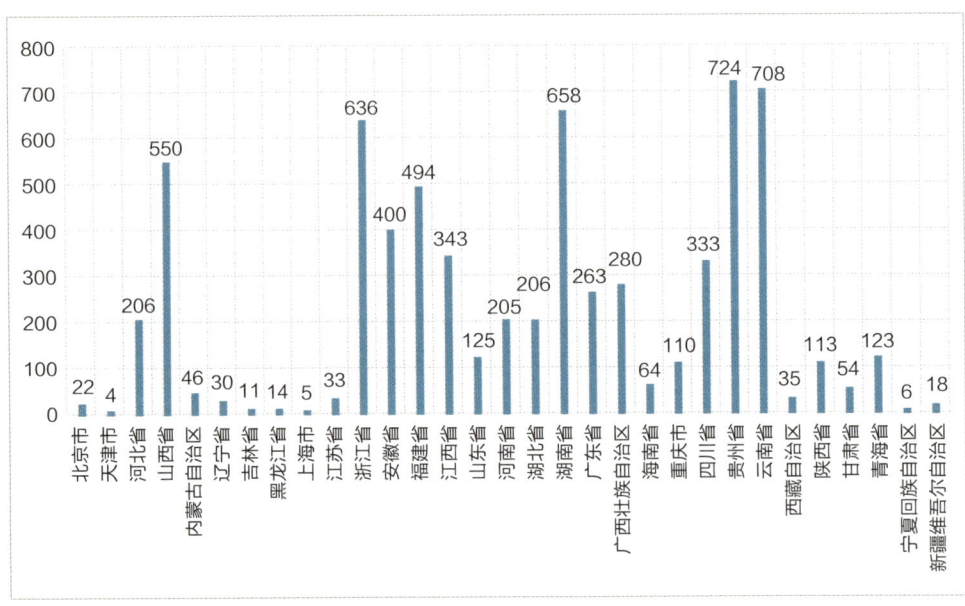

图 1-11　全五批中国传统村落的空间分布图

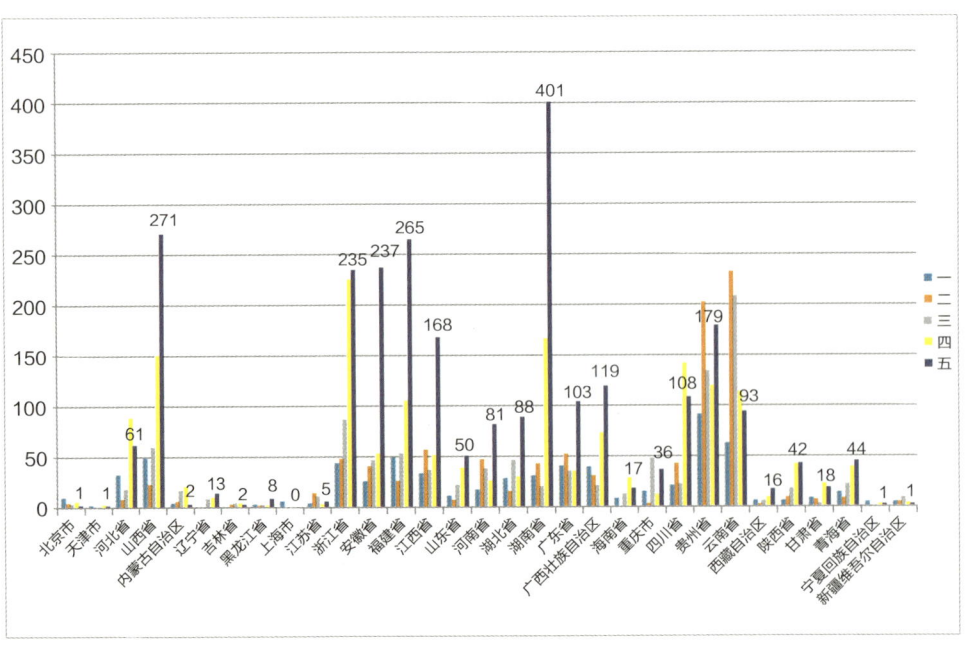

图 1-12　第一至五批中国传统村落的空间分布

二、中国传统村落的历史发展特征

关于中国传统村落的历史发展特征，有学者认为，村落的历史发展分为五个阶段：原始型村落、古代型村落、近代型村落、现代型村落和未来型村落。目前中国的村落整体呈现出从近代型村落向现代型村落的转变阶段。[①] 一些学者研究了具体村落的历史发展过程。如有学者研究了广东省汕头市新和村自建村以来的历史沿革及主要事件。[②] 有学者研究了福建省福清市蒜岭村的历史，包括其村名的来历等。[③] 有学者研究了浙江省宁波市古村落的历史发展过程。[④] 总之，不同的传统村落的历史发展存在差异，研究中国传统村落的历史发展特征，需要通过文献整理、田野调查、访谈、逻辑分析等方法进行。

三、中国传统村落的类型

按照不同的分类标准和方法，中国传统村落可以分为不同的类型。按照单要素分类，有学者认为，按照村落是否具有行政功能，可以分为自然村和行政村。按照村落的自然地理环境，可以分为山村、平原村等。按照村落的空间形态，可以分为带状村落、多边形

[①] 王德刚.古村落保护与开发：北方古村落保护与旅游开发典型案例研究[M].济南：山东大学出版社，2013：62.
[②] 杨正军，王建新.粤东侨乡：汕头新和村社会经济变迁[M].广州：广东人民出版社，2008：22-23.
[③] 郁贝红，等.侨村蒜岭的变迁[M].北京：社会科学文献出版社，2010：1.
[④] 邱枫.宁波古村落史研究[M].杭州：浙江大学出版社，2011：1-2.

村落等。按照村落居民经济活动的类型可以分为农业村、渔业村、林业村、牧业村等。① 按照村落的姓氏划分，可以分为单姓村落和多姓村落等。按照村落的人口规模可以分为小型村落、中型村落、大型村落等。还可以按照多个因素对村落进行划分。有学者根据宗族村落血缘关系的强弱程度，将村落分成三种不同的类型或形态：家族村社型村落、宗族—家庭双层结构型村落和家庭组合型村落。② 有学者根据村落姓氏的多少及家族的多少，把村落分为同姓村落、亲族村落、杂姓村落。③ 有学者认为，根据村落的性质划分，可以分为以种植业为主的农村，以林业为主的山村，沿海和湖区以捕鱼为主的渔村，以放牧为主的牧村，以及中间类型的半农半渔、半农半林、半农半工、半农半牧等村落类型。根据村落的居住特点，可以分为山地型村落、丘陵型村落、平原型村落等。根据村落的形成过程，可以分为家族延伸扩大而形成的村落、家族联合而形成的村落、杂姓聚居而形成的村落等。④ 有学者也认为，依据同姓和异姓家族所占比例，村落可以分为单一家族村落（如河北省井陉县的于家村）、姻亲家族村落（如贵州省黎平县的竹坪大寨村）和杂姓村落（带有营、台、屯、堡名称的村落）。⑤《人文地理学》（第二版）认为，村落的类型可以根据村落职能、村落形态与规模、村落布局来划分。根据村落职能，可以划分为农业村落、牧业村落、渔业村

---

① 王德刚.古村落保护与开发：北方古村落保护与旅游开发典型案例研究[M].济南：山东大学出版社，2013：62-63.
② 曹锦清，张乐天，陈中亚.当代浙北乡村的社会文化变迁[M].上海：上海人民出版社，2014：415.
③ 宁文忠，郝荣.河洮岷民俗志[M].北京：中国文史出版社，2014：99.
④ 张廷兴.中华民俗一本全[M].桂林：广西人民出版社，2013：267-268.
⑤ 万虹.图解民俗大全[M].呼伦贝尔：内蒙古文化出版社，2012：261-262.

落、林果业村落。根据村落形态与规模，可以分为房屋聚集型村落、房屋分散型村落、类似集体农场型的特殊类型村落。按照村落布局可以分为主轴型村落、子母型村落、串珠型村落、均衡型村落、星点型村落。① 有学者根据村落形成的原因，将村落分为原始定居型、迁徙防御型、避世田园型、地区开发型四种村落类型。② 有学者也根据村落形成的原因，把村落分为原始定居型、地区开发型、民族迁徙型、避世隐居型、历史嵌入型。③

综上，学者们对村落类型的划分大同小异，按照不同的划分因素和标准，可以有不同的类型。这也说明，形成村落类型的因素较多，有自然环境因素、建筑形态因素、社会文化因素、生产经济因素等。④

本研究认为，村落的类型可以分别依据村民和村落进行划分。依据村落的自然地理环境，可以分为山地型、丘陵型、平原型村落等。依据村落的建筑形态，可以分为半圆形村落、方形村落、带状村落等。依据村民的生产经济因素，可以分为农业型、林业型、渔业型、牧业型村落等。依据村民的社会文化因素，既可以分为同姓村落、杂姓村落等，也可以分为原始定居型、民族迁徙型村落等。还可以分为中原文化区、关东文化区、闽南文化区村落等。

---

① 陈慧琳.人文地理学[M].2版.北京：科学出版社，2007：112-113.
② 郭谦.湘赣民系民居建筑与文化研究[M].北京：中国建筑工业出版社，2005：134.
③ 王德刚.古村落保护与开发：北方古村落保护与旅游开发典型案例研究[M].济南：山东大学出版社，2013：70-73.
④ 保国寺古建筑博物馆.东方建筑遗产：2013年卷[M].北京：文物出版社，2013：133.

中国传统村落文化抢救与研究

文化区系列

Chinese Traditional Villages

第二章

中国传统村落形成的历史地理背景

第一节
人口迁移视角下传统村落形成的主要动力机制

中国传统村落的形成受诸多因素的影响，其中人口迁移是许多村落形成的主要动力机制。在历史上，有多次人口大规模的迁移和较小规模的迁移，这些迁移促使许多人在迁入地生存发展，并形成新的传统村落。中国历史上有八次人口大迁移，依次是：永嘉之乱，晋室南迁，中原汉族南下江南、湖南、湖北；安史之乱，中原生灵涂炭，河南、河北、陕西的汉族居民南下江淮，西入川；靖康之耻，金兵南下，天子被掳，高宗南渡，中原居民大规模南迁；明初洪洞大槐树移民，从山西南部向河南、河北、山东、安徽、江苏等地区大规模移民；清初的湖广居民移居四川；粤、闽等沿海居民的下南洋；晋商和陕北居民的走西口；山东、河北、河南居民的闯关东。这些移民，对迁入地的一些传统村落造成了或多或少的影响。现以北京传统村落、陕西关中山东庄和福建土楼传统村落的形成为例，阐述人口迁移的动力机制。

北京地区传统村落，有许多是在迁民、移民的背景下形成的。历史上发生在北京地区的民族和人口迁徙有很多次，有的是政策原因导致的，有的是人民自主行为导致的。大致分为下列几种情况：一是原来居住在东北辽河、松花江流域或蒙古草原上的契丹人、女真人、蒙古人、满族人以及其他一些少数民族人口，随着辽、金、元、清统治者先后入主关内，大批从塞外内迁至今北京地区。二是由于都城建设、都城守卫、城市生活以及近郊开发等各方面的需要，辽、金、元、明、清各代皆从外地征调大批工匠、民夫、士兵等进京，或者有组织、有计划地向北京地区调军移民，进行屯田。例如明初多次迁民于北京地区屯种，又从山西、山东等地多次大批向北京地区移民，动辄万户。三是辽升幽州为南京、金迁都中都、元世祖建大都、明永乐迁都北京以及清世祖定都北京后，大批官吏、士子、商人等迁居或云聚京都。除此之外，各种天灾人祸也导致大批流民涌入北京谋求生路。例如，清代故宫府就于京城内外设置了不少的舍粥厂或栖流所，以赈济流民、移民、灾民。

明初向北京移民的影响很大，主要有以下四种情况：①为了防止山后遗民跟随蒙古残余势力而去，将他们内迁至北京地区，这也避免了他们再遭战争的侵扰。仅洪武四至五年间（1371—1372），山后遗民内迁者有10余万户，50万人左右。②从山西、山东等地向北京地区移民。尤以永乐年间为甚，向北京地区移民动辄万户。③迁富户以带动北京地区经济发展。这些富户多居住在北京的关厢（城门附近地区），对北京近郊村落的形成和发展有一定影响。④将流民或罪犯迁至北京。明代多次迁徙罪犯到北京地区屯种。例如规定山东、山西、陕西、河南四省的应遣罪犯可直接发遣北京，由本省发给每人钞300贯，编成里甲，每甲先买牛5头，由顺天府所属州县按每人拨荒闲夏秋田50亩，让其耕种。上述流民或罪犯迁至北京地区后，便在所耕种的土地上安家落户，形成新村，今大兴区的留民营、留民庄，即为流民在此屯种而形成的村庄。

陕西关中山东庄也是移民推动形成的。晚清天灾人祸后，齐鲁两地的人口和耕地占有出现了明显的差异，成为移民事件的最主要驱动力。鲁人入陕事件是一次自发性、有组织性并存的大规模移民行动，政府宽松的移民政策和山东籍政府官员焦云龙的参与，进一步加快和加大了移民的速度和规模。移民入关中后，出于封建农业社会本能逐"地"性的需要，他们沿战乱后人烟稀少的关中东部一带，在三原、高陵、阎良、临潼等区县及富平、大荔、渭南、蒲城等县，建立起众多的移民村落——山东庄。初步估算，移民人口在30万人以上。山东移民的到来，为关中地区带来了充足的劳动力，对战后关中农业的快速恢复发展起到了促进作用。山东村落在关中大地依田而居，独立成庄，呈网状分布。因独立聚居，山东庄受外来文化侵入有限，带有明显移民符号的语言、饮食等习俗得以很好地传承。

福建传统村落大多是集中在永定东部和南靖西部地区的客家土楼相关村落，跟客家人有关，也主要是在移民动力下形成的。魏晋南北朝时期，匈奴、鲜卑、羯、羌、氐等游牧部落联盟，趁西晋八王之乱期间，陆续建立起十数个大小不一的国家，与南方东晋政权对峙。一些原本居住在中原的人为了躲避这场战乱，开始南移，抵达长江两岸，在皖豫赣建立起新的家园。唐末，为了躲避黄巢起义的乱局，客家先民选择继续南下，迁入皖南、赣东南、粤东北、闽西南等地。后来金兵入宋、满人入主中原等，使客家人不得不继续向粤东北、粤中、滨海等地迁徙。客家人洪秀全领导的太平天国农民起义失败之后，客家人再次迁往四川、广西、湖南、台湾等地。经历多次迁徙，客家先民最终在福建、广东、海南岛和南洋等地落地生根。

前往福建的客家人，在闽西南的崇山峻岭之中找到了落脚之处。他们就地取材，利用中原祖先的建筑技艺构筑成一个个新家，就是如今还矗立着的规模宏大的土楼。居住在福建的客家人与早期迁往赣南等地的客家人的建筑是不同的。赣南是山区，时有匪徒侵扰，蛇虫虎豹也多，不安全感促使客家先民在建筑上采取封闭和防御的形态，以维护族人的安全，故赣南的客家建筑多为土围子，多为长方形、封闭式的四角楼，上面戒备森严，门前有枪弹孔，石门带洞栓，家家有天井，足不出户，也不会缺水少食。但是到了闽西，客家的建筑形式随着迁徙的地理环境不同而发生了变化，方楼逐渐变成了圆楼。永定客家土楼源远流长，县境内现存23000多座土楼，其中有代表性的2800多座，建于清朝以前的有8000多座。随着人口的向外迁徙，永定客家土楼逐渐辐射到南靖、平和、新罗、上杭等邻近诸县区，包括非客家地区。比如南靖河坑、田螺坑土楼群的居民，多是客家人，其先祖均在永定。

第二节
中国传统村落空间分布的历史地理因素

一、宏观分布方面的地理影响因素

农耕社会时期，生产条件简单，劳动生产率低下，以家庭为生产和生活单位，属于自给自足、分散式的小农经济。在这样的生产背景下，先祖在很大程度上是依靠自然而生存和繁衍的，基于此，自然对人类社会的馈予以及人类对自然的利用便在很大程度上决定了村落生成与发展的形式。

地理环境是农业文明聚落生存和布局的直接决定因素，主要包括地势地形、经纬度、海拔、水源、降水蒸发量和土地利用类型等，这些因素与传统村落分布叠加。以前三批中国传统村落为例，海拔在1000米以上的村落有817个，占全部村落的31.9%；500—1000米的村落占26.7%；200—500米的村落占20.3%，200米以下的村落占21.1%，超过半数的村落位于500米以上的较高海拔地区。

中国传统村落在海拔高程分布上有三大类型：一是以云南和青藏高原的传统村落为代表的高海拔聚集型村落，这类村落及其周边村落都处于高海拔地区；二是以华东地区的传统村落为代表的平原聚集型村落，这一类传统村落及其周边村落多处于平原地带；三是中部地区形成的传统村落，这一地区丘陵起伏，地形复杂。基于特殊的自然环境，历史上，农村聚落的形成和拓展经历了从黄河中游黄土高原—黄河中下游冲积平原—长江中下游冲积平原—沿海地区和边远地区的发展进程。在以土地耕种为主要生产方式的农业社会，技术水平的提升和耐旱农作物的引进一则促进了沿海、边远地区的土地垦殖，二则加深了传统农业区的精耕细作，在适宜人居与农业耕作的优势地理环境中，往往经世累代、繁衍生息，逐渐成为较为稳定的聚落地带，最终形成以第三阶梯和第二阶梯为主的聚落区域分布形态，尤以第三阶梯密布丛生，进而呈现出平原低山地带聚落稠密、高原边远地区聚落稀疏的局面。

根据村落的分布情况还可以发现一些特点。大跨度纬度范围内均有村落分布，表明村落分布与纬度关系不显著。村落分布与山脉地形因素高度相关，平原腹地较少分布，仅珠江三角洲及四川盆地等处稍有涉及。在太行山脉，村落沿沟谷走向集簇出现，在横断山脉则沿河谷较均匀地布局，武陵山贵州东部区域村落高度密集分布，而东南部丘陵地区则分布相对疏散。村落多位于山区半腹地和向平原过渡的地带，选址基本为趋利避害的高地；大部分村落距大型河流较远，与中小型河流依附关系明显，大型河流水患对村落生存构成威胁。与土地利用类型叠加显示，大部分村落远离传统粮食主产区核心地带而位于其边缘。村落分布与林地及草地分布高度相关，基本位于林区及草地边缘。原因在于村落主要位于山区，适宜林木生长，同时林区（山区）与粮食种植（平原）交错地带，环境层次丰富、种植类型多样，抗风险能力较强，适宜村落可持续发展。与干旱区分布叠加显示，除山西省村落外，绝大多数村落位于湿润地区，而山西大部分村落位于谷地及过渡地带的河流附近。

二、具体选址方面的地理影响因素

传统村落在具体选址方面考虑的要素较多，其中地理因素较为重要，村落往往坐落在环境资源较为优良的地方。水草丰茂，土地肥沃，利于农业生产的河谷两岸或低山、浅丘地带，一直是人们安居乐业的地理首选。临水而居或近水而居则成为传统村落在区域地理分布上的显著特点。

在山西，入选的村落大部分坐落在黄河及其支流汾河、沁河沿线；华东地区村落则云集于长江下游水乡地带，如江西赣江、抚河、饶河、信江一带以及福建的闽江流域；华南地区的珠江流域，西南地区的澜沧江流域和长江流域沿线，都是中国传统村落相对集中的地区，而入选村落数量居首位的贵州则是受自然环境条件影响最为典型的省份。毕节市、黔南州、黔西南州、遵义市、安顺市等地大面积石漠化，甚至出现重度和极重度石漠化，唯有黔东南州石漠化面积最小。该州为非喀斯特地貌，境内沟壑纵横、山峦延绵，清水江、舞阳河、都柳江穿行其间，加之雨季明显，降水较多，农作物轮作两熟，资源丰富。在全省入选的第一批90个村落中，2/3的传统村落隶属该州，充分显示了自然资源的先天条件对传统村落分布和选址的影响力。

江西省吉安市吉州区兴桥镇的钓源村，由庄山、渭溪两个自然村组成，东为渭溪，西为庄山，均以东西走向的"⌒"形长安岭为屏，两村分别落位于长安岭类似太极图的"少阴"位和"太阴"位。这一特有的村落模式，表达了钓源先人对地理环境、气候条件以及堪舆理论的理解，体现了追求自然与人为、天道与人道完美交融的境界。云南省红河州石屏县宝秀镇郑营村依迎龙山而建，面赤瑞湖而生，很好地诠释了人与自然的和谐与共生。被称为"天下第一村"的湖南省岳阳市岳阳县张谷英镇张谷英村，呈半月形分布在渭洞笔架山下。渭溪河从村前流过，形成"溪自阶下淌，门朝水中开"的格局。北京市爨底下村位于京西门头沟区斋堂镇管辖的深山地带，村庄坐北朝南，良好的自然条件为古山村的生存与发展奠定了基础。爨底下村始建于明永乐年间，依山而建，依势而就，高低错落，使得每户的采光、通风、观景视觉都具最佳效果。这些民居以村后龙头为圆心，以南北为轴线，呈扇面形展于两侧。从村落前山鸟瞰整个村庄，可见到元宝状的民居建筑排列，寓意着这片村庄是一处聚财纳气的灵秀宝地。

独特的地理资源优势在许多传统村落的选址中也扮演了极其重要的角色。也正是这种作为物质资源的社会资本，奠定与形成了传统村落独特的文化气质。贵州省黔东南苗族侗族自治州从江县加榜乡党扭村的梯田，便是人与自然相依相存的典型体现。梯田依山而开，随山势地形、山坡海拔而变化。梯田把江河、森林与村落有机地结合起来，呈现出人与自然高度协调与可持续发展的良性循环态势。云南诺邓古村村落的形成与发展与特有的盐业资源密不可分，据《新纂云南通志》考，诺邓因产盐而聚集人户，故诺邓村习称诺邓井。[①]诺邓盐井自汉朝开采以来至今历两千余年。诺邓也因盐业的发展成为当时滇西白族最早的经济重镇，被誉为"富甲一方"的古村。江西省婺源县虹关村，历史上素有"墨乡"之称。据清代《名墨谈丛》一书记载：婺源墨铺有百家以上，仅虹关詹氏一姓就有80多家。虹关詹姓墨铺之多、墨之著名、声誉之广在当时国内制墨业实属罕见。虹关村也因徽墨生产而逐渐发达。

三、其他影响因素

（一）历史因素

历史文化的积淀程度是影响传统村落分布疏密的重要原因。山西、河北、北京等地是华夏文明浸染最悠久的地区，形成了以中原为中心、向外辐射的文化区域，村落传承具有较长的延续性和较强的稳固性。唐代以后，社会经济重心逐渐南移，湘鄂赣皖腹地人文经济日趋昌盛。明清以来，沪浙闽粤沿海一带大量市镇涌现，商贾云集，屋宇林立，已是鱼米之乡，而徽商、晋商的兴盛，在乡间购田置地，广建屋宇，形成了以宗族为纽带的村落格局，最终形成了太湖流域水乡古村落群，皖南古村落群，晋中、晋南、冀南古村落

---

① 黄金鼎，李文笔. 千年白族村：诺邓[M]. 昆明：云南民族出版社，2004：48.

群和粤中古村落群。在黔东南、滇西北等少数民族迁徙汇至的聚集地，古村落大多分布在陡峻的斜坡、高耸的台地和深山的半腰，村落的选址和建筑均受到了地理环境的影响。山谷崎岖，峰峦重叠，阻碍了村落与外界的联系，将人们独有的民俗风情、文化气息与非物质文化遗产保留了下来，造就了自然风光与历史人文景观的交相辉映。在贵州的黎平县云集了大量具有苗族风情的传统村落。历史上逃亡、避难于此的苗民，为了防范和抵御外来的侵扰，聚族而居，村落在分布、形态、结构和建筑上都带有浓郁的地方和民族特色。

传统村落是在历史演变过程中形成的，有些拥有良好的初元历史文化或宗族文化，有些则属于屯田聚落或拥有商业资源优势。

1. 初元历史文化突出的村落

村落的初元历史文化对传统村落的生成与发展以及村落特质的奠定起到了基础性的作用。这里所讲的村落的初元历史文化，更多的是根源于我国源远流长的发展史，以此为根基厚积而成的我国优秀的传统文化。广西贺州市富川瑶族自治县朝东镇秀水村，始建于唐朝开元年间。秀水村的始祖名毛衷，为唐开元年间进士，为广西贺州刺史。秀水村世代注重读书，读书之风盛行。据考证，自唐科举开考，秀水村共有进士26名，宋代有状元1名，秀水村也因此成为名副其实的"状元村"。历史上，秀水村还兴建书院，先后创建了鳌山石窟寺书院、山上书院、对寨山书院、江东书院等四座书院，文脉之风绵延千年之久。江西省吉安市钓源村是北宋大文学家、政治家欧阳修后裔聚居的古村落。钓源村历来兴文重教，开基祖欧阳弘为唐博士，村里先后出了9个进士，有"父子登科，兄弟连科"的佳话。传统村落之于普通村落，最大的特质就在于文化深远。因此，初元的村落文化底蕴在一定程度上奠定了传统村落的文化生成基础。

2. 宗族文化浓厚的村落

我国历经了两千多年之久的封建社会，家族、宗族观念一直在人们心中占据重要的位置。浙江省温州市永嘉县岩头镇芙蓉村，宋太平兴国年间，始祖陈拱从瑞安场桥迁来定居，并逐步形成血缘村落，芙蓉村至今仍为单一陈姓村落。河北省石家庄市井陉县于家乡于家村始创于明朝成化年间，村民95%以上姓于。相传，该村是明代著名爱国政治家于谦的长孙于有道，为躲避政治迫害，辗转躲藏到太行山中，世代繁衍而成。以血缘和宗族形式发展形成的村落，具有独特的文化特质。多数的村落具有可以查询的宗族谱系或者同姓的祠堂等。这在我国南方的传统村落中表现得较为明显。如浙江省温州市永嘉县岩头镇芙蓉村的陈氏大祠堂，云南红河州郑营村的郑氏祠堂等。此外，以宗族形式形成的村落在名称上多以姓氏进行称呼，体现了对祖先的纪念。特征最为鲜明的一点是，以宗族聚落形成的村落更为重视教育，对教育的重视加之经济较为发达，此类传统村落在历史上也是人才辈出之处，由此代代相传，形成了重视诗书礼仪、人文风气浓郁的村落。[①]

3. 屯田形成的村落

历史上的屯田聚落主要有三种形式，即军屯聚落、民屯聚落和商屯聚落。自汉代以来，我国历史上较大的屯田有千次以上，其中

---

① 曲凯音. 我国传统村落的历史生成[J]. 学术探索，2017（1）：51-56.

军屯 667 次，民屯 337 次，商屯 150 次。从村落的形成来看，军屯和民屯对特定空间村落的形成起到了一定的作用。军屯制在我国最早可追溯到汉文帝时期的西域屯田，东汉时期曾把屯田立为国策，此后曹操在许下屯田，两晋、南北朝、隋、唐等都沿边界兴屯。元朝时屯垦兴盛，军屯遍布全国。至明朝时期，军屯被作为强兵富国的一项重要措施，确立了戍兵屯田制，卫所遍设于全国，至此形成了较前代完备的军屯制度。明朝时期的军屯，"东自辽东，北抵宣、大，西至甘肃，南尽滇、蜀……在兴屯矣"①，其中云南、贵州、四川、广西等地防御和固边为主要形式。以戍边、防控加强明王朝统治为主要目的的军屯也形成了特定的村落聚居形态，其中以贵州安顺地区的"屯堡人"最具有代表性。民国年间的《平坝县志》曰："名曰屯堡者，屯军驻地之地名也。"②安顺市西秀区大西桥镇吉昌村是明朝洪武年间朱元璋调北征南入黔屯军最早建立的屯堡村落之一，现居住着田、冯、汪、许、罗、胡、邹、石等来自江南徽州一带的18 个屯堡姓氏后裔。福建省泉州市晋江市金井镇福全村，唐乾符年间，即在此驻兵戍守。明洪武二十年（1387）兴筑福全所城。置守御千户所，屯兵戍守，辖旱寨一处，屯田二所，烽燧十处。云南省丽江市永胜县期纳镇清水村是明洪武二十九年（1396）朝廷在清水设的驿站，多数来自湖南长沙府湘乡县和江西吉安府安福县的将士在此遵行"七分屯田，三分守卫"的边屯政策。经由移民而产生的村落在我国的村落生成中也占有一定的比例。由军事移民而形成的村落在称谓上多带有"营"字，取自军营、驻扎防控的意思。此外，

---

① 许立坤. 明代移民政策及其对边疆民族地区的影响[J]. 广西民族学院学报（哲学社会科学版），1998（S1）：289-290.
② 桂晓刚. 试论贵州屯堡文化[J]. 贵州民族研究，1999（3）：87.

由军屯聚落而形成的村落多由几个大姓组成。由此，在明朝大规模的军事移民中，村落在这一时期也经历了一次广泛而深刻的重建。

我国的民屯制也可以追溯到汉代。民屯即由于战乱、自然灾害、经济和政治形势等多重原因，封建统治者有目的地组织民间劳动力，以开垦耕种为主要目的进行的迁徙。同军屯一样，明朝依旧是我国历史上民屯规模较大的历史时期。明洪武三年（1370）至永乐十五年（1417）移民总计18次，涉及18个省、500个县。明朝大规模的民屯除对封建政权的巩固、促进社会经济发展方面产生影响以外，还对我国传统村落的形成具有一定的影响。明朝时期形成了我国历史上数目众多的民屯村落。如北京市门头沟区斋堂镇爨底下村，距今已有400多年历史，爨底下村人全姓韩。相传是明代由山西洪洞县大槐树移民而来。再如北京市门头沟区雁翅镇苇子水村，最早记载为明万历二十年（1592），该村宗祖高氏从山西洪洞大槐树迁徙到此，历经400余年繁衍，百户同宗，家族谱系清晰明确。山东省章丘市官庄乡朱家峪村，明洪武初年（1368），朱氏家族自河北枣强迁到该村，距今有600多年历史。由民屯而形成的传统村落，在历代的发展变迁中，较明显地留存着原迁出地的风俗文化与习惯等。但是不可否认的是，随着多元文化的发展，文化融合发展已经是这类民屯村落的明显特质。此外，在边疆地区，民屯聚落和军屯聚落由于时间上的承接关系，有的已经融为一体，即所谓的军屯与民屯并举。[①]

---

① 曲凯音.我国传统村落的历史生成[J].学术探索，2017（1）：55.

4. 资源带动的村落

资源优势或者商业基础也有利于促进传统村落的发展。一些传统村落的经济或者商业发展基础良好，村落的文化也逐渐兴盛，经济和文化之间形成了良性互动。云南大理的诺邓村自唐代开始，即为"九州之贡盐为首"。至元代，诺邓已成为以盐业为中心的一方商贸中心。盐业经济的发展带动诺邓文风蔚然、人才辈出。明初，诺邓设立了提举衙门。清乾隆年间，诺邓玉皇阁、孔庙等相继建成，村内俨然"书声响逸、鼓乐喧哗"。明清年间，村中连续出了2名进士、5名举人、50多名贡生。位于北京门头沟京西古道上的一些传统村落也是由于商道的带动，村落的经济发展较快，人口逐渐聚集，成为文化内涵丰富的古村落。

综观中国村落的地理分布，其规模和密度极为不均，华北及东北平原农村聚落规模较大，有许多千人以上的大村，而南方长江流域的平原则有许多200人左右的小村；黄淮平原与江淮平原人口密度相仿，但后者聚落密度却为前者的两倍以上；渭河平原、长江流域平原、太湖流域、成都平原都是农村聚落极为密集的地带。历史上，这些区域水土丰茂，一马平川，位于垦殖发展中的优势区位，具有悠久的开发历史，是传统农业高产的"天下粮仓"，也是农业技术不断革新的核心地带，经济发展历来领先于其他地区。正是由于拥有深厚的经济基础，村落的生命力才极其旺盛，在乱世战火中不断"血液再造"，村落固有风貌和文化特色代代相传，规模和形态不断发展，许多保存至今的传统村落都拥有悠久的历史渊源和较为厚重的人文气息。此外，很多传统村落得以兴建、维护和延续还受益于地域内部拥有较强经济实力的集团和人群。晋商与徽商是明清时期驰名中外的两大地域性商业集团，为了保护宗族利益、扩大家族影响力，富商不惜成本在老家修筑和扩展私人宅第，捐资兴修祠堂、宗庙、牌楼、戏台、广场等公共空间，建造了中国民居史上令人叹为观止的琼楼玉宇，成就了许多极富地方韵味的传统村落和建筑群。

（二）城镇化、人口、交通等因素

传统村落与城市化快速发展区域显著负相关，绝大多数传统村落远离城市化快速发展的区域或位于其边缘，仅上海、广州、太原和贵州、山东等地城市圈包含少许村落，而这些村落中以旅游产业为主的比例（大于80%）显著高于本省总比例。与地区生产总值叠加显示，绝大部分村落位于地区生产总值中等及偏下水平地区，村落较少位于地区生产总值极低的地区。中等或稍低的生产和消费水平更有助于传统村落生存，而极低区域不利于传统村落的持续发展，常伴随严重的人口流失。

与人口数量叠加显示，大部分村落位于人口数量中等及偏少地区，其中位于低度集聚区（201—400人/平方千米）、一般过渡区（101—200人/平方千米，中国平均人口密度在此段）及以下区间的村落占86%，处于相对稀疏区（51—100人/平方千米）及以下和中度集聚区（401—500人/平方千米）及以上的分别为20.5%和13.2%，而位于绝对稀疏区（26—50人/平方千米）及以下和高度集聚区（501—1000人/平方千米）及以上的分别为7.3%和8.8%。[①]

[①] 葛美玲，封志明.中国人口分布的密度分级与重心曲线特征分析[J].地理学报，2009（2）：202-210.

中等密度人口更利于村落的平衡发展，密度较低地区人口流失严重，不利于村落持续发展，反之人口较多则更新快，促使传统村落剧烈变化。

交通条件作为一个地区发展的重要条件，在传统村落的保护现状中也扮演着重要的角色。传统村落分布与交通条件方面形成了三大聚居类型：一是以东北、西北、西南相关地区城市形成的交通滞后集聚型村落，这些村落所拥有的交通条件普遍落后，与外界联系不便，为保留当地居民的生活习惯、保护传统建筑不受开发破坏创造了客观条件，使得传统村落能够保存；二是以河北、河南、江苏、浙江、湖北、四川、重庆等相关省市村落为代表的交通便利集聚型村落，这些村落不仅处于交通便捷、沟通方便的地区，而且能够良好地保护传统村落；三是贵州中北部、安徽南部等地区一批村落虽然交通也不便，但未能表现出明显的聚居类型。[①] 值得注意的是，位于人口高密度区的村落与旅游业相关性很高。与主要交通线分布叠加，总体呈现为交通线密度大的区域村落相对稀疏，大部分村落远离主要交通线，小部分村落分布贴近道路并与其走向相关。北方地区村落较南方地区更向道路集聚。主要铁路和公路与城市的快速发展相伴而生，进而影响其附近村落。

（三）其他社会文化因素

另有一些社会文化因素与传统村落的产生、发展和变迁息息相关，是超越地理环境建立聚落间系统关系的纽带，主要包括少数

---

① 康璟瑶，章锦河，胡欢，等. 中国传统村落空间分布特征分析[J]. 地理科学进展，2016（7）：845.

民族、语系、线性文化遗产以及传统聚落体系等因素。云南以及广西、贵州、湖南、湖北和四川等地的少数民族聚集区，对其内村落明显完整包络，且分布重心重叠较好，并突破现行行政区划界线。与语系叠加显示，村落集聚区域与语系分布范围重叠良好，且大部分地区包络完整。语系内村落集聚性显著，各语系范围内村落与相接语系内村落的距离感较明显，其分布同样突破现行行政区划界线。村落与主要线性文化遗产相关性显著，隶属多条大型线性文化遗产：北方部分村落属于明长城军事防御体系，东南沿海部分村落隶属明代海防体系（涉及东南沿海全线），东南部大量村落与客家迁徙路线密切相关，云南部分村落则与茶马古道重叠显著，云、贵、川等地部分村落分布与红军长征线路相关，而京杭大运河沿线则很少涉及村落。名城系列是中国传统村落遗存的精品，代表我国传统村落文化遗产整体保存现状。传统村落与名城系列叠加显示，两者负相关性显著，分布互补特征明显。除黄山地区、丽江局部和山西小部分地区外，传统村落与名城的高密度分布区分离明显，大部分传统村落避开名镇，而与名村融合。

综上，历史因素是传统村落发展的主要原因，主要包括初元文化、宗族文化、屯田以及商业经济方面的原因。快速城镇化发展是导致传统村落消亡的主导因素。现代生产和生活模式的蔓延以及相应的快速建设活动促使传统村落迅速消亡，使其仅存于快速城镇化区域边缘和其较难涉足的山区和丘陵地带。山脉和丘陵则是阻碍城镇化发展、维护传统村落生存的主导因素。一方面，其地理特征促使日常生活模式较平原地区更易与自然环境保持密切的联系，从而维持基于地理环境之上的传统生活方式。另一方面，由于山区的土地、资源、人口和交通等城市发展所需因素的驱动力不足，延缓甚至阻碍了城市化进程,形成相对平衡的自然组织生存环境;平衡的自然和社会因素是维护传统村落生存的重要条件,适中的环境、丰富的气候、多样的种植和产业类型、密度中等及偏低的人口和经济等平衡关系,更易于维持稳定的生产和生活格局,形成较强的抗风险和可持续发展能力。平衡系统单项或多项因素的迅速改变,将导致系统的动荡,动荡结果由其抗风险能力决定。若传统村落的系统联系越复杂、多样,其抗风险能力则越强。较物质因素而言,文化因素是在更高层面加强村落系统复杂性和稳定性,维系其生存的核心力量,民族聚集地、语系、线性遗产等文化因素从不同层面维系传统的生存惯性,孕育和传递聚落内部及之间的传统因子,进而凝聚物质和文化的平衡生态系统,延缓或阻止其瓦解。

(四)结语

传统村落是地域文化、民俗风情的重要表现形式,受地理环境因素的影响,传统村落在空间和选址上呈现出不同的分布特征。就同一地区而言,村落多分布在地理环境多样、复杂的地带。就不同地区来讲,拥有多样地貌类型如山地、盆地、丘陵的地区比平原保存着更多的传统村落。以浙江为例,其地区经济差异较小,受自然环境影响较为明显。传统村落多分布在浙南、浙西地区的丽水、衢州、金华、台州等山地,而浙东、浙北的杭州、嘉兴、绍兴、宁波等平原地区就相对较少。此外,同在南方的云南亦是一个很好的例子。云南省内的地貌类型丰富多样、复杂多变,其传统村落与外界的联系较少,不仅数量上更有优势,而且村落风貌也更为原始。与南方相比,东北、华北则处于平原地区,交通便捷,与外界的沟通交流也更加方便。因此在经济发展的同时，也受到一些外来文化的影响，传统村落的保存相对较难。而云贵川地区地形复杂多样，相对于华东、华南地区，这里的少数民族传统村落极具特色。如云南、贵州作为全国拥有少数民族较多的省份，现存的传统村落有很大一部分属于少数民族村落。

传统村落深受历史文化、城镇化、人口、交通以及其他社会文化等因素的影响，村落的地域特色、文化内涵体现出了相似性、差异性、多样性。因此，今后的研究中，一方面应进一步突出地形地貌、气候等地理环境因素对传统村落空间分布的影响以及人文活动对传统村落的作用；另一方面应加强对不同类型、属性传统村落空间分布规律的总结。传统村落集聚区往往是经济社会落后区以及生态环境脆弱区，如何将传统村落的资源优势转换为经济优势，并协调与生态环境之间的关系，也是传统村落保护与开发所关注的重要内容。

中国传统村落文化抢救与研究
文化区系列

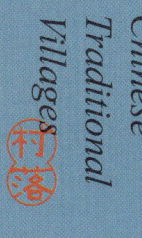

第三章

中国传统村落的物质文化景观

第一节 概说

一、起源与演变

（一）原始居住形式

住宅是人类最早的一种建筑类型。旧石器时期的天然洞穴、构木为巢均是远古人类的住宅。考古发掘的穴居岩洞，著名的有旧石器早期的辽宁营口金牛山岩洞、湖北大冶石龙头岩洞，中期的有辽宁喀左旗鸽子洞、贵州桐梓岩灰洞，晚期的有北京龙骨山周口店岩洞、河南安阳小南海岩洞。这些是目前所知中国最早的人类居住遗址。但远古人类居无定所，天然洞穴并非随处可遇，有些又由于自然采集和狩猎的生产能力不足，个体常需迁徙和分解，在没有天然洞穴的地方，就发展为或"构木为巢，以避群害"的巢居，或夏季用树枝、树叶、树皮等植物编制成遮蔽风雨的粗糙棚屋，冬季用泥土或树枝、茅草封盖的地穴，即冬窟夏庐。

在距今10000—6000年前，人类才首次获得较为充足、稳定的食物，通过捕鱼和种植得到供给。这一方面满足了人对食物的需求；另一方面，种植粮食、扦插果木，需要较长的时间，这本身就说明当时人类有了相对稳定的居民点，这就是最初的聚落。新石器时期，中国大部分地区已从事农作，其中距今9000—7000年的湖南澧县彭头山遗址、河南郑州裴李岗遗址、河北武安磁山遗址、浙江余姚河姆渡遗址等,是目前中国境内所知最早和最具典型性的农耕遗址。陕西临潼姜寨遗址就是仰韶时期氏族以农业为主而定居生活的反映。

(二)原始聚落出现

农业生产逐渐成为主要的生产方式,氏族部落的形成,就必然产生聚族而居的固定居民点。原始的居民点遗址都是成群的房屋及穴居的组合。一般范围较大,居住也较密集,如山东日照两城镇遗址(龙山文化)达36万平方米,山西夏县西阴村遗址达45万平方米。

原始居民点的位置,由于生产及生活的需要,有一定的选择条件。一般都位于较为高爽、土壤肥沃松软的地段。如在山坡时,一般均在向阳坡,并且均靠近河湖水面,这不仅因为水是生命不可缺少的物质,而且也因为靠近水面的地带有利于农业和渔牧业的发展。

原始居民点已有一定的分区。当时的生产和生活方式较简单,因而分区也很简单。对人来说,最简单而基本的当然是生与死的区别,因而居民点首先有住址和葬地的区分。当时,最普遍的手工业是制作陶器,相应地便有窑地。西安半坡遗址就可以看出这种简单的分区。在遗址范围内住址群在中心,东边是烧制陶器的窑址,北边是集中的公共墓葬地,在居住区沟外的空地上分布着各种形式的窖穴,是氏族的公共仓库区。

原始居民点的建筑布局也有一定规律,以适应当时氏族部落的生活方式。聚落的中心是供氏族成员集合的大房子,在其周围则环绕着小的住所,其门往往都朝向大房子。例如西安半坡遗址,中央有一个较大的房子,约10米×12米,系圆角房屋,屋内未发现一般的生活用器物，其北为数十座方形或圆形小屋，门都朝向大房子，可以明显看出住宅与公共建筑的分区。

陕西临潼姜寨遗址显示了较为完整的原始聚落的概貌，总体布局是经过统一规划的，有明显的分区，居住区是主体，其外围有壕沟围护，推测壕沟内侧还应有篱笆或栅栏。在壕沟外的东部及东北部为墓葬区，西南临河河岸上是陶窑区。在居住区，发现了一百座左右的房屋，分为五个组群，每一组有十几或二十几座房屋，各以一个"大房子"为主体。组群的分布状况为：东、西、南三方各有一组，西北方有两组，围绕着一个1400平方米左右的中央广场布置，各组群房屋的门均朝向中央广场，呈向心布局。房屋所在的周围地势较高，中央广场的地势较低。

我国黄河流域的原始聚落多在靠近河流的较高台地上；在长江中下游，由于地势低下，水道纵横，居民点多在靠近水的墩上。在浙江吴兴钱山漾，由于多水潮湿，还发现高出地面的桩上建筑，许多木桩排列成长方形，中间架设横梁，上面铺几层竹席或芦席，同时用这种材料及竹竿、树枝做成四壁及屋顶。

（三）聚落分化

人类因第一次劳动大分工，即农业的出现而形成了固定的居民点——聚落。

随着生产工具的进步，生产力不断提高，生产发展产生了剩余产品，也就产生了私有制，这就使原始社会的生产关系逐渐解体，而慢慢过渡到奴隶社会。

由于私有制的产生，就需要有城郭沟池来保护私有财产。虽然城郭沟池的形式不同,但在性质上都是防卫性的。传说中夏代就已"筑城以卫君,造郭以守民"。有了剩余产品及私有财产就需要交换,起初这种交换是不固定的,也没有专门的商人。后来交易的数量及范围越来越大,就产生了固定的交易场所,这就是"市",也就是最初的城市型居民点。

由于生产的不断发展,手工业逐渐成为一个独立的行业,这就产生了人类社会的第二次劳动大分工,手工业及商业从农业、畜牧业中区分出来。聚落分化为以农业为主的乡村和以商业、手工业为主的城市。这是在原始社会向奴隶社会过渡时期产生的。随之,由于生活方式和生活环境的不同,城市和乡村在漫长的历史发展中也自成轨迹。以住宅为例,城市中的住宅随着社会的发展有较明显的形制变化,而乡村中的住宅则更多地在适宜性技术上不断演进。另外,由于人口迁徙、商贸往来、文化传播等,两者亦互有影响和交流。

聚落由于城市和乡村的分野而面貌各异,城市自成体系。乡村却由于中国古代农业社会发展的延续性,一直存有早期聚落的两大特征:第一,以适应地缘(如当地的地理、气候、风土等)展开生活方式,汉族以农业活动为主;第二,以家族(原始社会为氏族)的血缘关系为生存纽带。

二、传统村落景观特征的影响因素

中国的传统村落,基本上是形成于并发展于农业文明时代。大多数传统村落就是一个生活圈、一个文化圈,在自然经济条件下,它又是一个基本完整的经济圈。它的内涵非常复杂，环境千变万化。各种各样的建筑存在于村落里，服务于乡村的社会、经济、文化和家庭生活，并适应着自然环境，形成村落有机的整体。因此，即使在发展非常缓慢的农业文明时代，中国传统村落的类型也十分丰富。

影响村落景观特征的因素很多，主要是社会文化的原因、自然环境的原因、生产经济的原因，还有建筑形态的原因，每个原因里都包含着许多内容。这些复杂的原因不是单独起作用，而是同时综合地起着作用。它们相互联动、相互契合，共同决定了村落的景观特征，这就使得传统村落的景观特征千变万化。

（一）社会文化因素

社会文化因素中最基本的是：村民是哪个民族的，宗教信仰如何？在汉族社会里，它是血缘村落还是杂姓村落？它是商人占强势地位的村落还是以农民为主的村落？是贫富分化严重的村落还是基本和谐的村落？它是科甲连第、官宦辈出的村落还是文风衰弱、千年白丁的村落？此外，还有地方性的风俗习惯和文化传统，等等。

血缘村落的结构组织与宗族的房派、支派的结构组织相对应，房派、支派成员的住宅以房祠、支祠和香火堂为中心组成团块，再以大宗祠为核心形成整个村落的空间布局。村落由宗族管理，村落建设往往有一个大致的规划，除了宗祠和住宅以外，天门、水口、水渠、街巷、广场、书塾、义仓、牌坊、庙宇等也都基本安排有序。

杂姓村落的基层组织是"社"，每社有十几户或几十户，由"社首"管理。有些杂姓村落的布局是无序的，有些则明确以社为基本单元，每个单元里有社庙，有井，有学塾。杂姓村落里最常见的庙宇之一是"三义庙"，供奉刘备、关羽和张飞，象征异姓居民之间兄弟般的团结友好。早期比较大的移民村落里会有以各种庙宇为名的"会馆"，一座会馆就是一方移民的联络交往场所和精神依靠。

通过科举仕宦辈出的村落，书院、功名牌坊、文昌阁、文峰塔成为重要的标志性建筑，甚至可能有一条街或一个广场来集中建造一部分这类建筑，尤其是牌坊。这类村落一般比较重视公共性的建设和村落整体的面貌，大多有"十景""八景"之类。文风消沉、忽视功名的村落，则较少有这类文化建筑，村落管理也比较差，大多比较杂乱。

（二）自然环境因素

自然环境对村落景观的影响一般清晰可见，往往通过对生产经济和建筑形制的影响而作用于村落的布局结构。干旱寒冷的北方村落和温暖多雨的南方村落不同。同为北方，草原上的村落和黄土沟壑地区的村落也不相同。同为南方，河网地区和丘陵山地的村落也不相同。北方草原上，人们多住毡包，逐水草而居，少有固定形制的村落；黄土沟壑地区，多以窑洞为主要居住建筑，窑洞沿崖壁分布，布局疏落有致。南方河网纵横地区，有些村落临河而建，顺河为街，以舟代车；山地丘陵地区，房屋多为轻巧的竹木结构，坡地用吊脚楼，沿等高线布局，村落零落分散。平原或盆地中央，土地珍贵，房屋密集，小巷逼仄，几乎不留隙地。南方燠热，为防夏季阳光暴晒，村落小巷幽深阴凉。北方旱作地区，村庄内多有晒场，或公用，或在宽阔的农家院内；南方稻作地区，更珍惜土地，晒谷多在收割后的稻田内铺竹簟，甚至在溪河上临时搭木架，铺上竹簟成为"簟坪"。北方运输多用驴骡，重物放在驴骡身体两侧；南方运输多用人挑，重物在人的前后，所以北方的小巷宽而南方的小巷比较窄。因此，北方的村落比较疏松而南方的村落更加紧凑。

对于村落建筑形态而言，特定地区的气候条件往往是最为重要的决定因素。气候的多样性必然造成建筑的多样性。我国传统民居从南到北都有合院形态，但因地区的气候差异，南北院落的形态是不一样的。东北和华北地区，由于气候寒冷，为了争取更多的日照，建筑的间距较大，院落开阔。江南地区，气候特点是冬寒夏热，空气潮湿，冬天要阳光，夏天又要遮阳通风，由于纬度较北方为低，建筑间距也就比北方要小一些，院落也渐次变小。到了华南，如广东、海南等地，属亚热带气候，冬天不冷，夏天较热，建筑中日照的要求逐渐让位于遮阳、避雨和通风，建筑间距更小，院落成为仅利于通风的天井。

（三）生产经济因素

生产经济在农业中有旱作和稻作之别，有粮食和经济作物之别，有纯农业和兼营手工业、养殖业之别。还有的村落因地理位置做些过往交通的生意，这里面又有开食宿店、做小买卖、批发零售和过载运输等行业的区别。兼营手工业的村落，又有林、牧、农产品加工和烧窑业等的差别。造纸业从沤料、漂料、捞纸、晾纸、抄纸都要有规模不小的场地和设施，可能形成作坊。烧窑业从闷泥、捣泥、制坯、晾坯、入窑烧制，到成品贮存，再加上原料和燃料的堆放，所需场地和设施更多。这些场地和设施有一部分可能在村外，也有一部分会在村内，甚至和住房混杂，对村落布局结构和景观形态影响很大。手工业村落多有供奉行业神的庙宇，如烧窑的有老君庙，制靛的有梅葛庙，造纸的有蔡公庙，等等。

商业街市的有无当然是影响村落景观特征的一大因素。定期举行集市贸易的商业街，店铺五花八门，凡日常生活生产所需的物件都有店铺制作或销售，再加上茶馆、酒肆、药店、戏台和寺庙之类，街市结构紧凑，成为村落的特色景观。有骆驼队或骡马队过路的北方村落，则必有草料店、蹄铁店、货栈等，如北京石景山区的模式口村。

（四）建筑形态因素

建筑形态对村落的总体景观特征起很大的作用。对外封闭的合院型住宅相互紧邻，导致村落建筑密度很高，村内的景观以小巷为主，仿佛整个村子是由巷子组成的，住宅单体消失在绵延的高墙之后，只有门头作为点缀。独立式自由布局的住宅，如山区或一些少数民族地区，必须相互间保持必要的距离，建筑物能够完整地呈现，村落的面貌就比较开阔。南方有些大型的家族聚居性围屋，十分封闭内向，但由于不断扩展的机制，周边必须预留空地，相互间也不能靠近，少数特大型围屋，甚至一幢就是一村。北方的窑洞村落也有多种，以靠崖窑为主的，多沿黄土断壁挖窑洞，错错落落，稀稀疏疏；以人工垒砌起拱而成的锢窑为主的村落就比较整齐，可能还有院子；以地坑窑为主的村落，院子在地面以下，塬上只见炊烟缠绕树梢而不见房舍。

此外，影响传统村落景观特征的因素还有很多。例如，由边防寨堡转变而来的村落或由戍兵解甲务农而聚居的村落，由民间神灵崇拜而形成的村落，还有世代习武以镖师为业的村落或组班演戏的专业村落等，都各有自己的特殊结构和景观形态。

第二节
中国传统村落的景观特征

一、选址与布局

除了"逐水草而居"的游牧部落和广东珠江三角洲以舟为宅的疍民，绝大多数农耕时代乡土社会中的人，总是或长或短地定居在一个地方。因此，一个村落在当初择地而居的时候，是非常慎重的。选址定居最基本的考虑就是使自己和子孙后代能有效、可靠、方便地从事生产劳动和经济活动，能健康、安全、富足地生活。简单地说，村落选址一要有利于生存，二要有利于发展。

什么类型的村落出现在什么地方，什么地方出现什么类型的村落，往往取决于许多因素的综合，这些因素大致包括地理、气候、地质、经济、文化、历史、建筑等，以及相邻村落的影响。不同类型的村落对不同的具体条件的反应会有所侧重。

（一）村落选址与环境资源容量

村落是人类聚居生活的单元，以满足人们生存的基本条件为前提。环境资源容量是村落选址时考虑的首要因素。环境资源容量就是在一个特定的区域内环境可容许的扩张限度，起限定作用的主要因素是土地资源和水资源。

1. 土地资源

农耕时代中国村落选址，都首先着眼于农业生产的条件和环境，第一个要考虑的是有足够的可耕地，使农业生产得到稳定的保障。我国先人很早就认识到人口与土地的辩证关系，主张村落规模应与土地和自然环境平衡。

在"九山半水半分田"的浙南地区，数量极为有限的河谷冲积平原、山间小盆地成为乡民们聚居的理想之地。这种地貌土层肥沃，水源丰沛，交通便利，有利于农业生产，两侧的山坡还可以种植各种经济林木。所以，建于这两种地况之上的村落数量最多，历史最长，规模也最大。

腾冲和顺地处云南西南边陲，四面环山，环境优美，但人多地少。和顺人将有限的平地让给农田，而民居建筑大都依河顺坡而建，背山面水，沿等高线逐级行列布局，呈现出一幅极具韵律的立面构图。

碛口位于晋西黄河东岸，属黄土丘陵沟壑区，是吕梁山向黄河峡谷的延伸。碛口所在地区大多土地贫瘠，纵横的沟谷、起伏的梁峁多有缓坡，为了节约平整的土地，村落依山而建，散落在悬崖和沟坡上，层层叠叠，从沟底一直蔓延至坡顶。

另外，人口的增加导致人均耕地数量减少，到清代中晚期，人口与土地的矛盾越发凸显。因此，在清代中期以后，村落的民居布局有了极大的变化，多数村落的民居都采用提高密度、加大进深、拼联建屋的建造方法，甚至发展为单间长进深的联排屋。更重要的是开发山地，将民居建造在不适于耕种的山坡地上，如西南地区悬挑的吊脚楼，藏族、羌族的碉房等。

2. 水资源

无论在南方还是北方，水和土地都是农业村落存在的决定因素，不但庄稼生长要水，水也是人类生命之源。江河的水可供舟楫行驶，溪涧的水可放流竹木，还能推动水碓。因此，村落的分布和布局均与水系、水源有关。河少或近处无河的村落就要兴修水利，筑坝开渠，引水灌溉。引水不便而有地下水可开发的地方，则多打井。村落与井的关系十分密切，所以产生了"乡井""市井"这样的词，离家外出称为"背井离乡"。

干旱的河北省蔚县，有村子三百个左右，都很分散，相互望不到炊烟，但是凡涧水和泉水丰沛处，就会有两个或三个村堡挨在一起。例如西古堡、中小堡和北官堡三个村子紧紧相邻，就因为那里有一处比较大的泉水。三个村子组成了全县最大的镇子，叫作暖泉镇，很繁华，店铺夹道。

徽州盆地中的歙县、黟县，地处黄山、天目山、率山等山脉之间，地形由半山区、丘陵和小平原相互交错而成。为用水方便，一般村落多位于溪流附近，出现了许多与溪水有关的村落，如绩溪、屯溪、临溪、溪口等。西递村的命名也与水有关，"村中有二水环绕，不之东而之西，故名西递"。皖南村落多将溪流引入街巷、庭院之中，村落就沿着溪流走向展开。

耕地和水，是农业村落存在和发展的根本性因素，它们的广狭丰歉决定一方土地对人口的承载量。北方地广人稀，人口承载量限于水，南方地狭人稠，人口承载量限于地。所以，村落的规模不能无限制地扩大。

（二）村落选址与生产生活条件

生产因素对村落选址的影响是显而易见的，农、牧、渔、商、手工业性质的村落因生产性质不同而对选址的要求各不相同。农耕区有作业半径和土地肥瘠的限制，牧区逐水草而居，因此很难形成固定居民点。

1. 农耕村落

农业是中国古代社会的经济命脉，因此农业生产在村落的发展中起到了决定性作用。以人力手工方式耕作的农民的居住地，只能选在耕田附近，形成规模不大的村落。农业的分散性决定了农业自然村的稀疏性和农民的散居性，这是传统农业社会最具特点的聚落区位分布特点。农耕村落选址决定于当地的耕地面积、土地质量、水源丰歉、林木状况，以确保达到可耕、可居、可食的基本生产生活要求。

农耕村落规模的大小取决于周围耕地的多少及质量。农耕村落分布的距离受耕作距离的限制，一般在 5000 米左右，即步行时间在 1 小时以内，总体比较分散。由于处于自然经济状态，农耕村落与外界的交往较少，所以交通条件的影响反而是次要的。

2. 商业村镇

遍布全国的水陆交通线是一条一条的命脉，它们不仅仅运输商品和生活物资，也供人民往来、军队调动、政府联络之用。交通线上活跃着希望，一些人向交通线迁移，寻找机会，形成村子。商业村镇大多依附交通条件而发展起来。

由于交通、集贸而发展起来的商业村镇与农业村落不同。商业村镇一定要有便利的交通条件，其布局往往为交通状况所左右，便利的交通条件可以把生产领域和消费流通领域紧密地联系在一起。水路运输一定要选好码头位置。道路附近往往有利于开展商业贸易和货物集散，使店面很快取得经济效益。沿交通线设置商业街，围绕水旱码头或集贸市场聚集居民，逐渐发展成为村镇是很常见的。商业村镇布局要有利于货物集散转运及商贸交易，需要有设摊售货的广场或街道，商业街或集贸市场的位置举足轻重，南方多雨地区还要设有檐廊或骑楼。码头、货栈、仓场、商店、餐馆、旅社，甚至戏楼、马厩等成为主要的建筑类型。

最容易形成村落的地方是官驿道上的驿站和铺递。江西省广昌县驿前村在抚河上游而近源头，便因为位于官驿站之前而得名。它从一个普通的农业村落变成一个地区的商业中心，一个大的集散市场，融入了江右商帮之中，曾经拥有二十多座祠堂，一座文昌阁和一座很大的文馆，濒江延伸。江对岸是一望无际的白莲花。

浙江省嘉兴市乌镇是江南六大古镇之一，位于两省（浙江、江苏）、三市（嘉兴、湖州、苏州）交会处。它历史悠久，地处水陆之会，境内河流纵横，四通八达，是浙北的交通枢纽。乌镇的东、西、南、北四条沿河大街呈风车状、十字交叉，构成河街并行、水陆相邻的古镇格局，体现出江南因水建市的特点。乌镇老街两侧分布着商铺和茶馆，大的铺子三、五、七开间不等，小的只有一开间。沿河的只有一进，下店上宅，另一侧是前店后宅，有的是进深四五进的大府邸。

山西省吕梁市临县碛口镇因其特殊的地理条件成为水旱转运码头，西部紧贴黄河，沿岸主要是连绵的仓储行和过载行。东部紧贴湫水河，沿河以骆驼店、骡马店为主。东、西部之间是批发业、零售业和餐饮业繁荣的地带。转运码头的发展带来了商业的繁荣，其鼎盛时期云集了380余家大小商号，村镇规模迅速扩充。主街道长达2500米，顺着卧虎山又修筑了13条竖巷，连接着大小几百家店铺，形成了东市街、中市街和西市街。整个碛口的街道依山而建，因地就势，街连街，巷连巷，沿街经营门面，院内房屋住人或做仓库。

（三）村落选址与环境地理特征

气候、地形、地貌、地质等环境地理因素是影响村落布局的重要因素。传统村落在选址和布局上都注意因地制宜，"地"就是实际的地理环境，"制宜"就是找到恰当的选址和空间布局。村落的选址布局强调顺应自然，因山就势，保土理水，培植养气，珍惜土地，涵养水脉等原则，保持自然生态格局和活力。村落布局常借岗、谷、脊、坎、坡、壁等条件，巧用地势，分散布局，组织自由开放的空间形式。在山地，多依山构建高低错落的多层次的竖向空间，充分发挥自然通风、采光、日照、观景等空间效果；在黄土高原，多利用黄土层具有的壁立性强的特点，开挖洞穴，建窑洞式的空间形式；在平原，多采用内向型的集中式布局，以方便生活和节约土地；在滨水地带，顺水布局，营建灵活流畅、方便生产生活的水乡环境。

我国幅员辽阔，气候多样，地貌复杂，顺应自然条件的村落布局，水网地区的与丘陵地区的会有差别，炎热地区的和寒冷地区的也会不同。不同地域环境的村落，构建出了山水交汇、情景交融的理想的聚居环境，村落景观呈现出丰富多彩的形式与风格。

1. 气候因素

村落的选址、空间布局、民居形态，建筑材料的选择、构筑做法的安排、技术手段的运用，都会受到气候因素的影响。气候因素主要包括气温、降水、风向等。

在东南沿海地区，夏季主导风向是东南风。由于全年平均气温高，居住面临的主要问题是防暑，防晒隔热和通风散热是主要技术手段。防晒的主要措施是减少前后两栋建筑的间距，让后面的房屋尽量处在前面房屋的阴影之中。由于空气湿度大，通风显得格外重要。改善通风条件，可以在散热的同时加速水分蒸发，防止房屋的木构件霉变或糟朽。因此，在珠江三角洲一带，村落一般采用梳式布局，村落巷道纵列布置，间距为一列三间两廊式住宅的宽度或两列住宅的宽度，兼有少量横向的联系道路。家庙祠堂等排列在最前方，村前有禾坪，作打谷晒谷之用。坪前有池塘，作蓄水、养鱼、灌溉、防洪之用。村后植树、栽竹、种篱。白天，由于村落主要巷道与夏季主导风向平行，村内居民可以接受经过村前池塘的凉风，因巷道狭窄，形成的冷巷风可以改善局部小气候；夜间，房屋屋面因日晒气流上升，四周田野和山林的低温气流补充进来，形成小气候调整。

西北地区紫外线强烈，夏季干热，冬季干冷，风沙大。新疆喀什的老城布局力图营造一个防风、遮阳和较恒温的居住环境。无论村镇边缘还是民居的沿街面都很少开口，仅有的几条贯通全城的主要街道、次要街道和户前小巷全都是曲折的，并且十字路口很少，这种街道网络对加大风阻、减小风速是十分有利的。至少有三分之一的住户有自家的过街楼，或出挑很大的房间，道路的很大一部分被这些过街楼覆盖着，处于阴影当中，具有良好的遮阳效果。

村落选址过程中，小气候也是重要的一条，尤其是在大气候较差时，小气候良好更值得重视。江南村落选址常常选择在冬季西北寒风小，夏季有山谷风，冬季日照多，夏季又凉爽的环境，因而北与西以山为屏障、南与东为开阔地的村址常能入选。浙江省永嘉县鹤垟村就是因其始祖"雪后登山，望见兰台山前，积雪先融，遂定居焉，后果繁昌"，从而被选中建村的。这种对小气候独特性的研究，比仅凭全地区的气象等资料下结论更有价值，也更有现实意义。

2. 地形对村落布局的影响

华北、东北大平原，一马平川，为院落式规整布局创造了条件，村落多为纵横街巷式。因平原区可用车运、驮运、挑运，以车运为主，故村落的街巷宽敞平直。江南水网地区自然形成了水巷与陆巷联运的布局，沿河村落也必然要适应河岸用地的宽窄条件，因兼有陆运与水运，故多设码头，将河浜与道路平行相连。山区的村落往往形成自由式、台地式的布局，因山区多为挑运或背篓运，巷道不仅窄小曲折，而且多设踏步。

（1）平原地区的街巷式布局

在东北、华北的平原地区，村落采用街巷式方格网布局较为广泛。街巷式布局的村落用地方整规则，街巷纵横平直，多以直角相交。且街巷等级不同，分工明确。大街为南北向，宽 10 米左右，供公共交通使用；巷道为东西向，宽 4—8 米，是入宅的通道。

山西省襄汾县丁村地处太原盆地南端的汾河东岸的平原上，以明清住宅众多而著名。丁村的发展依赖于自然地理条件，从现存的明清住宅分布上可以得到验证。丁村现存明清住宅共有 40 多座，其分布大体为三大部分，俗称北院、中院、南院。北院位于村庄的东北部，以明代建筑为主；中院位于村庄的中偏东部，以清代中早期建筑为主；南院在村庄的西南部，以清代晚期的建筑为主，即顺着汾河的流向进行扩充和发展。丁村的道路横平竖直，采用丁字形布局，虽为村中之路，却形同北方府城结构，和南方依水系发展起来的道路网截然不同。

（2）水网地区的水巷、陆巷交错式布局

长江中下游水网密集区，湖泊棋布，水道纵横，水系既是对外交通的航线，也保障了居民的正常生活。水网地区的村落可以说是"咫尺往来，皆需舟楫"的水上居民点。村落布局往往根据水系特点形成周围临水、引水进村、围绕河汊布局等多种形式，主要可分为四类，即沿河流或湖泊单侧发展的布局、沿河两侧发展的布局、沿河流交汇处发展的布局、围绕多条交织河流发展的布局。

水乡村落都有一条（少数有两三条）贯穿村镇的主河道，一般称为市河，河道较宽，河上的桥也较高，便于大船往来。次河道相对较窄，多为居民所利用，方便居民用水、运输和交通。村落内部街道与河流走向平行，形成前临街、后枕河的居住格局。

江苏省昆山市周庄地处淀山湖、澄湖、白蚬江和南湖的环抱中，四面临水，主要以南北市河、中市河、后港三条河道为脉络，沿河两侧成街，形成八条街巷，主要商业街依河而建。古镇总体形态紧凑，坊巷组织结构清晰，形成"水陆并行，河街相邻"的井字形格局。家家户户临街面水开门，水陆两便。跨河建有石桥11座，多建于明清时期，拱桥、板桥皆有，形式各异。故多以"小桥、流水、人家"概括水网地区村落的景观特色。

（3）山区的自由式布局

山区村落的内部交通主要靠踏步，随形就势，曲折蜿蜒，民居随自然条件建造，方向不拘定向。山区村落一般规模不大，多沿等高线分台建造，有的民居将台地包容在院落内部。比较有代表性的西南少数民族地区的村寨多依山而建，充分利用地形高差，争取生活用地，沿等高线布置在山腰或山脚。在背山面水的条件下，村落多以垂直于等高线的街道为骨架组织民居，形成高低错落、与自然山势协调的村落景观。地形的变化也使山地村落创造出不少特殊的空间变化。

爨底下村位于北京西部山区，地处灵山和百花山之间，是北京与晋冀之间联系的交通要道。村落依山而建，层层升高。村中有一条东西走向的蜿蜒巷道，一侧的高墙把山村分为上下两部分。民居院落分布在数层台地上，错落有致。灵活的村落布局，巧用密集型的山地立体布置，随地形起伏，高低变化，错落有致，以高密度的建筑群体布置取得基地最大的空间效益。高低错落的村落布局，充分利用建筑间前后排的高差，使每个院落都能获得良好的自然通风和充足的日照。高低变化的建筑群，层层叠落，勾画出丰富多变的立体轮廓。

（四）村落选址与居住安全

村落的选址要有土地、水源、物产资源、交通等条件，但只有这些条件还不够，还要考虑到居住的安全。居住的安全大致有三个方面：一是自然环境的安全，二是社会环境的安全，三是心理的安全。

1. 自然环境的安全

自然环境的安全主要是提防洪水和其他灾害性地理因素。提防的办法：一是避开，不在有危险的地方建村；二是抵御，构筑可靠的抗灾工程。

断崖之下、裂谷之侧不可以居住，这是常识，怕的是再度发生山崩、地陷、泥石流。河谷两岸历年水线以下不可以居住，这也是常识。洪水一旦暴发，屋舍尽毁，人畜丧生，中国和西方早期的古代史都有洪水灾难故事。中国人所尊崇的古帝之一——禹的最大功绩就是治洪水，治水又是和发展农业相结合的。《史记·夏本纪》中说，禹"开九州，通九道，陂九泽，度九山。令益予众庶稻，可种卑湿"。浙江省永嘉县豫章村的外宅部分贴近楠溪江南岸，清代康熙年间，一场洪水把它冲得片瓦不存，后来豫章村人在离开江岸500多米的山脚下的高地上发展，而把江边改成了阡陌纵横的水田。

河流都有转弯处，大体呈弧形，弧的外侧一般易受河水侵蚀，叫冲蚀岸。河水挟带的泥沙在弧的内侧沉积，所以内侧叫沉积岸。村落选址多在沉积岸一侧，而避开冲蚀岸，因为冲蚀岸一侧的土地会不断减少，甚至危及村落。如果河湾外侧的地质是岩石，则河水虽然冲击，但却难以侵蚀它，所以也可以建村。然而避开可能的灾难并不总是唯一决定性的考虑，在某些情况下，经过利弊权衡，也可能用人力来对抗自然。例如，河湾侵蚀侧的土地肥沃或者有运输之利，就要采取工程的办法来抵御洪水，沿溪河建造高大坚实的防洪墙或石堰，抵抗河水的冲蚀。

2. 社会环境的安全

村落选址要考虑社会环境的安全，主要是避乱。浙江省永嘉县的楠溪江流域，村落星罗棋布，居民大多是唐以后从外地迁来的。例如，渠口村始迁祖是在唐末为避黄巢之乱而来，豫章村始迁祖是随宋室南渡而来，还有些村子的先人是五代闽国内乱时从福建迁来的。清代乾隆《永嘉县志·疆域》记载："楠溪太平险要，扼绝江，绕郡城，东与海会，斗山错立，寇不能入。"楠溪江流域水土丰厚，固然是吸引外来移民的重要条件，而"寇不能入"显然也很重要，尤其对于因战乱而不得不远离故土、播迁异乡的人来说，更是最重要的。安居乐业就不能不避人祸，故村民尤其看重易守难攻的生活环境。

不过，时过境迁，当初凭借山险水阻而偏安于邃谷之中、危岩之下的村子，很多都因为过于偏僻而在农业经济上难以发展。我国的一些少数民族，如苗族和侗族，本来生活在中原地区，后来一退再退，最后生活在贵州一带的崇山峻岭之中，这也是一种为求社会性安全而不得已的情况。但这样的情况大大阻碍了当地的发展。安全不一定有利于进步。

3. 心理的安全

心理的安全，主要是希望住在一个可以凭视觉直观而有明确的领域感的地方，尤其是背后有山可靠，面前有水环绕，并且视野可及的环境。明确的领域感有利于酝酿村落居民的内聚力，村民会产生大家共处同一个环境而命运相似需要互相依靠的亲切感。

古代中国人口大多分布在丘陵区和浅山区。这种地区很容易找到山环水抱、宜于建村的地点。东南诸省份流行以"富"字作为聚落环境的理想格局，就说明了领域感的重要性。它以山脉包围村落的三面，把村落安置在一个盆地里，还要背靠较高的主山，这就造成一个安全的态势。同时，村落这样的位置，可以让出盆地当中灌溉条件最好、最平坦而肥沃的土地作为农田。山西省沁水县西文兴村、福建省福安县楼下村以及广东省梅县的寺前村、高田村和塘肚村，都让出土壤肥厚的盆地中央而退到边缘丘陵脚下稍高的台地上，背靠山坡。这样既有利于生产，也有利于居住，无论心理上还是生活上，都很安全。

西文兴村所在的盆地不大，盆地里只有它一个村落，台地在盆地西侧，比较高，村落在盆地里的主导作用很强。梅县三村并肩展开在北侧的山脚，曲折连绵，不过盆地不够宽阔，近山也不很高，所以景观还算饱满。楼下村所在的盆地面积比较大，村落贴在它的南缘，面对北方，四周的山很高，好在盆地中央有一个小丘，东西向延长，长满老树并有一座小庙，所以盆地景观也不觉空旷。村落环境景观饱满而不空旷，村落在一定范围里占主导地位，这样的环境能加强村民心理的安全感。

影响村落环境安全感的重要因素之一是人和环境的和谐感。美是和谐，所以环境中自然风光的美也是村落选址的考虑因素之一。中国文化里素有雅爱自然的传统，孔子说过"智者乐水，仁者乐山"，两千多年来，这个山水情结一直强烈地影响着农耕时代的中国知识分子。被认为理想居住环境地的"富"字模式，也有很强的审美意义。"富"字是完全对称的，村落选址和朝向确实很重视左右山丘的对称布局。对称的形体是最简洁、最有条理、最易于认识的结构，体现出一种和谐感，所以它具有审美价值。

二、村落形态类型与空间构成

(一) 村落形态类型

村落形态主要是指两个方面：一是指村落在总平面上的形状；二是指村落的建筑形式与布局、街道以及对外交通等方面的特点。不同地域、不同环境、不同时代的村落形态有着明显的差别。从一定意义上说，村落形态是村落所在地的地理环境、村落形成时代以及当地社会历史和文化背景的反映。

村落的形态主要有三种基本类型：带型村落、团块型村落和散列型村落。

1. 带型村落

带型村落的用地呈线形展开。这种布局大多是因为地形的限制，沿水陆运输线延伸，河道和主街成为村落延伸的依据和边界，贯穿始终。在黄土高原，村落往往沿冲沟和山谷边缘而建；在水网地区，村落大多沿河岸修建；在西南多山地区，由于河岸陡峭，可供建设用地少，村落沿河流岸边一字延伸。

2. 团块型村落

团块型村落大多由带型结构发展而来，是大型传统村落的典型格局。村落的用地比较宽松，呈长方形、扇形、圆形、多边形等团块状布局，以纵横的街巷为基本骨架。街巷平直，且大多以直角相交，主次分明，承担主要交通。村落内部有一个或几个点状中心，如戏台、集市、广场、水塘等，整个村落围绕中心层层展开构建而成。

3. 散列型村落

散列型村落在丘陵地区和山区分布较多。围绕农田或山丘等数个分散中心构成一个村落，用地范围不规则，街巷和道路系统不明显，中心不明确，多数属于多姓混居发展而成的居民点，或是少数民族村寨。在广东沿海低洼地区，台风频繁，地面积水不退，因此村落多取环山丘式布局，以小山丘为中心，沿丘坡四面环布，以免水淹。

（二）村落布局的组织方式

传统村落布局的空间形态受到诸多因素的影响。村落的组织方式发挥了重要作用，产生了宗法制度影响下的内向型团块格局、家族性集合式住宅以及依地缘关系发展的杂姓村落格局等组织方式。

1. 宗法制度下的内向型团块格局

中国古代社会是一个典型的以血缘关系为纽带的宗族社会，人与人之间的关系以血缘为基础。传统村落多为聚族而居，血缘关系不可避免地成为维系人际关系的纽带。在自然经济条件下，一处村落就是一个独立的宗法共同体，是一个自治单位。尤其自宋代理学提倡宗族制度以来，为了加强宗族内部的凝聚力，抵抗天灾及社会压力，形成了许多单姓的血缘村落，成为以血缘为基础的聚族而居的空间组织。反映在村落布局形态上，常常是以宗祠为核心而形成公共活动中心。

在漫长的农业文明时期，宗族往往是这类村落中类政权的组织力量，对村落各个方面的控制、管理都很严密，很有力量。村民的宗族观念也很强，因此村落的结构便打上了宗族关系鲜明的烙印，甚至反映了宗族本身的结构。在这种单一的宗族组织的控制之下，乡村文化生活与村落建筑和规划体系有着一种十分契合的对应关系，并通过村落的布局、分区、礼制建筑、园林和公共设施体现出来。村落的物质环境主要构成要素，如街巷、住宅、祠堂、庙宇、书院、文昌阁、廊桥、池坝、园林等的组织和安排也表现出一种条理清晰的有序性。

一个血缘村落多为一村一族，族有族长，族长之下有房派、支派之设，每房之下有数量不等的小家庭，从而组成了以族长为核心，以祠堂为象征，以血缘关系相关联且等级森严的宗族组织。宗族观念使整个宗族的成员，按其血缘关系的远近，分别属于不同的房系、支系，构成村落内在的网络结构。分布于村落之中大大小小、不同层次的祠堂，表明了某个宗族从始迁祖到多个支派的发展过程和这些支派的层次系统。除大宗祠外，各分支的支祠就是一个居住组团中心，各支派的住宅一般聚拢在它们所属宗祠的周围，形成团块，再以这些团块为单位组成整个村落。村落的领域界限和分布往往是由宗族势力所决定的。皖南西递村以规模最大的总祠敬爱堂为全村中心，下分九个支系，各据一片领地，每个支系都有一个支祠为副中心，整个村落分区明显。

浙江省兰溪市的诸葛村，在明代初年分为孟、仲、季三房。长房孟分按例就围住在纪念诸葛亮的大公堂和大宗祠丞相祠堂周边，房祠叫崇信堂；仲分聚居在村子的北部，房祠叫雍睦堂；季分则大多住在西南部，房祠叫尚礼堂。在一个相当长的时间里，三大房的团块都有余地，陆续插建了一些"小厅"和住宅。诸葛村的三座祠堂和几座"小厅"如崇行堂、行原堂、滋树堂、文与堂等，在建造之初于两侧和背后集中建造了一批标准化的住宅，有整齐的小巷，供本房本支的人家居住。不过在人口繁衍之后这种格局已被突破。

安徽省黟县碧山村，太平天国战争时几乎全被夷为平地，战后重建，至今以分祠为中心的若干个团块的大布局已经完成，但因年代不久，各团块之间还有很大的间距可供发展。这个村是血缘村落团块式格局的绝佳标本。

2. 家族性集合式住宅构成的村落

福建省西部、江西省南部、广东省和浙江省少数地方的客家人村落流行多种土楼、围屋和围龙屋，它们是大家族小家庭聚居的大型住宅，一幢住宅可以住几十户，几百口人。其形成是历史、经济、文化、自然条件等多种因素的综合作用结果，这种构造是兼具聚族而居和防御作用的大型住宅形式。

首先，满足家族共居的要求是最初建造集合式住宅的目的。客家人作为汉民族的一个分支，深受家族宗法制度的影响。它们在长途迁徙中历经艰难，最后在赣、闽、粤一带安居下来，靠的是家族的集体力量，因此家族的内聚力很强。要在相对闭塞的新居住地发展仍要靠集体的力量，并相对稳定地发展自己的文化，于是就采用了家族性集合式住宅。

其次，这种集合式住宅都有强大的防御功能。在山高林密的地区，为了防止民系之间和村落之间频繁发生争斗，也为防匪盗、猛兽，集合式住宅不得不具备很强的防御功能。例如，福建土楼大多厚筑高墙，封闭内向，外部很少开窗，多为一个大门出入。

另外，所在地区大多山峦起伏，溪流纵横，地形多变，客家人从事小块土地上的农业经济，山地稻作农业成为家族发展的物质基础，人们本能地依赖并尽力维护家族的统一和完整。土楼由核心体与围合体两部分组成，核心体一般为祠堂等礼制空间，围合体用于居住，中心的祠堂与环绕周围的居住廊屋是社会秩序和家庭秩序的象征。

福建省的土楼以圆形的居多，也有方形和多边形的，外墙封闭厚重。这些土楼体形巨大，圆楼直径常达六七十米，最大的竟有147米（平和县汤厝村云巷斋）；方楼面阔，有南北长207米、东西宽147米、高3层（平和县庄上村上城）的。它们相互之间不可能紧密靠拢而必须留出不小的间距，所以形成的村落较为松散。广东、江西和浙江的围屋一般为方形和矩形，内部布局近似"九厅十八井"而更大，分为许多中小型天井院。浙江省诸暨市斯姓在清代建了14幢围屋，有几处，一幢就是一个村子。福建省永安县八一村，全村由12幢居住式围屋和一幢围屋式宗祠组成，它们之间相距都在200米以上，分布在一个很广阔的盆地里。广东省始兴县的满堂围、惠东县的会龙楼都是一围一村。

3. 地缘关系的杂姓村落格局

杂姓聚居的村落是由大部分无亲缘关系的多姓家族结成的村落，村落中较少家族势力的宗派性，行政首脑多由乡绅充任，村落中多设社或庙宇，并以此为村落的公共中心。

山西省阳城县郭峪村是一个杂姓村落。虽然早在唐代就已有郭社的名称，但郭峪村并没有成为郭姓的血缘村落，这和包括山西在内的华北一带长期的战乱和居住环境恶化有关。直到明代，朝廷为了巩固边防，在山西大量屯兵，山西才获得了较为安定的环境，人口开始回流。郭峪村由于紧靠以冶铁为主的润城镇，又与交通枢纽北留镇毗邻，所以成为新移民涌入的首选之地。后来成为郭峪村大户的王、张、陈、窦、卢、马等姓氏都是明代迁入的。明末，以李自成为首的义军在陕、晋、豫等地进行了长达几十年的战争。为躲避义军的劫掠，众多散居的小户纷纷迁至大村附近，以加强整体的防御力量，这就形成了较大的杂姓村落，郭峪村就是其中之一。

郭峪村能够杂姓相处的一个重要原因是经商者相互提携的需要。山西人外出经商者多，千凶万险难以预料，因此特别重视"乡亲"关系，结为商帮，地缘意识大大强过血缘意识。杂姓村落的管理不依赖于宗族领袖，而依托于里社。社是乡村中较低一层的管理机构。它由十几个人组成"本班"管理，领头的称为社首，社首一般由有威望、有文化及有一定经济实力的人担任，定期选举产生。社有地产、房产、庙产。

郭峪村的宗族势力很弱，只有卫姓、范姓、张姓有小小的宗祠，但起不到组织管理作用。与血缘村落中以祠堂为核心不同，作为杂姓村落的郭峪村内有汤帝庙、文庙、白云观、文峰塔、文昌阁、西山庙、土地庙等众多庙宇，庙宇才是全村性的精神中心。

（三）传统村落空间形态构成

1. 传统村落空间形态特点

中国传统村落的形制没有固定的模式，多是通过村落有机体的要素不断协调自然生长起来的，总体布局较为自由、随机。传统村落的发展都是围绕着街道、广场、公共建筑等公共空间有机进行的。村落多采用小尺度体系，呈现出一种宽松舒适的特点。街巷的方向感来自当地特有的地形坡度、水系走向。住宅在外观上大都形态相近，沿着街巷、水道线性展开。村落中的建筑形式都基于院落式布局，中间形成庭院或天井，成为家庭日常活动的中心。街巷与院落自然生成，构成多样的公共场所，彼此相互交织渗透。

院落是村落空间形态的基本组成单位，即许多个以相似方法建造的合院式住宅作为村落的基本单位，院落群依据特定的人文因素（如宗族、伦理、风水观念等）和自然条件（如地形、地质、水系等）在场地上逐渐扩充，组成复杂的组合体，构成村落空间形态的基础。院落群沿着街巷，并围绕着公共建筑、广场等公共空间逐渐发展，就形成了村落。祠堂往往作为标志性建筑而成为空间形态的核心。街巷与宅院、广场、集市、码头等社会生活场所联系非常紧密，这些公共空间分散在各处，与丰富多样的社会生活融合在一起，满足了社会生活多样化的需求，也给街巷空间带来了浓厚的生活气息和活力。

传统村落空间形态具有如下特征：空间形态灵活多样；依托祠堂、寺庙等建筑形成标志性和象征性空间；空间流通，有牌坊、照壁等形成围而不堵的效果；尺度适当，景观丰富，利于步行。

2. 传统村落的街道

街道是村落形态的骨架和支撑，是村落空间的重要组成部分，但它从不单独存在，而是伴随着村落的建筑和四周的环境而共存。街道根据人们出行的需要并结合地形，构成了主次分明、纵横有序的村落交通空间。次要街巷沿主要街道的两侧或村落中心向四周延伸，至每幢住宅或院落的门口处。街道联系着村落的每一幢建筑、广场以及各个组成部分，影响着它们的布局、方位和形制，使村落生活井然有序，充满活力。街道格局的现状和发展都将决定着村落形态的现在和未来。

从功能角度看，街道具有多种用途，是一种多义的复合空间。传统村落的商业性街道就是一种比较典型的复合空间。白天，街道两侧店铺的门板卸下，店面对外完全敞开，无论在空间还是视线上，店内空间的性质由私密转为公共，成为街道空间的组成部分。而晚上，门板装上后，街道呈现出封闭的线性状态，成为单纯的交通空间。

传统村落的街道还作为居民从事家务的场所，只要搬个凳子坐在家门口的屋檐下，就限定出一块半私用空间，在从事家务活动的同时与周围往来的居民和谐共处，还可参与街道上丰富的交往活动。南方许多村镇的街道上设有骑楼、廊棚，有些连成了片，下雨天人们在街上走都不用带伞，骑楼或廊棚下的空间是一种典型的复合空间，具有半公共半私密的空间性质，居民将这里作为自己家的延伸。

为适应村落街道的不同功能要求，街道的空间尺度也不尽相同。在大型村落中，道路系统一般可分为三级：①主要街道，宽4—6米；②次要街道，宽3—5米；③巷道，宽2—4米。

在湘西的村落中，街一般是村落的主要街道，两侧由店铺或住宅围合，成为封闭的线性空间。街道宽度与两边建筑高度之比一般小于1，尺度亲切宜人。巷是比街还窄的村落邻里通道，两侧多以住宅的围墙围合，两端通畅，与街相接。如果说街是村落交通通道和村民进行购物、交往、集会的热闹场所，那么巷则是安静的，是邻里彼此联系的纽带；如果街具有公共性质，那么巷则具有私密的生活性质。巷的宽度与两侧建筑高度之比在1∶2左右，给人以安宁、亲切的感受。

在皖南的传统村落中，街巷空间幽深、宁静且丰富多变。村落建筑群体多由曲折的巷道分割或相通，巷的宽度一般为两侧建筑高度的1/5左右，因此，形成了别具特色的深街幽巷，显得幽静、安详，生活气息浓厚。

3. 传统村落的广场

由于中国传统文化中更多地体现出内敛的特点，所以在传统村落中作为公共活动场所的广场多是自发形成的。随着经济的发展，特别是手工业的兴旺，商品交换逐渐成为人们生活中不可缺少的需求。在这种情况下，某些富庶的地区如江南一带，便相继出现了一些以商品交换为特色的集市。这种集市开始时出现在大的村镇，后来才逐渐扩散到比较偏僻的村落。与此相适应，一部分村落在路边、桥头、村口等交通便利的地方设置固定的贸易场所，便形成了以商品交换为主要内容的集市广场。广场周围的建筑一般是茶楼、酒楼、澡堂、店铺以及戏台等商业服务业建筑。

村落广场作为公共活动场所，既是道路空间车流、人流的大型集散点，又常常辅以牌坊、市楼等标志建筑，构成村落空间的景观节点，在广场的布局上表现出极大的随机性和丰富多彩的变化。

从构成的角度看，广场可以看作村落空间节点的一种，主要是用来进行公共交往活动的场所。传统村落中的广场承担着宗教集会、商业贸易、日常生活聚会和交通枢纽的功能，大多具有多功能的性质。一般情况下作为村落公共建筑的扩展，通过与道路空间的融合而存在，成为村落中居民活动的中心场所。若与井边小空间相结合则往往成为公共空间与私人空间的过渡，起到使住宅边界柔和的作用。

在村头巷尾或住宅群组之间分布着大小不等的广场，构成了村落中的主要节点空间，它们往往是村落中公共建筑外部空间的扩展，并与街道空间融为一体，成为有一定容量的多功能的公共空间，具有固有的性质和特征。

村落广场一般面积不大，多为因地制宜自发形成，呈不对称形式，较少是规则的几何图形。曲折的道路由角落进入广场，周围建筑依性质不同或敞向广场或以封闭的实墙避开广场的喧嚣。规模不大的村落只有一两处广场，平时作为人们交往、休息、游戏的地方，节日时会在这里聚会、赛歌，具有多功能性质。

在缺乏大型公共建筑的村落中，村中较大的场坝便成为村民意象中的中心。它们不一定位于村子的中心位置，也可能不被建筑围合，多数是开敞式的，一面临村，视野开阔，场坝的一隅常群植或孤植高大的风水树，不但遮阴蔽日，还起到标志物的作用。

在村落的重要公共建筑和标志物周围，大多设有广场，承担着多种功能，如戏台广场、庙前广场、祠堂前广场，形成村落的中心。浙江省建德市新叶村，在有序堂和它西侧的永锡堂前形成比较大的梯形广场，长70.8米，东端宽5.5米，西端宽2.4米，位于南塘南岸，北望道峰山，视野开阔。这里是新叶村每年举行庙会的主要活动场所。举行庙会时，要从寺庙中请来关帝等神像到这里巡游，并接受隆重的礼拜。乡土艺人在这里演出，小商贩在这里摆摊，男女老少远道而来，非常热闹。村里有红白喜事，也在这里举行仪式。这个全村唯一的公共中心，是全村景观最开阔、最有生气、最多变化的地方。

三、村落的景观意象

村落中的街道和广场因其建造过程的自发性而不会整齐划一，且传统村落布局和建筑形态都与其所处的自然环境紧密联系，因此形成了丰富的村镇空间景观。平原、山地、水系的村落因其自然环境迥异，呈现出各具魅力的村落景观。

（一）平原村落曲折变化的景观

建于平原地区的村落街道景观为补先天不足而取形多样。单一线形街道，一般都以凹凸曲折、参差交错取得良好的景观效果。两条主街相交，在节点上的建筑形成高潮；丁字交叉的街道注意街道对景的创造；多条街道交会出几乎没有垂直相交成街成坊的布局。街道转折时采用交角式、抹角式、切角式等方法，与建筑物相结合，或与植物树木相结合，或与水系相结合，形成丰富的曲折变化。

街巷传达出感知的连续性。街巷多半不是平直的，曲折迂回的自由形态分散了线性空间的透视深度。同时街巷两侧平实的墙面有节奏地被各家各户的入口空间分割成段落，呈现有韵律的转换，连续的线变成了一条条线段，避免了单一乏味的步行体验。有序与无序的重叠并置，丰富了空间体验的多样性。

不同形状的街巷会给人以不同的空间感受。空间宽窄的变化给人的感受远比建筑立面的变化深刻。有些街巷的部分地段，由于两侧建筑的夹峙，空间异常封闭，但在某些地段豁然开朗。视野的收放与空间的开合给人以强烈对比。街道的某些地段会用低矮的院墙限定空间，园内种植花木，行人路过，环境氛围随之转换，令人倍感亲切。

（二）山地村落高低起伏的景观

我国湘西、四川、贵州、云南等地多山，村落常沿地理等高线布置在山腰或山脚。在背山面水的条件下，村落多以垂直于等高线的街道组织民居，形成高低错落、与自然山势协调的村落景观。

山地村落的街道空间不仅从平面上看曲折蜿蜒，而且从高程方面看也起伏变化，特别是当地形变化陡峭时还必须设置台阶，于是街道空间的底界面就呈平一段、坡一段的阶梯形式，为平面弯曲的街道空间又增加了竖直方向的变化，所以从景观效果看极富特色。处于这样的街道空间，既可以摄取仰视的画面构图，又可以摄取俯视的画面构图，特别是在连续运动中观赏街景，视点忽而升高、忽而降低，间或又走一段平地，必然会强烈感受到一种节奏的变化。

（三）水乡村落空间渗透的景观

在江苏、浙江以及华中等地的水网密集区，水系既是居民对外交通的主要航线，也是居民生产生活的必需品。村落的布局往往根据水系的特点形成周围临水、引水入村、围绕河汊布局等多种形式，使村落内部街道与河流的走向平行，形成前朝街后枕河的居住格局。

由于临河而建，很多水乡村落沿河设有渡口。渡口码头构成双向联系，把两岸变成互相渗透的空间，开阔的河面成为空间过渡，形成既非此岸、亦非彼岸的无限空间。同时，必然建有供洗衣、浣纱、汲水之用的石阶，使得水街两侧获得虚实、凹凸的对比与变化。江南古镇的临水商业街市，沿街店铺门前常搭有棚布，使商贾、买家免受雨淋日晒之苦，后来有的就做成固定的廊棚，一端靠着铺面楼底，一端伸出街沿，下撑木柱，上铺屋瓦，成为店铺门面的延伸。这样既可以遮阳，又可以避雨，方便行人。通廊临水一侧完全开敞，间或设有凳子或"美人靠"，歇脚时能领略对岸景色，进一步丰富了空间层次。

传统村落是在中国漫长的农业文明中发展完善的，它们以农业经济为大背景，无论选址、布局和空间构成，还是建筑的空间、结构和材料，无不体现着因地制宜、因山就势、相地构屋、就地取材和因材施工的营建思想，体现出传统民居生态、形态、情态的有机统一。它们的保土、理水、植树、节能的处理手法充分体现了人与自然的和谐相处，既渗透着乡民大众的民俗民情——田园乡土之情、家庭血缘之情、邻里交往之情，又有不同的"礼"的文化层次。建立在生态基础上的村落景观，既有朴实、坦诚、和谐、自然之美，又有亲切、淡雅、趋同、内聚之情，可谓形神兼备，情景交融。这种生态观体现着中国乡土建筑的营造理念和思想文化。

第三节
中国传统村落的物质景观要素与民居类型

一、村落物质景观构成要素

村落景观是人与自然长期互动的作品。它是在特定的自然环境下，通过人类对自然环境长时间的改造和适应而逐渐形成的。村落景观的形成不但要受到自然环境的制约，同时也会受到人类活动的影响。因此，村落景观的构成要素不仅包括自然环境的要素，同时也包含人类活动的要素。总的来讲，村落景观的构成要素可以分为两大类：一是物质要素，二是非物质要素。而物质要素又可以分为自然要素和人工要素。一般来讲，物质要素是基础，非物质要素是在特定的物质要素基础之上形成和发展起来的。

（一）自然要素

自然要素又可以称为基质要素。从一般意义上讲，自然要素主要包括地形地貌、气候、土壤、水文、生物以及人口等六个方面。这几个方面都是自然要素的有机组成部分，它们都不同程度地决定着村落景观的类型。

1. 地形地貌

地形地貌是构成村落景观的基本要素之一。它们是形成地域性村落文化景观的宏观性空间要素。地形地貌根据其自然形态可以分为山地、高原、丘陵、平原和盆地五大类型。在中国，在陆地面积中，山地约占33%、高原约占26%、丘陵约占10%、平原约占12%、盆地约占19%。不同的地形地貌形态反映了其下垫物质和土壤的差异及所造成的植被的区别，因而是进行景观分析和景观类型划分的重要依据。总的来讲，我国的地形地貌复杂多样，并在此基础之上形成了丰富多样的地域性村落景观类型。

2. 气候

气候是形成不同地域性村落景观的重要因素之一。气候因素包括日照、降雨量、温度、湿度、风等诸多方面。我国地域辽阔，从南至北纬度相差极大，横跨了热带、亚热带、温带和寒温带，因而气候类型也是复杂多样。这对地域性村落文化景观的形成产生了巨大的影响。气候对村落景观的影响主要体现在建筑结构的布局和形式上，如南方地区常年潮湿多雨，因而大多采用干栏式建筑形式。此外，气候对农业类型也产生了决定性的影响，如在北方寒带地区，农作物只能一年一熟，而在南方热带地区，有的却达到了一年三熟。

3. 土壤

土壤也是村落景观的一个重要组成部分，它对村落景观的形成具有重要的影响。土壤的形成受气候、岩石、地形影响较大。就我国来看，大致有森林土壤、森林草原土壤、草原土壤、荒漠和半荒漠土壤等多种类型。土壤对植被的生长和农业生产都会产生巨大的影响，因而也是决定不同村落景观类型的重要因素之一。

4. 水文

水资源是人类赖以生存和发展的必要条件。农业是目前世界上用水量最大的产业，一般占总用水量的 50% 以上，中国农业的用水量则占总用水量的 85%。水资源不仅是农业经济的命脉，而且是乡村景观构成中最生动和有活力的要素之一，这不仅仅在于水是自然景观中生物体的源泉，而且在于它能使景观变得更加生动而丰富。在不同的水体中有着各自的水文条件和水文特征，也决定着各自的生态特征，如湖泊、河流、沼泽、冰川等，它们对乡村景观格局的形成起了重要作用。

5. 生物

生物包括动物和植被，它们也是村落景观的重要组成部分。生物受到地形地貌、土壤、气候、水文等的影响，但同时它们又对保持生态平衡和保护环境有着重要的意义，同时对人类生产和生活产生重要影响。保持生物的多样性和平衡对人类实现可持续发展具有重要价值。

6. 人口

人口要素是村落景观中的一个核心要素，对村落景观的存在、发展具有决定性的影响。没有人口要素，村落景观就失去任何意义。村落景观中的人口要素主要包括人口数量、性别、年龄结构、素质（受教育程度）、健康状况、体质特征、营养水平等。

(二)人工要素

人工要素又可以称为硬质要素。村落景观中的人工要素主要包括各种类型的建筑物、构筑物，道路，农业生产用地和公共设施等。它们是构成村落文化景观的核心要素，最能反映村落景观的文化基底。

1. 建筑物、构筑物

建筑物、构筑物是村落景观中最重要的组成部分。按照使用功能可以将村落文化景观中的建筑物分为 5 大类：①居住建筑，主要是居住用的房屋，如住宅、旅店、宿舍等；②公共建筑，包括学校、广场、商业店铺、图书馆等；③农业生产建筑，主要是用于农业生产的建筑，如圈舍、禾仓、大棚、温室、库房等；④宗祠和宗教建筑，主要包括与举行礼制祭祀和宗教活动有关的建筑，如宗祠、家祠、佛教寺院、道教宫观、清真寺、教堂以及举行宗教活动的坝场等；⑤其他建筑，如从事工业或手工业的建筑、设施、场地，等等。

2. 道路

道路是村落景观的骨架，是连接不同景观板块的廊道之一。构成村落景观的道路系统可以分为两个部分：一是对外交通道路系统，如高速路、省道、县道和乡道等；二是连接村落内部的交通系统，主要是指街巷、串户路、田埂等。这两种道路系统都会对村落文化景观的格局产生较大的影响，分别承担各种不同的功能。

3. 农业生产用地

农业生产用地是农业发展的基础，农业是村落景观最核心的组成部分，是村落景观赖以存在和发展的基础。村落景观概念下的农业是以种植业为基础，包括畜牧业、林业、渔业和副业在内的广义农业概念。村落景观所涉及的也是广义的农业，它们构成了村落景观的主体。自古以来，中国就是一个农业大国，农业文明在中国文明史上占有最重要的位置。农业文明的发展，最关键的是得益于掌握可持续使用土地的能力。

4. 公共设施

公共设施是村落景观内涵丰富程度的重要体现之一。农业是村落景观的基础，围绕农业生产形成的公共设施，如水利设施是村落景观中公共设施的主要部分，其他的公共设施如坝场、水井、公共墓地等也属于公共设施的范畴。

二、传统村落的民居构筑类型

中国幅员广，民族多。各族人民在不同环境、气候、风土人情、文化习俗的作用下，造就不同的生活居住环境，同时民居由于因地制宜、因材致用、结构合理，为我们提供了一系列构筑技术。下文以现存明清传统民居为实物依据，进行分述。

（一）木构抬梁、穿斗与混合式

抬梁和穿斗两种中国传统木构架技术在汉代便已成熟，此后在民居中运用普遍，范围甚广。北方多用抬梁式，其中以北京四合院正房为代表。南方多用穿斗式，如云南白族民居的主体部分。彝族民居构架用穿斗而不落地，形成木拱架。在皖南、江浙、江西一带的民居中，山墙边贴用穿斗式，以较密集的柱梁横向穿插结合，辅以墙体，增强抗风性能；为使空间开敞、庄重，虽然柱梁交接还是横向榫卯关系，具穿斗特征，但已改用大梁勾连前后柱，省去多根柱子，同时大梁上再抬梁架，为抬梁、穿斗混合式。这种构筑类型的民居在我国分布广泛，主要包括北京、江浙、皖南、江西、湖北、云南、四川、湖南、贵州等地。

（二）竹木构干栏式

干栏在传统民居中，以竹、木梁柱架起房屋为主要特征。分布广，主要用于潮湿的山区或水域。浙江余姚河姆渡的干栏式建筑，构件有榫卯和企口，是新石器时代长江以南地区发现的最早的干栏式建筑之一。此后，在四川成都十二桥出土有商代干栏式建筑，在湖北蕲春发现有西周的大型干栏住宅。在云南剑川海门口也有干栏式建筑遗址，但房屋一端搭在岸上，大部分架于水上，是金石并用时代的干栏式建筑。广州出土的汉明器，证明汉代干栏已很盛行。明清时期，南方壮侗语族地区少数民族一直大量使用这种悠久的干栏式建筑。北方自汉代以后已较少使用，但在东北地区，直到清代仍有一种用作仓房的干栏式建筑，距地较矮，是为隔潮之用。今天，竹木构干栏式民居主要分布在广西、海南、贵州、四川等壮侗语族地区各少数民族的传统村落。

（三）木构井干式

我国很早就用井干壁体作为承重墙。汉武帝时曾建"井干楼"，张衡《西京赋》有"井干叠而百增"的说法，其使用范围应不止于后来所见的东北、云南等林区。东北及云南等林区所见木垒墙壁的住宅，是民间的一种普遍做法，端部开凹榫相叠。但因受木材长度限制，通常面阔而进深较小。

（四）砖墙承重式

洛阳出土的汉代仓房，以砖砌方室较多，证明当时砌砖技术已很发达，但在地面建筑中用砖不普及。砖普遍用于民居并作为承重墙是在明代，并因此在北方形成和普及了硬山式住宅。一般北方住宅多为四合院，每面各三间，但在前、左、右三面房屋正中间砌墙，除解决架檩传载外，火炕位置亦可合理安排，从而形成一间半式房屋。砖墙承重式民居主要分布于山西、河北、河南、陕西。

（五）碉楼

在西南一带边疆，汉代或更早已有碉房。碉楼与山地特殊的地理环境有关，这些地区多山，且石为板岩或片麻岩构造，易剥落加工，取石方便。碉楼外墙为厚实高大的收分石墙楼层，底层厚达40

厘米，高可达数十米，内为密梁木楼层的楼房，楼层用土面层，即在木梁上密排楞木，再铺一层细树枝，其下再铺 20 厘米的拍实土层，讲究的也有在土层上再铺木楼板的，屋顶亦为拍实土层，厚为 30 厘米。这种特殊做法均和当地属高原气候干燥多风有关。碉楼主要分布在四川西部、青藏高原以及内蒙古部分地区。

（六）土楼

土楼是客家人自三国两晋以来，以唐宋和明清几个时期为主，为逃避北方战乱而迁移南方的中原移民的住宅。土楼的种类、分布和客家民系的分布形态是一致的。

客家大体上居住于广东、福建、江西三省接壤地区以及广西、台湾、海南等省区，这些地区的土质多属红壤，质地黏重，有较大的韧性，不像中原的土质那样疏松，稍作加工便可以夯筑起高大的楼墙。该地区的山地又盛产硬木和竹林，硬木用于建房，竹片则提供了相当于建筑骨架的拉筋。同时，由于地理和气候的原因，客家由原来的麦作文化改为稻作文化，糯米、红糖是就地取材的最好凝固剂。这三种建筑材料和砂石、石灰一起，构筑成丰富多彩的各式土楼。土楼主要分布在福建、广东、赣南等地。

（七）窑洞

窑洞的前身是原始社会穴居中的横穴。河南洛阳挖掘出来的地下粮窖群，证明窑洞至少也有 4000 年历史。晋西吕梁地区石楼县岔沟遗址发掘的 19 座居址，为凸字形穹隆顶窑洞，年代在距今

4500—4300年。窑洞住宅以天然土起拱为特征，主要流行于黄土高原和干旱少雨、气候炎热的吐鲁番一带。汉唐时期的交河、高昌古城遗址，仍可见半地下的顶上起拱的穴居情形。至今可见的陇东、陕北的窑洞拱顶接近抛物线形，跨度为3—4米；豫西窑洞则多为半圆拱。窑洞主要分布于豫西、晋中、陇东、陕北、新疆吐鲁番一带。

（八）阿以旺

阿以旺是新疆维吾尔族常见的一种住宅，有三四百年历史。土木结构，平屋顶，带外廊。所谓阿以旺，就是一种带有天窗的夏室（大厅），屋顶留井孔采光，天窗高出屋面40—80厘米，供起居、会客之用，后部做卧室，亦称冬室，各室也用井孔采光。阿以旺顶部以木梁上排木檩，厅内周边设土台，高40—50厘米，用于日常起居。室内壁龛甚多，用石膏花纹做装饰，龛内可放被褥或杂物。墙面喜用织物装饰，并以其质地、大小和多少来标识主人身份与财富。屋侧有庭院，夏日葡萄架下可作息。

（九）毡包

毡包主要是以游牧生活为主的牧民居住的建筑。先秦即有此种建筑，汉时常见于记载，唐时牧民也喜用之，取其逐水而居、迁徙方便之利。元、清两代，因少数民族统治而大量使用，且有定居式的毡包。使用者除主要为蒙古族牧民外，还有哈萨克、维吾尔、塔吉克等族。

毡包搭建方便，构造简单。架设时，地面铲去草皮，略加平整，依毡包大小在地面浅挖槽线，然后将用皮条绑扎枝条的骨架围合竖立成壁，再将一伞状拱起网架置于上，节点与竖直骨架交接处，用皮条扎紧，于外覆盖羊皮或毛毡，用绳索束紧即成。毡包内地面为防潮湿，铺沙一寸或铺干羊粪一层，上再铺皮垫、毛毡。毡顶伞形骨架中心为一圆形孔洞，白天掀掉毛毡可采光。入口一般矮小，人须弯腰方能入内。

　　从支撑房屋的民居构筑方式看，上述为主要几种类型。但实际上一幢完整的住宅往往是多种构筑方式共同完成的。如云南一颗印住宅，以地盘和外观方整如印为特征，分布于以昆明为中心的西迄大理，南至普洱、墨江、建水，东至昭通、沾益一带。由于高原地区多风，故墙厚瓦重，住宅外围用厚实的土坯砖或夯土筑成，或用外砖内土，称为"金包银"。"印"内的房屋架梁则主要是穿斗式。又如徽州住宅主体是穿斗或抬梁、穿斗混合式，但由于建筑密集，又位于山区，防火、防风很重要，故除架梁为木构外，山墙为砖砌体，和柱梁脱开而用铁件连接，使得山区的潮湿对木构不产生影响。碉楼、土楼、阿以旺住宅也都是土木并用。

中国传统村落
文化抢救与研究

文化区系列

Chinese Traditional Villages

第四章

中国传统村落的非物质文化遗产

第一节
传统村落中的非物质文化遗产如何界定

一、非物质文化遗产及其内涵

根据联合国在 2003 年 10 月 17 日通过的《保护非物质文化遗产公约》中的界定："指被各社区、群体，有时是个人，视为其文化遗产组成部分的各种社会实践、观念表述、表现形式、知识、技能以及相关的工具、实物、手工艺品和文化场所。这种非物质文化遗产世代相传，在各社区和群体适应周围环境以及与自然和历史的互动中，被不断地再创造，为这些社区和群体提供认同感和持续感，从而增强对文化多样性和人类创造力的尊重。在本公约中，只考虑符合现有的国际人权文件，各社区、群体和个人之间相互尊重的需要和顺应可持续发展的非物质文化遗产。"有学者认为此定义有一定局限性，如忽视了传承人的主体作用与非物质文化遗产的活态传承特征、传承时限与表现形态等，故而结合中国实际进行了重新定义。他们认为："所谓非物质文化遗产，就是指人类在历史上创造，并以活态形式传承至今的，具有重要历史价值、艺术价值、文化价值、科学价值与社会价值，足以代表一方文化，并为当地社会所认可的，具有普世价值的知识类、技术类与技能类传统文化事项。"[①] 这一定义告诉我们，首先，非遗强调"活态传承"，也就是从传承主体来

---

① 苑利，顾军. 非物质文化遗产学 [M]. 北京：高等教育出版社，2009：12.

看，非遗项目必须以杰出传承人为依托，没有杰出传承人的项目不能认定为非遗。因此，非物质文化遗产最大的特点是依托人的有意识的选择与学习而存在，是民族个性、民族审美习惯"活"的显现，往往是以声音、形象和技艺等为表现手段，以口传心授为延续方式，是完全的"活态文化"。其次，非物质文化遗产的本质特征还在于其"非物质"性。说到底，非遗是文化事项，不是工具、实物、制成品，不是物质文化遗产，所以背后强调的还是文化传承的问题。据此，我们对非物质文化遗产的保护与利用，关注的核心应该是其保护与传承的机制。非物质文化遗产正是承载我们民族文化遗产传承的重要载体，需要予以足够的重视。

二、传统村落中非物质文化遗产的界定

如何认定传统村落？传统村落的价值是多元的，在城镇化背景下村落遗产的迅速消失引起了中央层面的关注。2011年时任国务院总理温家宝在中央文史研究馆成立60周年座谈会上提出"古村落的保护就是工业化、城镇化过程中对于物质遗产、非物质遗产以及文化传统的保护"。为贯彻这一讲话精神，四部局随后下发开展传统村落调查的通知。通知中对传统村落有如下界定："传统村落是指村落形成较早，拥有较丰富的传统资源，具有一定历史、文化、科学、艺术、社会、经济价值，应予以保护的村落。"确定为传统村落须具备以下几个条件：

（一）传统建筑风貌完整

历史建筑、乡土建筑、文物古迹等建筑集中连片分布或总量超过村庄建筑总量的1/3，较完整地体现了一定历史时期的传统风貌。

（二）选址和格局保持传统特色

村落选址具有传统特色和地方代表性，利用自然环境条件，与维系生产生活密切相关，反映特定历史文化背景。村落格局鲜明，体现了有代表性的传统文化，鲜明体现了有代表性的传统生产和生活方式，且村落整体格局保存良好。

（三）非物质文化遗产活态传承

《住房城乡建设部 文化部 国家文物局 财政部关于开展传统村落调查的通知》（建村〔2012〕58号）中指出：该传统村落中拥有较丰富的非物质文化遗产资源、民族或地域特色鲜明，或拥有省级以上非物质文化遗产代表性项目，传承形式良好，至今仍以活态延续。

从上述定义我们可以知道，传统村落本身就是一种特殊的文化遗产。首先，它兼有物质文化遗产与非物质文化遗产，且两类遗产在村落内互相融合，互相依存，是一个独特的整体；其次，传统村落的建筑属于乡土建筑，并非古建筑，因有人居住和生活而必须修缮与更新，其历史是活态与立体的；再次，传统村落并非"文保单位"，而是生产与生活基地，是农村社区。因此，它面临着改善与发展，也关系着村落人民生活质量的提高，在保护的同时也要发展。①

在明确了非物质文化遗产与传统村落的定义及内涵的基础上，我们可以尝试对传统村落中的非物质文化遗产做出初步的界定。从全国非遗保护的现状来看，截至 2014 年国家已陆续公布了四批国家级非遗名录，共计 1372 项。我们注意到，当第四批国家级非遗项目公布时其名称做了相应调整，即将原来的国家级非物质文化遗产名录改为"国家级非物质文化遗产代表性项目名录"，这一说法的依据来自《中华人民共和国非物质文化遗产法》。据该法第十八条的表述："国务院建立国家级非物质文化遗产代表性项目名录，将体现中华民族优秀传统文化，具有重大历史、文学、艺术、科学价值的非物质文化遗产项目列入名录予以保护。"② 2005 年国务院发布《关于加强文化遗产保护的通知》，对非物质文化遗产提出了"保护为主、抢救第一、合理利用、传承发展"的基本方针。可以说，非物质文化遗产代表性项目名录是基于抢救与现实经济条件的考量，也是为了让有限的行政、财力资源得到更好利用。四部局关于传统村落调查的通知中对传统村落的界定也强调了"或拥有省级以上非物质文化遗产代表性项目"。我们注意到，国家对非遗代表性项目的强调，在传统村落的保护过程中似乎造成了一种误解，那就是传统村落里如果没有国家级或省级代表性项目，似乎就没有非遗。这种观点显然是不对的。我们认为，传统村落中的非遗是体现村落文化传承的重要载体。目前学术界对非

---

① 冯骥才. 传统村落的困境与出路：兼谈传统村落是另一类文化遗产[J]. 传统村落，2013（1）：7-12.
② 信春鹰. 中华人民共和国非物质文化遗产法释义[M]. 北京：法律出版社，2011：40.

遗的内容界定有所谓的"三分法"或"七分法"：前者指传统表演艺术、传统工艺技术、传统节日仪式；后者则包括民间文学、表演艺术、传统工艺美术、传统生产知识、传统生活知识、传统仪式、传统节日等。[①] 如果按照这一标准来看，传统村落中的非遗事项是非常多的。几乎可以说，没有哪个传统村落中不存在这些文化事项。但接下来的问题是：它们并非非遗代表性项目，资源禀赋一般，这样一些文化事项与传统村落是和谐共生的关系，大部分都保存了下来，那么这些是否值得保护呢？答案是肯定的。这就需要我们转换思维，淡化传统村落中非遗事项的"级别"观念，代之以"平等的眼光"。而且从保护村落文化遗产的角度来看，固守原有非物质文化遗产的定义，过于强调非遗项目的级别，对村落文化的保护与传承是不利的。因为从非物质文化遗产的保护来看，其保护主体是非遗事项；而从传统村落的保护来看，保护的主体是村落，非遗只是其中一项内容。明确了这一理念，我们对传统村落中的非遗可以有如下界定：在传统村落中保存并传承至今，能代表传统村落文化遗产的民间文学、表演艺术、传统工艺美术、传统生产知识、传统生活知识、传统仪式、传统节日类文化事项。需要注意的是，上述七类事项是或然关系而非要求全部具备。此外我们还应充分注意非遗事项的地域性、民族性，注意其原汁原味的保护与地方特色。这样我们才能充分发掘其文化内涵并在此基础上逐步构筑中国非物质文化遗产的分级分类谱系。

[①] 苑利.顾军.非物质文化遗产保护干部必读[M].北京：社会科学文献出版社，2013：17-20，24-26.

第二节
传统村落中的非物质文化遗产保护现状

一、传统村落文化加快凋零消逝，亟须更新理念

近年来，城镇化成为国家的重要发展战略，也是推动我国经济发展的重要引擎。城镇化的一个重要目标即是打破城乡差别，实现城乡社会的和谐发展。但在城镇化的过程中，我们看到的是"千城一面"、乡村文化的迅速凋敝以及对大城市刻意的模仿。乡村正在加速"城市化"。不可否认，在以城市为主体的时代，乡村始终扮演着"若隐若现"的配角角色，并按照与城市的距离或关系，被分为了"城中村""城边村""城郊村"等，可以认为过去30多年的发展中传统乡村一直在"退缩"和"消失"，并不断满足城市及城市人的需求，其存在的价值亦更多地基于城市的需要。也许，"乡愁"的提出体现的正是我们这一代还有传统乡村记忆的人对乡村价值的呼唤。

因此，在迅速城镇化的过程当中，一定要尽量避免传统文化的断裂，我们需要在城市和乡村为"文化"预留发展的空间，要规划出市民文化生活的场地。在乡村，我们尤其要注意保护我们传统的民间文化和地域特色。现在大中城市在城市面貌与城市景观建设上已然同类化；假如我们再不注意这个问题，使我们国家所有的城镇与乡村也都变得一模一样了，那绝对是一个悲剧。更重要的是，我们要在城镇化的过程中设法保护处于"断根"之境的非物质文化遗产，让传统文化能够在新的文化环境里有继续生存的可能。在这个

过程中，一定要注意维护"文化多样性"，不能让现在城市的同一性的文化成为唯一的文化，不能让全社会所有的人真的都唱着"同一首歌"，更不能把产生在农业文明里的传统文化统统遗弃。例如，我们在一些地方看到对村落的规划与改造，完全按照城市的逻辑，这等于铲掉了传统文化赖以生存的土壤。又如，在内蒙古某地，我们看到了类似兵营式布局的村落（图4-1）。也许政府和规划者的本意是好

图4-1　内蒙古类似兵营式布局的村落

的，但这样整齐划一的村落规划与布局，使原有村落的文化与传承关系几乎是找不到了。

此外，传统村落还面临一个更加致命的问题，就是传统村落本身的空心化。观念改变了，习俗消失了，人去楼空了，照此发展，还会产生相似的后续问题，最严重的是失去家园的归属感。我们看到的是乡村文化的贫乏，民众精神娱乐生活的空洞化与粗鄙化。在南方很多省份，由于年轻人外出打工，村里一般就剩下老人和留守儿童以及一些不愿外出或在外找不到事做的大龄妇女。妇女、儿童和老人成了村落的主要成员。很多小孩疏于管教，找不到好的学习环境，也缺乏学习的良好条件，于是他们染上了一些恶习。如调研团队发现一群孩子围坐在一个桌子上打麻将，而村里的大人视若无睹，真是让人颇为痛心。如果一个乡村未来的主人沉溺于游戏，我们对乡村的未来是有些悲观的。当然，这种个案有些极端，但的确反映出乡村文化加速凋敝的现实，如不尽快予以挽救和引导，很可能使得乡村文化出现大面积的"沙漠化"。

正基于此，保护传统村落迫在眉睫。要寻找城镇化发展与传统村落保护的平衡点，关键在于对文化的认识。要留住传统村落，还得留住它的内容，留住它的生态，留住它内在的生机和活力。我们必须从文化生态系统的角度看待传统村落，从保护文化生态系统的综合与纵深层次上保护传统村落。当然，我们也看到了一些可喜的例子。如在内蒙古的一个小村落，近年来在政府以及村中富裕村民的鼓励与带动下，废弃已久的戏楼被重新启用。在一些节日及农闲时节，村民邀请民间艺人前来说书唱戏，村里一些重要事情的发布与决议也选择在这里举行，于是戏楼再次成为村落重要的公共空间与文化娱乐空间（图4-2、图4-3）。

图 4-2　村落的戏楼

图 4-3　村落的戏楼成为村民重要的公共空间

传统村落的非物质文化遗产是维系传统村落文化传承的主要载体之一。我们丰富多彩的地方戏,我们产生在山野、田园、村落与市井的千姿百态的民间故事,民间传统手工艺(图4-4),表演艺术(图4-5),节日仪式以及民歌,还要继续传承下去。所以我们认为最重要的事就是能够在城镇化的过程中着重保护、继续传承我们的民族民间文化,只有保住了传统文化的根脉,我们的城镇化才是好的城镇化。

图4-4　各地剪纸

图 4-5
新疆喀什的热瓦普表演

二、对传统村落中的非物质文化遗产认识不足，保护力度不够

相较于实体的村落建筑与聚落环境，村落文化的保护被有意或无意地忽略。传统村落中的非遗正是村落文化的主体，对村落文化的保护是文化遗产保护的新课题。传统村落中的非物质文化遗产，虽然在级别与品质上各有不同，但在活态传承的原则上是一致的，这也才能在传统村落中形成一定的原生态文化，保护村落固有的文化空间。有关传统村落中的非物质文化遗产保护，我们需要明确如下几个理念。

第一，村落中的非遗保护其实是保护一种生活方式，确保文化的传承。正如"人类口头与非物质文化遗产"项目的评审标准中所要求的，该遗产"应当扎根于有关社区的传统和文化中"。据民俗学的界定，"村落既是指农业社会中人们共同居住、生产、生活的空间，又是指在这一空间中生活的一个群体，此外还是指一种制度性的人群组织类型"。村落作为一个实体，在物质生活与精神生活两个方面均有"自足"的性质。[①]正基于此，村落作为一个地缘与血缘高度融合的社会组织，其保留下来的历史记忆、家族传衍、乡规民约等，虽然不在非遗的范畴，但我们认为这些都是关键的文化要素，值得整体保护。国家部委对加强传统村落保护发展工作的指导意见中也明确指出："尊重村民作为文化遗产所有者的主体地位，鼓励村民按照传统习惯开展乡社文化活动，并保护与之相关的空间场所、物质载体以及生产生活资料。"我们希望看到的是村民能够传承其富有地域特色的生活方式，且这种方式代表了地域文化的独特内涵。在四川某村，我们看到春节前村民集中起来准备春节食物的场景，让人印象深刻，这种比较浓厚的年味儿正是传统村落生活方式的具体体现（图4-6）。

第二，村落中的物质文化遗产与非物质文化遗产互相依存、互相融合，同属于一个文化与审美的基因，是一个独特的整体。传统村落评选最主要的三个参考要素分别是传统建筑风貌、选址与格局以及非物质文化遗产。这三者之间其实也是有机联系在一起的。例如，传统建筑虽然在表现形式上体现为物质文化遗产，但建筑知识与修复技术则属于非物质文化遗产，属于生活知识类遗产。第一批国家级非物质文化遗产名录中"手工技艺"类非遗项目就有诸如侗族木构建筑营造技艺（广西柳州市、三江侗族自治县）、苗寨吊脚楼营造技艺（贵州雷山县）。

[①] 刘铁梁. 村落：民俗传承的生活空间[J]. 北京师范大学学报，1996（6）：42-48.

图 4-6
四川某村村民集中
准备春节食物

第二批国家级非遗名录中也有诸如徽派传统民居营造技艺（安徽黄山市）、闽南传统民居营造技艺（福建泉州市、惠安县、南安市）、窑洞营造技艺（山西平陆县、甘肃庆阳市）等。这些都是极好的例证。另外，一些建筑装饰如砖雕、木雕等则属于传统工艺美术类非遗项目，数量更多，分布也更加广泛。从这一意义上来讲，从事传统民居建造的工匠及其传承状况调查应当予以重视。中国的官式建筑其实很多发源于民间，借助传统村落的调查与保护，对民间建筑营造与修复技术进行系统调查与研究，关注其传承与保护机制，不仅对非遗，对整个中国建筑界、文化遗产领域都将是重要的收获。这样既保护了非遗，同时也对传统建筑的源流有了更清楚的认识，可谓一举多得。再来看村落建筑的选址与格局，这背后蕴含的生态环境思想，凝聚着古人的智慧与思考。古人所谓的"风水"与堪舆相地之术，背后涉及的"天人合一"观、"阴阳论"、"五行说"等，可以说是一门综合性的学科与整体性学问。[①]"风水"产生于古代农耕社会，是人们渴望将自身和谐地融入自然而不断采取的自我完善的手段。传统风水注重人类对自然环境的感应，讲究背山向川、藏风聚气等，正是农耕文化的代表，也蕴含着文化伦理。今天我们讲"乡愁"，乡愁的载体其实就附着在这些具象的自然空间之中，尤其是充满乡土与自然气息的空间之中。因此，古人的这种观念及其村落实践其实就是农业文化的基因，是乡土文化的核心元素，是重要的文化遗产，同样值得重视与保护。由此可知，整体性保护的理念对村落的非遗来讲是最好的方式之一，循此路径我们才可以看到完整与富有乡土气息的村落，文化遗产的全面保护才能落到实处。

　　传统村落既是保护对象，也是生产与生活的场所，在当前社会转型与城镇化的大背景下，自然也面临着如何发展的问题。国家部委关于加强传统村落保护发展工作的指导意见提出："正确处理传统村落保护和村民改善生活意愿之间的关系，在符合保护规划要求的前提下，优先安排传统村落的基础设施和公共服务设施建设项目，积极引导居民开展传统建筑节能改造和功能提升，改善居住条件，提高人居环境品质。正确处理传统村落保护和发展之间的关系，深入挖掘和发挥传统文化遗产资源价值，在延续传统生产生活方式的基础上，适度发展特色产业，增加村民收入。正确处理保护与利用之间的关系，针对不同类型的资源提出合理的利用方式和措施，纠正无序和盲目建设，禁止大拆大建。加大对传统村落保护发展项目的支持，鼓励社会力量参与传统村落的保护发展，多渠道筹措保护

[①] 李琦珂，曹幸穗. 中日韩三国"风水文化"比较研究[J]. 东北亚论坛，2013（01）：108-118.

发展资金，建立政府推动、社会参与的协同保护发展机制。"从非遗保护的视野出发，既保护村落固有的文化遗产，同时也能够借助传统文化遗产的资源打造富有专属特色的品牌，不失为一种好的选择。我们也清醒地认识到，传统村落已有的政府支持是远远不够的，需要创新机制引导传统村落走上良性发展的道路。学界对非物质文化遗产的"商业化经营"与"产业化开发"有过讨论，认为应当尊重其历史源流，历史上"走市场"的项目依旧可走市场，产业化开发不应直接作用于非遗项目本身，而是利用其文化元素加以包装创造文化产品。[①]这一思路同样适用于传统村落，如传统村落中的一些手工产品，我们可以尝试在有手工技艺制作传统的村落推广"一村一品"，借助传统村落的文化品牌，将其与文化旅游结合。但我们对产业化开发要慎重，谨防破坏村落原有的文化生态格局。当然，传统村落的产业布局与发展机制仍有待探索，需要不同领域、行业的学者专家与社会各界关心支持传统村落的热心人士共同参与，积极实践。

---

① 苑利，顾军.非物质文化遗产保护干部必读[M].北京：社会科学文献出版社，2013：291-294.

中国传统村落文化抢救与研究

文化区系列

第五章

中国传统村落的价值

2012年4月,《住房城乡建设部 文化部 国家文物局 财政部关于开展传统村落调查的通知》中指出,传统村落具有一定历史、文化、科学、艺术、社会、经济价值。2012年9月,传统村落保护和发展专家委员会第一次会议认为,传统村落是指民国以前建村,保留了较长的历史沿革,即建筑环境、建筑风貌、村落选址未有大的变动,具有独特的民俗、民风,虽经历了久远的年代,但至今仍为人们服务的村落。[①]2012年12月,《住房城乡建设部 文化部 财政部关于加强传统村落保护发展工作的指导意见》中指出:传统村落具有较高的历史、文化、科学、艺术、社会、经济价值。2015年住房城乡建设部在回应传统村落保护的焦点问题时指出,传统村落的价值主要体现在建筑、历史、文化、经济、社会、艺术六方面。[②]可见,中央的相关政策文件中提到的传统村落的价值略有变化,最初是历史、文化、科学、艺术、社会、经济价值,后来把科学价值改为建筑价值。

天津大学冯骥才文学艺术研究院非物质文化遗产研究中心学者王小明认为,传统村落的保护对象是村落物质文化遗存、自然文化遗产和非物质文化遗产三方面的内容,全面地概括了传统村落蕴含的人文、地理、民俗的综合价值。[③]有学者认为,传统村落具有的价值:第一,以传统农耕生产为载体形成的"惠及苍生"的农业生产价值;第二,以传统聚落空间为载体形成的"天人合一"的生态价值;第三,以聚族而居为载体形成的村落共同体的生活价值;第

---

① 中国文化遗产研究院.国家考古遗址公园实用手册[M].北京:文物出版社,2015:38.
② 韩洁,王敏,杜宇.保护不是冻结,发展不止于经济:住建部回应八大焦点问题[EB/OL].(2014-10-30). http://roll.sohu.com/20141030/n405619526.shtml.
③ 王小明.传统村落价值认定与整体性保护的实践和思考[J].西南民族大学学报(人文社会科学版),2013(2):156-160.

四，以家风族训和村规民约为载体形成的乡村文化传承与道德教化价值[①]。中国农业大学农民问题研究所所长朱启臻认为，传统村落有生产价值、生态价值、生活价值、文化价值、教化价值共五个方面的价值[②]。有学者认为，村落的价值特色可以从物质环境要素、非物质文化要素和生态环境要素三方面进行分析[③]。

综合中央相关政策文件的内容以及部分学者的观点，也为了便于理解，本研究把中国传统村落的价值归为建筑与艺术价值、历史价值、文化价值、社会价值、经济价值、生态价值六类，并举例说明。

第一节
建筑与艺术价值

中国传统村落的建筑与艺术价值在建筑遗产型传统村落中体现得更为典型。

这些传统村落一般是按照古人"风水、堪舆"的传统思想，在选址、规划布局等方面遵循"背山面水""负阴抱阳"等传统理念，因地制宜、就地取材，形成独具地域风格和民族特色的村

[①] 鲁可荣，胡凤娇.传统村落的综合多元性价值解析及其活态传承[J].福建论坛（人文社会科学版），2016（12）：115-122.
[②] 朱启臻.传统村落中的生态文明基因[J].中国生态文明，2017（04）：32-34.
[③] 朱宗周，马頔瑄.平定县南庄传统村落的价值特色[J].南方建筑，2016（05）：97-101.

落建筑群，如：北方合院式、西北黄土高原窑洞式、云贵地区干栏式、东南沿海土楼式等村落。这些村落不仅在单体建筑、村落整体建筑等方面体现了独特的建筑艺术和价值，而且其规划布局体现了和谐的人地关系。浙江省兰溪市诸葛村的建造设计就体现了和谐的人地关系：该村各家各户面面相对，背背相依，巷道纵横，有如迷宫。诸葛大狮（诸葛亮第二十八世孙）在高隆安家落户后，运用自己学到的阴阳堪舆学知识，按九宫八卦构思，精心设计了整个八卦村的布局：以钟池为核心，八条小巷向外辐射，形成内八卦；村外刚好有八座小山，形成环抱之势，构成外八卦。村内房屋分布在八条小巷上，历经几百年岁月，人丁兴旺，屋子越盖越多，但是九宫八卦的总体布局一直不变。据说，这是中国第一座八卦布局的村庄。钟池位于诸葛村的中心，在大公堂正前面，面积2400平方米，它的边上是一块与它逆对称的陆地，可作晒场之用。《易经》上说"东南为阳、西北为阴"，再加上"天圆地方"之说，空地和钟池正呈阴阳太极图形。陆地靠北和钟池靠南各有一口水井，正是太极中的鱼眼。钟池四周伸展出八条小巷，各有不同特点，形成了坎、艮、震、巽、离、坤、兑、乾八个部位。八条小巷似通却闭，似连却断，虚虚实实，犹如一张蜘蛛网，又宛如一座迷宫。

一、北方合院式建筑

北方合院式建筑主要指村落民居以围合起来的院落为基本形式，由四面房屋围合而成的四合院是主要代表。四合院是封闭式的住宅，对外只有一个街门，中间是庭院，分居四面有北房（正房）、南房（倒座房）和东、西厢房，四周围以高墙，因此而成"四合"。整个院落如果关起门来可自成天地，具有很强的私密性，尤其适合独家居住。在北京和晋中地区传统村落的四合院建筑最为典型。下面以北京爨底下村为例进行说明。

爨底下村位于北京门头沟区斋堂镇西北部的深山峡谷，整个村落建在缓坡山脊上，山地古民居除具有北京四合院的基本形制外，还具有军事古堡特色，故有"京西古堡"之美称。爨底下村的形成实与明朝修筑内长城防御体系，以及派兵士屯田戍边有关。据明嘉靖年间进士刘效祖编纂的北塞边镇志书《四镇三关志》记载，位于爨底下村北500米许有"爨里口"，于明正德十年（1515）建成，曾有正城一座。"爨里口"因其"东望都邑，西走塞上而通大漠"，自古为兵家必争之地，地理位置非常重要，因此，明正德十四年（1519）守御千户李宫率众，修筑经此口通往黄草梁的驿道。"爨里口"的正城完工后，韩氏三兄弟从沿河城被派到此地驻守。爨底下村口影壁村史介绍中也如此记述。

爨底下村，根据山、水和方位三要素选址，坐落在"爨里口"南面山谷的北侧阳坡上，坐北朝南，依山而建，层层升高，以点、线和面三种形态按地形高低起伏和传统礼制次序，建成高度集中、严谨有序的一个个古堡民居院落。从村落对面山上望去，爨底下村是以村后龙头为圆心，南北为轴线，呈扇形向两侧展开，俯瞰全貌形似"元宝"。同时，一条蜿蜒穿行村中的东西向小路，将村落分成上下、高低错落有致的两层，使每家采光、通风、观景视野都上佳，充分体现了人、建筑与环境的完美结合；三条南北向通道贯穿上下，村民就地取材，街巷均用紫石、青石和灰色山石铺砌，在阳光照射下，更具美感。村上、村下由一条长200米、最高处20米的弧形大墙分开；村前也由一条长170米的弓形墙环绕，使整个村落形聚神不散。

清代康熙年间，长城失去军事防御功能，爨底下村成为朝廷驿站，村南有通往西北和北方大漠的古驿道，于是，村民利用古道优势从事商旅贸易。到民国初年，爨底下村已有瑞庆堂、瑞福堂等多家商号和几家骡马店。目前，爨底下村民居以清代建筑为主，基本由正房、倒座房和东西厢房围合而成，部分还有耳房、罩房，四合院主要分为山地四合院、双店式四合院及店铺式四合院。爨底下村现有民居院落74个，房屋689间，其附属建筑主要有门楼、门内外影壁、拴马桩、上马石、荆笆棚等。

爨底下村四合院民居，空间布局严谨，等级划分严格，建筑风格既有江南注重细节处理的建筑风韵，又有北方高宅大院恢宏整体的气势。广亮院为爨底下村居中轴线制高点、地位最高的前后二进院，院内北高南低，前后院落相差约5米。其正房为全村唯一的五开间建筑，是韩家最高长辈居住的地方；南北二进院落分东、中、西三路，即三个相对独立的院子，构成一个大四合院，共有45个房间，院外有围墙。由于这里并列设有三个样式相同的大门口，被称为"韩家三大门"。此外，农耕文明时代，由于人们对超自然力的顶礼膜拜，庙宇建筑成为人与神灵沟通的场所，也是人们精神寄托的物质载体。爨底下村主要有关帝庙（大庙）、娘娘庙及五道庙等，旧日村民求财到关帝庙，求子到娘娘庙，求神护佑平安到观音庙，家中有人去世到五道庙，等等。为此，我国著名古建筑专家罗哲文先生讲：爨底下古山村是中国古典建筑的明珠，它蕴含着深厚的北方建筑文化内涵，就其历史文化艺术价值来说，不但在北京，就是在全国也属于珍贵之列，公之于世，功莫大焉。

二、西北黄土高原窑洞式建筑

窑洞是我国西北黄土高原古老的民居形式。黄土高原因土层深厚、不易倒塌、施工简便、造价低廉，且有冬暖夏凉、保护生态、不占良田等优点，虽然存在采光及通风等缺陷，但在北方少雨的黄土高原，窑洞仍为民众普遍采用的民居建筑形式。因此，当地人充分利用高原地形凿洞而居，创造了窑洞民居及独具魅力的传统村落。

目前，中国的窑洞民居大致集中在五个地区，即晋中、豫西、陇东、陕北、冀西北。窑洞一般有靠崖式窑洞、下沉式窑洞和独立式窑洞等形式。靠崖式窑洞，是利用天然土壁挖出的券顶式横穴，可单孔也可多孔，还可结合地面房屋形成院落。下沉式窑洞也称地坑院、地窨院，即在平地上向下挖深坑，使之形成人工土壁，然后在坑底各个方向的土壁上纵深挖掘窑洞，也可以说是竖窑与横窑结合而成的民居；此类窑洞多流行于河南巩义、三门峡、灵宝和甘肃庆阳、山西平陆一带。独立式窑洞，为在平地上以砖石或土坯按发券方式建造的独立窑洞，券顶上敷土做成平顶房，以晒晾粮食，多通行于山西西部及陕西北部。下面以陕西省党家村为例进行说明。

党家村位于陕西省韩城市，是国内保存完好的明清窑洞建筑村寨，被誉为"东方人类古代传统居住村寨的活化石""民居瑰宝"。党家村于2003年被列入"中国历史文化名村"。

党家村建村距今680多年，主要是党、贾两族居住在此，320

户人家，1400余人。全村占地约1平方千米，现存123座四合院和保存完整的城堡、文笔塔、哨楼、牌坊等建筑，青砖灰瓦，鳞次栉比，瓦屋千宇，不染尘埃。走进党家村，那古老的石砌巷道，那形式多样千姿百态的高大门楼，那考究的上马石、庄严的祠堂、挺拔的文星阁、神秘的避尘珠、华美的节孝碑与布局合理的四合院无不向人们诉说着党家村往日的兴盛与辉煌。

党家村窑洞四合院一般都是独立的院落，党家村窑洞的载体是院落，院落的载体是村落，村落的载体是山、川、塬等黄土大自然，所以这种建筑造型艺术特色从宏观的窑洞聚落的整合美到微观细部的装饰美，无不打上"窑"字号的印记。窑洞村落的"田园风光"情趣，在于在苍凉和壮阔的背景中化呆板单调为神奇。或以院落为单元，或以成排连成线，沿地形变化，随山就势，成群、成堆、成线地镶嵌于山间，构图上形成台阶型空间，给人以雄浑的壮美感受。那些精美奇巧的门楣、木雕、砖雕与壁刻家训使人们在欣赏赞叹之余又受到中国儒家传统人文思想的教益，真实地感知感受到做人做事的哲理。

党家村窑洞四合院，是中国北方典型的传统民居。英国皇家建筑学会教授查理说道："东方建筑文化在中国，中国民居建筑文化在韩城。"日本建筑学会农村计划委员会委员长、工学博士青木正夫撰文："我曾到过欧、亚、美、非四大洲十多个国家，从来没有见过布局如此紧凑，做工如此精细，风貌如此古朴典雅，文化气息如此浓厚，历史悠久却能保存得如此完好的古代传统居民村寨。党家村是东方人类古代传统居住村寨的活化石。"

三、云贵地区干栏式建筑

干栏式建筑，在云贵地区苗族、侗族和傣族等西南少数民族聚居区最为流行。由于云贵地区山地多、平地少，且高温多雨、气候潮湿，因此当地人多用竹子和木材，随地势营建两层或三层构架的干栏式民居建筑，以通风、防潮及防野兽侵袭。据建筑学家说，苗族吊脚楼是云贵地区的苗族在山地条件下创造出来的独特的干栏式楼房。下面以贵州雷山西江千户苗寨为例进行说明。

西江千户苗寨位于贵州省黔东南苗族侗族自治州雷山县东北部的雷公山麓，由十余个依山而建的自然村寨相连成片，是目前中国乃至全世界最大的苗族聚居村寨。西江千户苗寨建筑以木质的吊脚楼为主，为穿斗式歇山顶结构，分平地吊脚楼和斜坡吊脚楼两大类，一般为三层的四榀三间或五榀四间结构。底层用于存放生产工具、关养家禽与牲畜、储存肥料或用作厕所。第二层用作客厅、堂屋、卧室和厨房，堂屋外侧建有独特的"美人靠"，苗语称"阶息"，主要用于乘凉、观景和休息，是苗族建筑的一大特色。第三层主要用于存放谷物、饲料等生产、生活资料。西江吊脚楼不但造型美观实用，而且表现出很高的科学文化价值。西江苗族吊脚楼源于上古居民的南方干栏式建筑，是中华上古民居建筑的活化石。西江千户苗寨吊脚楼于 2005 年被列入第一批国家级非物质文化遗产名录。吊脚楼是苗族传统建筑，是中国南方特有的古老建筑形式，楼上住人，楼下架空，被现代建筑学家认为是最佳的生态建筑形式。

四、东南沿海土楼式建筑

成功入选世界文化遗产的"福建土楼",造型独特,规模宏大,结构奇巧。土楼文化根植于东方血缘伦理关系,是聚族而居传统文化的历史见证,体现了世界上独一无二的大型生土夯筑的建筑艺术成就,具有"普遍而杰出的价值"。下面以永定土楼为例进行说明。

永定土楼位于福建省龙岩市永定区,是世界上独一无二的神奇的山区民居建筑,是中国古建筑的一朵奇葩。2008年7月,被列入世界文化遗产名录。土楼分方形、圆形、五角形、八角形、"日"字形、"回"字形、吊脚楼等多种类型。永定区共有著名的圆楼360座、方楼10000多座。其中最著名的土楼有:福建土楼王——承启楼,土楼王子——振成楼,土楼公主——振福楼。其中,承启楼是福建土楼当中建筑规模最大的,2010年入选世界吉尼斯最大土楼纪录。下面主要以振成楼为例讲述福建独特的土楼建筑。

振成楼的建筑结构奇特,圆楼外左右有对称的半月形馆相辅,外观建筑恰似一顶封建官吏的乌纱帽,主体是以我国神奇的八卦楼所布局,是楼中有楼的二环楼。外环楼是架梁式的土木结构,内环楼是砖木结构,有外土内洋之称。外环楼墙是当地取材的生土经加工后夯筑而成,墙内每10厘米厚布满竹板式木条作墙筋,楼高19米。内外三环共有208个房间。第一层楼作厨房和饭厅,第二层楼作粮仓,第三、四层楼则为卧室。每层楼有房间40间,配4副楼梯,按八卦方位设计,乾巽艮坤卦位为公共场所,分别为后厅、门厅和左右侧门;坎震兑离卦方位为住房,各配楼梯,皆设门户,户闭自成院落,卦门开连成整体,卦与卦之间设防火隔墙,建造成辐射状八等分，每卦之间设有男女浴室和猪舍。具有卦门开即连成一体，卦门闭则自成小单元的特色。

楼中楼是二层建筑的砖木结构，内有石雕柱脚、木刻门面，有琉璃瓦当和窗户，二楼走廊栏杆是铸铁铸成的以梅兰菊竹为图案的栏杆，紧连着全楼的中心大厅——楼中的重要活动中心场所，作议事厅、宴客厅，并可兼作戏台。楼上观戏台中间比两旁高6寸，中间为客人座位，两旁为主人座位，意味着客人比主人高一等，这也是客家好客的象征。大厅墙壁上有名联，其中有当时总统黎元洪为楼主人的题匾"里党观型""义行可风""义声载道"等。大厅宽敞明亮、舒适宜人。其中有4根怀抱不过、两丈余高的花岗岩大石柱拔地支撑，实为罕见。大厅非常壮丽堂皇，天井中有两个小型的花圃作点缀，更显雅致。楼内的东西两侧设有两口水井，令人奇怪的是，两口井的水位高低不同，东高西低而且水温也有所不同，但井水都清凉可口，取之不尽，用之不竭。

平时楼内居民皆从左右两侧门出入，东方住户走地门，西方住户走人门，而天门则长年关闭，抑或逢年过节或婚丧喜庆等重大事情才启开。一般客人来则一定要开中门迎接，但有一规矩，一般客人开外环楼大门而内环楼则不能开，从内环两侧门进入，内外两道大门齐开时，则是最隆重的欢迎仪式。

第二节
历史价值

具有历史价值的中国传统村落主要为历史文化村落（村镇）。《中华人民共和国文物保护法》（2002 年修订）指出，保存文物特别丰富并且具有重大历史价值或者革命纪念意义的城镇、村庄，由省、自治区、直辖市人民政府核定公布为历史文化街区、村镇。此后，2007 年 12 月 29 日第十届全国人民代表大会常务委员会第三十一次会议修正、2013 年 6 月 29 日第十二届全国人民代表大会常务委员会第三次会议修改、2015 年 4 月 24 日第十二届全国人民代表大会常务委员会第十四次会议修正、2017 年 11 月 4 日第十二届全国人民代表大会常务委员会第三十次会议修正的《中华人民共和国文物保护法》均有类似提法。可见，历史文化村落（村镇）保存文物特别丰富，具有重大历史价值或者革命纪念意义。

此外，中国传统村落还较完整地体现了一定历史时期的传统风貌，其选址反映了特定历史文化背景、历史功能等。如北京马栏村和焦庄户的抗战遗迹反映了村落在抗战中发挥的功能，具有革命意义。

一、案例一：北京门头沟区马栏村

马栏村在历史上发生过抗击日军侵略的战役，拥有抗日纪念意义的遗址、遗物，能反映抗战历史文化，是抗战的历史见证。

平西是华北抗战最前线，是八路军向热河、察哈尔前进的阵地，也是晋察冀边区强有力的北部屏障，因此，创建平西根据地，可牵制敌人，巩固边区。1938年3月初，晋察冀军区第一支队政委邓华率三大队进入斋堂川，创建北平第一个抗日根据地——平西抗日根据地，司令部设在西斋堂村中的聂家大院。在党的领导下，党员和群众骨干编成工作组分赴各个村庄发动群众，建立武装，一场轰轰烈烈的抗日救国运动在平西展开。

1939年，萧克将军将挺进军司令部设在马栏村，当时他提出了"巩固平西抗日根据地，坚持冀东游击战争，开辟平北新的游击根据地"的"三位一体"的抗战指导思想。至今，马栏村有许多抗战旧址，有挺进军十团团部、弹药库、枪械所、通讯站、供给站、伙房、医院等遗址。另外，马栏村史陈列室是一个传统四合院，也是冀热察挺进军司令部旧址之一。院子门口的指示牌上写着"此院落为萧克故居。1939年挺进军司令部设在马栏后，萧克在此生活和休息"。在室内可以看到萧克将军曾使用过的用具，有文件柜、马灯、八仙桌、太师椅等。

为保护抗战旧址及其文物，1997年马栏村全体村民捐款，修缮旧址房屋，并纷纷送来萧克将军等使用过的物品和用具，建起了全国第一个村级抗战陈列馆。

二、案例二：北京顺义区焦庄户

焦庄户位于华北平原北端，燕山余脉歪坨山下，是抗日战争时期通往平北、平西抗日根据地的必经之路。在抗日战争时期，中国共产党领导焦庄户人民利用地道战，同日军侵略者进行英勇顽强的斗争。1943年春，为开展抗日斗争，焦庄户村民在村内开始挖能藏一两个人或者存放粮食等物品的隐蔽洞。后经过改进，把单个隐蔽洞连接起来形成长达10多公里、相互连接的地道，并在地道内安装翻板、陷阱、单人掩体和暗堡等战斗设施以及多处休息室和指挥所，可供军民长时间在地道内进行战斗和生活。通过地道战，焦庄户人民沉重地打击了敌人，有效保护了抗战军民，为平原抗战树立了典范。为纪念前辈英勇抗击日本侵略者的辉煌历史，1964年建起了"焦庄户民兵斗争史陈列室"，后改为"北京焦庄户地道战遗址纪念馆"，聂荣臻元帅、张爱萍将军等为纪念馆题词。

第三节 文化价值

中国传统村落保留着丰富多彩的物质文化遗产和非物质文化遗产，承载着中华民族的传统文明，体现着有代表性的传统生产和生活方式，是中国传统文化的根基所在。中国传统村落还体现了以家风族训和村规民约为载体的道德教化文化、耕读文化，体现了朴实的民风民俗等。

一、案例一：北京灵水村的耕读文化

耕读文化是中国传统农业社会的生存形态，"耕"为生存之本，"读"是迁升之路，多少农家子弟因此改变自己的命运。文化则是相继传承的带有社会性的生活方式。独特的地理环境和历史变迁使耕读文化传承至今，随处可见，有着广泛的社会性和普遍性。

"耕读传家久，诗书继世长"，在我国一些传统村落的旧宅门上仍可看到这样的对联。在我国古代科举制度下，知识分子追求"耕"与"读"结合的生活方式，即在从事繁重的农业生产劳动之余还要继续挑灯夜读，形成了我国传统社会独特的耕读文化。

体现耕读文化的传统村落，多与官、学等有密切关联，具有浓郁的中国传统文化气息。享有"举人村"之美誉的灵水村即为耕读文化型村落。灵水村人杰地灵，村民崇尚读书，蔚然成风。早在明清时期，灵水村就有24人中举，其中两名进士。最兴旺时，灵水村有著名举人刘懋恒和刘增广，都官至四品，德行双馨，给后人留下了"秋粥节"、保护村落卫生环境的"猪羊圈养"等乡规民俗，是弘扬"解困济贫"和公共美德教育的中国传统"和"文化的典型事例，这些乡绅举人的行为深深影响了这片土地，也成就了远近闻名的"举人村"。

二、案例二：新疆喀纳斯图瓦村的民俗文化

新疆喀纳斯图瓦村，位于距喀纳斯湖南岸两三千米处的喀纳斯河谷地带，海拔1390米，周围景色优美，山清水秀，独特的民族村

落与美丽的喀纳斯湖交相辉映。

当地的图瓦人也称"土瓦""德瓦"或"库门恰克"等,是我国古老的民族,他们自称是成吉思汗西征大军留在沿途的补给士兵,并逐渐繁衍至今。现在,喀纳斯图瓦人仍旧以游牧、狩猎为生,他们勇敢强悍,善骑射、滑雪、歌舞,仍保持着游牧民族原有的生活方式。在喀纳斯图瓦村,图瓦人的房屋皆用原木筑砌而成,下为方体,上为尖顶结构,颇有瑞士小木屋的风格,但他们在游牧时仍居住在蒙古包中。其村落小桥流水、炊烟袅袅、奶酒飘香,独具风情的民族村落与喀纳斯湖相互辉映,融为一体,构成新疆喀纳斯湖畔独具魅力的人文景观和民族风情。

喀纳斯图瓦人至今仍保存有自己独特的图瓦语和风俗习惯。图瓦人信仰佛教,但萨满教对他们的影响也比较深。在风俗习惯上,敖包节是图瓦人的主要节日,还有邹鲁节(入冬节)、春节与元宵节等。"敖包",也叫"鄂博",是蒙古语"堆子"的意思,意指用木、石、土垒成的堆。祭祀"敖包",是蒙古族既古老、神奇,又最热闹的祭祀活动。喀纳斯图瓦村外的"敖包",已有几十年的历史,是用石头垒起的六边造型。图瓦人祭祀"敖包",一般由喇嘛主持。在"敖包"六边插上白桦树条,拉起印有经文的彩色经旗。祭祀当天,喇嘛穿着一身砖红色的服装,表情严肃,径直走到"敖包"旁边,念着经文,将手中象征吉祥的爬山松枝叶依次放到敖包指向六个方向的大石头上。而前来参加祭祀的图瓦人,有的抱着石头走向敖包,也有的带着羊头虔诚地放到敖包外圈的大石头上。

敖包节正式开始时,喇嘛先是念经,之后,到场的图瓦人全部起立,依次走过喇嘛面前,经过喇嘛时将象征祝福的布条拿起,径直走到敖包前系在白桦树条上。等人们都系好布条后，喇嘛又开始念经，所有人手里都握着一节爬山松枝，整个人群围着敖包转着圈，随着喇嘛的话语，将爬山松枝一遍遍举过头顶，大声喊着"呼啦依，呼啦依（祝福之意）"，感谢赐予食物的天与地。其祭祀场景声势浩大，非常壮观。游牧为生的图瓦人用经旗、石头、布条，表达自己祈祷生活吉祥，憧憬牛羊肥壮的愿望。

三、案例三：北京三家店村的物质文化遗产

（一）三家店村的区位及其地方特色

三家店村位于北京的西北部，在北京的母亲河——永定河——出西山口的东北侧河滩上。三家店村北靠猴山，西邻永定河，东、南连接北京的小平原，海拔 100—130 米，地理位置优越。北京有句俗语"东有张家湾，西有三家店"，说明三家店是北京西部地区永定河上重要的"码头"。[①] 目前，三家店村属于北京市门头沟区龙泉镇管辖。

三家店村优越的地理位置形成了至少以下四个地方特色：第一，它位于永定河的出山口位置，三家店村成为北京西部山区到平原地区的咽喉要道。而从三家店到京城有 30 千米，需要步行一天，一天内难以往返，中途需要休息。所以三家店在历史上成为北京西部矿区煤炭、石灰等矿物质以及蔬菜、果品（北京西部山区盛产）

---

① 刘铁梁. 中国民俗文化志：北京：门头沟区卷[M]. 北京：中央编译出版社，2006.

输往北京城的集散地和中转站。同时，它也是北京通往山西的西山大路起点。从北京城通往山西的人们也在此休息，之后跨越永定河。① 第二，它是京西古道的起点，是京西古道上非常重要的交通枢纽，也是京西古道上最大的一个古渡口。京西古道是因永定河流域活动而产生的连接北京与河北、山西、内蒙古的古老道路。② 第三，自清代以来，三家店村为北京民众到妙峰山进香南道的起点，而妙峰山是北京西部地区民众一处重要的地方宗教——道教的信奉地，这在富察敦崇《燕京岁时记》、金勋《妙峰山志》、奉宽《妙峰山琐记》中都有记载。第四，它是一些引水工程的取水地。如是魏晋"戾陵堰"和"车箱渠"拦河引水工程的取水口，也是金、元金口河取水地。③

（二）三家店村的形成时期及其历史变迁

三家店村形成于元朝时期，曾名为三家土。④ 现在的村名可能因最初村里只有张家、曹家、牛家三家住户，三家住户又开了三家店铺而得名"三家店"。⑤

三家店村在明清时期一直是京西地区最繁华的商业地，尤其是清朝乾隆时期，三家店的商业繁荣达到了鼎盛时期，大街两旁店铺有347家⑥，有煤厂、寺庙、会馆等，还有雕刻非常精美的四合院，

---

① 北京门头沟村落文化志编委会.北京门头沟村落文化志四[M].北京：北京燕山出版社，2008：1644.
② 吴涛，安全山.京西古道[M].北京：中国长安出版社，2015：02，40.
③ 北京市门头沟文化文物局.门头沟文物志[M].北京：北京燕山出版社，2001：167.
④ 北京门头沟村落文化志编委会.北京门头沟村落文化志四[M].北京：北京燕山出版社，2008：1639.
⑤ 孙本祥.中国铁路站名词典[M].北京：中国铁道出版社，2003：96.
⑥ 北京门头沟村落文化志编委会.北京门头沟村落文化志四[M].北京：北京燕山出版社，2008：1647.

它们具有浓厚的京西地方特色，在北京村落中是非常有代表性的。因此，三家店村被称为京西古道第一村。

（三）三家店村目前的物质文化遗产

三家店村于2009年被公布为北京市第二批历史文化保护区。2012年12月，它又被住房城乡建设部、文化部、财政部列入第一批中国传统村落保护名录。2006年，三家店村聚落面积80万平方米，共有6788户，15759人。①

目前，三家店村完整保存了明清时期的建筑格局，留下了众多的古建筑等物质文化遗产，有区级以上文物保护单位7座，百年以上古树17棵。其中一些遗产在北京地区具有特色。如建立于清代的天利煤厂，原主要经营煤炭的转运生意，建有煤厂与主人的住宅。住宅布局严谨，建筑优美。它们相互连接，东侧为煤厂，西侧为住宅，占地面积3000平方米，有房舍70多间，临街有大门十几座，院内隔为8个院落。住宅的门楼砖雕花纹精美绝伦，在砖雕中还有牲畜运输煤炭图案②③，尤其是院落中部独特的砖雕屏门式门楼，为京西民居的突出代表。目前，它是北京地区仅存的最为完整的清代煤厂业遗迹（图5-1）。三家店村的一些其他建筑遗存也代表了北京西部地区建筑的地方文化，如大门上的雕刻、屋顶的雕刻等（图5-2）。又如，三家店龙王庙内的龙王神像是北京地区仅存的清代乾隆时期的龙王雕塑（图5-3）。

---

①② 北京门头沟村落文化志编委会.北京门头沟村落文化志四[M].北京：北京燕山出版社，2008：1639.
③ 刘文丰，王海东.三家店：京西古道第一村[J].北京观察，2015（4）：28-29.

图 5-1　天利煤厂遗存

图 5-2
三家店村四合院的
雕刻

图 5-3
三家店村龙王庙

四、案例四：北京琉璃渠村的非物质文化遗产

（一）琉璃渠村简介

琉璃渠村位于北京西山向平原的过渡地带，坐落在西、南、北三面靠着九龙山，东边面向永定河的位置。它南北方向长，东西方向短，西高东低。从行政区所属关系来看，目前，属于北京市门头沟区龙泉镇管辖。

琉璃渠的名字源于元代在此设置的琉璃局。因此，是以专门烧制琉璃而得名，元代共有四大窑场，琉璃局便是其中之一。正如《元史·百官志》记载："大都四窑场，秩从六品，提领、大使、副使各一员，领匠夫三百余户，营造素白琉璃瓦，隶少府监。至元十三年置，其属三：南窑场，大使、副使各一员，中统四年置。西窑场，大使、副使各一员，至元四年置。琉璃局，大使、副使各一员，中统四年置。"元朝修建的宫殿、园林、佛塔等所需的琉璃，一部分就是从这里烧制的。清末，在琉璃局建设水利工程，有水渠修至此地，因此被称为琉璃渠。

元至明代，北京修建宫殿等需要的琉璃瓦部分是从琉璃局烧制的。明代时窑厂非常兴盛，至清乾隆年间，随着当时北京大规模修建园林而更加兴旺。清代朝廷颁发关于运载琉璃的车辆畅行无阻的执照，使琉璃渠窑厂的地位更加特殊。乾隆二十一年（1756）秋季，赵家琉璃窑厂为北海公园烧制九龙壁，被加官晋爵，也让赵家成为琉璃烧制领域中重要的皇商。辛亥革命后，连年混战，琉璃窑厂陷入停顿。1959年新建十大建筑时，因承接了琉璃瓦的烧制，琉璃渠村又一度兴盛起来。"文革"期间，村落陷入低潮。

20世纪70年代末期以后,随着古建筑保护工作力度的加大,琉璃的生产规模又被扩大。2017年,由于环境污染的问题,琉璃渠村的琉璃瓦厂已被责令停产。村民大批下岗待业,琉璃瓦厂又一次迎来转折点。

琉璃渠村被选入第三批中国历史文化名村,是继爨底下村和灵水村之后北京市入选的第三个古村庄。琉璃渠村过街楼为市级文物保护单位,是门头沟区唯一一座拥有琉璃烧制匾额的过街楼。北京琉璃制品厂(图5-4),前身为清代工部琉璃窑址。

图5-4 北京市琉璃制品厂

（二）非物质文化遗产：琉璃烧制技艺

琉璃，古时称作流离、留璃、青玉石等。元至清朝选择在琉璃渠村烧制琉璃，其中一个重要的原因是琉璃渠村附近盛产烧制琉璃的原料（图5-5），正如《宛署杂记》记载："对子槐山，在县西五十里，山产甘子土，堪烧琉璃。"

琉璃的烧制要经过一系列复杂的工序。对于传统官式琉璃而言，主要工序包括：粉碎（将坩子土与黏土、塑料等原料粉碎）、碾细（用石磨将粉碎的原料碾细）、洇料、搅泥、设计放样（设计琉璃瓦的规格、纹样并按照泥料的收缩率绘制放大样）、制模、制坯、修坯、进坯窑、看火、出坯窑、配釉、上釉、装色窑、烧色窑、出色窑、检验入库等（图5-6）。

图5-5　琉璃烧制的部分原料

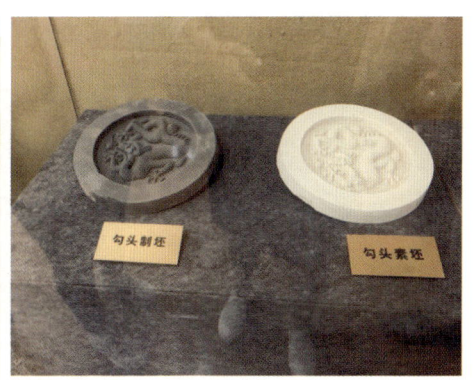

图5-6　琉璃烧制部分工序

琉璃渠村非物质文化遗产琉璃烧制技艺传承了中国青铜冶炼、瓷器烧制技艺、中国古法琉技艺①，制作工艺严谨、釉彩独特，凝结着先民的智慧，蕴含着先民的审美和艺术价值。琉璃烧制技艺于2007年成为第一批区级非物质文化遗产、第一批市级非物质文化遗产，于2008年成为第二批国家级非物质文化遗产，需要被保护与传承。

第四节
社会价值

关于传统村落的社会价值，有学者认为，随着经济的发展、历史的发展，传统村落的社会价值逐渐被淡化②。而另一方面，有学者认为，随着人们物质生活水平的提高，越来越多的人对传统文化有所了解和认识，传统村落的社会价值又开始慢慢体现出来③。传统村落的社会价值主要体现在以下几个方面：第一，传统村落可以让更多的人了解传统村落的历史文化、建筑艺术等，让人们了解传统村落中蕴含的厚重的优秀传统文化，从而对人们的思想和行为有正确的引导。第二，传统村落形成发展于农耕文明时期，具有体现农耕

---

① 杜昕. 北京琉璃烧制[M]. 北京：北京美术摄影出版社，2015：64.
② 《美术大观》编辑部. 中国美术教育学术论丛：美术与设计理论卷8[M]. 沈阳：辽宁美术出版社，2016：370.
③ 骆中钊. 新农村建设规划与住宅设计[M]. 北京：中国电力出版社，2008：78.

文明的传统的民风民俗。高雅质朴的传统村落可以让更多的人参与村落的民俗活动，体验传统村落的质朴民风。传统村落关于民风民俗的乡规民约，都可以为人们提供正能量。第三，传统村落有着自己内生性的组织，该组织把人们的生产生活结合起来，培养村民的认同感，增强村民的凝聚力，从而促进社会的和谐。第四，传统村落的村民家庭成员居住在一起，避免出现留守儿童的问题，避免出现孤寡老人无人赡养的问题，更避免出现村落空心化的问题。长辈对晚辈的家风家教、习俗教化等内容成为学校教育、社会教育的有益补充，从而发挥着很重要的作用①。第五，传统村落的院落空间还是村民的公共活动空间，可以提供村民交流互动的场所，满足村民的精神需求，促进和谐的人际关系。

可见，传统村落的这些社会价值促进了优秀传统文化的传承，促进了和谐社会的建设。有关传统村落社会价值的促进作用，如广西一万多个村落举行农民篮球赛，产生了很好的社会价值：篮球大赛增强了人们的身体素质，促进了人们心理素质的稳定，从而提高了人口的综合素质，为农村的社会发展提供了更多更好的人力资源；篮球大赛极大地激发了农村群众逢先必争的精神，使他们的集体主义精神、拼搏进取精神在这种氛围中不知不觉地被激活；篮球大赛拉近了村民彼此之间的距离，也改善了村际关系；农民篮球大赛的开展还加速了社会主义新农村的"乡风文明"建设。②

---

① 田敏.少数民族农民工参与新农村建设的实践[M].广州：世界图书出版广东有限公司，2012：177.
② 郑杰政，马月群，梁日忠.广西村落农民体育成功开展的社会价值分析：以广西"万"村农民篮球赛为例[J].体育科技（广西），2011，32（1）：79-81.

第五节
经济价值

传统村落的经济价值包含两方面的内涵。第一，传统村落作为一种越来越稀缺的资源，可以通过发展旅游业带来经济效益，从而具有经济价值。传统村落可以作为旅游资源，有其建筑、空间布局、生态、民俗文化等内容。第二，传统村落本身根据自身的特点，发展特色的农林牧副渔而产生经济效益。

首先，很多传统村落都具有旅游开发的价值，可以带来经济收益。如，山西省晋中市榆次区的后沟古村，保存了千百年来黄土旱塬农耕文明的传统，建筑为典型的黄土高原土穴窑居。村落的空间布局体现了天人合一的中国哲学思想。其风水文化、建筑文化、民俗文化都具有较高的旅游开发利用价值。2005年旅游开发后，吸引了大量的游客。2013年，综合收入达300万元。又如，浙江省永嘉县传统村落林坑村，旅游业已经成为拉动村落产业经济发展的龙头。一方面，旅游业直接带来了村落经济收益；另一方面，旅游业促进了村落传统产业的转型，如传统农林业向休闲农林业、手工工艺品加工业、畜牧养殖业、水产品养殖业转型。旅游业促使村落经济总收入的增长率每年在40%以上。[1] 其实，中国古村落的旅游兴起于20世纪90年代。[2] 目前，安徽（如宏村、西递村、南屏村、呈坎村

---

[1] 车裕斌.林坑：一个旅游古村落的经济转型与社会变迁[J].广西民族大学学报（哲学社会科学版），2012, 34（6）：69-74.
[2] 陈小春.我国古村落文化旅游研究综述及发展趋势[J].旅游研究，2015（02）：7-12.

等)、山西(如临县西湾村)、陕西(如杨家沟村等)的一大批古村落已经成为旅游目的地的热点,实现了可观的经济收入。然而,传统村落的保护与活化不能只重视传统村落的经济价值,不能对其进行过度开发,要把其他价值与经济价值相互结合。正如有学者认为,大多数人重视的是传统村落的经济价值,也即由旅游开发带来的可观的经济效益,但这给传统村落带来了掠夺和破坏。①

其次,传统村落一般都结合自身特点,发展各具特色的农林牧副渔,产生经济效益。如成都三圣花乡的几个传统村落,依据特殊的气候、土壤条件,发展特色的农业产业资源,发展桃花村、梨花村、南瓜村等。② 如,河南省新安县北冶镇的甘泉村,由于其特色的土壤,历史上村民以发展制陶业为生。又如,四川省成都市火井镇双童村依靠猕猴桃等特色种植业提高了经济收入。

第六节
生态价值

党的十七大至十九大报告中都提出生态文明建设的理念,把生态文明建设放在重要的地位,提出大力推进生态文明建设,实现中华民族永续发展。生态文明建设的重点不仅在城市,还在乡村。传

---

① 高成全,赵玉凤,李晓东.新型农村发展与规划[M].成都:西南交通大学出版社,2015:295.
② 尤飞,汤俊,卢焕荣.特色休闲农业经典规划案例赏析[M].北京:中国农业科学技术出版社,2015:187.

统村落具有生态价值。传统村落的生态价值主要表现在三方面：第一，传统村落自身表征的生态设计和人地关系价值；第二，传统村落在城乡关系协调中体现的地域生态平衡；第三，传统村落在国土生态安全格局中的重要地位。

（一）传统村落自身表征的生态设计和人地关系价值

很多传统村落在村落的选址、村落布局与规划、房屋的取材与建造、生产生活设施的设计等方面都体现了人与自然和谐相处的生态理念，以及人与自然和谐的生态价值。下面列举一些例子。

黄土高原靠崖式窑洞村落，依山就势、因地制宜、就地取材，在向阳的崖坡上，利用较厚的黄土层挖出窑洞。窑洞节能环保、冬暖夏凉，很多设计都体现了和谐的人地关系。如，窑洞里一般盘有土炕，土炕连着灶台。冬天，烧炭做饭产生的剩余热量经过土炕下面的通道连接到烟囱，在此过程中，土炕被加热，利于人们晚上睡觉取暖。又如，打窑产生的黄土，也有几个用途。可以利用这些黄土修建院墙，因为黄土本身韧性较好，再适当加入稻草等拉结料以及碎石、沙等材料，经过一定的处理，就可以建造成土墙，围绕在院落的四周。也可以把挖出来的黄土铺成一个平整的平面，压实，平时可以成为村民包括儿童在内的公共活动空间，村民可以在上面聊天、锻炼身体等。而在秋收季节则可以用来晾晒粮食。这些建筑就地取材，设计朴实自然，与当地自然地理环境完美融合。

江西省赣州市赣县区白鹭村的蓄水、排水系统的设计，非常巧妙，既是充分利用自然、适应自然的表现，也构成了大自然的一道美丽风景线。村落房顶的雨水流入天井，经过天井排入水塘，水塘成为蓄水池。居民生活污水经过水沟排入水塘并在水塘里进行沉淀，沉淀的污泥被作为种菜肥料使用，而净化后的水又可以进行灌溉或者作为日常生活洗涤用水。当水塘的水超过一定的水位时，又可以流入村落的小溪中。可见，水塘集蓄水、灌溉、排水、提供生活用水、防火的功能于一体，很好地调节着村落的水流系统。如赣南客家的厅屋组合式民居村落，建房取土而留下了土坑，居民将其平整并加以利用，设计成为月池，用来养鱼、洗涤、蓄水、防火等。①

贵阳布依族的村落布局因地制宜，多分布在背山面水的地方，而且村落前面经常会种植林木，不仅美化环境，还可以防风阻沙，防止水土流失（喀斯特地貌）。他们建造的半边楼的建筑，分布在斜坡上。半边楼的前半部分为楼，其下方有圈养牲畜的空间。而后半部分为平房，是全家人的生活空间。布依族的村落布局及房屋设计充分地利用了当地的自然地理条件，而且很好地安排居民居住和解决了生活的问题，体现了人地和谐的价值。②

徽州传统村落中，房屋天井的设计一方面是为了改善室内的通风环境，一方面是使进入房屋的光线更为柔和，还有一方面，水形成的水循环系统可以调节室温。这种建筑就是根据亚热带季风气候而设计的，体现了人地关系的和谐。又如，徽州传统村落狭窄的街巷体现了徽州人多地少的特点，以及为夏季遮阳的需求而设计的特点。③

---

① 刘玉宝，邱昭元. 赣南传统村落文化的生态价值 [J]. 文化创新比较研究，2017，1（07）：23-24.
② 任飞. 贵阳布依族传统村寨聚落生态价值研究 [J]. 贵州民族研究，2010，31（02）：60-63.
③ 孔翔. 徽州古村落文化旅游的优化路径研究 [J]. 中国文化产业评论，2012，16（02）：233-243.

（二）传统村落在城乡关系协调中体现的地域生态平衡

首先，从生态文明的地理承载空间——城市与村落的面积来看，我国城市面积仅占国土面积的6%[1]，村落面积远远超过城市面积。正如2018年，国务院参事室特约研究员、中国农业经济学会副会长刘奇先生发表的《城乡关系正在发生巨大变化》中提出，"就空间概念而言，生态文明的地理空间存在于城与乡两大板块"，而"建设生态文明，从地理空间上看，在中国960多万平方公里的土地上，城市占地仅5万多平方公里，保护绿水青山，擦亮白云蓝天，重头戏、主战场无疑在广阔的乡村"，"城与乡在生态治理上是源与流的关系"。[2] 有学者以苏北越里村为个案，分析了村落是如何从村民进城务工，土地闲置或给亲戚耕种到土地以集体的形式流转，再到村民离村、人村分离，再到农村基本秩序日益松散、传统习俗衰落、乡村价值面临终结的过程。[3] 可见，村落在城乡关系协调中体现着地域的生态平衡，若大量村落消失，这种平衡将被打破。

其次，在全球时空压缩的背景下，人们的生活节奏越来越快，在城市里生活的人压力有增无减，他们需要到一些地方去排解压力，调节身心。村落便成为最佳选择之一，因为村落生活节奏缓慢，人际关系简单，生活平静，是放松身心的好去处。再加上随着千城一面现象的出现、城市环境污染等原因，城市里的人愿意到村落亲近

---

[1] 国家环境保护总局污染控制司.创建国家环境保护模范城市实践与指南[M].北京：中国环境科学出版社，2007：540.
[2] 刘奇.城乡关系正在发生巨大变化[EB/OL].（2018-11-05）.https://www.rmzxb.com.cn/c/2018-11-05/2209155.shtml.
[3] 王媛媛，付翠莲.城镇化进程中的传统村落终结及其治理：以苏北越里村为例[J].浙江海洋大学学报（人文科学版），2015，32（6）：70-74.

大自然，呼吸清新的空气，享用有机的蔬菜水果。

因此，村落，包含传统村落，在城乡关系协调中体现着地域生态的平衡，发挥着重要的作用。

（三）传统村落在国土生态安全格局中的重要地位

传统村落在国土生态安全格局中有着重要的地位。首先，我国与十几个国家和地区接壤，边境线漫长，仅陆地边境线就达两万多公里，陆地边境地区有一百多个边境县。我国还与一些国家存在领土争端。一方面，一些边境地区的村落在国土安全和领土争端中发挥着重要的作用，因为国际上在领土争端的解决实践中有一条重要原则，那就是若争议领土内有某国的国民长期居住，则可以作为领土归属的重要判别依据。[①]也正因为如此，一些国家和地区对边境范围内的村落极力保护，如日本在1953年颁布《离岛振兴法》，2012年，又对该法进行了修订，目的就是千方百计地鼓励居民到边境地区居住，并对这些村落进行保护。[②]另一方面，边境地区的传统村落对国家安全有重要的战略意义。它们作为屏障，扼守着境内的国土，保卫着国土的安全。若出现紧张局势，它们还发挥着国防战略补给的作用。

其次，传统村落的保护有利于国家耕地、农田的保护。国土资源部会同有关部门组织编制的《全国土地利用总体规划纲要（2006—2020年）调整方案》（国土资发〔2016〕67号）提出了耕地调整和基

[①] 仇保兴.深刻认识传统村落的功能[M]//金磊.中国建筑文化遗产年度报告：2002—2012.天津：天津大学出版社，2013：44-45.
[②] 国家行政学院进修部.中国城镇化建设读本[M].北京：国家行政学院出版社，2012：185.

本农田调整的要求。关于耕地调整，提出到 2020 年，全国耕地保有量为 18.65 亿亩。关于基本农田调整，提出规划期内，确保全国 15.46 亿亩基本农田数量不减少，质量有提高。而随着城市化进程的加快，守住耕地、农田红线的压力越来越大，表现在传统村落的数量在不断减少，耕种农田的人在不断减少，耕地和农田被不断地用来进行城镇化或者城市化的建设等方面。因此，传统村落的保护有利于国家耕地、农田的保护。

综上，中国传统村落具有建筑与艺术价值、历史价值、文化价值、社会价值、经济价值与生态价值。传统村落的保护和活化中，要对这些价值进行挖掘，并进行解说，如进行志愿者解说、自动型解说、社区解说、在地农民解说等，为游客提供向导及定点讲解，也可以通过录像、游戏等方法，寓教于乐，提高游客学习知识的兴趣，让承载农耕文明的传统村落被更多的人感知。

第六章

Chinese Traditional Villages

中国传统村落的保护

中国传统村落文化抢救与研究
文化区系列

进入20世纪80年代以来，伴随着深刻的社会变迁，大量村落面临着消失或走向衰败的命运，而保护传统村落的呼声与行动也从无到有，并表现出日益高涨的趋势。

第一节
当前保护传统村落的必要性与重要性

当前保护传统村落的必要性和重要性来自传统村落的生存危机和它们的独特价值。

一、传统村落的生存危机

村落社会的巨大变迁是20世纪80年代中国社会变迁重要的组成部分。村落作为"以地缘关系把一个家族或不同家族、亲族集团组合起来的生活共同体"，"固定在特定地域、较大范围的社会构成单位"[①]，是乡村社区生活的基本单位，是中国传统社会的基础。但随着城市的扩张，村落的转型、撤并和农民的异地脱贫，村落数量急剧下降，而旅游业的过度开发和新农村建设中对文化传承的忽视，

---

① 王秀文，徐晓光. 日本村落社会组织及其传统特征：兼谈村落文化传统对现代日本社会的影响[J]. 日本学刊，1991（3）：98.

也对传统村落造成了巨大的甚至是毁灭性的伤害。目前有一些学者对传统村落的消失数据从不同的角度进行了统计。如有学者认为，我国的自然村落在2002年至2012年间，由360万个减少至270万个，每年有80—100个村落消失。[①]湖南大学中国村落文化研究中心在调查中发现，黄河流域具有历史、民族、地域文化和建筑艺术研究价值的传统村落，2004年为9707个，而到2010年时降至5709个，6年里消失了3998个，平均每年消失将近700个，平均每天消失将近2个。[②]有学者认为，湖北自然村在2010年至2012年两年间，由15.51万个减少至14.8256万个，每天消失约10个自然村。湖南纳入中国村落文化研究中心考察范围的传统村落，在2002年时为2797个，到2012年时只剩下863个，约每两天消失1个。[③]有学者认为，在工业化和城市化的过程中，传统村落大量消失，现存数量仅占全国行政村数量的1.9%，有保护价值的传统村落不到5000个。[④]暂不去考究这些数据的精确度，但它们足以说明，传统村落消失数量之多、速度之快令人震惊。

与传统村落迅速消亡相伴的，是绝大多数仍然存在的传统村落衰败迹象十分明显。这一方面表现在许多民居无人居住，年久失修，杂草丛生，不仅外观残破，倾圮倒塌者亦在在有之，村落中原有的一些公共空间如寺庙、学校等也破损严重；另一方面表现在村落的空心化、人口的老龄化和村落文化传统的断裂。近二三十年来，村落人口尤其是青壮年劳动力不断外流，造成常住人口大量减少，出

[①] 汪欣.中国非物质文化遗产保护十年：2003～2013年[M].北京：知识产权出版社，2015：227.
[②] 杜娜.美丽乡村建设研究与海南实践[M].北京：科学技术文献出版社，2016：40.
[③] 吴大华.法律人类学论丛：第3辑[M].北京：社会科学文献出版社，2015：362-363.
[④] 汪长根.与文字为伴：汪长根文论自选集：上卷　通论卷[M].上海：文汇出版社，2015：455.

现"人走房空"现象,并由人口空心化逐渐演化为人口、土地、产业和基础设施整体空心化。与此同时,青壮年劳动力流向城市,造成人口在年龄结构上的极不合理分布,传统村落中老龄化问题严重。而村民对村落及其文化传统缺乏认同、自信和热爱,致使村落文化传统也处于困境之中。

二、传统村落的多种功能

首先,传统村落具有重要的生活功能。村落"在与外界市场、国家政权发生联系以及受婚姻圈、灌溉系统等影响的同时,自身内部基本上形成经济上和社会文化上的自我满足的生活格局",是居民"自足的生活空间"[1]。人们生于斯,长于斯,葬于斯,在村落里播种收割,娶妻生子,嬉笑怒骂,感受人间悲喜。村落是人们共同居住、生产、生活的空间,是其居民的人生出发点和最终归宿地。

其次,传统村落是文明存在的一种方式,传承着不同地方、不同族群的历史记忆,是中华文明代代延续的根基。一般认为,城市的出现是文明出现的标志,然而,村落同样是文明存在的方式。我国是拥有悠久农耕文明史的国家,传统村落是农耕文明的产物,也是农耕文明的生发地。传统社会,绝大多数人生活在村落之中。村落不仅是有着地理边界的空间聚落,同时也是由内部成员有机联系起来的生活共同体,有其共享的知识体系、宗教信

---

[1] 刘铁梁.村落:民俗传承的生活空间[J].北京师范大学学报(社会科学版),1996(6):42-48.

仰、历史记忆和道德伦理观念。通过日常生活的重复性实践，共同体成员将其加以应用并在代际进行延传，从而使得村落成为传统文化的重要载体。

再次，传统村落是现代乡愁的消解地。在《现代汉语词典》里，乡愁的意思是"深切思念家乡的忧伤的心情"。传统社会的中国人虽然安土重迁，但也有人因为经商、读书、仕进、戍防、战乱、灾疫等多种因素而背井离乡。在交通不便的情况下，音信难通，担心与想念共存，"独在异乡为异客，每逢佳节倍思亲"，自然会生出一些愁绪。中国古代有许多抒发乡愁的文学作品，李白的《静夜思》、杜甫的《月夜忆舍弟》、崔颢的《黄鹤楼》、范仲淹的《苏幕遮·怀旧》都是其中的名篇。台湾诗人余光中直接以乡愁命名的诗歌，更是脍炙人口的佳作。现代社会，交通和通信方式便捷，已经在很大程度上消解了空间距离所带来的思念之苦，但近来一句"让城市融入大自然，让居民望得见山、看得见水、记得住乡愁"，仍然引起社会的广泛共鸣。一时间，乡愁成为人们津津乐道的话题，乡愁也似乎成为一种应该刻意保存的美好情绪。然而，"乡愁"本质上是由于情感孤独、心灵失依而自内心生发出来的一种忧伤，不用刻意记起，该在时自然就在那里。现代人也有乡愁，只是它是一种有别于传统乡愁的新型乡愁，大致可以概括为故园之思、自然之想与传统之恋。

当代中国，随着科技水平的提高、社会生活方式的变革、城市化进程的迅速推进以及社会流动的加速，传统社会那种普遍存在的生于斯、长于斯、劳作于斯甚至埋葬于斯的现象已经在很大程度上消失了，取而代之的是出生地与就业地的分离，在村落中长大的青壮年到城市中寻找就业机会是普遍现象。中国现在大约有 3 亿农民工。他们因为生计问题每年在乡村与城市间奔波。一方面，故乡家园里有他们留守的父母、爱人和孩子，是他们放不下的牵挂；另一方面，他们在城市中艰难谋生，不能享受与市民同等的待遇，难以感受到家庭和城市的温暖，往往独自品尝孤独无依的滋味。对于他们而言，乡愁里的"乡"就是故乡，就是家乡，就是亲人所在（生活或埋葬）的地方，乡愁就是故园之思，是对家乡亲人的思念和由此而来的忧伤。

城市和乡村是人类生存的两种基本聚落。两相比较，乡村更多的是人类因地制宜、利用自然的产物，自然是乡村的母体，乡村与自然共生。一个人置身于乡村可以更好地感知自然的韵律和气息，真切地体会到融入自然、与自然和谐相处的亲密。城市更多的是人类在超越自然条件的基础上改造自然的产物，城市让人远离了大自然。由于城市化的推进，越来越多的人已生活于城市之中。人是自然之子，却常年栖居于非自然的环境之中，城市的喧嚣令人向往乡村的宁静，与自然的疏离催生了回归大自然的念头。近年来乡村旅游的迅猛发展已经清晰地揭示了这一点。"自然之想"是另一种现代乡愁。这里的乡是乡土，是大自然的象征。

城市与乡村的差别不仅在于人和自然关系的不同，也有人际关系的不同。乡村社会是小尺度的熟人社会，生活于其中的人通过日常生产以及日常生活建立起密切的交往和互助关系，乡村中保留着更为丰富的传统文化，公共的节日庙会、个体的婚丧嫁娶等仪式活动令乡村生活充满了活力、温情和稳定感。城市是大尺度的陌生人社会，人与人之间的关系相对淡漠疏离，生活节奏快，充满变数，尚未建立可以共享的文化传统，生活于其间的城市人经常会产生强烈的孤独感和漂泊感，"传统之恋"成为他们的乡愁。这里的乡，是指一种亲密交往的社会关系，一种富有亲和力、安定感的精神生活方式。

城市化的快速发展已不能让人们的身体久居乡土，人们的心中却为它留有广阔的空间，故园之思、自然之想与传统之恋共同构成了现代乡愁。而传统村落在很大程度上成为乡愁的消解地，成为城市人的精神家园。

此外，传统村落不是一般的村落，是依据一定标准从众多村落中遴选出来、有着特殊内涵的特殊村落。根据目前通用的《传统村落评价认定指标体系（试行）》，传统村落主要通过村落传统建筑的久远度、稀缺度、规模、比例、丰富度、完整性、工艺美学价值、传统营造工艺传承，村落选址和格局的久远度、丰富度、完整性、协调性、科学文化价值以及是否拥有较为丰富的非物质文化遗产资源等加以评价和认定。能够被认定为传统村落的村落，总是保持着一定规模、数量和种类的传统建筑，而现存传统建筑（群）所具有的造型（外观、形体等）、结构、材料（配置对比、精细加工、地域材料）、装修装饰（木雕、石雕、砖雕、彩画、铺地、门窗隔断）等又往往具有典型的地域性或民族性特色，建造工艺独特，建筑细部及装饰精美，具有较高的工艺美学价值；或者村落选址、规划、营造具有典型的地域特色、特定历史背景或民族特色，村落与周边环境能明显体现选址所蕴含的深厚的文化或历史背景，具有较高的科学、文化、历史、考古价值；或者村落中有活态传承的非物质文化遗产。[①] 传统村落的特殊性使其具有非同一般的价值，它们分布于不同地域，形制不一，各具特色，是重要的文化遗产，也是另一种形式的史书。它凝聚着前人的生存智慧，是中华文化多样性的具体表现。

---

① 参见《住房城乡建设部等部门关于印发〈传统村落评价认定指标体系（试行）〉的通知》（建村〔2012〕125号），见中华人民共和国住房和城乡建设部官网。

第二节
传统村落保护行动与政策措施

一、传统村落保护行动的兴起与发展进程

（一）传统村落保护行动兴起的原因

1. 传统村落价值的新发现

传统村落的当代命运引起了有识之士的深深忧虑，传统村落的价值开始得到认知和表述。传统村落本是村民的生活空间，生活价值本来是它最重要的价值，但自 20 世纪 80 年代起，一些学者陆续从乡土建筑、历史文化地理、景观资源等多个角度对传统村落进行研究（当时叫古村落），从不同方面发现和强调了它的历史文化价值、旅游开发价值和科学研究价值等。[①]1997 年，刘沛林在《古村落：亟待研究的乡土文化课题》一文中通过阐述古村落研究的意义，比较系统地说明了古村落的价值，主要包括：古村落具有民族民间文化的代表性，是产生中国风土建筑的沃土，是培育中国本土文化的温床；古村落形态不拘一格，充分体现出中国传统哲学关于人与自然和谐的文化理念，它所具有的那种温暖、亲和、舒适、充分体

[①] 如陈志华等《楠溪江中游乡土建筑》（台湾：汉声杂志社，1993 年版）、彭一刚《传统村镇聚落景观分析》（北京：中国建筑工业出版社，1994 年版）、刘沛林《传统村落选址的意象研究》（载《中国历史地理论丛》1995 年 01 期）、刘沛林《论中国历史文化村落的"精神空间"》[载《北京大学学报（哲学社会科学版）》1996 年 01 期]，等等。

现人性的特点，给今天城乡建设和环境设计以极大的启迪；古村落在空间形象和构景方面独具风格，成为发展旅游业和设计旅游文化村落、弘扬民族文化精神的重要素材，等等。①事实上，将一些村落称为"古村落"（传统村落）本身，就已经包含对它们特殊价值的认定。目前，传统村落是"另一类文化遗产"的看法几成共识，而在《关于切实加强中国传统村落保护的指导意见》中，传统村落的价值更得到官方明确的肯定，被认为"传承着中华民族的历史记忆、生产生活智慧、文化艺术结晶和民族地域特色，维系着中华文明的根，寄托着中华各族儿女的乡愁"②。

2. 从城镇化到新型城镇化：对中国城市化道路的深刻反思

中华人民共和国成立以来，城镇化发展大体经历了顺利与超速、倒退与停滞、快速与稳定等6个阶段③，总体上实现了城镇化的快速发展。但是也出现了一些问题，比如城乡差距问题、生态环境问题和社会公平公正问题等。④中国应该走怎样的城镇化道路，是广受社会各界关注的话题。2012年以来"新型城镇化"代替"城镇化"成为新的治国方略。这一转变，伴随着对城市化进程中城乡关系之应然、三农命运之应然等重大问题的思考。

有人明确质疑："在未来，是不是城镇化建设就意味着村落社

---

① 刘沛林.古村落：亟待研究的乡土文化课题[J].衡阳师专学报（社会科学），1997（02）：73.
② 住房城乡建设部 文化部 国家文物局 财政部关于切实加强中国传统村落保护的指导意见，载中华人民共和国住房和城乡建设部官网.
③ 方创琳，刘晓丽，蔺雪芹.中国城市化发展阶段的修正及规律性分析[J].干旱区地理，2008（04）：512-523.
④ 单卓然，黄亚平."新型城镇化"概念内涵、目标内容、规划策略及认知误区解析[J].城市规划学刊，2013（2）：17.

区的必然瓦解？"①

有人激烈地批评：

一方面，认为城乡统筹即将农村变为城市，主张城市是村庄发展的唯一目标和样板，进而盲目地实施"村改城"计划，导致村非村、城非城和乡村风貌丧失；另一方面，认为城乡统筹即将农村集体用地转为城乡建设用地，进而通过规划区划定、行政区调整等方式将农用地转为工业和居住用地，导致农村传统生活方式遗失、自然环境遭到破坏并侵占基本农田，以致威胁生态格局及粮食安全。再有甚者可能激进地赞同"去农村化"，认为城乡统筹即将农村用地统一按照城市发展模式开发，将农民就地变为市民，其结果将激化城乡建设与生态保育的矛盾乃至造成严重的社会问题。②

有人深刻地反思：

可能是由于城市化浪潮的强大冲击力，人们产生了一种误解，城市化就是消灭农村，现代化就是消灭农民，其实这是有违科学发展观的……从本质上讲，城市化的目的不应仅是土地房屋的城市化，更重要的是人的现代化……或许，我们不应把建设城市的规律照搬到农村，不能按照城市人的逻辑理念想当然地规划改建农村，而是协调农民自己建设新农村，尽可能多地保留农村的历史文化积淀和地方文脉。我们应当把好的教育、好的医疗等现代文明送到农村，让农业现代化，让农村现代化，让农民现代化。让大多数中国人依然生活在祖辈们生活的乡村里，不受堵车、就业、就医、污染的困扰，享受比城市更宜居的富有诗意的田园生活。保护好古村落

---

① 李松.城镇化进程中乡村文化的保护与变迁[J].民俗研究，2004（01）：8.
② 单卓然，黄亚平."新型城镇化"概念内涵、目标内容、规划策略及认知误区解析[J].城市规划学刊，2013（2）：20.

不会阻碍现代化的发展，反而可以成为可持续发展的后劲和动力。①

有学者引用 Sir Alec Guinness（亚利克·基尼斯爵士）的话，描述未来城市与村落的关系说："现代人的梦想是从乡村迁往城市，这样他以后就有机会再从城市迁回乡村。"②

无论是质疑还是批评，抑或反思，都让人们重新审视城市化到底是什么，对于乡村意味着什么。越来越多的人认识到城市化并不是消灭乡村，在未来，乡村不但不会消失，还可能成为比城市更优良的栖居之所。在这种逻辑脉络中，对遭遇破坏的传统村落加以保护便成为必然的选择。

（二）传统村落保护行动的发展进程

1975年左右，国际学术界开始对古村落进行关注，国际古迹遗址理事会（ICOMOS）先后公布了《关于保护历史小城镇的决议》和《关于乡土建筑遗产的宪章》等有关历史文化村镇保护的文献。联合国教科文组织还陆续将34处村和镇列入世界文化遗产，对历史古镇的保护原则、要求、方法、措施等都作了规定，强调了城市化、现代化过程中古镇维护、保存、修复和发展的重要性与紧迫性。西欧、日本等地自20世纪70年代掀起全社会保护古城镇古村落的行动。在我国，1980年，同济大学建筑规划学院教授阮仪三先生主持开展了"江南水乡古镇调查研究及保护规划"，揭开了对我国历史文化村镇保护的序幕。20世纪80年代后期，从民居建筑、村落环境、

---

① 罗杨.守望古村落[M].北京：中国文联出版社，2012：288-290.
② 王路.村落的未来景象：传统村落的经验与当代聚落规划[J].建筑学报，2000（11）：16.

文化空间、旅游开发等多个角度对中国"古村落"的研究在地理、建筑、规划、旅游等多个领域开始兴起，对于村落保护起到了积极的推动作用，而一批古村落中保护较好的乡土建筑也先后成为市级、省级、国家级的重点文物保护单位。

进入21世纪以来，伴随着2000年"皖南古村落"成功申报世界文化遗产，古村落保护行动明显加速。2002年，《中华人民共和国文物保护法》开始将历史文化村镇保护纳入法制轨道，规定："保存文物特别丰富并且具有重大历史价值或者革命纪念意义的城镇、街道、村庄，由省、自治区、直辖市人民政府核定公布为历史文化街区、村镇，并报国务院备案。历史文化名城和历史文化街区、村镇所在地的县级以上地方人民政府应当组织编制专门的历史文化名城和历史文化街区、村镇保护规划，并纳入城市总体规划。"同年，由中国文联副主席、民间文艺家协会主席冯骥才先生发起的"中国民间文化遗产抢救工程"在山西省晋中市榆次区后沟村开展了村落民俗考察活动，同时制定了有关古村落认定标准的"普查提纲"。2003年，建设部、国家文物局在全国范围内组织评选了一些保存文物特别丰富且具有重大历史价值或纪念意义的，能较完整地反映一些历史时期传统风貌和地方民族特色的村，公布为第一批中国历史文化名村，迄今已公布7批共487个中国历史文化名村。历史文化名村的陆续评选公布，标志着我国对古村落的保护已从民间自发行动转变为政府的自觉行动。

2006年4月27日，"中国古村落保护（西塘）国际高峰论坛"在浙江名镇西塘召开，来自国内外不同领域的专家、学者以及基层工作者，共同探讨古村落保护的价值、意义、方法和目的，以及当代的责任和使命，并发表了《西塘宣言》，指出："保护古村落是农村文化发展中走现代化与传统化相融合、经济与文化相统筹、自然与社会相和谐之路的一种可行模式,是文化农村的最佳选择……我们呼吁立刻开展中国古村落及其文化的调查和普查,摸清文化家底,建立古村落名录,全面整理村落遗产,分类保护……"有学者认为:"正是这次会议标志着学界已经充分意识到传统村落的保护既是一个迫在眉睫的问题,也是必须整合各方力量共同作为方有效果的问题。传统村落保护第一次作为一个重大问题,把它的复杂性、综合性、艰巨性与极端脆弱性一起呈现在人们面前。"①

2008年4月2日国务院第三次常务会议通过《历史文化名城名镇名村保护条例》,自2008年7月1日起施行。《条例》对历史文化名城、名镇、名村的申报、批准、规划、保护做了具体规定,指出"历史文化名城、名镇、名村的保护应当遵循科学规划、严格保护的原则,保持和延续其传统格局和历史风貌,维护历史文化遗产的真实性和完整性,继承和弘扬中华民族优秀传统文化,正确处理经济社会发展和历史文化遗产保护的关系",并对保护给予必要的资金支持。《条例》还明确了具备下列条件的城市、镇、村庄,可以申报历史文化名城、名镇、名村:(一)保存文物特别丰富;(二)历史建筑集中成片;(三)保留着传统格局和历史风貌;(四)历史上曾经作为政治、经济、文化、交通中心或者军事要地,或者发生过重要历史事件,或者其传统产业、历史上建设的重大工程对本地区的发展产生过重要影响,或者能够集中反映本地区建筑的文化特色、民族特色。②

---

① 向云驹.中国传统村落十年保护历程的观察与思考[J].中原文化论坛,2016(04):94.
② 参见中华人民共和国国务院令第524号,http://www.gov.cn/flfg/2008-04/29/content_957342.htm.

2011年9月在中央文史研究馆成立60周年座谈会上,中国民间文艺家协会主席、国务院参事冯骥才"为紧急保护古村落再进一言",受到时任国务院总理温家宝的高度重视。为贯彻落实温家宝总理关于"古村落的保护就是工业化、城镇化过程中对于物质遗产、非物质遗产以及文化传统的保护"的讲话精神和加强保护工作的指示,2012年4月16日住房城乡建设部、文化部、国家文物局、财政部联合发布了《关于开展传统村落调查的通知》(建村〔2012〕58号),要求"摸清我国传统村落底数,加强传统村落保护和改善",标志着传统村落保护行动全面展开。

此后,住房城乡建设部、文化部等部门多次联合发布专门针对传统村落保护的文件,如《关于加强传统村落保护发展工作的指导意见》(建村〔2012〕184号)、《关于印发传统村落保护发展规划编制基本要求(试行)的通知》(建村〔2013〕130号)、《关于切实加强中国传统村落保护的指导意见》(建村〔2014〕61号)、《关于做好中国传统村落保护项目实施工作的意见》(建村〔2014〕135号)、《中国传统村落技术审查工作规则》等,明确传统村落保护的指导思想、基本原则、主要目标、主要任务、基本要求和保护措施,并就传统村落保护的组织领导、监督管理以及中央补助金申请、核定与拨付做了明文规定,有力地推进了我国传统村落保护行动的系统和广泛开展,使其在较短时间内取得了显著成果。

二、传统村落保护行动的主要任务、基本要求和政策措施

（一）主要任务

根据《关于切实加强中国传统村落保护的指导意见》，传统村落保护的主要任务有四项：

1. 保护文化遗产

保护村落的传统选址、格局、风貌以及自然和田园景观等整体空间形态与环境。全面保护文物古迹、历史建筑、传统民居等传统建筑，重点修复传统建筑集中连片区。保护古路桥涵垣、古井塘树藤等历史环境要素。保护非物质文化遗产以及与其相关的实物和场所。非物质文化遗产是区分传统村落的重要因素之一，对其的保护除了本节的措施外，笔者另有专门叙述。

2. 改善基础设施和公共环境

整治和完善村内道路、供水、垃圾和污水治理等基础设施。完善消防、防灾避险等必要的安全设施。整治文化遗产周边、公共场地、河塘沟渠等公共环境。

3. 合理利用文化遗产

挖掘社会、情感价值，延续和拓展使用功能。挖掘历史、科学、艺术价值，开展研究和教育实践活动。挖掘经济价值，发展传统特色产业和旅游。

4. 建立保护管理机制

建立健全法律法规，落实责任义务，制定保护发展规划，出台支持政策，鼓励村民和公众参与，建立档案和信息管理系统，实施预警和退出机制。

（二）基本要求

根据《关于切实加强中国传统村落保护的指导意见》，传统村落保护的基本要求有三个：

1. 保持传统村落的完整性

注重村落空间的完整性，保持建筑、村落以及周边环境的整体空间形态和内在关系，避免"插花"混建和新旧村不协调。注重村落历史的完整性，保护各个时期的历史记忆，防止盲目塑造特定时期的风貌。注重村落价值的完整性，挖掘和保护传统村落的历史、文化、艺术、科学、经济、社会等价值，防止片面追求经济价值。

2. 保持传统村落的真实性

注重文化遗产存在的真实性，杜绝无中生有、照搬抄袭。注重文化遗产形态的真实性，避免填塘、拉直道路等改变历史格局和风貌的行为，禁止没有依据的重建和仿制。注重文化遗产内涵的真实性，防止一味娱乐化等现象。注重村民生产生活的真实性，合理控制商业开发面积比例，严禁以保护利用为由将村民全部迁出。

3. 保持传统村落的延续性

注重经济发展的延续性，提高村民收入，让村民享受现代文明成果，实现安居乐业。注重传统文化的延续性，传承优秀的传统价值观、传统习俗和传统技艺。注重生态环境的延续性，尊重人与自然和谐相处的生产生活方式，严禁以牺牲生态环境为代价过度开发。

（三）保护措施

1. 建立传统村落名录制度，完善名录

《关于加强传统村落保护发展工作的指导意见》规定要建立传统村落名录制度，要求住房城乡建设部、文化部和财政部三部门根据《传统村落评价认定指标体系（试行）》，按照省级推荐、专家委员会审定、社会公示等程序，将符合国家级传统村落认定条件的村落列入中国传统村落名录。各地住房城乡建设、文化、财政部门要抓紧制定本地区传统村落认定标准，开展本行政区传统村落评审认定，在三部门的指导下建立地方传统村落名录。各级传统村落名录分批公布。《关于切实加强中国传统村落保护的指导意见》则进一步提出要"完善名录"，按照"一村一档"要求建立中国传统村落档案。统一设置中国传统村落的保护标志，实行挂牌保护。我国于 2012 年 12 月公布了第一批列入中国传统村落名录的村落名单，此后又分别于 2013 年 8 月、2014 年 11 月、2016 年 12 月和 2019 年 6 月公布了四批列入中国传统村落名录的村落名单。至此，列入国家保护名录的中国传统村落已达 6189 个。我国也由此形成了世界规模最大的农耕文明遗产保护群。

2. 制定保护发展规划

《关于切实加强中国传统村落保护的指导意见》规定，各地要按照《城乡规划法》以及《关于印发传统村落保护发展规划编制基本要求（试行）的通知》（建村〔2013〕130号）抓紧编制和审批传统村落保护发展规划。规划审批前应通过住房城乡建设部、文化部、国家文物局、财政部组织的技术审查。涉及文物保护单位的，要编制文物保护规划并履行相关程序后纳入保护发展规划。涉及非物质文化遗产代表性项目保护单位的，要由保护单位制定保护措施，报经评定该项目的文化主管部门同意后，纳入保护发展规划。《关于做好中国传统村落保护项目实施工作的意见》进一步要求，抓紧做好已通过四部局技术审查的中国传统村落保护发展规划审批工作，批准后的规划成果要及时在政府网站和当地村落公开。规划确定的项目清单，既要有保护方面的内容，也要有建设发展方面的内容，要符合实际、有操作性，让居民得到实惠。

3. 加强建设管理

《关于切实加强中国传统村落保护的指导意见》规定，规划区内新建、修缮和改造等建设活动，要经乡镇人民政府初审后报县级住房城乡建设部门同意，并取得乡村建设规划许可，涉及文物保护单位的应征得文物行政管理部门的同意。严禁拆并中国传统村落。保护发展规划未经批准前，影响整体风貌和传统建筑的建设活动一律暂停。涉及文物保护单位区划内相关建设及文物迁移的，应依法履行报批手续。传统建筑工匠应持证上岗，修缮文物建筑的应同时取得文物保护工程施工专业人员资格证书。《关于做好中国传统村落保护项目实施工作的意见》进一步要求，严格执行乡村建设规划许可制度；确定驻村专家和村级联络员，建立本地传统建筑工匠队伍；等等。

4. 加大资金投入

《关于切实加强中国传统村落保护的指导意见》规定，在明确各级政府事权和支出责任的基础上，中央财政统筹农村环境保护、"一事一议"财政奖补及美丽乡村建设、国家重点文物保护、中央补助地方文化体育与传媒事业发展、非物质文化遗产保护等专项资金，分年度支持中国传统村落保护发展。支持范围包括传统建筑保护利用示范、防灾减灾设施建设、历史环境要素修复、卫生等基础设施完善和公共环境整治、文物保护、国家级非物质文化遗产代表性项目保护。自2014年开始，国家每年都会选定一些传统村落列入中央财政支持范围，到2017年7月，中央财政已对其中3000多个村落给予了补助支持，平均每村补助300万元。除了中央财政支持外，还鼓励地方各级财政在中央补助基础上加大投入力度。引导社会力量通过捐资捐赠、投资、入股、租赁等方式参与保护。探索建立传统建筑认领保护制度。

5. 做好技术指导

《关于切实加强中国传统村落保护的指导意见》规定，住房城乡建设部、文化部、国家文物局和财政部要制定全国传统村落保护发展规划，组织保护技术开发研究、示范和技术指南编制工作，组织培训和宣传教育。并要求省级住房城乡建设、文化、文物、财政部门做好本地区的技术指导工作，成立省级专家组并报四部局备案，每个中国传统村落要确定一名省级专家组成员，参与村内建设项目决策，现场指导传统建筑保护修缮。

三、传统村落中的非物质文化遗产保护

（一）完善评定标准

目前对传统村落中的非物质文化遗产保护与认定，其实无论是政府官方层面还是学术界都缺乏一个明确的评定标准。这也造成了传统村落申报与保护工作中非物质文化遗产相关的内容成为一个明显的弱项。例如，笔者在参与住房城乡建设部传统村落评审的过程中发现，很多地方上报的传统村落申报材料中非物质文化遗产的内容显示的是"无"。我们看到湖南省邵阳市新邵县巨口铺镇刘家村的申报材料就是这种情况。

图 6-1　湖南省邵阳市新邵县巨口铺镇刘家村的申报材料

2015年笔者曾参与住房城乡建设部传统村落专家工作组的相关工作并参与讨论制定传统村落评定的相关标准，但仍有些问题存在争议。根据此前传统村落专家的努力与探索，早在2012年住房城乡建设部村镇建设司即制定了传统村落评定的试行指标体系，其中对传统村落中的非物质文化遗产有如下认定标准（表6-1）。

表6-1 传统村落承载的非物质文化遗产评价指标体系（试行）

类别	序号	指标	指标分解	分值标准及释义	满分
定量标准	1	稀缺度	非物质文化遗产级别	世界级15分；国家级10分；省级5分。（多项不累加）	15
	2	丰富度	非物质文化遗产种类	省级，每项1分；国家级，每项2分。满分5分。	5
	3	连续性	至今连续传承时间	至今连续传承100年以上，15分；连续传承50年以上，8分。	15
	4	规模	传承活动规模	全村参加5分；30人以上4分；10—30人3分；10人以下2分。	5
	5	传承人	是否有明确代表性传承人	有，且为省级以上，5分；有，且为市级以上，3分；无，0分。	5
	6	活态性	传承情况	1.传承良好，具有传承活力，25分；2.传承一般，无专门管理，18分；3.传承濒危，无活力，10分。	25
	7	依存性	非物质文化遗产相关的仪式、传承人、材料、工艺以及其他实践活动等与村落及其周边环境的依存程度	1.遗产相关生产材料、加工、活动及其空间、组织管理、工艺传承等内容与村落特定物质环境紧密相关，不可分离，26—30分；2.遗产活动空间、工艺传承与村落空间具有一定依赖性，活动组织与村民联系密切，具有民间管理组织，16—25分；3.遗产活动组织、工艺传承与村落较为密切，为本地域共有特色遗产，具有代表性，6—15分；4.遗产可不依赖村落保持独立传承，0—5分。	30
合计					100

从上述试行标准可以看出，对传统村落的非物质文化遗产事项的评定考虑到了定量与定性两个方面，尤其突出了非物质文化遗产的传承状况，无论是传承时间、传承活动规模还是有无传承人的限定。此外还对传承的活态性予以强调，将非遗项目对传统村落的依赖性专门提出来，这都是值得肯定的。但需要指出的是，这一标准仍然强调非物质文化遗产的级别，且将其作为一种重要的量化指标，因此仍然有进一步改进的必要。目前国内学术界对传统村落的研究主要集中于建筑学（乡土建筑领域）、艺术学、历史学、文化地理学、旅游学与景观学、传统村落规划与保护等方面，而传统村落综合价值评估模式系统的研究相对滞后，研究成果也相对较少，传统村落评价体系的研究也有待加强。其实，此前针对历史文化村镇以及西方关于历史遗产保护的相关文件可以为我们提供借鉴。

当然，我们也认识到，此种标准不宜过于标准化，需要因地制宜。依托地域特色，突出村落文化的传承性。例如，民俗学者乌丙安先生曾专门撰文呼吁，对少数民族非物质文化遗产的保护必须遵循文化的多样性原则，因为中华民族"多元一体"的文化格局也有少数民族的贡献，不能忽视少数民族的文化及其传承。[①]确实，鉴于中国地域差异性与民族的多样性，对传统村落的非遗保护也需要逐步探索出适合中国国情的方法。

---

① 乌丙安.保护少数民族非物质文化遗产必须遵循文化多样性法则[C]//中国民间文艺家协会.中国原生态稻作民俗文化抢救与保护：黎平国际学术研讨会论文选.怀化：怀化市西南导报印刷厂，2005：29-38.

（二）政府加大扶持力度，营造保护传统村落文化的良好氛围

传统村落的保护工作目前已得到中央政府层面的高度支持，对于已经入选的传统村落，政府逐步予以经费支持。自2014年第一批列入中央财政支持范围的传统村落名单公布之后，中央财政已连续五年投入资金支持。2017年5月9日，住房城乡建设部再次明确了以北京市门头沟区斋堂镇西胡林村为代表的600个传统村落纳入财政支持范围。中央财政对每个入选的传统村落给予300万元的资助，这一支持力度不可谓不大。财政支持对于传统村落的基础设施改造、生活条件改善无疑可以起到积极作用，而且对于传统村落风貌的改善可以起到有力的促进作用。但对于非物质文化遗产保护来讲，更需要在传统村落中营造一种保护传统文化，尊重村落历史的良好氛围。

村落首先是基层民众重要的生活空间。如何在村落中传承文化，是传统村落非物质文化遗产保护必须首先面对的问题。我们认为，传统村落的非物质文化遗产文化空间的营造是非常有必要的。按照非物质文化遗产的分类标准，传统村落的文化空间大致可分为如下几类：（1）口头文化空间；（2）表演文化空间；（3）节庆文化空间；（4）风俗文化空间；（5）宗教文化空间。笔者认为，后三者尤为重要，即节日、风俗与宗教。一个传统村落有没有好的文化氛围主要表现在传统的节日民俗是否还在传承，传统的风俗习惯是否还有保存，民间宗教礼仪是否还有发展的空间。这些内容其实就构成了传统村落非物质文化遗产最重要的载体，需要认真对待。节庆与风俗在少数民族地区表现更为明显。例如，在云南元阳哈尼梯田的山村，至今还保持着插秧山歌、哈尼族创世史诗等重要的非遗项

图 6-2　元阳哈尼梯田

图 6-3　哈尼族妇女

目，传统农业的生产方式与哈尼族的生活形态构成了一幅美丽的画卷。又如，我们调研发现很多传统村落还有寺庙或者宗教活动的空间，那么注意保护这一空间也就是保护了村落的文化传统。如河北赵县范庄的龙牌会，是当地很有知名度与特色的民间庙会，每年农历二月初二都有相当隆重的祭祀活动。范庄在民国年间仍然庙宇林立，诸如三官庙、奶奶庙、老母庙、龙泉寺、玉皇庙、真武庙、龙王庙与五道庙等，都与人们的生活生产活动息息相关，至今很多庙宇仍然受到民众的供奉。龙牌会有一定程度的醮会性质，由村落的18户会头负责，供奉木制牌位"天地三界十方真宰龙之神位"。范庄的龙牌祭祀活动已经成为邻近几个县村民广泛参与的民间宗教活

图 6-4
祭拜龙牌

动之一，它一方面有限度地传承了龙牌信仰，同时也构筑了生活在当地的人们的集体记忆。它已经从最初的祈雨习俗演变为一种村落文化与地域文化的符号，也是村落文化的重要象征。令人高兴的是，在一批民俗学者与人类学者的共同努力下，2006年范庄龙牌会成功入选河北省第一批非物质文化遗产名录。因此，保护这样的民俗与宗教类非遗项目其实也是保护了传统村落的文化传承。

图6-5　龙牌庙会

（三）发挥民间社会的积极性，鼓励家族文化与乡贤文化的复兴

我们认识到，传统村落复兴的关键在人。而中国人尤其强调"家族本位"，每个个体都是一个家族血缘关系网络中的一员。故而复兴村落，重视家族文化与乡贤文化，发掘个体及其家族的力量，应当是一种有效的方式。近来中央也提倡"新乡贤"。2016年全国两会期间，"新乡贤文化"一词出现在《"十三五"规划纲要（草案）》中，并迅速升温，成为人大代表、政协委员及民众关注和讨论的热词。《"十三五"规划纲要（草案）》"解释材料"中这样解释："乡贤文化是中华传统文化在乡村的一种表现形式，具有见贤思齐、崇德向善、诚信友善等特点。借助传统的'乡贤文化'形式，赋予新的时代内涵，以乡情为纽带，以优秀基层干部、道德模范、身边好人的嘉言懿行为示范引领，推进新乡贤文化建设，有利于延续农耕文明、培育新型农民、涵育文明乡风、促进共同富裕，也有利于中华传统文化创造性转化、创新性发展。"其实，乡贤文化是中国农耕文化的产物，乡贤文化实际上属于士阶层文化在中国乡土的一种表现形式。传统中国社会中，士阶层是社会的实际管理者，也是社会文化精神的倡导者。他们出门为官，回乡之后就是士绅，起着维护本地社会秩序的作用。在古代，中国的行政只管到县一级，县以下的乡村治理就要靠士绅来维系，他们是文明的传承者和价值观的守护者，他们就是传统社会里的乡贤。正如费孝通在《乡土中国》中所说："从基层看去，中国社会是乡土性的。"乡贤文化就是维系着庞大的中国社会正常运转几千年的基层力量。

从历史上看，村落是传统时代底层民众与普通士人最主要的生存与活动空间。其实，一直到清末科举制废除之前，传统时代的

"士农工商"这一"四民社会"并未解体,乡村仍然是多数人的归宿。自清末以来,尤其是学制改革,传统读书人上升的渠道被新式学堂与学校垄断之后,读书人从乡村进入城市之后便不再有返乡的直接诉求。因此,民国时有学者发起"乡村建设运动",但最终也无法挽救乡村逐步凋敝的命运。1949年以后,实行人民公社与农业集体化政策,乡村社会也进入了计划经济的轨道。直到改革开放之后,农村生产力的潜力得到发挥。随后我们看到南方很多省份,富裕起来的村民又开始重振家风,在二十世纪八九十年代,很多地方出现了宗族复兴的势头。随着近些年城镇化的加速,这一趋势有所减缓,而乡村的衰落再次引起了政府与学界的广泛关注。因此,如何合理引导并鼓励地方家族的发展,促进其与当地村落文化的良性互动,是传统村落文化保护的重要内容。家族文化及其传承本身即是村落非物质文化遗产的重要载体。

我们也注意到,所谓一些地方的宗族复兴,很多是原来历史上的大家族及其后裔,尤其是家族文化氛围浓厚的地区,如江西、福建、广东、湖南等地。明清时期这些地方的宗族组织化建设普遍高涨,修族谱、建祠堂、兴家庙,大量的宗族建筑遗存提示我们历史上宗族活动的活跃。代表性的如闽西连城县培田村。培田人传承客家"孝悌为本,耕读传家"的传统与"业继治平""开拓进取"的精神,充分发掘利用本地资源,发展农林业、加工业和织造等手工业。同时,培田又是连城到长汀古道上的驿站,水陆通衢,便于商贾外调内运、集散中转,商业及运输业亦逐步发展起来,形成耕、读、商并举的客家村落。随着经济的发展和文化的发达,明清时期,培田出现了一批富商巨贾和文武官宦。他们相继在家乡建造以7座"九厅十八井"大宅为代表的30幢高堂华屋、21座宗祠、6处书院、

2道牌坊、4座庵庙、1条千米古街，遂形成村内面积达7.9万平方米的古民居建筑群。

正是在此基础上，培田自明清以来文人辈出，家族文化延绵不绝，村落文化也丰富多彩。培田村有省级非物质文化遗产项目连城客家木偶戏与连城剪纸项目，传承状况良好。

传统村落与宗族文化在明清以来的两湖地区（湖南、湖北）亦

图 6-6
清代培田村的村落环境格局

图 6-7
培田大夫第

广泛存在，有些相对偏远的村落反而保存了难得的宗族建筑遗产。2014年10月笔者曾前往湖北省十堰市竹溪县考察当地的传统村落，重点是入选了中国传统村落名录的竹溪县中峰镇甘家岭村。甘家岭村有此殊荣，与该村拥有国家级重点文物保护单位、距今250多年的清代官厅民祠连体古建筑——甘宗祠，以及占该村村民90%人口的甘姓族人以这座祠堂为中心维系的传统乡村生活，有莫大关系。

滥觞于先秦宗法制下的贵族祭祖之风，在中国衍生出深厚的宗族文化传统。唐代以后，民间宗祠开始蔓延。明嘉靖皇帝正式规定民间皆须联宗立庙，从此宗祠遍立城乡。但鄂西北历史上的大量宗祠湮没于改朝换代、兵燹战乱，或在"文革"中毁坏。甘宗祠则幸运地保存了下来。

甘宗祠初建于清乾隆年间，建筑精美，规模宏大。其建筑面积达2000多平方米，其中官厅约500平方米，另有一个天井、三楹厢房客厅。

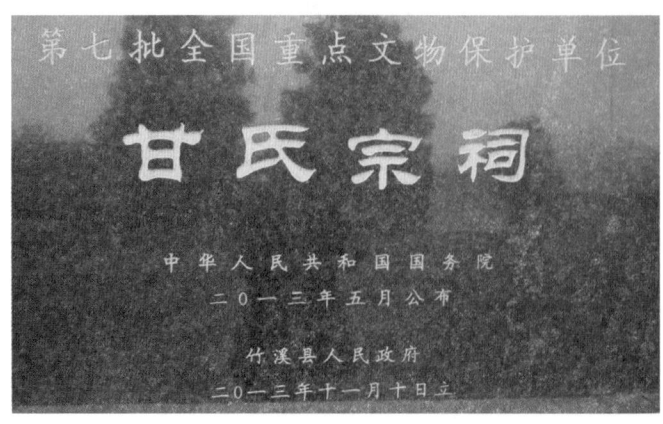

图6-8
甘氏宗祠入选全国重点文物保护单位

图 6-9　甘宗祠外围

如此规模的甘宗祠，穿越 250 多年时空，屡遭劫乱，经历代修缮，至今完整，堪称奇迹。这绝非偶然。宗祠是家族及其历史的象征，其规模和影响往往显示着家族势力及其资产实力。甘宗祠之所以源远流长，留存至今，要归功于甘氏家族在地域历史上的传奇事迹和显赫地位。甘氏家族崛起于明末清初，以甘继芳为首的竹溪团练武装拥护清廷，抵抗吴三桂的叛乱，壮烈牺牲。此后朝廷表彰甘氏家族的贡献，甘氏后人亦不负众望，相继担任各级文武官员。于是，甘氏家族成为当地最显赫的名门望族，家族文化传衍至今。考察中甘氏后人还给我们展示了其家族在光绪年间修纂的族

图6-10　甘宗祠天井

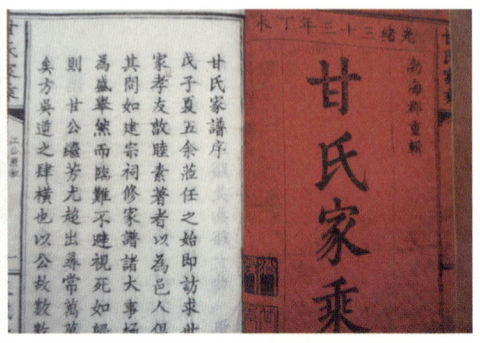
图6-11　甘氏族谱

谱，上边详细记载了家族历史及其族产、契约与族训族规等内容，揭示了清代中后期以来鄂西北地方家族的历史变迁。

浙江的诸葛村也是一个极好的案例。诸葛村是全国重点文物保护单位，是三国时期蜀汉名相诸葛亮后裔的聚居地，坐落在兰溪市高隆之西（"高隆"即取了诸葛亮"高卧隆中"之意）。这是一座典型的江南地区古村落，有700多年历史，格局及大部分建筑均完好，历史信息丰富独特，现存有209座明清民宅建筑。

从对历史价值的记录和补充来看，诸葛村从元代选址走到今天，真实地记录了整个历史演变的过程，而且整个过程跟国家和民族的发展息息相关。不同时期的朝代背景，在村落里都能找到相应的遗存。诸葛村建村后，从早期以农耕为主，逐渐转型为以经营中药业为

图 6-12　诸葛村

主。明末清初之后,村落人丁兴旺,家族发展达到鼎盛,所开药店铺在江南一带有 400 多家,在兰溪本县三分之二的药店都是诸葛村村民开的,村里也有六家店坊合一的药店。村民很早就从事中草药的经营,清代中期,诸葛家族在各地开药店的有 400 多家,也坐堂行医。民国时期上塘成为方圆十几里的重要商业区,吸引了大量外姓人投资经营。诸葛村形成街上(商人)和村上(宗族)并行发展的模式,血缘村落逐渐向业缘转型,农耕文化逐渐向商贸市井文化转型。① 传统村落正是这样,用实物

---

① 李秋香.古村护航:诸葛村保护追踪二十年[J].遗产与保护研究,2016(4):4-8.

图 6-13
诸葛村全貌

图 6-14
诸葛村的八卦图

和文献记录了世代村民生活、生产的形态与社会结构、制度和观念。有学者指出,"诸葛村聚落反映的血缘村落的关系,和整个家族的结构密切对应,跟社会结构也是基本对应的"。

也正是因为家族文化与传统业态的生命力,诸葛村的建筑遗存与文化传统保存良好,一直延续到现在仍然有很强大的生命力。因此,在二三十年前,当一批乡土建筑学者看到诸葛村并意识到村落的保护价值时,村民也自觉加入保护村落文化与家族文化的队伍中来,使得其成为研究"传统民居与古建筑的金矿"。而其家族文化

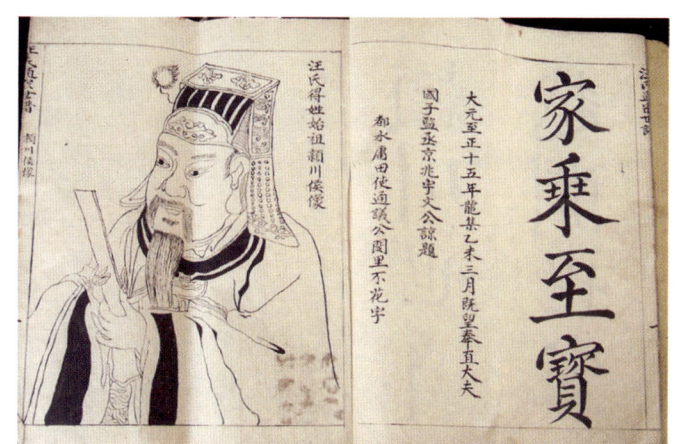

图 6-15
诸葛村家谱

的传承、乡规民约的实践也成为特色。例如，诸葛村村民自发组织起来保护文物建筑，在当地文物部门的推动下村民均遵守"文物保护村民公约"，领当地风气之先。而这种保护公约与传统时代的村规民约以及家族文化中的家规家训有着历史的渊源，这其实也是文化的传承与创新。诸葛村让我们看到了传统村落文化保护的希望。而这些家族文化的传承与复兴也是传统村落非物质文化遗产保护的重要内容，应该得到尊重并发扬光大。

第三节
修复与提升：提升传统村落保护水平的关键词

当前中国的传统村落保护工作是由政府主导的、以挽救迅速衰落的传统村落为目的的大型行动，由于任务明确，措施得力，尤其是中央财政给予大力支持，这项工作取得了明显进展。主要体现在：1.保护机制初步建立，传统村落快速消失的局面得到了遏制。2.文化遗产保护初见成效，60%以上的中国传统村落对传统民居、祠堂、古桥、古井等文化遗产进行了保护修缮，一批国家级非物质文化遗产也优先得到了支持。3.农村的生产生活条件得到大幅改善，70%以上的村庄对村里的道路、供水等基础设施和垃圾处理、污水治理等进行了改善。一些传统村落已经成为美丽乡村建设的综合示范样板。4.农民的增收效果比较明显。5.社会保护意识空前提高，文化传播作用也突出明显。[1]

但是传统村落保护任重而道远，促进传统村落的可持续发展仍然有许多工作要做，比如中央继续给予支持，促进保护法制化，对濒危的传统村落进行专项保护行动，开辟民间资金进入的渠道，等等。而为了进一步提升传统村落保护水平，当前最重要的是在修复和提升两方面着力。

---

[1] 国务院新闻办公室.国新办就改善农村人居环境工作进展情况举行发布会[EB/OL].(2017-1-18). http://news.cri.cn/special/gxb20170118001.html.

一、修复

主要包括以下三方面的内容。

(一)修复全社会尤其是村民对传统村落的珍视态度和发展信心

作为一种基本生活空间,村落总是为它的文化主人所珍视,其存在合法性在中国传统社会从来没有受到质疑。但近几十年来,伴随城市地位的提升,城市化、现代化的快速推进以及城乡二元体制下市民与农民权益方面的不公平分配,城市日渐成为人们心目中的文明之地,村落则沦落为人们心目中的落后之所,成为被改造、被抛弃的对象。人们错误地认为,现代化就是用城市取代乡村。与此同时,城市人鄙视农村、鄙视农业、鄙视农民成为普遍现象;而部分农村人也产生了严重的文化自卑心理,他们自我鄙视,向往城市,认为农村没有前途。中央电视台的一次选秀节目中,一位在北京某个天桥下做小生意的父亲痛哭流涕,说砸锅卖铁也要让儿子离开老家的小山村,可谓一个典型代表。离开村落是许多农民的迫切愿望,他们为此付出了实际行动。而这,正是村落近年来迅速衰落的重要原因。如今要保护传统村落,首先就要修复全社会尤其是村民对传统村落的珍视态度和发展信心。只有这样,才能形成全社会保护传统村落的文化自觉。

而要真正实现修复,就必须重新认识城市化,必须重估城市、村落和传统村落的价值及其对人类社会的意义。认识到虽然城市化必然让一些人离开乡土,但这并不意味着村落没有未来,其实乡村与城市一样,都是人类文明的重要成果和人群居住地,未来仍然有许多人会生活于村落之中，村落也许比城市更适合人类诗意地栖居。而传统村落作为传承久远的文化创造和文化载体，更具有多重价值。无论是从传承优秀中华文明的角度，还是从维护文化多样性的角度来看，它们都值得倍加珍视。当前需要充分发挥报纸、广播、电视等传统媒体以及网络平台、移动触屏、数字传媒等新兴媒体，广泛开展社会宣教，将先进理念变成社会共识，增强全社会对传统村落文化与自然遗产的保护意识和责任感，营造全社会重视传统村落保护的良好氛围，尤其是让村民形成以在传统村落中生活为荣的心理，珍视自己的文化，珍视自己的文化身份。

（二）修复传统村落中受损的建筑、院落和村落肌理

我国传统村落的选址、乡土建筑与居住环境的营造，一般都因地制宜，择吉而设，布置合理，尺度适宜，风貌独特，格局多样，往往根据独特的空间形态，创造出合理的建筑形式和空间布局，而这既是传统村落的外显标志，也是传统村落的特色所在。比如位于北京市房山区南窖乡西南部的水峪村，依古商道建成，巧妙地顺应山势形成八卦格局。水峪村为石灰系硅质岩类山地，板岩矿体储藏丰富，遂成为当地的主要建材。古商道均由石板铺成，部分路段两侧还有石砌的挡土墙；而建于明清时期的百间古宅多以石块垒墙，石板封顶。① 这构成了水峪村特色的重要方面。由于自然损坏、年久失修、商业开发等因素的影响，许多传统村落的整体空间形态、

---

① 袁方.构筑基于文化价值梳理的古村落保护体系：以北京水峪古村为例[C]// 中国城市规划学会.城市时代，协同规划：2013中国城市规划年会论文集（11—文化遗产保护与城市更新）.

肌理、建筑、院落等都严重受损。保护传统村落，首先就需要对它们进行修复。

由于各村落受损情况不同，具体修复时当然也要因村而异，但无论哪个传统村落，都应该立足本村落的风貌历史和风貌现状进行修复，注重村落空间的完整性，保持建筑、村落以及周边环境的整体空间形态和内在关系，严格限制核心保护区的改建、扩建、室外装修，严格限定建设控制区改造区域、拆迁范围、建筑风格、高度、密度、色彩等控制指标，严格保存传统村落的原有肌理。由于传统村落自身的特性，如果修复保持了传统村落固有的特性，就能有效防止全国范围内"千村一面"的情况发生。

当然，修复并不意味着完全的"修旧如旧"，而应将其与"改善基础设施和公共环境"结合起来进行，使传统村落保持原貌的同时引入现代化成果，从而变得更加宜居。同时注意保留不同时代的历史遗迹，使其成为承载丰富历史信息的重要载体。比如，在许多传统村落的建筑墙壁上，我们都可以看到二十世纪五六十年代书写的标语，它们是特定历史时期的产物，保留着特定历史时期的村落历史和国家历史，修复时完全可以保留，而不必刻意抹去。

（三）修复传统村落中散落的文化传统和历史记忆

由于村落生存环境以及村落自身在当代发生了巨变，村落中的文化传统和历史记忆也变得支离破碎，一些原本与村民生活密切相关、世代传承的非物质文化遗产项目面临着人死艺亡的生存困境。然而，村落的文化传统和历史记忆乃是村落的灵魂，是一个传统村落能够持续发展下去的精神动力。保护传统村落，必须修复散落的文化传统和历史记忆，而这，部分可以从梳理、书写村史，建立村落档案和博物馆入手，由此引发村民关注村落的历史人物、历史事件、文化传统、日常生活和历史变迁，形成对于一个共同体的文化身份感。

格外值得一提的是，修复文化传统和历史记忆可以与传统村落的当代文化建设乃至产业发展结合起来考虑。修复文化传统和历史记忆，正是村落当前文化建设的重要内容。而在当前旅游业尤其是乡村旅游蓬勃发展、方兴未艾的情况下，那些散落的文化传统正是村落可以用来发展壮大村落经济、提高村落知名度的文化资本。当前，不少村落正是凭借自己独特的文化传统吸引他者"凝视"的目光，进而获得经济和文化身份上的增益。以贵州省从江县岜沙村为例，它被誉为"中国最后的枪手部落"。岜沙村的芦笙舞、成人礼、婚礼等文化传统都是风情表演的重要内容。

二、提升

主要涵盖以下三方面的内容。

（一）提升传统村落居民的生活质量

在笔者看来，传统村落的危机直接缘于村落人口的大量流失，村落人口的大量流失则主要根源于村民日益增长的物质文化需求及其难以在村落空间中得到满足二者之间的矛盾。因此，要挽救传统村落的危机，就必须留下原住居民；要留下原住居民，就要解决上述矛盾；要解决上述矛盾，首先就要改善村民的生活条件，提升村民的生活质量。

我国现存的传统村落大多位于偏远地区，生存条件恶劣，经济发展十分薄弱，天然气、热力管道、污水处理、垃圾处理等现代化基础设施的普及率低，医疗、文化、教育、交通等公共服务设施落后。生活太苦，是不少人选择离开村落的重要原因。例如坐落在吉林省长白山密林深处的木屋村，是"长白山最后的木屋村落"，近年来居民流失严重，村里的木屋多数已是"空壳"。一位随丈夫在木屋村定居的女子说："上级光说保留这个村子，可是却不知，村民出门十分不便，在这里生活虽然有乐趣，但也是太苦了，反正我不愿意待在这儿。"[1] 提升传统村落居民的生活质量，就是不要让传统村落的居民生活"太苦了"。为此，一方面需要加大资金投入力度，加强传统村落公共基础设施建设，改善村民日常生活条件。另一方面，需要完善农村的各种社会保障制度，并适当建立针对传统村落居民的政府补贴机制，保障和提升居民生活品质，使他们共享社会经济发展的成果。

（二）增加传统村落原住居民就近就业的机会

要留住原住居民，还需要增加他们就近就业的机会，使他们在传统村落里或者周边就能够获得比较稳定的收入。如此，他们便不必背井离乡地到远处谋生。当然，由于传统村落的自然条件、文化传统有异，传统村落所在区域的发展策略也有其个性，因此，如何为原住居民提供就业机会并没有普遍适用的方法，而是

---

[1] 曹保明.木屋村[M].北京：中国文史出版社，2014，212.

需要群策群力，在分析各种优劣条件的基础上，充分发挥传统村落的既有特色，运用传统村落的自有资源，找寻出合适的发展之路，增强内生发展动力和"造血"能力。目前在传统村落保护方面已经出现了博物馆式保护、集散为整式保护、历史街区式保护、分区式保护、原生态式保护、旅游开发式保护、景观设计式保护、特色产业式保护等多种保护模式，可以为传统村落发展道路的选择提供若干参考。但无论选择怎样的道路，都有必要考虑原住居民的就业问题。

为原住居民就近创造就业机会看似与传统村落保护工作较远，却具有根本性意义，它是保持传统村落生活完整性的必备条件，应该妥善解决。从目前来看，旅游业是不少传统村落未来发展的方向。旅游业的发展可以带来很多就业机会，如果旅游从业人员和旅游纪念品、旅游消费品的生产都能够实现本土化，将可以很好地解决原住居民的就业难题。而伴随着传统村落保护修缮、基础设施建设以及公共环境改善等工作的推进，也会出现大量的就业机会。这些机会也应该优先向村落原住居民提供。如果他们资质不够，可以由政府出资进行资格培训。

（三）提升原住居民在传统村落保护发展工作尤其是决策环节中的参与度和主体性，充分尊重其利益诉求

伴随着国家层面传统村落保护工作的深入，传统村落将普遍进入规划发展阶段。一个传统村落应该如何保护、如何发展，需要听取多方面的建议和意见，应该在多个相关群体真诚协商的基础上加以约定，其中原住居民在传统村落保护发展的道路选择、利益分配

等方面，理应有最高的参与度和充分的话语权。这一方面是因为传统村落是其原住居民的文化产品和生活空间，原住居民是传统村落的主人，是传统村落保护工作最直接和最重要的利益相关者，没有他们参与的传统村落保护，既不合情也不合理。另一方面，原住居民参与传统村落保护工作，有助于加深对传统村落价值和意义的认识，从而形成保护传统村落的文化自觉意识，对传统村落的可持续发展产生积极而深远的影响。

而事实也证明，那些基于社区参与的传统村落保护往往能走向和谐发展之路。比如位于安徽省黄山市黟县的西递村是 2000 年被联合国教科文组织世界遗产委员会列入《世界遗产名录》的传统村落，所采取的就是基于社区参与的保护之道，并取得了很好的效果。

西递村旅游开发的主体是村办旅游公司，实行村民自治的治理模式，把村级事务的决策权和处置权交给村民。旅游管理与民主选举、民主管理、民主监督、民主决策等紧密相连，能较好地处理各利益主体与村民间的利益分配问题。[①]

而与西递村同时被联合国教科文组织世界遗产委员会列入《世界遗产名录》的另一个黟县传统村落宏村，由于采取了外部企业介入的开发模式，则存在不少麻烦：这种模式较易忽视村民及其基层组织的利益，并且容易出现难以理清的产权配置问题，产生较高的利益主体间的交易成本，从而使旅游开发难以达到预期的效果。[②]

当前传统村落保护发展工作中，宏村模式并不鲜见，而因为原住居民失语和利益分配失衡引发的矛盾仍不时显现。2013 年 7 月，

[①②] 蒋海萍，王燕华，李经龙. 基于社区参与的古村落型遗产地旅游开发模式研究：以皖南古村落西递、宏村为例 [J]. 安徽经济，2009（08）：27.

笔者在贵州从江一个传统村落考察时，曾亲眼看见村民（同时是旅游项目的表演者）因为利益诉求没有得到充分尊重而拒绝表演以致引发矛盾的乱象。重视原住居民的利益诉求和主体性作用的发挥，是当前传统村落保护工作中值得深思和认真对待的重大问题。

投入巨大力量挽救传统村落于式微，考量的不仅是一个国家的经济实力，也是一个国家的文化眼光。在我国，从国家层面重视和开展传统村落保护的工作刚刚启程，在树立正确的传统村落保护理念以及方法选择方面，仍需要做大量工作。当传统村落保护的正当性成为社会共识，人们普遍将那些散布在中华大地上的传统村落视为珍珠而不是敝屣，视为我们永久的精神家园而不是可以朝夕赚钱的利器，保护传统村落就会成为一种自觉的社会行动，传统村落也会焕发出夺目的光彩。

第七章 旅游与中国传统村落的活化利用

中国传统村落文化抢救与研究 文化区系列

Chinese Traditional Villages

随着我国城市化进程的深入发展，乡村不断减少，传统村落面临着被损毁的难题，因此传统村落的保护与发展利用问题引起了政府和社会的高度关注。2009年国家民委、财政部联合下发了《关于做好少数民族特色村寨保护与发展试点工作的指导意见》，决定从2009年起在全国开展少数民族特色村寨保护与发展试点工作，"少数民族特色村寨"的概念开始作为传统村落的一种形式进入学界研究范畴，并引起广泛关注。为了加强传统村落保护发展，住房城乡建设部、文化部等部门自2012年以来对传统村落进行摸底遴选，共有五批6189个传统村落进入中国传统村落名录。因此，上述传统村落如何实现保护与发展，让传统村落具有自我生存与发展的能力，还需要进行深入的探讨。目前我国传统村落大都地处偏僻或交通不便的地区，经济发展落后，但风貌保存较为完整，同时历史文化旅游资源丰富。因此，通过旅游保护与活化利用进行传统村落保护就成为一种自然而现实的选择。

所谓旅游活化利用，实际上是一种对有形和无形遗产进行活态保护的方式，是利用旅游发展促进地区发展、基于社区营造更新、遗产的产业融合，以及历史事件重现的活态解说等方式实现遗产从静态保护到更新再利用的过程。[1]因此，传统村落的旅游活化利用是指传统村落通过旅游方式对有形或无形遗产的活态更新、活态融合、活态解说、活态重现或重演的过程。而通过发展旅游来带动传统村落保护与活化利用，这需要我们用智慧的、文化的、新型的旅游来留住乡愁，这样的旅游利用方式是生态可持续的、与传统大众旅游相区别的，而不是运动式的"留住"造成的又一个"千村一

---

[1] 谢冶凤，郭彦丹，张玉钧.论旅游导向型古村落活化途径[J].建筑与文化，2015（08）：126.

面"。可以说是一个关系到"中华民族的根"的重大、紧迫的现实问题。

第一节
旅游与传统村落保护以及活化利用的关系：坚持保护与发展利用相平衡相协调

随着城市化进程的加快，村落消失得很快，尤其是靠近城市的传统村落，许多村落变成或被改造成了城市的一部分。那些远离城市的地区，村落文化保存得相对完整，但也不同程度地受到城市化影响。江浙的乌镇、西塘、周庄、同里、南浔、锦溪、千灯、木渎等古村镇，保留了较多江南村落文化元素，这些地方自然就成为现代人寻访传统村落的热点。另外像安徽的西递、宏村、歙县，也保留了大量的徽派民居建筑等村落文化遗产，成为研究徽派建筑难得的实物资料。云南的云南驿、沙溪、和顺、双廊、束河等，也留下了很多与传统村落有关的历史人文遗迹，如商铺、马厩、茶马驿站、古戏台、洞经音乐、民居建筑、民族风情、宗教传统等。这些村落文化承载了许多古老的文化传统和习俗惯例。如何保存好这些传统村落文化，如何让古老的村落文化与现代城市文明相伴相生，这已经成为当代社会面临的难题。

人们在聚焦保护与利用传统村落问题时，可能陷入的最大误区就是没有将村落生命力的保持视为关键，没有将保护与活化利用并举，而是把保护放在了第一位，这也造成了传统村落保护最终效果都不甚理想的结果。在传统村落保护与发展利用中存在两种观点：一是认为传统村落自然应成为旅游开发的吸引物，乡村旅游开发应成为传统村落发展的一条最重要途径；二是认为旅游开发会不利于传统村落的保护，使村落的人际关系利益化，文化商品化，景观与环境恶化等。冯骥才曾说过：中国的传统村落每天都在消失，只有为数很少的因为旅游开发而保留下来了，而又因为旅游开发变得面目全非了。这句话，既指出了旅游与传统村落两者在现代社会中的关联，又对传统村落发展旅游忧心忡忡。

在实地调研中我们也发现，各种争论在继续，但传统村落与旅游走得越来越近似乎是不争的事实。那么，旅游与传统村落保护、发展，到底是矛盾的还是天然统一的，还是可以和谐统一的呢？

客观上，很多现存的传统村落大多是由于地理位置较为偏僻，交通不便等原因，得以在城镇化大潮中保留了下来。其现实状态表现为两大特征：一方面，正是由于位置偏僻或交通不便，自身资源缺乏等原因，大多较为贫穷，面临着紧迫的生存和发展问题。另一方面，由于没有经历工业文明、市场经济、城镇化大潮的洗礼，一些传统的东西又幸运地保留下来，如古老的风貌、淳朴的民风等。在现代社会中，传统村落本身成了遗产，更在文化休闲时代，因其具有的历史价值、人文价值、景观价值等，成为重要的旅游吸引物或潜在的旅游资源。总之，在旅游休闲经济大潮中，很多传统村落或主动或被引导地产生了发展旅游的愿望——找一条"活下去"的路径。如果从国外发展生态旅游的起源、本质和效果来分析，通过发展旅游来带动当地保护生态、传承文化，从理论上看，旅游与传统发展两者具有一致性。

但是，发展传统旅游为何又会遭到一些人士的批评呢？确实我们也看到了，过去甚至今天的一些传统旅游已经违背了发展"生态旅游"的初衷，突出的表现为唯经济性。在运作中，有关部门的越位和缺位，以追求利润最大化为主要目的的公司大规模介入等，使保护与发展，社会历史传承价值、风貌保存、风土人情延续与经济开发，居民利益与游客利益等关系变得很难兼顾，甚至发生冲突，因此也就出现了文化学者们批评的有些传统"被掏空""面目全非"的结果，丧失原真性。在这里，"旅游业不仅是一只会下金蛋的鹅，而且也会弄脏自己的巢"的说法对于不适度发展的警告同样适用。但是，视旅游为洪水猛兽，执着地排斥旅游，希望静态保护，也是另一个极端。很多正反面的实践表明，这也是难有实效的。如对那些物质资源、人力不足的传统，只靠国家和社会、专家重视其价值，提供一定的保护基金进行输血，仍是杯水车薪。主导传统村落保护的官员也曾坦言，在纳入国家保护名录的村落中，如何在保护中实现发展利用，也是现实的难题。绝大多数村落未编制专项规划，普遍存在保护管理措施薄弱、交通条件差、设施建设不完善等现实问题；保护资金投入力度不足，筹集渠道单一，加快了传统村落的消亡速度。

因此，在传统村落保护与发展中，用什么理念和机制来统领旅游，怎样开展旅游，如何客观监测、评估旅游对传统经济发展与社会文化发展的影响，可以说是一个紧迫和现实的问题。

笔者认为，新时期的传统旅游要有新的理念，这一新的理念就是要切实设计和推进保护性活化利用：以旅游发展中的活化利用为前提，以民生改善为根本，而非一味地静态保护。在20世纪90年代末，台湾开始提出"古迹活化"的概念，之后不久出现对无形文化遗产活化的探讨。根据对象性质的不同，遗产活化的研究经历了从点（建筑）到面（街区、城镇），从有形到无形再到二者兼具的发展。已有文献中，对历史建筑、工业遗产、历史街区、古城古镇、无形文化遗产等对象的活化探讨均有涉及，包括港台地区或国外活化案例和历程的经验介绍、历史区域活化的规划实证总结、特定活化模式的研究、历史事件的活态解说等。不同的对象由不同的目标和导向进行活化。文献综述表明，"活化"有两个层面的含义：针对有形文化遗产，活化是从静态保护到更新再利用的过程；针对无形文化遗产或重要历史事件，活化是一个有形化、可视化、重现或重演的过程。活化后的遗产均在不同程度上衍生出了旅游资源的属性。①

基于上述认识，笔者认为所谓"活化"，是指当地社区居民自发与自觉地参与传统村落保护的过程，由静态的博物馆保护到动态的更新利用过程，强调社区发展与遗产保护之间的协调。"活化"本质上要求我们做到三点：一是要构建新的经济生产关系，活化的根本是把传统村落作为一种生产空间保留下来，这个生产空间不必要固定为农产品生产，可以是其他任何形式，这样就能将乡村经济空间保留下来，形成一种新的经济功能。经济功能的背后隐含着文化功能，文化功能就是中国传统文化景观的基因，不保留下来就没有文化的意义了。二是要把传统的要素、形式保留下来，但是功能上可以现代化。传统村落要活化，要保留传统文化，但不是一味地、被动地保存或者是原封不动地保存，要实现传统要素和现代功能的有机结合。活化是有效保护、积极保护，好的活化一定是本地文化，

---

① 谢冶凤，郭彦丹，张玉钧.论旅游导向型古村落活化途径[J].建筑与文化，2015（08）：126.

但并不意味着一成不变。① 三是要考虑后城市化时期，城乡交换中人和土地交换需求。随着信息网络的高速发展，资本和劳动力的全球流动性增加，大规模的城市化运动在全球展开，对于发达国家而言，已经步入后城市化阶段。我国已处于向后城市化转型时期，在这一时期，城市与乡村居民存在人口、土地多种交换需要，一方面是由于传统村落空心化，导致大量本地人口外流，土地闲置。另一方面是城市居民乡居休闲旅游需求难以满足，由于农村产权制度原因，导致农民的宅基地不能进入市场。当然，目前国家正出台法律允许农村集体经营建设用地直接入市，但此次改革只涉及总体规划为工业、商业等经营性用途，并经依法登记的集体建设用地，住宅用途的土地入市手续没有改变。② 这样，城乡在住宅用途的土地上的交换仍面临着制度障碍。而旅游则可以通过民宿、乡村酒店等租赁形式满足城市居民的休闲需求，并在此基础上吸纳当地居民返乡就业，解决后城市化时期存在的城乡人与土地之间的对立，并在此基础上可进一步促进传统村落的发展与传承。

总之，秉持着保护与活化利用之间的平衡理念，涉及原住居民、社区、各级政府、企业、旅游者等较多利益相关者的传统发展的旅游模式是一个世界性课题，我们需要用智慧的、文化的、新型的旅游来留住乡愁，这样的旅游利用方式是生态的（以社区人文生态保护、延续为前提）、高端的（与大众旅游相区别，针对有同样理念的访客）、深度体验的（东道主与访客可以深度互动、互助），而不是运动式的"留住"造成的又一个"千村一面"。

---

① 吴必虎.基于乡村旅游的传统村落保护与活化[J].社会科学家，2016（2）：7-9.
② 张洪平.农村集体经营建设用地直接入市，土地买卖完全放开的前哨战[EB/OL].（2019-12-25）.
https://www.sohu.com/a/284311684_636860.

第二节
传统村落旅游资源的类型、评价与开发利用形式

一、传统村落旅游资源的类型

传统村落是一个特殊的旅游客体，与一般旅游资源相比，具有其自身特有的性质。因此从旅游资源角度出发，传统村落旅游资源就是指以传统村落的各种建筑实体和传统民俗文化为载体，在传统村落这种空间内的能够吸引旅游者的一切人类物质和精神文化的成果。

传统村落中能够为旅游者所感知的有形和无形文化现象主要包括两类。

一是传统村落建筑文化类。中国的传统村落大多立意构思巧妙，从自然现象的概况中寻求象征吉祥的抽象概念，创造出有激发力和想象力的乡土环境的独特意境，充分体现了中国古代耕读社会文化的形态特征。传统村落各种建筑在建筑文化方面普遍追求天人合一，讲究风水，暗合封建礼制，经过了长期的与环境、社会、文化的适应，在建筑特色上全国各地各不相同，多种多样。因此我国传统村落建筑文化具有很大的旅游吸引力。总的来说，我国传统村落建筑文化作为传统村落旅游资源主要构成部分，主要通过规划布局和建筑景观来体现（表7-1）。

表 7-1　传统村落建筑文化类旅游资源分类与典型代表

主类	亚类	基本类型	传统村落旅游资源典型代表
传统村落建筑文化类	规划布局类	风水建筑	安徽宏村"牛形"布局、浙江俞源村"太极图"布局、浙江芙蓉村"七星八斗"布局、湖南张谷英村"巨龙戏珠"布局等
		宗族礼制建筑	宗祠、牌坊、墓碑等
		防御建筑	福建土楼，四川藏族聚居区碉楼，山西、贵州等地的堡、屯、大院等
	建筑景观类	古民居	官宦特色住宅、商宅、儒家特色住宅
		公共建筑景观	书院、寺庙、塔、广场景观、水塘和水口景观、古树景观、戏台、古桥等
		建筑附属景观	木雕、砖雕、石雕、灰塑、泥塑、彩画、漆画或字画摆设等

二是传统村落民俗文化类。村落民俗文化是根植于本地本族，依赖本地本族存在的民间文化，它是村民心理的折射、习俗的汇集、愿望的表达和智慧的凝结。因此，村落民俗文化有着浓郁的乡土气息和鲜明的个性特征。主要有地域性、自发性、传承性、适应性等特征。相对于其他现代村落，传统村落保存了更加真实的民俗文化特征。民俗旅游资源的分类取决于民俗的存在形态、表现形式以及民俗旅游者的需要和旅游开发企业的目的。从民俗旅游资源划分或分类方面看，主要侧重于目的地民俗旅游资源的存在、承载和表现方式。陶思炎依据民俗旅游资源的承载方式，将其分为物态资源、动态资源、心态资源、语态资源四种基本类型，并归纳出了每种类型的亚类和基本类型。[①] 田里根据民俗旅游资源的存在和表现形式将民俗旅游资源分为物质、社会和精神民俗旅游资源，并将每大类

---

① 陶思炎.论民俗学体系的重构与应用民俗学的建设[J].江海学刊，1995（05）：52-57.

资源也作了细分。[①]张捷按照目的地民俗旅游资源的存在方式，将民俗旅游资源划分为六类：信仰民俗、社会民俗、生活民俗、经济民俗、民间故事歌谣、游艺体育及消闲民俗，每大类中具体细化为许多亚类。[②]吴忠军根据民俗文化在旅游活动中所处的地位和作用，以及民俗文化的各种表现形态，将其分为节日文化、游艺文化、礼仪文化、生活文化、工艺文化、制度文化、信仰文化等[③]。总之，传统村落的民俗旅游资源主要通过遗址、节事活动、交通、生产生活习俗、传统工艺、戏剧舞蹈、地方礼仪、民歌杂艺、饮食与服装、传统节日文化、民间传说等具体表现出来（表7-2）。

表7-2 传统村落民俗文化类旅游资源及典型代表

主类	亚类	传统村落旅游资源典型代表
消遣观光型	遗址	山西晋中市冷泉村集防御和居住功能为一体的堡寨式村落；广西灵川江头村古建筑群
	庙会	贵州石阡县国荣乡楼上村的花灯戏庙会；山西平顺县石城镇东庄村的传统庙会
	节事活动	福建泰宁县新侨乡大源村的傩舞民俗节日；湖南省郴州市板梁古村元宵节"倒灯"节庆活动
参与娱乐型	传统戏曲、杂艺等	陕西传统村落中的关中皮影；山西传统村落中的河曲民歌；北京京西传统村落中的太平鼓；江浙传统村落中的昆曲；吉林朝鲜族传统村落中的秋千、跳板等
	饮食	广东广州市黄埔古港石基村的濑粉；北京密云区吉家营村的二八席
	交通	北京门头沟区爨底下村的古商道；江西省婺源县浙源乡虹关村的古驿道
文化考察型	信仰	华北传统村落的真武、关帝、观音、龙王庙宇神灵的宗教信仰；闽西客家村落的稻米文化自然信仰

---

① 田里. 论民俗旅游资源及其开发[J]. 人文地理，1997，12（03）：16-19.
② 张捷. 区域民俗文化的旅游资源的类型及旅游业价值研究：九寨沟藏族民俗文化与江苏吴文化民俗旅游资源比较研究之一[J]. 人文地理，1997，12（03）：20-24.
③ 吴忠军. 民俗文化与民俗旅游[M]. 南宁：广西民族出版社，2001.

续表

主类	亚类	传统村落旅游资源典型代表
文化考察型	语言	广东佛山市松塘村粤语方言；浙江金华市箬阳乡琴坛村的五种方言（客家话、金华话、汤溪话、武义话、永康话）
	民间故事与文学	重庆走马镇传统村落的民间故事；贵州民族村寨的苗族古歌等
	祭祀	徽州歙县雄村各姓祭祖的宗祠、宗厅、宗堂及祭祖活动；广东省普宁市果陇村的宗族祭祀活动
	生产习俗	河北井陉县吕家村旱井、磨坊；北京门头沟区黄岭西村采煤工具
购物型	工艺品	甘肃天水的甘谷麻鞋、制陶工艺品、秦州雕漆雕刻工艺品；京津冀传统村落的剪纸、刺绣、编织等
	土特产	安徽查济古村的红麻籽、绿茶、香菜、板栗等；河南信阳市西河村的银杏、野生山茶油、茶叶等

二、传统村落旅游资源的评价：以北京传统村落为例

传统村落作为一个整体的、活生生的文化单元，它的评估不同于一般的文物保护单位或建筑遗迹，只注重单体的、物质性层面的评价，应将评价范围进一步扩大到村落整体环境的高度、扩大到传统村落形成发展的历史视野中，由质到量，从历史到现状，从主观感受到客观标准进行权衡考量，它涉及物质形态、意识观念等各个方面。建设部于2005年下发了《中国历史文化名镇（村）评价指标体系（试行）》，该指标体系包括价值特色和保护措施两大指标共13项因子。其中价值特色包括历史久远度，文物价值（稀缺性），历史事件名人影响度，历史建筑规模，历史传统建筑（群落）典型性，历史街巷规模，核心区风貌完整性、空间格局特色及功能，核心区历史真实性，核心区生活延续性和物质文化遗产10项因子；保护措施包括规划编制、保护修复措施和保障机制3项因子。同时结

合国标《旅游资源分类、调查与评价》（GB/T18972-2003）的资源分类标准，按照旅游资源评价的客观性、系统性、动态效益性等原则，从旅游者的视角出发，结合我国传统村落旅游资源现状与开发利用实际，建立了传统村落旅游资源评价指标体系（见图7-1）。

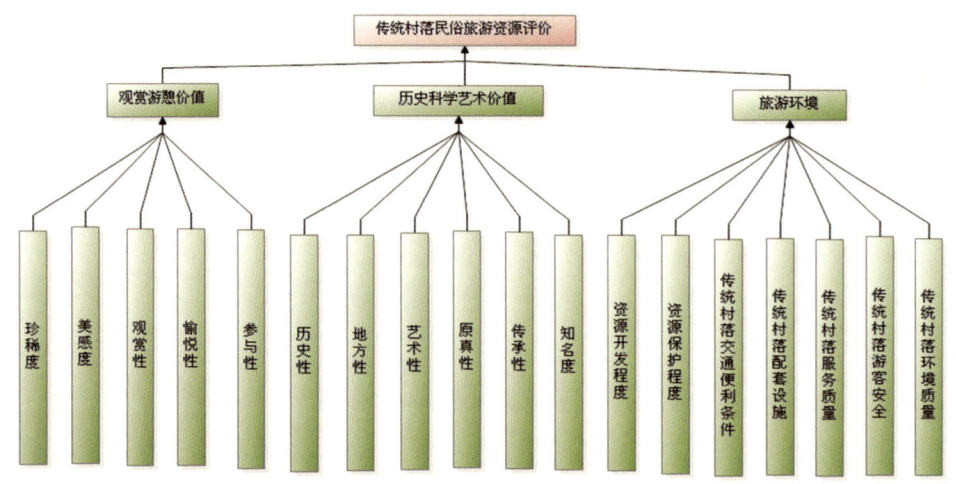

图7-1　传统村落的民俗旅游资源评价体系

按照上述建立的传统村落旅游资源评价指标体系，以北京传统村落为例进行旅游资源评价。评价方法主要运用层次分析法（Analytic Hierarchy Process，AHP）和模糊综合评价法（The fuzzy comprehensive evaluation method）对北京传统村落旅游资源进行评价。数据从两个方面获取：一是层次分析法所需数据的获取，主要邀请25位专家在问卷调查表中对评价指标体系各个因素的重要程度进行两两比较，并按照9，7，5，3，1，1/3，1/5，1/7，1/9的标度打分，对同一层次中的各指标间相对于上一层次的某项指标的相对重要性给予判断，进而获得判断矩阵取值。二是模糊综合评价法所需数据的获取，主要通过对游客现场问卷调查获得数据，调查于

2014年4月至6月在北京郊区13个传统村落[①]进行，采用李克特5点量表数据收集方法，对北京传统村落旅游资源评价体系中的18个指标进行数据评价，共收到调查问卷420份，有效问卷405份，其中男性游客53.2%，女性游客46.8%，年龄方面，30岁及以下37%，31—45岁35%，46—59岁18.3%，60岁及以上9.7%。

研究结果表明，传统村落旅游资源评价排序为：房山区水峪村＞门头沟区琉璃渠村＞门头沟区灵水村＞门头沟区爨底下村＞门头沟区三家店村＞密云县新城子镇吉家营村＞门头沟区黄岭西村＞延庆县八达岭镇岔道村＞门头沟区苇子水村＞门头沟区马栏村＞昌平区长峪城村＞门头沟区千军台村＞顺义区焦庄户村。整体上看，京郊传统村落旅游资源评价等级质量较好，13个传统村落除了顺义区焦庄户村模糊综合评价为"中"外，其余12个村落评价均为"良"，表明京郊传统村落旅游资源整体状况良好。从游客对各村落准则层模糊评价情况看，除了顺义区焦庄户村三个准则层模糊评价均为"中"外，其余12个村落三个准则层模糊评价结果均为良及以上，其中密云县吉家营村的观赏游憩价值，房山区水峪村和延庆县岔道村的旅游环境，门头沟区琉璃渠村和门头沟区灵水村历史科学艺术价值综合评价结果为"优"。当然，各传统村落旅游资源质量还有提升的空间，如通过进一步开发传统村落旅游资源的观赏性和参与性，突出地方性与艺术性，注重旅游资源市场开拓，提升旅游环境

[①] 从2003年起，由建设部和国家文物局共同组织评选的六批中国历史文化名村，以及由住房城乡建设部、文化部、财政部于2012年和2013年分别公布的两批传统村落名录中，北京共有13个传统村落入选，分别为房山区南窖乡水峪村，密云县新城子镇吉家营村，昌平区流村镇长峪城村，门头沟区大台街道千军台村，门头沟区斋堂镇马栏村，门头沟区龙泉镇琉璃渠村，门头沟区龙泉镇三家店村，门头沟区斋堂镇爨底下村，门头沟区斋堂镇黄岭西村，门头沟区斋堂镇灵水村，门头沟区雁翅镇苇子水村，顺义区龙湾屯镇焦庄户村，延庆县八达岭镇岔道村。

质量，将会使传统村落旅游资源得到更好的开发与利用，进而提升旅游资源的档次。

三、传统村落旅游资源的开发利用形式

根据对中国传统村落和中国历史文化名村旅游开发现状的调查与梳理，中国的传统村落旅游开发主要有三种形式[①]。

一是旅游景区。依托传统村落中遗存的历史古建筑和名人故居，开发博物馆、纪念馆、陈列馆等人文景点，或者依托传统村落周边的山水资源和自然景观，开发自然景观型旅游景点，再配套必要的基础设施和服务设施，成为收费式的传统村落旅游景区，是中国传统村落旅游开发的主要形式。截至2014年底，在全国186个5A级景区中，依托传统村落开发的5A级旅游景区有6个，占全国5A级旅游景区总数的3%，分别是安徽西递—宏村景区、安徽龙川景区、古徽州文化旅游区、江西江湾景区、福建土楼（永定·南靖）景区、山西皇城相府景区。

二是农家乐。一批位于大城市郊区、交通可达性良好、生态环境优良的传统村落，以农家乐为主要旅游开发利用形式，吸引大城市居民到乡村休闲，在周末和节假日表现尤为突出。其中，陕西咸阳市礼泉县烟霞镇的袁家村、北京门头沟区的琉璃渠村、浙江杭州市桐庐县江南镇的荻浦村，是其中的典型代表。与传统村落旅游景区以观光为主、以门票收入为主不同，农家乐型传统村落通常不收

---

① 任国才. 中国古村落旅游开发路在何方[J]. 中国乡村发现，2016（04）：51-55.

门票，主要通过为市民和游客提供餐饮和住宿来获得收益。

三是度假村（区）。随着经济的发展，游客的需求越来越多元化，对旅游品质的要求也不断提高。近年来，传统村落旅游开发涌现出一种新形式——度假村（区）。不同于传统村落旅游景区和乡村农家乐以接待大众客群为主，度假村（区）主要接待"小众游客"——对传统文化有偏好、对服务品质要求高、价格承受能力强的中高端游客；度假村（区）的开发主体通常不是传统村落的原住居民，而是"新村民"——外来的文化型企业或高知分子。如中坤集团，该集团是中国传统村落文化旅游开发的先行者。1997年，中坤集团开始对安徽省黄山市黟县进行整体旅游开发，取得了宏村、南屏村、关麓村等传统村落30年的独家经营权，与黟县政府一起对宏村进行抢救性保护和古建筑修复。2000年，成功将宏村申报成为安徽省第二个世界文化遗产，促进了宏村品牌形象的迅速提升和旅游接待人次的快速增长。2002年，中坤集团在距离宏村仅3千米的奇墅湖畔开发黄山宏村奇墅湖国际旅游度假村项目，包括黄山宏村奇墅湖国际旅游度假村、黄山奇墅湖演出剧场等。2010年8月28日，黄山奇墅仙境中坤国际大酒店试营业，成为黟县第一家五星级标准酒店。2011年，宏村与西递一起成功晋级国家5A级旅游景区，成为安徽省第二批第四家5A级旅游景区。2013年，宏村景区接待游客达到152万人次，其中，境外游客达到6.5万人次以上。

纵览中国的传统村落旅游开发，总体还处于起步阶段。虽然不乏西递村、宏村、江湾村、皇城村、袁家村等旅游开发案例，但在中国传统村落中，旅游开发利用的比例很小。如云南的传统村落，进行旅游开发的比例不足10%，开发尚可的传统村落不到1%；贵州的传统村落进行旅游开发的比例更小，不超过5%，绝大多数传统村落还处于"养在深闺人未识"状态。

第三节
传统村落文化旅游资源保护与活化利用的困境

传统村落是中国农耕文明的精华，是中华民族的文化根基，是丰富的物质文化遗产与非物质文化遗产，也是中华民族乃至全人类的宝贵遗产，具有很高的自然、历史、经济、景观及人文价值。这些文化遗产包括历史建筑、文物古迹、文化自然景观，独特的习俗、节日、手工艺、民间艺术等。这些丰富的文化遗产资源自然也成为吸引游客的重要旅游吸引物，但随着城市化进程的冲击，传统村落保护利用面临着巨大的困境，如古建筑在慢慢地消失，民俗文化商品化，民间艺术和传统技艺面临着保护传承困难等问题，这些困境也制约了文化遗产旅游资源的保护传承与活化利用，需要认真研究与反思。

一、传统村落建筑遗产保护与利用的困境

建筑遗产是传统风貌和地方特色的呈现，它们是历史的见证、文化的载体，是民族与地区历史的坐标，是人类文明的生动体现和

最好见证。① 由于形式的陈旧、经济的衰败、功能的过时、技术的落后、社会意义过时或是法律制度陈旧等原因，建筑遗产可能会被称为过时建筑。② 很多具有历史价值的旧建筑陷于两种极端：一种是将历史建筑精品像装进博物馆一样精致地保存下来，变成一个没有生命的美丽躯壳；另一种是丧失了物质功能的旧建筑长时间的空置、遗弃而破败，任其衰败，甚至拆毁。③ 相关统计显示，2000 年中国有 370 万个乡村，但是 15 年之后仅剩下 260 万个，100 多万个乡村没有了，也就是说中国每天有 300 个村子消失了。④ 一些传统村落为了获取经济利益，随意地拆除古建筑，将现代建筑"搬入"传统村落，使得民俗文化渐渐地消失，传统村落也失去了原有的地方性特色。

笔者对北京门头沟地区传统村落灵水村进行了实地考察，发现灵水村的许多古建筑由于年代久远，已经破损严重，比如刘增广故居，正院已经改成了小吃店，但是店主并没有对其进行修缮，许多柱子腐蚀严重，有几间房快要倒塌了，院内堆满了垃圾。一些游客也认为目前灵水村"好多古民居都破损了，没有传统村落的感觉"，"村民新盖的房子与整个传统村落风貌格格不入"。此外媒体还对门头沟区西店村 24 号民居被拆迁公司拆毁的事件进行报道，该民居为门头沟区登记保护的文物，目前该民居已变成了一座废墟。云南乐居村位于昆明西北郊的西山区团结镇龙潭乡，是一个历史悠久的彝族村落，距今有 600 多年的历史。该村由于人口的增长、对现代生

---

① 刘敏，刘爱利. 基于业态视角的城市建筑遗产再利用：以北京南锣鼓巷历史街区为例 [J]. 旅游学刊，2015（4）：115-126.
② 张朝枝，刘诗夏. 城市更新与遗产活化利用：旅游的角色与功能 [J]. 城市观察，2016（05）：139-146.
③ 焦怡雪. 试谈历史性建筑的再利用 [J]. 南方建筑，2000（02）：69-73.
④ 吴必虎. 基于乡村旅游的传统村落保护与活化 [J]. 社会科学家，2016（2）：7-9.

活的需求、旅游经济因素的影响,大部分村民已经将房屋出租给开发商,自己搬迁到沿着公路的新村居住,现在老村仅存 10 多户居民居住。老村目前面临着许多问题:村民大多对特色传统村落保护不理解,新村的钢筋混凝土建筑质量不高、形式雷同,破坏着具有地方风味的建筑形式。老村长久无人修缮与维护,部分房屋已经损毁,有的甚至已经坍塌。乐居村这样突变的当代转型,使传统村落的保护陷于尴尬境地。[①] 在"拆"与"建"、"旅游"和"农业发展"的纠结中,将面临怎样的未来呢?这样的案例还有很多,因此如何在城镇化进程中有效地保护传统村落古民居建筑是目前传统村落所面临的最重要的课题。

二、民间文化与技艺保护、利用中的传承困境

我国正处于快速城镇化与工业化阶段,随之而来的是农村的空心化问题,这也是几十年前欧洲国家走过的"老路",但与之不同的是,我国农民大多平时在城里打工,春节返乡过年,或者年轻时在城里打工,有了一定经济基础后在城镇购置房产或以长期租赁的方式留居市区,部分人中老年后依旧返乡务农。因缺乏原住居民的长期驻留,传统村落渐渐缺乏生产生活的气息,原生态文化也因缺乏活态传承的主体而逐渐消失,这给乡村遗产保护带来了很大困难。与中央政府积极推进形成强烈反差的是大多数基层政府和社会民众

---

① 刘亚美,何俊萍.云南乐居村传统村落的保护和旅游发展策略[J].华中建筑,2013(05):173-176.

对遗产保护的疏离、冷漠甚至抵触，[①] 许多村民把经济利益摆在首位，对民间传统技艺缺乏兴趣，有些人虽然有兴趣，但迫于生存压力也无暇顾及。如在浙江温州苍坡传统村落中，现在村里的年轻人大部分外出打工，很多传统技艺都没有得到传承，如端午节包粽子的手艺基本都不会了，年轻人也都不会酿酒、做索面的技术了。现在村里平时没有游客过来旅游，比较安静了，以前还定期有戏剧表演，各村轮流进行，现在基本也很少了。[②] 北京门头沟灵水村也面临着同样的问题，正如灵水村一位老人所说："由于我们这里经济落后，缺少挣钱的机会，再加上附近没有学校，所以村里的青年人都带着小孩进城工作和学习去了，现在村里剩下的基本是老人了，没有以前热闹了，秋粥节如果不正好是星期天，他们一般不会回来参加，就算是星期天也只有一小部分人回来，等这一代的老人不在了，秋粥节可能也会慢慢地消失。"此外，门头沟区许多老艺人也逐渐退出了舞台，许多民间艺术面临着"人死艺亡"的困境。媒体数据显示，截至2014年底，门头沟地区有3所太平鼓传承学校和一所幡乐传承学校，以及一所童子大鼓会传承学校，但除了这些培训机构外，其他重要传统艺术后继乏人。正如冯骥才所言："传承民间文化的人每一分钟都在逝去，每一分钟都有民间文化在消亡。"因此，保护传承传统村落民俗文化和技艺是传统村落的当务之急。

[①] 张丽，王福刚，吉燕宁. 新型城镇化建设进程中传统村落的保护与活化探究[J]. 沈阳建筑大学学报（社会科学版），2016，18（03）：244-250.
[②] 陈小红. 传统聚落型古村落保护与旅游开发研究：以温州苍坡古村为例[D]. 桂林：广西师范大学，2012.

三、传统文化原真性保护中的困境

"原真性"作为国际公认的文化遗产评估、保护和监控的基本因素，现已成为检验文化遗产的普适性评价标准。它既强调物质环境源头的真实，更追求历史过程中延续与变迁的原状，这对于承载着巨大价值的传统村落有着方向性的指引，更对于当前以结果为导向的传统村落保护与发展利用规划有着根本性的指导意义。目前传统村落的文化旅游开发是将传统民俗文化包装成为现代人所接受的商业文化的过程，使其更加舞台化、商品化。特别是一些戏剧、节日、歌舞、仪式，现在商业气息浓重，失去了原有的本土气息，致使民俗文化失去了真实性。韦亚以黔西南州望谟布依族村落为例，指出在新农村建设与文化生态式的乡村旅游开发的新浪潮下，布依传统村落也遭受到了巨大的冲击。[①] 布依传统村落的居民为了适应现代居民返璞归真、亲近乡土、寻访传统文化的消费需求，文化生态式的乡村旅游蓬勃发展，带来了巨大的经济价值，布依族人民的生活水平有了显著提高。与此同时，布依传统村落居民为了赢得更大的经济效益，也盲目地一味追求现代生活、现代化建筑、现代化的种种生活设施，忽视或淡化了对布依族历史、文化、风俗的传承，布依族语言、服饰、古歌、手工织品等原生态文化元素不断受到冲击，一些独具特色的传统布依族村落逐渐消失，导致文化原真性保护面临困境。而笔者所调查的北京门头沟区的灵水村熬秋粥原是村民为了纪念举人刘懋恒父子在灾荒年赈灾济民的善行，秋粥节在历

---

① 韦亚.布依族传统村落保护与文化生态式的乡村旅游开发研究：以黔西南州望谟布依族村落为例[J].兴义民族师范学院学报，2013（05）：44—47.

史上、传承上都做得非常好，但到了今天有点变味儿了，村里熬秋粥更多是为了表演给大家看，带有一种娱乐性质，失去了传统风味，每年施粥的同时也会表演一些节目，但是与以前不同的是，现在都是花钱请外面的人来表演，是一些现代歌舞表演，当地的民俗节目则很少。秋粥节的类似案例在北京各个传统村落中都不断上演，传统村落的民俗文化原真性保护正面临着巨大的挑战。

第四节
旅游与传统村落的保护及活化利用原则

近年来，传统村落旅游有如火如荼之势，这符合旅游休闲发展的大趋势，也是传统村落寻求发展突破的需求，有供给有需求，政府工作有动力，也受资本青睐，这本身应是件好事。但值得注意的是，传统蕴含着"中华民族最深的根"，这一特殊性决定了其旅游发展不完全等同于一般的乡村旅游，同样是"搞旅游"，应是"留住乡愁"，即以保护和传承传统村落的自然山水和人文记忆为首要目的。当然，一些积极打造传统村落旅游的，大多也标榜其目的即"拯救传统""留住乡愁"，但问题是，使其名副其实而非"名不副实"的评价标准是什么，实际效果特别是长远效果如何判断，这些都是需要首先关注思考而又仅从"外观"上较难判断的。例如，一个传统村落在政商主导"打造"下，在短时间内"干净了""靓了"，游客多了，经济上去了，人文生态却无形中慢慢消失，是优是劣呢？且短时间能判断得出吗？基于国内大规模工业化、城市化后传统村落的客观现状，研究借鉴国际上源于拯救传统地域而开展且有积极成效的"社区营造"的理念与实践，笔者认为，发展旅游应该能成为传统村落保护与发展的一条重要路径（而非一些专家强调的"留住乡愁"要远离旅游），但是，其前提是，要有集正确的理念、行动、制度于一体的系统设计，这样才可能"不忘初心"。如何判断一个正在积极发展旅游的传统村落是否具有这种"顶层设计"呢？可以通过价值识别、产品识别和治理识别来判断。

一、价值识别

能留住乡愁的传统旅游，首先要有新的价值标准，由此统领传统村落的产品特征和治理特征，这是至关重要的。新的价值标准，大方向、大原则上要以国家"五位一体"总布局为指导发展旅游（不同于以往的唯经济导向），而具体的，这个价值识别系统还应包含公正性、可持续性、高效性、适应性等核心价值（简称JSEA）。公正性（Just）：对所有潜在参与者（利益相关者）公平合理地对待，这是作为公共区域的属性要求及公共权利的保障。主要观测点应包含社区相关者关系及利益分配等。可持续性（Sustainability）：要有为后代保护好资源的系统思考。主要观测点，如风貌原真，自然、人文遗产的保护及传承（包括良好民风的延续）等。高效性（Effectiveness）：这里主要指能产生实际的经济效益——富起来才能"活"起来。主要观测点，如游客量、民俗户收入、社区旅游整体收入等。适应性（Adaptability）：与国情、地情相适应，也指随着环境条件变化而变化的体系。主要观测点，如发展机制可以随着发展阶段变化而相应地改变。可以看到，在这个价值识别系统中，除包括了传统观念中较为强调的指标外（如游客量、民俗户收入等），还包括了一些不如经济指标那么"外显"却是保证该社区"永续发展"的诸多重要观测点。

二、产品识别

以上的JSEA价值识别系统为传统的旅游发展提供了价值导向，而传统村落作为一个需要通过"外力"（旅游）来带动复兴的目的地，作为一种需要在农耕文明基础上重塑，满足消费者休闲、体验的产品——文化旅游产品（也可说是提供给旅游者购买的"乡愁"产品），应具有不同于一般旅游产品的特征，即置身于传统村落的独特的"三生"空间（生产、生活、生态）的这种"产品"，其被识别的核心产品特征应是：生态的、生活的、生动的、深度的（根据汉语拼音首字母，简称4S）。生态的，即社区较为稀缺的人文、自然生态的存在、延续是关键的"吸引因素"，人文生态其实更是金山银山（也更为脆弱）。生活的，即是"活着"的村落，是社区与景区合一，而不是便于管理的"景区"代替社区，或者完全成为"博物馆"。生动的，指经过"头脑风暴"，富有创新、富含文化的村落；村落经济需要注入传统农业经济中没有的产品和服务，如从事后现代的、与体验服务相结合的小农经济等，这是成为"旅游产品"的重要一环。深度的，即不是单向的游客甚至高"消费"村落，而是重新认识自己社区价值的东道主与访客可以互动甚至互助，让访客得到深度体验。特别要指出的是，这样的访客群体又可以说是相对"高端的"——与大众旅游者、大规模旅游有区别，如有同样理念、价值观的新文化群体等。鉴于这些特征，这种旅游产品其实应是"高端的"——传统旅游产品的营造，相对于普通的乡村旅游，其产品品质和操作难度上都是相对"高大上"的，因而也难以一蹴而就。

三、治理识别

传统旅游发展的体制机制、治理模式是承接价值理念和落地运作成"产品"的最重要、最复杂的环节。而 JSEA 价值识别系统与 4S 产品特性系统的提出，可以为判断机制体制合理性提供评判依据（或者说倒逼合适的治理模式出现）。

传统作为较为特殊的社区和旅游休闲视野下的资源，其利益相关因素应包括人文、生态、产品、市场、组织与"人"等，而体制机制的核心是人与组织的权力结构与利益关系。在旅游发展中，利益相关者一般有村民、村社区组织、上级政府、相关企业、社会组织以及到访者/旅游者等。目前，依据不同力量在传统旅游发展中的地位和作用（旅游发展的驱动力），传统旅游发展可以归纳为几种不同模式：第一种为政府与企业主导模式，即当地政府与企业合作（有的是引入大公司，有的是政府开办的企业），企业取得传统村落"景区"经营权（如门票收益等）。第二种是政府、企业主导，原住居民有限参与模式，多指第一种模式出现了严重冲突后的调和模式，且利益博弈会在一定阶段内持续，一般的规律是，一方获益多—利益冲突—利益调和—博弈在一定阶段、范围进行着。第三种是社区参与为主模式，即社区原住居民是旅游发展的主体力量，社区精英扮演重要角色，这种模式与政府主导或企业主导的模式大相径庭。应该说，从现实国情和地方实际看，不同模式都有其发展的渊源且各有利弊，不能绝对地说政府主导或企业介入就弊大于利，如企业参与的实际效果，与企业负责人的志向与抱负有很大关系；且用历史的眼光看，有的确有历史进步性；而一些探索中的社区主导模式，也与该地延续的社区文化（如精英文化）有密切关系。另外，基于以往模式中现实存在的种种利益冲突和生态遗失（如政商主导模式中政府的越位和缺位、企业的强势、社区获益有限等），更基于能"留住乡愁"的价值共识与产品需求，系统思考传统旅游发展的机理，探索构建更符合国情也更科学的治理模式成为新时代之必需。笔者认为，应逐步培育"政府指导、社区主导、社会力量积极参与"，强调社区"自组织、自发展"的治理模式。政府的主要作用应定位在支持、指导、培育、促进及协调，如指导、协助制定科学的发展规划，完善基础设施，加强监管，防止传统"变味"等。社区居民为发展的主导者，能在很大程度上自主决定自我发展。社区在公共部门、社会组织等指导下，在精英（如乡贤会）的推动和带动下，通过村民组成协会或合作社等组织形式，积极探索原村经营，特别要注重在这一过程中，通过各种方式提升原住居民的文化自觉和参与社区管理的能力（即"人的营造是核心"）。社会力量，包括企业、社会团体、公益组织、文化群体（包括部分旅游者本身）、返乡创客等，他们的适度参与，可融智融资。对于争论较多的企业参与，笔者认为，一方面要认识到，适当资本进入和区域商业化，乡土与时尚的碰撞能产生独特的氛围，能提供高品质的接待服务设施和相关服务（要特别重视对目的地有深厚认知的小微旅游企业主的作用）；另一方面要清楚，大规模的招商不是传统村落发展的唯一出路。

总之，笔者认为，"三识别"能为判断传统村落旅游模式的优与劣、"能否留住乡愁"提供"标识"，能最大限度地保留传统"基因"，有利于自下而上的社区治理观、发展观的培育和践行，有助于逐步实现传统社区的再生和复兴。当然，中国幅员辽阔，区域发展差异性大，各地区传统村落现状既有相同性也存在差异，可以有发展旅游的不同价值认识，路径也不可能只有一条。例如，对有的"空心化"较为严重、人力资源较为稀缺的村落，如果要避免自然消失，有经济、有"人气"可能是第一位的；对于"活态文化"传承不能实现的，"固态建筑"的保留也是退而求其次的选择。当然笔者也肯定事实上"位于乡村的商业体"的模式，只要它们在提供满足现代人旅游休闲需求产品的同时，能给当地亟须脱贫的人口带来较以往好的收益就行，只不过这种运营模式与"留住乡愁"已经没有太大关系了。

第五节
旅游与传统村落保护、活化利用方式

人们在关注如何保护与利用传统村落时，往往没有将保持村落的生命力视为关键点，将保护放在了首位，没有将保护与活化利用放在同等位置上，这使得传统村落保护的最终效果不太理想。传统村落发展旅游来寻求保护与发展是一条较为适宜的路径，但传统村落所蕴含的文化基因特殊性决定了其旅游发展的特殊性，我们在借助旅游手段活化利用传统村落的过程中既不能过度利用，也不能开发利用不足。过度利用旅游，将传统村落打造成商业化旅游村落会使村落中的文化基因丢失，而开发利用不足，则会导致村落风貌逐渐消退，特色民居遭到破坏，传统文化传承困难，"空心化"严重，无法达到活化保护的目的。因此，适度地发展旅游、运用正确的制度设计才是保护与活化利用传统村落的重要路径，这样才能达成村落保护的初衷。

一、促进旅游与生态博物馆建设实践融合

传统村落本身就是人创造实践的结果，并且因人的活动而具有生命力。村落是不可能如其他事物一样被置于博物馆中保存起来的。这就意味着如何创造性地利用传统村落才是最为重要的问题。解决新的问题就意味着需要创造性思维的运用。如果人们依然认为可以按照过去的方式去进行重复性的实践，并企求获得保护并利用传统村落的捷径，那么，结果就是使创造性实践和思维被制约，延缓人们去承认新事物，去辨别其中所含的问题。[1] 旅游导向型传统村落活化利用是一个由旅游发展为导向、社区原住居民主导的自然过程，旅游吸引物的形成是活化成功的标志。研究表明，生态博物馆（Ecomuseum）作为一种旅游吸引物，它的理念与旅游导向型传

---

[1] 马翀炜，覃丽赢.回归村落：保护与利用传统村落的出路[J].旅游学刊，2017，32（2）：9-11.

统村落活化利用理论有一定重合：生态博物馆所在的当地社区以一种动态的方式来保护、解说和管理它们的遗产以达到可持续发展，它建立于社区共识的基础之上，是一种援助地区可持续发展的社区主导博物馆或遗产项目。欧洲许多国家已成功通过生态博物馆激活了一些乡村地区的遗产，吸引了充满活力的年轻人参与。从国际经验来看，生态博物馆是促进旅游导向型传统村落活化利用的可选途径。[1] 生态博物馆这个概念最早起源于20世纪70年代的法国，之后迅速在欧洲和美洲广泛传播，并产生了巨大的影响。生态博物馆并不是指和生态相关的博物馆，"ecomuseum"的前缀"eco"，既不是指"economic（经济）"，也不是指"e-cology（生态学）"，而是指社会环境均衡系统。生态博物馆的三个要素是：生活的区域性、民族文化遗产和与项目相联系的居民。生态博物馆也被定义为：通过科学、教育及文化方式，管理、研究和开拓利用全部的社区遗产，包括自然环境和文化遗产。因此，生态博物馆是一种公共参与计划和发展的手段。生态博物馆是一种全新的博物馆概念，反映了新博物馆的两大趋势：一是博物馆的社区化，二是博物馆从关注物质遗产到物质遗产与非物质遗产的并重。生态博物馆旅游与传统博物馆旅游相比具有以下两个特性：（1）自然与文化的完美融合。藏品型博物馆旅游产品以人文为主；遗址博物馆有园林，其自然和人文也是分离的；而生态博物馆将文化保存在原生态环境中，实现了自然与文化的融合。（2）更强的参与性。生态博物馆展示的一个重要内容是居民的日常生活，很多当地特有的活动特别是音乐舞蹈、婚丧嫁娶、节日庆典都有很强的参与性。这种参与所带来

---

[1] 谢冶凤，郭彦丹，张玉钧.论旅游导向型传统村落活化途径[J].建筑与文化，2015（08）：126-128.

的互动是传统博物馆所不具备的。①生态博物馆理论于20世纪80年代被引入我国,并先后在贵州、广西、内蒙古、云南等地的民族村落纷纷建立起来,但在本土化过程中遇到了遗产保护作用未能实现、民族村落的传统观念受旅游冲击被抛弃、文化变迁被加剧等严峻问题。旅游导向型传统村落活化在通过生态博物馆途径开展时,应当注意以下几点,以规避当前引入过程中所出现的问题:(1)在外在资源注入的过程中,确保当地人的重要地位,防止出现他们被忽视、被安排和被随意处置的情况;(2)构建评价体系,以衡量传统村落当地社区的自我认同程度,确保旅游进入前达到一定值;(3)地区文化受外来文化的影响是不可避免的,在活化过程中应确保本土文化是当地人在对本地传统观念有了正确认识的情况下发生一定程度内的变化。②

二、盘活文化旅游资源,促进非物质文化与技艺的传承

内生式发展理论强调地区开发的最终目的是培养地方基于内部的生长能力,同时保持和维护本地生态环境和传统文化。为了培养传统村落的内部生长能力,实现村落的可持续发展,最好的途径是以当地人作为传统村落的开发主体,即让原住居民成为传统村落保护与利用的主要参与者和受益者。③发展旅游产业对于传统村落来说不是最佳路径,但却是当下较适宜的发展路径。现代化基础设施建

---

① 郑威,余秀忠.生态博物馆旅游与文化遗产保护[J].改革与战略,2007(09):116-118.
② 谢冶凤,郭彦丹,张玉钧.论旅游导向型古村落活化途径[J].建筑与文化,2015(08):126-128.
③ 董雷.传统村落保护与利用对策研究:以杭州为例[D].杭州:杭州师范大学,2016.

设的不完善是大部分传统村落所面临的共同问题,而良好的旅游资源却依旧吸引来了大批旅游者和投资人,在传统村落区域经济发展的同时也带来了许多旅游的负面影响,如当地人承受着不断上涨的物价以及逐渐恶化的自然、社会环境等。与此同时,产权的不明晰、利益的纠葛最终也会打破传统村落原有的宁静。因此,旅游业不是传统村落发展的最佳路径;但基于传统村落村民思想意识、经济基础、社会环境、区位优势等条件的限制,传统村落"走出去"远比"引进来"更难,在这一社会环境大背景下,那镌刻着历史、饱含着人文的传统村落以其独具魅力的优势资源,扬长避短,发展旅游业便成为时代背景下一条较适宜的发展路径。正如诺邓传统村落发展的情形,旅游业的发展使得大量游客和艺术家造访诺邓传统村落,原本平静的村庄受到了喧嚣、环境污染和物价上涨等直接负面影响及村民淳朴民风改变等间接负面影响。但是诺邓村发展旅游业,使诺邓那古色古香的老房子得到维护,村民在自己家门口便可获得经济收入,无论是诺邓火腿的远销四海还是客栈的直接收入,获益的村民不在少数。[①]发展旅游业对于村落的保护和民族文化张力的释放都具有良好的效应,因此,应当对村落的传统产业予以政策扶持,通过旅游手段,要为村落产业提供产业技术及市场流通的支持,使产业的发展具有持续性。可以通过影视制作、音乐创作、传统工艺创意设计等方式,将村落的物质文化遗产和非物质文化遗产资源与文化创意产业相结合,盘活传统村落的旅游文化资源,实现传统村落的产业复兴。要盘活旅游文化遗产资源,一要借助文化旅游资源发展乡村文化产业,利用文化遗产助力乡村振兴。如中国古迹遗址

---

① 王笛. 云南传统村落保护与开发研究:以昆明乐居村和大理诺邓村为例[D]. 昆明:云南大学,2016.

保护协会所推出的"乡村遗产酒店"项目，是保护利用传统村落、盘活古民居等闲置遗产资源的重要方式，是传承乡村地区优秀传统文化的重要途径，是吸引资金、人才、技术向乡村地区集聚的重要平台，并在推动农村基础设施完善、公共文化服务提升、农村人居环境改善、农村劳动力转移就业和农民增收方面具有明显效果。该项目自2018年6月正式启动以来，经过遴选标准研究、项目征集调研、申报材料审核和理事会集中审议，最终确定北京瓦厂乡村精品酒店、山东荣成海草房唐乡酒店、广西阳朔秘密花园、四川丹巴罕额庄园、安徽猪栏酒吧乡村客栈等5个项目入选首批示范项目名单。"乡村遗产酒店"以遗产保护合理利用为前提，注重社区带动效应，兼顾经营服务品质，并将遗产资源与景观环境、建筑改造利用技术、文化展示与阐释、对社区发展的贡献、设施条件与服务水平、遗产保护和安全管理等作为重点，比如北京瓦厂乡村精品酒店位于北京市怀柔区北沟村，酒店由北沟村废弃琉璃瓦厂改造而成，位于世界文化遗产慕田峪长城的建设控制地带内。酒店在对琉璃工厂的改造过程中坚持最大限度地保留老建筑，并完好保存建筑历史信息，改造过程中不破坏自然环境，充分利用废旧及本地建筑材料。改造设计中充分考虑长城文化元素的融入，面北开窗以使每个客房皆可一览长城景观，丰富了长城主题的文化旅游产品体系，拓宽了线性遗产合理利用思路。同时酒店也在拉动当地就业，促进当地社区的可持续发展方面做出了积极的贡献[1]。二要通过旅游激发村民学习传统技艺的热情，如修复老剧场，让村里的传统艺人登台给游客表演，

---

[1] 于俊. 中国古迹遗址保护协会公布"乡村遗产酒店"首批示范项目[EB/OL].（2018-10-31）. http://www.sh.chinanews.com/wenhua/2018-10-31/47194.shtml.

不但保护了曲艺，还增加了收入，并带动了村民学习传统曲艺的热情，这种通过旅游激发村民学习传统技艺的方式，在一定程度上可促进传统技艺的传承。三要举办民俗文化教育活动，比如开展"民俗文化在我心中"主题教育活动，让当地居民参加民俗活动，如剪纸、唱传统民谣、表演地方戏曲等，带他们参观当地有代表性的建筑，了解家乡的历史故事，引导他们体验、感受民俗文化的魅力，培养和树立认知民俗文化、尊重民俗文化、保护与继承民俗文化的意识，也能够让游客更直观地感受民俗文化的魅力，间接促进民俗文化保护。四要培养民俗技艺的传承人，如北京市门头沟区村民高洪伟 2008 年被评选为北京市京西太平鼓的传承人，京西太平鼓为国家第一批非物质文化遗产之一，同时门头沟地区还出台了配套政策，让京西太平鼓这门技艺走进校园。这在很大程度上促进了民俗技艺的保护与传承。

三、注入社区营造，留住美丽乡愁

所谓社区营造，简言之，即对社区的"经营"与"创造"——运用社区的条件和资源，凝聚居民的共识与创意，使生活更美好，环境更优雅，从而推动社区可持续发展的具体行动。"社区营造"可以说是个全世界的现象：最早出现在 20 世纪 20 年代的英国；美国在 20 世纪 30 年代也有了社区改良运动；联合国于 1951 年在全球范围内推广这项地区发展运动，旨在通过地方社区自身的力量促进社区协调与整合，从而为地区找到一条有效发展的道路。亚洲国家和地区中实践最成功也最知名的，是近邻日本 20 世纪 60 年代开始的基于留住传统社区的社区营造运动——"造町运动"。还有积极复制日本经验,自20世纪90年代起的中国台湾地区"社区总体营造"。因国情、地情不同,"社区营造"在各国各地的实践不尽相同,不同研究者、实践者对其界定也各有侧重,但"社区营造"的核心理念应该说已成共识,可概括为"由下而上""民众参与""凝聚社区意识""发掘地方文化特色"等几个关键词,即通过由下而上、全民参与的方式,来凝聚社区意识,发掘地方文化特色,从而实现社区的"永续发展"。其中心和本质,是"人"的营造;其途径,强调政府引导、社会组织帮扶、社区主导,自组织、自发展;其要发掘的在地资源,包括人、文化、自然、生产与景观资源等,终极目标是为了社区的可持续发展。目前日本旅游业的发展与其把几十年社区营造成果导入"观光"有很大关联。那么,"社区营造"与"旅游"的相结合对我国来说是否也符合国情呢?正如《再造魅力故乡——日本传统街区重生故事》作者、东京大学教授西村幸夫所说:"在进行急剧社会变革的今日中国,理解这些如同绘画一般缓慢的社区营造是一件困难的事情。"这的确也是我们今天探索实践社区营造的主要难点。我们国家的现实国情是:一方面,传统村落与旅游是绕不开的时代议题;今天如火如荼的旅游发展更是国家、地方基于经济转型和社会文化发展的强烈愿望。回溯历史,客观地看,在过去几十年中国快速发展的工业化城市化导致了部分传统村落被毁,千城一面的历史进程中,"旅游"事实上起到了发掘在地资源、发展特色经济,扶贫富民、营造目的地环境、带动传统社区自然生态、文化遗产保护和发展等现实作用——事实上部分承担了"社区营造"的功能。另一方面,在"五位一体"大背景下,不仅人文学者,包括旅游专业人士、旅游主管部门也看到了旅游不当发展产生的不足和弊端,希望推动转型升级。那么,一个可行也急需的路径是:结合国内的客观实际,研究、推动具有特殊意义的传统村落旅游与"社区营造"的结合——借鉴营造的核心理念指导传统村落旅游的可持续发展,同时,因势利导,用经济功能很"显性"的旅游诱导、撬动国内传统村落逐步的、全方位的"营造"。对乡村旅游、历史街区旅游,甚至可以说以挖掘、售卖在地自然资源、人文资源为基础的旅游业都有启示意义——这种建立在以社区可持续发展为本的行动模式,能为辨析旅游目的地的成功与否、能否真正留住"乡愁",提供一种可资判断是非优劣的标准。例如,一个传统村落在政商主导打造下,在短时间内游客多了,经济上去了,人文生态却遗失了,是优是劣?一个在自下而上推进营造的传统村落,短时间内没那么多"标准化",没有很多游客,能否得到持续的支持?其实,力图引领旅游业转型升级的全域旅游更可率先与社区营造结合,让全域旅游中注入营造的匠心,让营造借势全域旅游的动能,让快与慢结合,让传统村落有颜值更留气质,让美丽乡村落地。

四、挖掘传统村落新的生命力,增强传统村落的文化自信与凝聚力

传统村落要保护利用好,就需要挖掘传统村落新的生命力,而传统村落的生命力就在于是否能够较好地处理外部的各种关系以及整合内部的人群,从而具有生命力。从这个意义上说,保护和利用传统村落就是要寻回村落的灵魂,寻回村落灵魂的关键就

在于挖掘传统村落新的生命力。借助旅游强调利用传统村落的重要性就是为了强调人们首先要认识是对谁的村落进行利用。对利用谁的东西的认定是确证权利属于谁的前提。只有当村民是村落的"主人"的身份得到确认的情况下,利用的目的是什么、如何利用等问题才会得到正视。借助旅游手段,保护性利用村落也就意味着必须尊重村民在发展中的主导性地位,要承认村民的发展才是利用传统村落的根本目的。作为赋予村落以生命的村民都是有自由意志的人。那些创造了传统村落的村民一定会是利用传统村落从而保持村落生命力的重要力量。当然,在新的历史条件下,受工业化、城镇化的影响,传统村落的内部世界和外部关系都在发生急剧的改变。传统村落保护与利用中遇到的许多问题都是旷古未遇的,村民之外的政府部门、投资者以及学者对旅游利用与保护传统村落的参与都是具有积极意义的。他们的参与使他们成为村落中新的主体,这从根本上讲也是村民社会交往扩展的结果。强调旅游利用传统村落的重要性还在于使这些参与保护与利用传统村落的外来者的身份得以明确,在为村落的保护与利用做出相应贡献的时候,他们的利益诉求也就理所应当地得到保护,从而也使保护与利用村落的创造力得到更大的发挥。任何传统村落都处于人口流动、文化碰撞、社会变化的过程中,实体的村落每时每刻都在发生着变化,而在利用传统村落进行发展的过程中,如果村民的生活水平能够切实得到改善,村落继续是村民生活价值之所在,是生命意义的聚集处,是情感的依托,那么,回归村落就是在创造性地利用村落过程中找回村落的生命力。[①]

[①] 马翀炜,覃丽赢.回归村落:保护与利用传统村落的出路[J].旅游学刊,2017,32(2):9-11.

借助旅游在挖掘传统村落新的生命力，保护利益相关者诉求的同时，还需要进一步增强传统村落的文化自信与凝聚力。只有让传统村落的村民树立自觉的保护意识，发自内心地参与到传统村落的保护与利用之中，才能使传统村落真正实现可持续发展。一方面，要让广大村民认识到传统村落的文化遗产是祖先留给我们的宝贵精神财富，要让村民意识到传统村落所拥有的巨大价值。可以组织有关方面的专家对传统村落进行考察研究，将传统村落的历史遗存和民俗文化编著出书，让年轻的村民后代从小培养起一种文化的传承意识，增强他们的文化自信。另一方面，要让广大村民意识到保护传统村落文化遗产与他们的切身利益密切相关，积极引导和鼓励他们参与到传统村落保护工作中来。一般来说，居民之间互相信任、内部具有一致的规范认同与价值观并有良好的社会关系的社区，居民的集体参与旅游意识普遍较强，并注重社区历史文化遗产的保护；相反，社区居民间难以达成协作，相互拆台，无法形成统一的规范与认同，且片面强调追逐一己私利，集体性的参与意识很难达成，则居民集体参与旅游的程度比较低，居民也不会注重社区历史文化资源的保护。[①] 因此，建立传统村落一致认同的规范与价值，并在村落居民长期不断的交往与互动过程中形成凝聚力与信任，将有利于形成自觉保护文化旅游资源的氛围。而要培育传统村落内部的凝聚力与信任，一要挖掘村落的乡规民约文化，将这些文化重新作为村落权威的内核，将有助于重建传统村落的社区历史记忆，增强社区居民的社区认同感和凝聚力；二要处理好村落内部的利益纠纷，

---

① 时少华，宁泽群.城市景区社区一体化中居民参与旅游发展的困境、成因与路径选择：以北京什刹海旅游社区为例[J].华侨大学学报（哲学社会科学版），2014（1）：45-51.

协调好传统村落中各利益相关者之间的利益关系[①]，在保障开发者、村民、从业者的旅游收益的同时，也要拿出相当一部分比例的收益，用于具体的、实际的文化旅游遗产保护，这也将有助于传统村落凝聚力与信任的形成。

[①] 时少华.乡村旅游社区参与中的权力结构、运作策略及其影响研究：以京郊BS村景区并购事件为例[J].北京第二外国语学院学报，2012（11）：73-83.

参考文献

REFERENCES

[1] 张丽君.中国西部民族地区生态城市发展模式研究[M].北京：中国经济出版社，2016.
[2] 冯骥才.文化先觉：冯骥才文化思想观[M].银川：阳光出版社，2014.
[3] 费孝通.六上瑶山[M].北京：群言出版社，2015.
[4] 费孝通.乡土中国[M].北京：生活·读书·新知三联书店，1985.
[5] 汪欣.传统村落与非物质文化遗产保护研究：以徽州传统村落为个案[M].北京：知识产权出版社，2014.
[6] RELPH E.Place and placelessness[M].London: Pion Ltd, 1976.
[7] Yi-Fu T.Space and place: the perspective of experience[M].Minneapolis: University of Minnesota Press, 1977.
[8] HUMMON D M.Commonplaces: Community ideology and identity in American culture[M].Albany: State University of New York Press, 1990.
[9] STRYKER S.Symbolic interactionism: A social structural version[M].California, The Benjamin-Cummings Publishing Company, 1980.
[10] 冯淑华.传统村落文化生态空间演化论[M].北京：科学出版社，2011.
[11] 刘沛林.古村落：和谐的人聚空间[M].上海：上海三联书店，1997.
[12] 《读者·乡土人文版》编辑部.《读者·乡土人文版》2015年季度精选集：冬季卷：恰到好处的人生[M].兰州：敦煌文艺出版社，2016.
[13] 肖文评.客家村落[M].广州：暨南大学出版社，2015.
[14] 中国文化遗产研究院.国家考古遗址公园实用手册[M].北京：文物出版社，2015.
[15] 高成全，赵玉凤，李晓东.新型农村发展与规划[M].成都：西南交通大学出版社，2015.
[16] 姚小云，刘水良.武陵山片区非物质文化遗产保护与旅游利用[M].成都：西南交通大学出版社，2015.
[17] 武翠英，张晓明，任乌晶.中国少数民族文化发展报告：2014～2015[M].北京：社会科学文献出版社，2015.
[18] 王泽厚.农村政策法规[M].济南：山东人民出版社，2016.
[19] R.J.约翰斯顿.人文地理学词典[M].柴彦威，等，译.北京：商务印书馆，2004.
[20] 耿虹，郭长升.理想空间：小城镇规划与策划：No.63[M].上海：同济大学出版社，2014.
[21] 吴晓勤，等.世界文化遗产：皖南古村落规划保护方案保护方法研究[M].北京：中国建筑工业出版社，2002.
[22] 陈慧琳.人文地理学[M].北京：科学出版社，2001.
[23] 周尚意，孔翔，朱竑.文化地理学[M].北京：高等教育出版社，2009.
[24] 金其铭，等.中国人文地理概论[M].西安：陕西人民教育出版社，1990.
[25] 王会昌.中国文化地理[M].武汉：华中师范大学出版社，1992.

[26] 中华文化通志编委会，吴必虎，刘筱娟．中华文化通志：艺文典：景观志[M]．上海：上海人民出版社，1998．
[27] 朱海滨．鸟瞰中华：中国文化地理[M]．沈阳：沈阳出版社，1997．
[28] 任志鸿．高中新教材优秀教案：高二地理：上册[M]．海口：南方出版社，2005．
[29] 魏晓芳．三峡人居环境文化地理变迁[M]．南京：东南大学出版社，2014．
[30] 覃德清．中国文化学[M]．桂林：广西师范大学出版社，2015．
[31] 曹诗图．旅游文化与审美[M]．武汉：武汉大学出版社，2007．
[32] 李慕寒．文化地理学引论[M]．徐州：中国矿业大学出版社，1995．
[33] 王德刚．古村落保护与开发：北方古村落保护与旅游开发典型案例研究[M]．济南：山东大学出版社，2013．
[34] 杨正军，王建新．粤东侨乡：汕头新和村社会经济变迁[M]．广州：广东人民出版社，2008．
[35] 郁贝红，等．侨村蒜岭的变迁[M]．北京：社会科学文献出版社，2010．
[36] 邱枫．宁波古村落史研究[M]．杭州：浙江大学出版社，2011．
[37] 曹锦清，张乐天，陈中亚．当代浙北乡村的社会文化变迁[M]．上海：上海人民出版社，2014．
[38] 宁文忠，郝荣．河洮岷民俗志[M]．北京：中国文史出版社，2014．
[39] 张廷兴．中华民俗一本全[M]．桂林：广西人民出版社，2013．
[40] 万虹．图解民俗大全[M]．呼伦贝尔：内蒙古文化出版社，2012．
[41] 陈慧琳．人文地理学[M]．2版．北京：科学出版社，2007．
[42] 郭谦．湘赣民系民居建筑与文化研究[M]．北京：中国建筑工业出版社，2005．
[43] 保国寺古建筑博物馆．东方建筑遗产：2013年卷[M]．北京：文物出版社，2013．
[44] 杜秀荣，唐建军．中国地图集[M]．北京：中国地图出版社，2012．
[45] 黄金鼎，李文笔．千年白族村：诺邓[M]．昆明：云南民族出版社，2004．
[46] 天域北斗数码科技有限公司．中国交通地图册[M]．北京：中国地图出版社，2013．
[47] 苑利，顾军．非物质文化遗产学[M]．北京：高等教育出版社，2009．
[48] 信春鹰．中华人民共和国非物质文化遗产法释义[M]．北京：法律出版社，2011．
[49] 苑利，顾军．非物质文化遗产保护干部必读[M]．北京：社会科学文献出版社，2013．
[50] 中国文化遗产研究院．国家考古遗址公园实用手册[M]．北京：文物出版社，2015．
[51] 刘铁梁．中国民俗文化志：北京：门头沟区卷[M]．北京：中央编译出版社，2006．
[52] 北京门头沟村落文化志编委会．北京门头沟村落文化志四[M]．北京：北京燕山出版社，2008．
[53] 吴涛，安全山．京西古道[M]．北京：中国长安出版社，2015．
[54] 北京市门头沟文化文物局．门头沟文物志[M]．北京：北京燕山出版社，2001．
[55] 孙本祥．中国铁路站名词典[M]．北京：中国铁道出版社，2003．
[56] 杜昕．北京琉璃烧制[M]．北京：北京美术摄影出版社，2015．
[57]《美术大观》编辑部．中国美术教育学术论丛：美术与设计理论卷8[M]．沈阳：辽宁美术出版社，2006．
[58] 骆中钊．新农村建设规划与住宅设计[M]．北京：中国电力出版社，2008．
[59] 田敏．少数民族农民工参与新农村建设的实践[M]．广州：世界图书出版广东有限公司，2012．
[60] 尤飞，汤俊，卢焕荣．特色休闲农业经典规划案例赏析[M]．北京：中国农业科学技术出版社，2015．
[61] 国家环境保护总局污染控制司．创建国家环境保护模范城市实践与指南[M]．北京：中国环境科学出版社，2007．
[62] 仇保兴．深刻认识传统村落的功能[M]//金磊．中国建筑文化遗产年度报告：2002—2012．天津：天津大学出版社，2013．
[63] 国家行政学院进修部．中国城镇化建设读本[M]．北京：国家行政学院出版社，2012．
[64] 汪欣．中国非物质文化遗产保护十年：2003～2013年[M]．北京：知识产权出版社，2015．
[65] 杜娜．美丽乡村建设研究与海南实践[M]．北京：科学技术文献出版社，2016．
[66] 吴大华．法律人类学论丛：第3辑[M]．北京：社会科学文献出版社，2015．

[67]汪长根.与文字为伴：汪长根文论自选集：上卷 通论卷[M].上海：文汇出版社，2015.
[68]罗杨.守望古村落[M].北京：中国文联出版社，2012.
[69]曹保明.木屋村[M].北京：中国文史出版社，2014.
[70]吴忠军.民俗文化与民俗旅游[M].南宁：广西民族出版社，2001.
[71]WRIGHT J K.Terrae incognitae: The place of the imagination in geography[J].Annals of Association of American Geographers, 1947（37）: 1-15.
[72]COCHRANE A.What a difference the place makes: The new structuralism of locality[J]. Antipode, 1987, 19: 354-363.
[73]BRANDENBURG A M, CARROLL M S.Your place or mine?The effect of place creation on environmental values and landscape meanings[J].Society&Natural Resources, 1995, 8（5）: 381-398.
[74]STEDMAN R C.Toward a social psychology of place: Predicting behavior from place-based cognitions, attitude and identity[J].Environment and behavior, 2002, 34（5）, 561-581.
[75]PROSHANSKY H M, FABIAN A K, KAMINOFF R.Place-identity: Physical world socialization of the self[J].Journal of environmental psychology, 1983, 3（1）: 57-83.
[76]王志弘.领域化与网络化的多重张力："地方"概念的理论性探讨[J].城市与设计学报，2015，7（23）：71-100.
[77]单霁翔.城市文化与传统文化、地域文化和文化多样性[J].南方文物，2007（2）：2-28.
[78]周尚意.人文主义地理学家眼中的"地方"[J].旅游学刊，2013（04）：6-7.
[79]李慕寒，沈守兵.试论中国地域文化的地理特征[J].人文地理，1996（01）：7-11.
[80]曲凯音.我国传统村落的历史生成[J].学术探索，2017（1）：51-56.
[81]许立坤.明代移民政策及其对边疆民族地区的影响[J].广西民族学院学报（哲学社会科学版）.1998（S1）：289-290.
[82]桂晓刚.试论贵州屯堡文化[J].贵州民族研究，1999（3）：87.
[83]葛美玲，封志明.中国人口分布的密度分级与重心曲线特征分析[J].地理学报，2009（2）：202-210.
[84]康璟瑶，章锦河，胡欢，等.中国传统村落空间分布特征分析[J].地理科学进展，2016（7）：839-850.
[85]冯骥才.传统村落的困境与出路：兼谈传统村落是另一类文化遗产[J].传统村落，2013（1）：7-12.
[86]刘铁梁.村落：民俗传承的生活空间[J].北京师范大学学报（社会科学版），1996（6）：42-48.
[87]李琦珂，曹幸穗.中日韩三国"风水文化"比较研究[J].东北亚论坛，2013（01）：108-118.
[88]王小明.传统村落价值认定与整体性保护的实践和思考[J].西南民族大学学报（人文社会科学版），2013（2）：156-160.
[89]鲁可荣，胡凤娇.传统村落的综合多元性价值解析及其活态传承[J].福建论坛（人文社会科学版），2016（12）：115-122.
[90]朱启臻.传统村落中的生态文明基因[J].中国生态文明，2017（04）：32-34.
[91]朱宗周，马頔瑄.平定县南庄传统村落的价值特色[J].南方建筑，2016（05）：97-101.
[92]刘文丰，王海东.三家店：京西古道第一村[J].北京观察，2015（4）：28-29.
[93]郑杰政，马月群，梁月忠.广西村落农民体育成功开展的社会价值分析：以广西"万"村农民篮球赛为例[J].体育科技（广西），2011，32（1）：79-81.
[94]刘玉宝，邱昭元.赣南传统村落文化的生态价值[J].文化创新比较研究，2017，1（07）：23-24.
[95]任飞.贵阳布依族传统村寨聚落生态价值研究[J].贵州民族研究，2010，31（02）：60-63.
[96]孔翔.徽州古村落文化旅游的优化路径研究[J].中国文化产业评论，2012，16（02）：233-243.
[97]王媛媛，付翠莲.城镇化进程中的传统村落终结及其治理：以苏北越里村为例[J].浙江海洋大学学报（人文科学版），2015，32（6）：70-74.

[98] 王秀文，徐晓光.日本村落社会组织及其传统特征：兼谈村落文化传统对现代日本社会的影响[J].日本学刊，1991（3）：98.

[99] 刘沛林.古村落：亟待研究的乡土文化课题[J].衡阳师专学报（社会科学），1997（02）：73.

[100] 方创琳，刘晓丽，蔺雪芹.中国城市化发展阶段的修正及规律性分析[J].干旱区地理，2008（04）：512-523.

[101] 单卓然，黄亚平."新型城镇化"概念内涵、目标内容、规划策略及认知误区解析[J].城市规划学刊，2013（2）：16-22.

[102] 李松.城镇化进程中乡村文化的保护与变迁[J].民俗研究，2004（01）：8.

[103] 王路.村落的未来景象：传统村落的经验与当代聚落规划[J].建筑学报，2000（11）：16-21.

[104] 向云驹.中国传统村落十年保护历程的观察与思考[J].中原文化研究，2016（04）：94.

[105] 李秋香.古村护航：诸葛村保护追踪二十年[J].遗产与保护研究，2016（4）：4-8.

[106] 谢冶凤，郭彦丹，张玉钧.论旅游导向型传统村落活化途径.[J]建筑与文化，2015（08）：126-128.

[107] 吴必虎.基于乡村旅游的传统村落保护与活化[J].社会科学家，2016（2）：7-9.

[108] 陶思炎.论民俗学体系的重构与应用民俗学的建设[J].江海学刊，1995（05）：52-57.

[109] 田里.论民俗旅游资源及其开发[J].人文地理，1997，12（03）：16-19.

[110] 张捷.区域民俗文化的旅游资源的类型及旅游业价值研究：九寨沟藏族民俗文化与江苏吴文化民俗旅游资源比较研究之一[J].人文地理，1997，12（03）：20-24.

[111] 任国才.中国古村落旅游开发路在何方[J].中国乡村发现，2016（04）：51-55.

[112] 刘敏，刘爱利.基于业态视角的城市建筑遗产再利用：以北京南锣鼓巷历史街区为例[J].旅游学刊，2015（4）：115-126.

[113] 张朝枝，刘诗夏.城市更新与遗产活化利用：旅游的角色与功能[J].城市观察，2016（05）：139-146.

[114] 焦怡雪.试谈历史性建筑的再利用[J].南方建筑，2000（02）：69-73.

[115] 刘亚美，何俊萍.云南乐居村传统村落的保护和旅游发展策略[J].华中建筑，2013（05）：173-176.

[116] 张丽，王福刚，吉燕宁.新型城镇化建设进程中传统村落的保护与活化探究[J].沈阳建筑大学学报（社会科学版），2016，18（03）：244-250.

[117] 韦亚.布依族传统村落保护与文化生态式的乡村旅游开发研究：以黔西南州望谟布依族村落为例[J].兴义民族师范学院学报，2013（05）：44-47.

[118] 马珊炜，覃丽赢.回归村落：保护与利用传统村落的出路[J].旅游学刊，2017，32（2）：9-11.

[119] 郑威，余秀忠.生态博物馆旅游与文化遗产保护[J].改革与战略，2007（09）：116-118.

[120] 时少华，宁泽群.城市景区社区一体化中居民参与旅游发展的困境、成因与路径选择：以北京什刹海旅游社区为例[J].华侨大学学报（哲学社会科学版），2014（1）：45-51.

[121] 时少华.乡村旅游社区参与中的权力结构、运作策略及其影响研究：以京郊BS村景区并购事件为例[J].北京第二外国语学院学报，2012（11）：73-83.

[122] 乌丙安.保护少数民族非物质文化遗产必须遵循文化多样性法则[C]//中国民间文艺家协会.中国原生态稻作民俗文化抢救与保护：黎平国际学术研讨会论文选.怀化：怀化市西南导报印刷厂，2005：29-38.

[123] 袁方.构筑基于文化价值梳理的古村落保护体系：以北京水峪古村为例[C]//中国城市规划学会.城市时代，协同规划：2013中国城市规划年会论文集（11—文化遗产保护与城市更新）.

[124] 陈小红.传统聚落型古村落保护与旅游开发研究：以温州苍坡古村为例[D].桂林：广西师范大学，2012.

[125] 董雷.传统村落保护与利用对策研究：以杭州为例[D].杭州：杭州师范大学，2016.

[126] 王笛.云南传统村落保护与开发研究：以昆明乐居村和大理诺邓村为例[D].昆明：云南大学，2016.

附录：中国传统村落名录

第一批中国传统村落名录（646个）

北京市（9个）

房山区南窖乡水峪村；

门头沟区龙泉镇琉璃渠村；门头沟区龙泉镇三家店村；门头沟区斋堂镇爨底下村；门头沟区斋堂镇黄岭西村；门头沟区斋堂镇灵水村；门头沟区雁翅镇苇子水村；

顺义区龙湾屯镇焦庄户村；

延庆县八达岭镇岔道村

天津市（1个）

蓟县渔阳镇西井峪村

河北省（32个）

石家庄市井陉县南障城镇大梁江村；石家庄市井陉县南障城镇吕家村；石家庄市井陉县于家乡于家村；石家庄市井陉县南峪镇地都村；石家庄市井陉县天长镇梁家村；石家庄市井陉县天长镇宋古城村；石家庄市井陉县天长镇小龙窝村；石家庄市鹿泉市白鹿泉乡水峪村；

邯郸市磁县贾壁乡北贾壁村；邯郸市磁县陶泉乡北岔口村；邯郸市磁县陶泉乡花驼村；邯郸市磁县陶泉乡南王庄村；邯郸市涉县固新镇固新村；邯郸市涉县偏城镇偏城村；邯郸市涉县关防乡宋家村；邯郸市涉县河南店镇赤岸村；邯郸市涉县井店镇王金庄村；邯郸市武安市伯延镇伯延村；邯郸市武安市冶陶镇安子岭村；邯郸市武安市冶陶镇固义村；邯郸市武安市冶陶镇冶陶村；邯郸市武安市邑城镇白府村；

邢台市内丘县南赛乡神头村；邢台市邢台县路罗镇英谈村；

保定市清苑县冉庄镇冉庄村；

张家口市怀来县鸡鸣驿乡鸡鸣驿村；张家口市蔚县南留庄镇南留庄村；张家口市蔚县涌泉庄乡北方城村；张家口市蔚县暖泉镇北官堡村；张家口市蔚县暖泉镇西古堡村；张家口市蔚县宋家庄镇上苏庄村；张家口市阳原县浮图讲乡开阳村

续表

山西省（48个）

太原市晋源区晋源街道店头村；

大同市天镇县新平堡镇新平堡村；大同市灵丘县红石塄乡觉山村；

阳泉市郊区义井镇小河村；阳泉市郊区义井镇大阳泉村；

长治市长治县八义镇八义村；长治市长治县贾掌镇西岭村；长治市平顺县石城镇东庄村；长治市平顺县石城镇岳家寨村；

晋城市高平市河西镇苏庄村；晋城市高平市原村乡良户村；晋城市高平市马村镇大周村；晋城市高平市米山镇米西村；晋城市陵川县西河底镇积善村；晋城市泽州县晋庙铺镇拦车村；晋城市泽州县北义城镇西黄石村；晋城市沁水县嘉峰镇窦庄村；晋城市沁水县土沃乡西文兴村；晋城市沁水县郑村镇湘峪村；晋城市阳城县北留镇郭峪村；晋城市阳城县北留镇皇城村；晋城市阳城县润城镇上庄村；

晋中市榆次区东赵乡后沟村；晋中市介休市龙凤镇张壁村；晋中市平遥县岳壁乡梁村；晋中市太谷县北洸乡北洸村；晋中市灵石县两渡镇冷泉村；晋中市灵石县夏门镇夏门村；

运城市万荣县高村乡阎景村；运城市新绛县泽掌镇光村；运城市永济市蒲州镇西厢村；

忻州市宁武县涔山乡王化沟村；忻州市繁峙县神堂堡乡茨沟营村；忻州市繁峙县杏园乡公主村；忻州市繁峙县横涧乡平型关村；忻州市河曲县旧县乡旧县村；忻州市岢岚县大涧乡寺沟会村；忻州市岢岚县宋家沟乡北方沟村；忻州市偏关县万家寨镇万家寨村；

临汾市襄汾县新城镇丁村；临汾市襄汾县汾城镇西中黄村；临汾市襄汾县陶寺乡陶寺村；临汾市汾西县僧念镇师家沟村；

吕梁市交口县双池镇西庄村；吕梁市临县碛口镇李家山村；吕梁市临县碛口镇西湾村；吕梁市柳林县柳林镇贺昌村；吕梁市柳林县三交镇三交村

内蒙古自治区（3个）

包头市土默特右旗美岱召镇美岱召村；包头市石拐区五当召镇五当召村；

乌兰察布市丰镇市隆盛庄镇隆盛庄村

黑龙江省（2个）

齐齐哈尔市富裕县友谊达斡尔族满族柯尔克孜族乡宁年村富宁屯；齐齐哈尔市富裕县友谊达斡尔族满族柯尔克孜族乡三家子村

续表

上海市（5个）

闵行区马桥镇彭渡村；闵行区浦江镇革新村；
宝山区罗店镇东南弄村；
浦东新区康桥镇沔青村；
松江区泗泾镇下塘村

江苏省（3个）

无锡市惠山区玉祁镇礼社村；
苏州市吴中区东山镇陆巷古村；苏州市吴中区金庭镇明月湾村

浙江省（43个）

杭州市富阳市龙门镇龙门村；杭州市建德市大慈岩镇新叶村；杭州市桐庐县江南镇深奥村；

宁波市奉化市溪口镇岩头村；宁波市象山县石浦镇东门渔村；宁波市余姚市大岚镇柿林村；宁波市余姚市梨洲街道金冠村；宁波市余姚市鹿亭乡中村；宁波市宁海县茶院乡许民村；

温州市苍南县矾山镇福德湾村；温州市苍南县桥墩镇碗窑村；温州市乐清市仙溪镇南阁村；温州市永嘉县岩头镇芙蓉村；温州市永嘉县岩坦镇屿北村；

湖州市南浔区和孚镇荻港村；

绍兴市嵊州市金庭镇华堂村；绍兴市诸暨市东白湖镇斯宅村；绍兴市绍兴县稽东镇冢斜村；

金华市金东区傅村镇山头下村；金华市磐安县尖山镇管头村；金华市磐安县双溪乡梓誉村；金华市浦江县白马镇嵩溪村；金华市浦江县虞宅乡新光村；金华市浦江县郑宅镇郑宅镇区；金华市婺城区汤溪镇寺平村；金华市武义县大溪口乡山下鲍村；金华市武义县熟溪街道郭洞村；金华市武义县俞源乡俞源村；金华市永康市前仓镇后吴村；

衢州市龙游县石佛乡三门源村；衢州市江山市大陈乡大陈村；

舟山市岱山县东沙镇东沙村；

台州市仙居县田市镇李宅村；台州市仙居县白塔镇高迁村；

丽水市缙云县新建镇河阳村；丽水市景宁县大际乡西一村；丽水市龙泉市城北乡上田村；丽水市龙泉市兰巨乡官浦垟村；丽水市龙泉市西街街道宫头村；丽水市龙泉市小梅镇大窑村；丽水市龙泉市小梅镇金村；丽水市遂昌县焦滩乡独山村；丽水市庆元县濛州街道大济村

续表

安徽省（25个）

安庆市太湖县汤泉乡金鹰村蔡畈古民居；安庆市太湖县汤泉乡龙潭寨古民居；

黄山市黄山区永丰乡永丰村；黄山市徽州区呈坎镇呈坎村；黄山市徽州区呈坎镇灵山村；黄山市徽州区潜口镇潜口村；黄山市徽州区潜口镇唐模村；黄山市祁门县闪里镇坑口村；黄山市休宁县万安镇万安老街；黄山市休宁县商山镇黄村；黄山市黟县宏村镇宏村；黄山市黟县宏村镇卢村；黄山市黟县宏村镇屏山村；黄山市黟县碧阳镇关麓村；黄山市黟县碧阳镇南屏村；黄山市黟县西递镇西递村；黄山市歙县徽城镇渔梁村；黄山市歙县郑村镇棠樾村；

池州市东至县花园乡南溪古寨；池州市贵池区墩上街道渚湖姜村；池州市贵池区棠溪镇石门高村；

宣城市泾县桃花潭镇查济村；宣城市泾县榔桥镇黄田村；宣城市旌德县白地镇江村；宣城市绩溪县瀛洲镇龙川村

福建省（48个）

福州市马尾区亭江镇闽安村；福州市长乐市航城街道琴江村；

三明市清流县赖坊乡赖安村；三明市大田县济阳乡济阳村；三明市建宁县溪源乡上坪村；三明市将乐县万全乡良地村；三明市明溪县胡坊镇肖家山村；三明市明溪县夏阳乡御帘村；三明市尤溪县台溪乡盖竹村；三明市尤溪县台溪乡书京村；三明市尤溪县西滨镇厚丰村；三明市尤溪县新阳镇双鲤村；三明市尤溪县洋中镇桂峰村；三明市泰宁县新桥乡大源村；

泉州市晋江市金井镇福全村；泉州市永春县岵山镇茂霞村；

漳州市平和县大溪镇庄上村；漳州市平和县霞寨镇钟腾村；漳州市南靖县书洋镇田螺坑村；

南平市武夷山市武夷街道下梅村；南平市武夷山市兴田镇城村；南平市顺昌县大干镇上湖村；

龙岩市连城县庙前镇芷溪村；龙岩市连城县宣和乡培田村；龙岩市连城县莒溪镇壁洲村；龙岩市连城县四堡乡务阁村；龙岩市长汀县馆前镇坪埔村；龙岩市长汀县三洲镇三洲村；龙岩市长汀县红山乡苏竹村；龙岩市上杭县太拔乡院田村；龙岩市新罗区适中镇中心村；龙岩市永定县湖坑镇洪坑村；龙岩市漳平市双洋镇东洋村；

宁德市福安市溪潭镇廉村；宁德市福鼎市磻溪镇仙蒲村；宁德市福鼎市店下镇巽城村；宁德市福鼎市管阳镇西昆村；宁德市福鼎市太姥山镇潋城村；宁德市古田县吉巷乡长洋村；宁德市古田县平湖镇富达村；宁德市古田县杉洋镇杉洋村；宁德市屏南县长桥镇柏源村；宁德市屏南县长桥镇长桥村；宁德市屏南县双溪镇双溪社区；宁德市屏南县棠口乡棠口村；宁德市屏南县棠口乡漈头村；宁德市屏南县甘棠乡漈下村；宁德市霞浦县溪南镇半月里村

江西省（33个）

南昌市进贤县温圳镇杨溪村委李家村；南昌市进贤县文港镇晏家村；南昌市安义县石鼻镇罗田村；

景德镇市浮梁县江村乡严台村；景德镇市浮梁县勒功乡沧溪村；景德镇市浮梁县浮梁镇旧城村；景德镇市浮梁县瑶里镇高岭村；景德镇市浮梁县瑶里镇绕南村；景德镇市浮梁县峙滩乡英溪村；

赣州市赣县白鹭乡白鹭村；赣州市安远县镇岗乡老围村；赣州市龙南县杨村镇杨村村燕翼围；赣州市龙南县关西镇关西村；

吉安市井冈山市鹅岭乡塘南村；吉安市青原区富田镇陂下村；吉安市青原区富田镇横坑村；吉安市青原区文陂乡渼陂村；吉安市吉州区兴桥镇钓源村；吉安市安福县金田乡柘溪村；吉安市安福县洋门乡上街村；吉安市安福县洲湖镇塘边村；吉安市吉水县金滩镇燕坊村；

宜春市高安市新街镇贾家村；宜春市宜丰县天宝乡天宝村；

抚州市广昌县驿前镇驿前村；抚州市乐安县湖坪乡湖坪村；抚州市乐安县牛田镇流坑村；抚州市金溪县双塘镇竹桥村；

上饶市婺源县江湾镇江湾村；上饶市婺源县江湾镇汪口村；上饶市婺源县思口镇延村；上饶市婺源县沱川乡理坑村；上饶市婺源县浙源乡虹关村

山东省（10个）

济南市章丘市官庄镇朱家峪村；

青岛市崂山区王哥庄街道青山渔村；青岛市即墨市丰城镇雄崖所村；

淄博市周村区王村镇李家疃村；淄博市淄川区太河镇梦泉村；淄博市淄川区太河镇上端士村；

枣庄市山亭区山城街道兴隆庄村；

潍坊市寒亭区寒亭街道西杨家埠村；

泰安市岱岳区大汶口镇山西街村；

威海市荣成市宁津街道东楮岛村

续表

河南省（16个）

洛阳市孟津县小浪底镇乔庄村；洛阳市汝阳县蔡店乡杜康村；

平顶山市宝丰县杨庄镇马街村；平顶山市郏县堂街镇临沣寨（村）；平顶山市郏县李口镇张店村；平顶山市郏县渣园乡渣园村；平顶山市郏县冢头镇西寨村；

新乡市卫辉市狮豹头乡小店河村；

濮阳市清丰县双庙乡单拐村；

漯河市郾城区裴城镇裴城村；

三门峡市陕县西张村镇庙上村；

南阳市邓州市杏山旅游管理区杏山村；南阳市内乡县乍曲乡吴垭村；

信阳市光山县文殊乡东岳村；信阳市罗山县铁铺乡何家冲村；信阳市新县八里畈镇神留桥村丁李湾村

湖北省（28个）

武汉市黄陂区木兰乡双泉村大余湾；武汉市黄陂区李家集街道泥人王村；

黄石市阳新县浮屠镇玉塇村；黄石市阳新县排市镇下容村阚家塘；

十堰市竹溪县中峰镇甘家岭村；

宜昌市长阳土家族自治县高家堰镇向日岭村六组；

襄阳市枣阳市新市镇前湾村；

荆门市钟祥市客店镇赵泉河村；

孝感市大悟县芳畈镇白果树湾村；孝感市大悟县宣化镇铁店村八字沟；

黄冈市红安县华家河镇祝楼村祝家楼垸；黄冈市麻城市歧亭镇丫头山村；黄冈市武穴市梅川镇同心村李垅垸；

咸宁市赤壁市赵李桥镇羊楼洞村；

恩施土家族苗族自治州恩施市崔家坝镇滚龙坝村；恩施土家族苗族自治州恩施市白果乡金龙坝村；恩施土家族苗族自治州鹤峰县铁炉白族乡铁炉村；恩施土家族苗族自治州鹤峰县铁炉白族乡细杉村；恩施土家族苗族自治州鹤峰县五里乡五里村；恩施土家族苗族自治州鹤峰县中营乡三家台蒙古族村；恩施土家族苗族自治州来凤县百福司镇新安村；恩施土家族苗族自治州来凤县大河镇冷水溪村；恩施土家族苗族自治州利川市凉雾乡海洋村；恩施土家族苗族自治州咸丰县大路坝区蛇盘溪村；恩施土家族苗族自治州咸丰县甲马池镇马家沟村王母洞；恩施土家族苗族自治州咸丰县清坪镇中寨坝村郑家坝；恩施土家族苗族自治州宣恩县椒园镇庆阳坝村；恩施土家族苗族自治州宣恩县沙道沟镇两河口村

续表

湖南省（30个）

衡阳市常宁市庙前镇中田村；
邵阳市隆回县虎形山瑶族乡崇木凼村；
岳阳市岳阳县张谷英镇张谷英村；
张家界市永定区王家坪乡石堰坪村；
益阳市安化县东坪镇黄沙坪老街；益阳市安化县马路镇马路溪村；
郴州市永兴县高亭乡板梁村；
永州市零陵区富家桥镇干岩头村；永州市江永县夏层铺镇上甘棠村；永州市祁阳县潘市镇龙溪村；永州市双牌县理家坪乡坦田村；
怀化市辰溪县上蒲溪瑶族乡五宝田村；怀化市会同县高椅乡高椅村；
湘西土家族苗族自治州保靖县夯沙乡夯沙村；湘西土家族苗族自治州保靖县碗米坡镇首八峒村；湘西土家族苗族自治州凤凰县阿拉营镇舒家塘村；湘西土家族苗族自治州凤凰县都里乡拉毫村；湘西土家族苗族自治州凤凰县麻冲乡老洞村；湘西土家族苗族自治州古丈县高峰乡岩排溪村；湘西土家族苗族自治州古丈县红石林镇老司岩村；湘西土家族苗族自治州古丈县默戎镇龙鼻村；湘西土家族苗族自治州花垣县边城镇磨老村；湘西土家族苗族自治州花垣县排碧乡板栗村；湘西土家族苗族自治州吉首市矮寨镇德夯村；湘西土家族苗族自治州吉首市矮寨镇中黄村；湘西土家族苗族自治州龙山县苗儿滩镇六合村；湘西土家族苗族自治州龙山县苗儿滩镇惹巴拉村；湘西土家族苗族自治州永顺县大坝乡双凤村；湘西土家族苗族自治州永顺县灵溪镇老司城村；湘西土家族苗族自治州永顺县小溪乡小溪村

广东省（40个）

广州市番禺区石楼镇大岭村；
韶关市仁化县石塘镇石塘村；
深圳市龙岗区大鹏镇鹏城村；
汕头市澄海区隆都镇前美村；
佛山市南海区西樵镇松塘村；佛山市三水区乐平镇大旗头村；佛山市顺德区北滘镇碧江村；
江门市开平市塘口镇自力村；江门市恩平市圣堂镇歇马村；
湛江市雷州市白沙镇邦塘村；湛江市雷州市龙门镇潮溪村；湛江市雷州市南兴镇东林村；湛江市遂溪县建新镇苏二村；
肇庆市端州区黄岗街道白石村；肇庆市封开县罗董镇杨池古村；肇庆市广宁县北市镇大屋村；

惠州市博罗县龙华镇旭日村；惠州市惠城区横沥镇墨园村；

梅州市梅县水车镇茶山村；梅州市梅县南口镇侨乡村；梅州市梅县桃尧镇桃源村；梅州市梅县雁洋镇桥溪村；梅州市梅县雁洋镇石楼村；梅州市梅县雁洋镇松坪村；梅州市丰顺县埔寨镇埔北村；梅州市蕉岭县南磜镇石寨村；梅州市兴宁市罗岗镇柿子枰村；

汕尾市陆丰市大安镇石寨村；

河源市和平县林寨镇林寨古村；

清远市佛冈县龙山镇上岳古围村；清远市佛冈县高岗镇社岗下村；清远市连南瑶族自治县三排镇南岗古排；清远市连南瑶族自治县三排镇三排村；

东莞市企石镇江边村；东莞市茶山镇南社村；东莞市石排镇塘尾村；

中山市南朗镇翠亨村；

潮州市潮安县古巷镇古一村象埔寨；潮州市潮安县龙湖镇龙湖古寨；

云浮市云城区腰古镇水东村

广西壮族自治区（39个）

南宁市江南区江西镇扬美村；

柳州市融水苗族自治县拱洞乡平卯村；柳州市融水苗族自治县四荣乡东田村；柳州市融水苗族自治县四荣乡荣地村；柳州市三江侗族自治县丹洲镇丹洲村；柳州市三江侗族自治县独峒乡高定村；柳州市三江侗族自治县林溪乡高友村；

桂林市龙胜各族自治县和平乡龙脊村；桂林市灌阳县洞井瑶族乡洞井村；桂林市灌阳县水车乡官庄村；桂林市灌阳县新街乡江口村；桂林市荔蒲县马岭镇永明村小青山屯；桂林市临桂县四塘乡横山村；桂林市灵川县潮田乡太平村；桂林市灵川县大圩镇熊村；桂林市灵川县定江镇路西村；桂林市灵川县灵田乡长岗岭村；桂林市灵川县灵田乡迪塘村；桂林市灵川县青狮潭镇老寨村；桂林市灵川县青狮潭镇江头村；桂林市灵川县三街镇溶流上村；桂林市平乐县沙子镇沙子村；桂林市兴安县白石乡水源头村；桂林市兴安县漠川乡榜上村；桂林市阳朔县白沙镇旧县村；桂林市阳朔县兴坪镇渔村；

钦州市灵山县佛子镇大芦村；

玉林市北流市民乐镇萝村；玉林市玉州区城北街道高山村；

百色市隆林各族自治县金钟山乡平流屯；百色市那坡县城厢镇达腊屯；百色市西林县马蚌乡浪吉村那岩屯；

贺州市钟山县燕塘镇玉坡村；贺州市富川瑶族自治县朝东镇秀水村；贺州市富川瑶族自治县朝东镇福溪村；贺州市富川瑶族自治县新华乡虎马岭村；贺州市平桂管理区鹅塘镇芦岗村；贺州市钟山县回龙镇龙道村；来宾市象州县罗秀镇纳禄村

海南省（7个）

海口市龙华区新坡镇文山村；海口市龙华区遵谭镇东谭村；海口市琼山区国兴街道上丹村；

三亚市崖城镇保平村；

文昌市会文镇十八行村；

东方市江边乡白查村；

定安县龙湖镇高林村

重庆市（14个）

涪陵区大顺乡大顺村；涪陵区青羊镇安镇村；

九龙坡区走马镇椒园村；

綦江县东溪镇永乐村；

忠县花桥镇东岩古村；忠县新生镇钟坝村；

石柱土家族自治县金岭乡银杏村；石柱土家族自治县石家乡黄龙村；石柱土家族自治县悦崃镇新城村；

秀山土家族苗族自治县梅江镇民族村；

酉阳土家族苗族自治县苍岭镇大河口村；酉阳土家族苗族自治县酉水河镇河湾村；酉阳土家族苗族自治县酉水河镇后溪村；酉阳土家族苗族自治县南腰界乡南界村

四川省（20个）

成都市邛崃市平乐镇花楸村；

攀枝花市仁和区平地镇迤沙拉村；

泸州市泸县兆雅镇新溪村；泸州市叙永县分水镇木格倒苗族村；

遂宁市射洪县青堤乡光华村；

南充市阆中市老观镇老龙村；南充市阆中市天宫乡天宫院村；

巴中市巴州区青木镇黄桷树村；

雅安市宝兴县硗碛乡夹拉村委和平藏寨；雅安市石棉县蟹螺藏族乡蟹螺堡子；雅安市雨城区上里镇五家村；

阿坝藏族羌族自治州理县桃坪乡桃坪村；阿坝藏族羌族自治州马尔康县沙尔宗乡丛恩村；阿坝藏族羌族自治州茂县黑虎乡小河坝村鹰嘴河组；阿坝藏族羌族自治州汶川县雁门乡萝卜寨村；

甘孜藏族自治州得荣县子庚乡八子斯热村；甘孜藏族自治州炉霍县更知乡修贡村；甘孜藏族自治州炉霍县泥巴乡古西村；甘孜藏族自治州炉霍县新都镇七湾村；甘孜藏族自治州丹巴县梭坡乡莫洛村

贵州省（90个）

贵阳市花溪区高坡苗族乡批林村；贵阳市花溪区石板镇镇山村大寨；贵阳市开阳县禾丰布依族苗族乡马头村；

遵义市赤水市丙安乡丙安村；遵义市务川仡佬族苗族自治县大坪镇龙潭村；遵义市凤冈县绥阳镇玛瑙村；

安顺市西秀区大西桥镇吉昌村；安顺市西秀区大西桥镇石板房村；安顺市西秀区大西桥镇鲍屯村；安顺市西秀区七眼桥镇云山村；

铜仁市德江县楠杆土家族乡兴隆社区上坝自然寨；铜仁市江口县太平土家族苗族乡云舍村；铜仁市石阡县白沙镇马桑坪村；铜仁市石阡县白沙镇箱子坪村；铜仁市石阡县国荣乡楼上村；铜仁市石阡县国荣乡葛容村高桥自然村；铜仁市石阡县河坝场乡小高王村；铜仁市石阡县聚凤仡佬族侗族乡黄泥坳村；铜仁市石阡县聚凤仡佬族侗族乡廖家屯村；铜仁市石阡县聚凤仡佬族侗族乡瓮水屯村；铜仁市石阡县石固仡佬族侗族乡公鹅坳村；铜仁市石阡县五德镇大寨村；

黔西南布依族苗族自治州兴仁县巴铃镇百卡村卡嘎布依寨；

黔东南苗族侗族自治州从江县往洞乡增冲村；黔东南苗族侗族自治州从江县往洞乡则里村；黔东南苗族侗族自治州从江县丙妹镇岜沙村；黔东南苗族侗族自治州从江县谷坪乡银潭村；黔东南苗族侗族自治州从江县下江镇高仟村；黔东南苗族侗族自治州丹寨县扬武乡排莫村；黔东南苗族侗族自治州剑河县南哨乡翁座村；黔东南苗族侗族自治州锦屏县隆里乡隆里所村；黔东南苗族侗族自治州锦屏县河口乡文斗村；黔东南苗族侗族自治州雷山县郎德镇上郎德村；黔东南苗族侗族自治州雷山县郎德镇下郎德村；黔东南苗族侗族自治州雷山县郎德镇南猛村；黔东南苗族侗族自治州雷山县西江镇控拜村；黔东南苗族侗族自治州黎平县坝寨乡坝寨村；黔东南苗族侗族自治州黎平县坝寨乡蝉寨村；黔东南苗族侗族自治州黎平县坝寨乡高场村；黔东南苗族侗族自治州黎平县坝寨乡高兴村；黔东南苗族侗族自治州黎平县坝寨乡青寨村；

续表

黔东南苗族侗族自治州黎平县大稼乡邓蒙村；黔东南苗族侗族自治州黎平县德顺乡平甫村；黔东南苗族侗族自治州黎平县地坪乡岑扣村；黔东南苗族侗族自治州黎平县地坪乡高青村；黔东南苗族侗族自治州黎平县地坪乡滚大村；黔东南苗族侗族自治州黎平县洪州镇归欧村；黔东南苗族侗族自治州黎平县洪州镇九江村；黔东南苗族侗族自治州黎平县洪州镇平架村；黔东南苗族侗族自治州黎平县洪州镇三团村；黔东南苗族侗族自治州黎平县九潮镇高寅村；黔东南苗族侗族自治州黎平县九潮镇贡寨村；黔东南苗族侗族自治州黎平县九潮镇吝洞村；黔东南苗族侗族自治州黎平县雷洞瑶族水族乡金城村；黔东南苗族侗族自治州黎平县茅贡乡蚕洞村；黔东南苗族侗族自治州黎平县茅贡乡冲寨；黔东南苗族侗族自治州黎平县茅贡乡登岑村；黔东南苗族侗族自治州黎平县茅贡乡地扪村；黔东南苗族侗族自治州黎平县茅贡乡高近村；黔东南苗族侗族自治州黎平县茅贡乡流芳村；黔东南苗族侗族自治州黎平县茅贡乡寨头村；黔东南苗族侗族自治州黎平县孟彦镇芒岭村；黔东南苗族侗族自治州黎平县尚重镇高冷村；黔东南苗族侗族自治州黎平县尚重镇纪登村；黔东南苗族侗族自治州黎平县尚重镇绍洞村；黔东南苗族侗族自治州黎平县尚重镇育洞村；黔东南苗族侗族自治州黎平县尚重镇朱冠村；黔东南苗族侗族自治州黎平县双江乡黄岗村；黔东南苗族侗族自治州黎平县岩洞镇述洞村；黔东南苗族侗族自治州黎平县岩洞镇岩洞村；黔东南苗族侗族自治州黎平县岩洞镇宰拱村；黔东南苗族侗族自治州黎平县岩洞镇竹坪村；黔东南苗族侗族自治州黎平县永从乡豆洞村；黔东南苗族侗族自治州黎平县肇兴乡肇兴中寨村；黔东南苗族侗族自治州黎平县肇兴乡纪堂村；黔东南苗族侗族自治州黎平县肇兴乡纪堂上寨村；黔东南苗族侗族自治州黎平县肇兴乡堂安村；黔东南苗族侗族自治州黎平县肇兴乡肇兴村；黔东南苗族侗族自治州榕江县平江乡滚仲村；黔东南苗族侗族自治州榕江县兴华乡八蒙村；黔东南苗族侗族自治州榕江县兴华乡摆贝村；黔东南苗族侗族自治州榕江县栽麻乡大利村；黔东南苗族侗族自治州榕江县栽麻乡宰荡村；

黔南布依族苗族自治州荔波县瑶山民族乡董蒙村；黔南布依族苗族自治州荔波县永康民族乡太吉村；黔南布依族苗族自治州荔波县永康民族乡尧古村；黔南布依族苗族自治州平塘县卡蒲毛南族乡场河村交懂组；黔南布依族苗族自治州三都水族自治县坝街乡坝辉村；黔南布依族苗族自治州三都水族自治县都江镇怎雷村；黔南布依族苗族自治州三都水族自治县拉揽乡排烧村

续表

云南省（62个）

曲靖市会泽县娜姑镇白雾村；曲靖市罗平县鲁布革布依族苗族乡罗斯村委腊者村；

玉溪市元江县青龙厂镇它克村；

保山市隆阳区板桥镇板桥村；保山市施甸县姚关镇山邑村；保山市腾冲县固东镇和平村；保山市腾冲县固东镇顺利村；保山市腾冲县和顺镇水碓村；

昭通市威信县水田乡湾子苗寨村；

丽江市古城区大东乡大东行政村；丽江市古城区金山乡贵峰村；丽江市古城区金山乡漾西村；丽江市古城区七河乡共和西关村；丽江市宁蒗县永宁乡落水村；丽江市永胜县期纳镇谷宇村；丽江市永胜县期纳镇清水村；丽江市玉龙县白沙乡白沙村；丽江市玉龙县宝山乡石头城村；丽江市玉龙县石头乡桃园村；

普洱市江城县整董镇城子三寨村；普洱市景东县大街乡三营村；普洱市景东县文井镇清凉村梁家组；普洱市澜沧县酒井哈尼族乡勐根村老达保组；普洱市墨江县联珠镇碧溪古镇村；普洱市墨江县那哈乡牛红村委勐嘎村；普洱市宁洱县同心乡那柯里村；普洱市思茅区龙潭乡龙潭村南本小组；

临沧市沧源县勐角乡翁丁村；临沧市凤庆县鲁史镇鲁史古集村；临沧市凤庆县鲁史镇沿河村；临沧市临翔区博尚镇大勐准委会勐准组（村）；临沧市临翔区博尚镇碗窑村碗窑组；临沧市临翔区博尚镇永和村委上永和村；临沧市临翔区平村乡那玉村委东岗村；临沧市临翔区章驮乡勐旺村委勐旺大寨；

楚雄彝族自治州姚安县光禄镇西关村；

红河哈尼族彝族自治州建水县官厅镇苍台村；红河哈尼族彝族自治州建水县西庄镇团山村；红河哈尼族彝族自治州泸西县永宁乡城子村；红河哈尼族彝族自治州弥勒县西三镇可邑村；红河哈尼族彝族自治州弥勒县西三镇腻黑村；红河哈尼族彝族自治州石屏县宝秀镇郑营村；

文山壮族苗族自治州麻栗坡县董干镇新寨村委城寨村；

西双版纳傣族自治州景洪市基诺族乡洛特老寨村；西双版纳傣族自治州景洪市勐罕镇曼春满村；西双版纳傣族自治州勐腊县易武乡十字街村；

大理白族自治州大理市太邑乡者么村委大村；大理白族自治州大理市喜洲镇喜州村；大理白族自治州大理市喜洲镇周城村；大理白族自治州剑川县金华镇剑川古城；大理白族自治州剑川县沙溪镇寺登村；大理白族自治州祥云县禾甸镇大营庄村；大理白族自治州祥云县禾甸镇旧邑村；大理白族自治州祥云县云南驿镇云南驿村；

大理白族自治州永平县博南镇曲硐村；大理白族自治州永平县博南镇花桥村；大理白族自治州永平县杉阳镇杉阳村；大理白族自治州云龙县宝丰乡宝丰村；大理白族自治州云龙县检槽乡师井村大村；大理白族自治州云龙县诺邓镇诺邓古村；大理白族自治州巍山县永建镇东莲花村；

德宏傣族景颇族自治州陇川县户撒乡曼东村

西藏自治区（5个）

昌都地区芒康县纳西民族乡上盐井村；昌都地区左贡县东坝乡军拥村；

日喀则地区吉隆县贡当乡汝村；日喀则地区吉隆县吉隆镇帮兴村；

林芝地区工布江达县错高乡错高村

陕西省（5个）

铜川市耀州区孙塬镇孙塬村；

渭南市韩城市西庄镇党家村；

榆林市绥德县白家硷乡贺一村；榆林市佳县佳芦镇神泉村；榆林市米脂县杨家沟镇杨家沟村

甘肃省（7个）

兰州市西固区河口乡河口村；兰州市永登县连城镇连城村；兰州市榆中县青城镇城河村；

白银市景泰县寺滩乡永泰村；

天水市麦积区麦积镇街亭村；天水市麦积区新阳镇胡家大庄村；

陇南市文县石鸡坝乡哈南村

青海省（13个）

海东地区互助县丹麻镇索卜滩村；海东地区互助县丹麻镇哇麻村；海东地区互助县东沟乡大庄村；海东地区互助县五十镇北庄村；海东地区互助县五十镇寺滩村；海东地区互助县五十镇土观村；海东地区循化县街子乡孟达山村；

黄南藏族自治州同仁县保安镇城内村；黄南藏族自治州同仁县隆务镇吾屯下庄村；黄南藏族自治州同仁县年都乎乡年都乎村；黄南藏族自治州同仁县年都乎乡郭麻日村；黄南藏族自治州同仁县曲库乎乡江什加村；

玉树藏族自治州玉树县仲达乡电达村

续表

宁夏回族自治区（4个）

固原市隆德县城关镇红崖村一组；固原市隆德县奠安乡梁堡村一组；中卫市沙坡头区迎水桥镇北长滩村；中卫市沙坡头区香山乡南长滩村

新疆维吾尔自治区（4个）

吐鲁番地区鄯善县吐峪沟乡麻扎村；

哈密地区哈密市回城乡阿勒屯村；哈密地区哈密市五堡镇博斯坦村；

伊犁哈萨克自治州特克斯县喀拉达拉镇琼库什台村

第二批中国传统村落名录（915个）

北京市（4个）

门头沟区斋堂镇马栏村；门头沟区大台街道千军台村；
昌平区流村镇长峪城村；
密云县新城子镇吉家营村

河北省（7个）

石家庄市赞皇县嶂石岩乡嶂石岩村；石家庄市平山县杨家桥乡大坪村；石家庄市平山县杨家桥乡大庄村；
邢台市沙河市柴关乡王硇村；
保定市顺平县腰山镇南腰山村；
张家口市蔚县南留庄镇水东堡村；张家口市蔚县南留庄镇水西堡村

山西省（22个）

阳泉市郊区平坦镇官沟村；阳泉市平定县冠山镇西锁簧村；阳泉市平定县东回镇瓦岭村；阳泉市平定县娘子关镇娘子关村；阳泉市平定县娘子关镇上董寨村；阳泉市平定县娘子关镇下董寨村；阳泉市盂县梁家寨乡大汖村；

长治市平顺县虹梯关乡虹霓村；长治市平顺县阳高乡奥治村；

晋城市泽州县周村镇周村；晋城市泽州县晋庙铺镇天井关村；晋城市泽州县大阳镇东街村；晋城市泽州县大阳镇西街村；

晋中市榆次区东阳镇车辋村；晋中市和顺县李阳镇回黄村；晋中市祁县东观镇乔家堡村；晋中市祁县贾令镇谷恋村；晋中市平遥县段村镇普洞村；晋中市灵石县静升镇静升村；晋中市灵石县南关镇董家岭村；

忻州市宁武县涔山乡小石门村；忻州市偏关县万家寨镇老牛湾村

内蒙古自治区（5个）

呼和浩特市土默特左旗塔布赛镇塔布赛村；呼和浩特市土默特左旗毕克齐镇腊铺村；

呼伦贝尔市额尔古纳市蒙兀室韦苏木室韦村；呼伦贝尔市额尔古纳市奇乾乡奇乾村；呼伦贝尔市额尔古纳市恩和俄罗斯民族乡恩和村

吉林省（2个）

通化市通化县东来乡鹿圈子村；
白山市抚松县漫江镇锦江木屋村

黑龙江省（1个）

黑河市爱辉区新生乡新生村

续表

江苏省（13个）

南京市江宁区湖熟街道前杨柳村；南京市高淳区漆桥镇漆桥村；

无锡市锡山区羊尖镇严家桥村；

常州市武进区前黄镇杨桥村；

苏州市吴中区东山镇三山村；苏州市吴中区东山镇杨湾村；苏州市吴中区东山镇翁巷村；苏州市吴中区金庭镇东村；苏州市常熟市古里镇李市村；

镇江市新区姚桥镇华山村；镇江市新区姚桥镇儒里村；镇江市丹阳市延陵镇九里村；镇江市丹阳市延陵镇柳茹村

浙江省（47个）

杭州市桐庐县富春江镇石舍村；杭州市桐庐县凤川街道翔岗村；杭州市桐庐县江南镇荻浦村；杭州市桐庐县江南镇徐畈村；杭州市淳安县鸠坑乡常青村；

宁波市宁海县长街镇西岙村；宁波市宁海县深甽镇龙宫村；宁波市宁海县深甽镇清潭村；宁波市奉化市尚田镇苕霅村；

温州市永嘉县岩头镇苍坡村；温州市苍南县龙港镇鲸头村；温州市泰顺县泗溪镇下桥村；

绍兴市嵊州市竹溪乡竹溪村；

金华市武义县柳城镇华塘村；金华市磐安县盘峰乡榉溪村；金华市磐安县胡宅乡横路村；金华市兰溪市兰江街道姚村；金华市兰溪市女埠街道坝坦村；金华市兰溪市女埠街道渡渎村；金华市兰溪市女埠街道虹霓山村；金华市兰溪市诸葛镇诸葛村；金华市兰溪市诸葛镇长乐村；

衢州市开化县马金镇霞山村；衢州市龙游县塔石镇泽随村；衢州市江山市凤林镇南坞村；衢州市江山市石门镇清漾村；

台州市椒江区大陈镇大小浦村；台州市黄岩区屿头乡布袋坑村；台州市玉环县干江镇白马岙村；台州市三门县横渡镇东屏村；台州市天台县平桥镇张思村；台州市仙居县皤滩乡上街下街村；台州市温岭市石塘镇里箬村；台州市临海市东塍镇岭根村；台州市临海市汇溪镇孔坦村；

丽水市青田县阜山乡安店村；丽水市松阳县古市镇山下阳村；丽水市松阳县象溪镇靖居村；丽水市松阳县大东坝镇六村；丽水市松阳县大东坝镇横樟村；丽水市松阳县望松街道吴弄村；丽水市松阳县三都乡杨家堂村；丽水市松阳县三都乡周山头村；丽水市松阳县赤寿乡界首村；丽水市龙泉市西街街道下樟村；丽水市龙泉市安仁镇季山头村；丽水市龙泉市道太乡锦安村

续表

安徽省（40个）

安庆市宿松县柳坪乡大地村；安庆市宿松县趾凤乡团林村；安庆市岳西县响肠镇响肠村；安庆市岳西县响肠镇请水寨村；

黄山市歙县深渡镇阳产村；黄山市歙县深渡镇漳潭村；黄山市歙县深渡镇漳岭山村；黄山市歙县北岸镇瞻淇村；黄山市歙县许村镇许村；黄山市歙县雄村乡卖花渔村；黄山市歙县雄村乡雄村；黄山市休宁县溪口镇花桥村木梨硔；黄山市休宁县陈霞乡里庄村；黄山市黟县碧阳镇碧山村；黄山市黟县碧阳镇古筑村；黄山市黟县碧阳镇古黄村；黄山市黟县碧阳镇石亭村；黄山市黟县碧阳镇马道村麻田街；黄山市黟县宏村镇塔川村；黄山市黟县宏村镇秀里村；黄山市黟县宏村镇下梓坑村；黄山市黟县宏村镇龙川村；黄山市黟县渔亭镇团结村；黄山市黟县西递镇石印村珠坑；黄山市黟县西递镇叶村村利源；黄山市黟县柯村乡翠林村；黄山市黟县柯村乡竹柯村；黄山市黟县美溪乡美坑村；黄山市黟县宏谭乡竹溪村；黄山市祁门县历口镇历溪村；黄山市祁门县历口镇环砂村；

六安市舒城县晓天镇晓天街道居委会中大街；

池州市贵池区唐田镇沙山嘴文化村；池州市东至县东流镇菊江村东流老街；池州市东至县龙泉镇观桥村；池州市东至县龙泉镇老屋村；池州市石台县大演乡严家古村；池州市青阳县陵阳镇所村；

宣城市绩溪县瀛洲镇仁里村；宣城市宁国市胡乐镇胡乐村

福建省（25个）

三明市明溪县城关乡翠竹洋村；三明市永安市燕西街道吉山村；三明市永安市小陶镇八一村；三明市永安市青水乡沧海畲族村；

泉州市永春县岵山镇塘溪村；泉州市永春县岵山镇铺上村；泉州市永春县岵山镇铺下村；泉州市南安市官桥镇漳州寮村；

漳州市芗城区天宝镇洪坑村；漳州市漳浦县旧镇镇石牛尾村；漳州市平和县芦溪镇芦丰村；

南平市延平区峡阳镇峡阳村；南平市顺昌县元坑镇槎溪村；南平市浦城县水北街镇观前村；

龙岩市新罗区万安镇竹贯村；龙岩市武平县岩前镇灵岩村；龙岩市连城县四堡乡中南村；龙岩市漳平市双洋镇城内村；龙岩市漳平市赤水镇香寮村；

宁德市霞浦县崇儒畲族乡上水村；宁德市屏南县双溪镇北村；宁德市寿宁县犀溪镇西浦村；宁德市周宁县浦源镇浦源村；宁德市周宁县纯池镇禾溪村；宁德市福鼎市管阳镇金钗溪村

江西省（56个）

南昌市南昌县三江镇前后万村；南昌市安义县石鼻镇安义千年古村群；南昌市进贤县架桥镇艾溪陈家村；南昌市进贤县文港镇曾湾村；南昌市进贤县罗溪镇旧厦村；

景德镇市浮梁县西湖乡磻溪村；景德镇市乐平市洎阳街道北门村；景德镇市乐平市名口镇名口村；景德镇市乐平市双田镇横路村；景德镇市乐平市涌山镇涌山村；景德镇市乐平市塔前镇下徐村；景德镇市乐平市塔前镇上徐村；

萍乡市莲花县路口镇湖塘村；

新余市分宜县分宜镇介桥村；新余市分宜县钤山镇防里村；

鹰潭市贵溪市耳口乡曾家村；

赣州市赣县湖江乡夏府村；赣州市宁都县田埠乡东龙村；赣州市于都县段屋乡寒信村；赣州市兴国县梅窖镇三僚村；赣州市兴国县兴莲乡官田村；赣州市瑞金市九堡镇密溪村；

吉安市吉州区樟山镇文石村；吉安市青原区富田镇匡家村；吉安市青原区富田镇奁田村；吉安市吉安县敦厚镇圳头村；吉安市吉水县金滩镇仁和店村；吉安市吉水县金滩镇桑园村；吉安市吉水县白沙镇桥上村；吉安市吉水县水南镇店背村；吉安市峡江县水边镇何君村；吉安市峡江县水边镇湖洲村；吉安市峡江县水边镇沂溪村；吉安市遂川县堆子前镇鄢溪村；吉安市万安县百嘉镇下源村；吉安市安福县竹江乡沙溪村；吉安市安福县金田乡银圳村；吉安市井冈山市厦坪镇菖蒲古村；吉安市井冈山市拿山乡长路村长塘组；吉安市井冈山市茅坪乡茅坪村；

宜春市丰城市白土镇赵家村；宜春市丰城市张巷镇白马寨村；宜春市丰城市筱塘乡厚板塘村；宜春市樟树市刘公庙镇塔前彭家村；

抚州市南城县天井源乡尧坊村；

上饶市铅山县太源畲族乡西坑村查家岭；上饶市婺源县清华镇洪村；上饶市婺源县秋口镇李坑村；上饶市婺源县秋口镇长径村；上饶市婺源县江湾镇晓起村；上饶市婺源县思口镇西冲村；上饶市婺源县思口镇思溪村；上饶市婺源县镇头镇游山村；上饶市婺源县段莘乡庆源村；上饶市婺源县浙源乡岭脚村；上饶市婺源县浙源乡凤山村

山东省（6个）

青岛市即墨市金口镇凤凰村；

烟台市招远市辛庄镇高家庄子村；烟台市招远市辛庄镇大涝洼村；烟台市招远市辛庄镇盂格庄村；烟台市招远市张星镇徐家村；

威海市文登市高村镇万家村

河南省（46个）

洛阳市孟津县朝阳镇卫坡村；洛阳市孟津县常袋镇石碑凹村；洛阳市新安县石井镇寺坡山村；洛阳市嵩县九店乡石场村；洛阳市洛宁县上戈镇上戈村；洛阳市洛宁县河底镇城村；洛阳市洛宁县东宋镇丈庄村；洛阳市洛宁县底张乡草庙岭村；

平顶山市宝丰县石桥镇高皇庙村；平顶山市宝丰县商酒务镇北张村；平顶山市宝丰县李庄乡程庄村；平顶山市宝丰县大营镇大营村；平顶山市宝丰县大营镇白石坡村；平顶山市鲁山县瓦屋乡李老庄村；平顶山市郏县冢头镇北街村；平顶山市郏县冢头镇东街村；平顶山市郏县冢头镇李渡口村；平顶山市郏县茨芭镇苏坟村；平顶山市郏县姚庄回族乡小张庄村；

安阳市安阳县安丰乡渔洋村；安阳市林州市任村镇任村；安阳市林州市石板岩乡朝阳村；安阳市林州市石板岩乡漏子头村；

鹤壁市鹤山区姬家山乡王家站村；鹤壁市山城区鹿楼乡大胡村；鹤壁市山城区鹿楼乡肥泉村；鹤壁市浚县卫溪街道办事处西街村；鹤壁市淇县黄洞乡纣王殿村；

焦作市中站区府城街道办事处北朱村；焦作市修武县岸上乡一斗水村；焦作市修武县岸上乡东岭后村；焦作市修武县西村乡平顶爻村；焦作市修武县西村乡双庙村；焦作市沁阳市常平乡九渡村；

三门峡市渑池县段村乡赵沟村；三门峡市渑池县段村乡赵坡头村；三门峡市陕县西张村镇南沟村；三门峡市卢氏县朱阳关镇杜店村；三门峡市义马市东区办事处石佛村；三门峡市灵宝市朱阳镇朱阳村；

南阳市南召县云阳镇老城村；

信阳市新县周河乡毛铺村楼上楼下村；信阳市商城县长竹园乡张花店村何家冲村；信阳市商城县长竹园乡汪冲村四方洼村；信阳市商城县冯店乡郭店村四楼湾村；

驻马店市确山县竹沟镇竹沟村

续表

湖北省（15个）

黄石市大冶市金湖街道办上冯村；

孝感市孝昌县小河镇小河村；孝感市孝昌县小悟乡项庙村；

黄冈市罗田县九资河镇官基坪村罗家大垸；黄冈市罗田县河铺镇肖家垸乌石岩村；黄冈市罗田县白庙河乡潘家垸村；

恩施土家族苗族自治州利川市谋道镇鱼木村；恩施土家族苗族自治州利川市忠路镇老屋基村老屋基老街；恩施土家族苗族自治州利川市沙溪乡张高寨村；恩施土家族苗族自治州建始县花坪镇田家坝村；恩施土家族苗族自治州咸丰县尖山乡唐崖寺村；恩施土家族苗族自治州来凤县百福司镇舍米湖村；恩施土家族苗族自治州来凤县大河镇五道水村徐家寨；恩施土家族苗族自治州来凤县革勒车乡鼓架山村铁匠沟；恩施土家族苗族自治州来凤县三胡乡黄柏村下黄柏园

湖南省（42个）

长沙市浏阳市大围山镇楚东村；

衡阳市衡东县甘溪镇夏浦村；衡阳市衡东县杨林镇杨林村；衡阳市衡东县高塘乡高田村新大屋；衡阳市祁东县风石堰镇沙井老屋村；

邵阳市绥宁县李熙桥镇李熙村；邵阳市绥宁县东山侗族乡东山村；邵阳市绥宁县在市苗族乡正板村；邵阳市绥宁县乐安铺苗族侗族乡天堂村；邵阳市绥宁县黄桑坪苗族乡上堡村；邵阳市新宁县一渡水镇西村坊村；邵阳市城步苗族自治县丹口镇桃林村；邵阳市城步苗族自治县长安营乡大寨村；邵阳市武冈市双牌乡浪石村；

益阳市安化县东坪镇唐家观村；益阳市安化县江南镇洞市社区；益阳市安化县江南镇梅山村；益阳市安化县古楼乡新潭村樟水氹；益阳市安化县南金乡将军村滑石寨；

郴州市桂阳县龙潭街道办事处溪里魏家村；郴州市桂阳县太和镇地界村；郴州市桂阳县洋市镇庙下村；郴州市桂阳县莲塘镇大湾村；郴州市桂阳县荷叶镇鑑塘村上王家村；郴州市汝城县马桥镇外沙村；

永州市宁远县禾亭镇小桃源村；永州市新田县金盆圩乡河山岩村；

怀化市通道侗族自治县坪坦乡坪坦村；怀化市麻阳苗族自治县锦和镇岩口山村；怀化市麻阳苗族自治县郭公坪乡溪口村湾里；怀化市麻阳苗族自治县尧市乡小江村；怀化市麻阳苗族自治县大桥江乡豪侠坪村；怀化市鹤城区芦坪乡尽远村；

娄底市新化县奉家镇上团村；

湘西土家族苗族自治州吉首市峒河街道小溪村；湘西土家族苗族自治州吉首市社塘坡乡齐心村；湘西土家族苗族自治州吉首市排绸乡河坪村；湘西土家族苗族自治州凤凰县山江镇老家寨村；湘西土家族苗族自治州凤凰县山江镇凉灯村；湘西土家族苗族自治州泸溪县达岚镇岩门村；湘西土家族苗族自治州龙山县靛房镇万龙村；湘西土家族苗族自治州龙山县里耶镇长春村

广东省（51个）

广州市荔湾区冲口街道聚龙村；广州市海珠区琶洲街道黄埔村；广州市海珠区华洲街道小洲村；广州市番禺区沙湾镇沙湾北村；广州市花都区炭步镇塱头村；广州市萝岗区九龙镇莲塘村；广州市增城市正果镇新围村；广州市从化市太平镇钟楼村；

韶关市翁源县江尾镇湖心坝村；韶关市南雄市乌迳镇新田古村；

佛山市南海区桂城街道茶基村；

湛江市雷州市纪家镇周家村；湛江市雷州市南兴镇关新村；湛江市雷州市调风镇调铭村；湛江市雷州市英利镇青桐村；

茂名市信宜市镇隆镇文明村；

肇庆市怀集县凤岗镇孔洞村；肇庆市怀集县大岗镇扶溪村；肇庆市怀集县中洲镇邓屋村；

惠州市惠阳区秋长街道茶园村；惠州市惠阳区秋长街道周田村；惠州市龙门县龙华镇绳武围村；

梅州市梅江区城北镇玉水村；梅州市梅县松口镇铜琶村；梅州市大埔县三河镇汇城村；梅州市大埔县百侯镇侯南村；梅州市大埔县西河镇车龙村；梅州市丰顺县汤南镇新楼村；梅州市丰顺县埔寨镇埔南村；梅州市丰顺县建桥镇建桥村；梅州市丰顺县丰良镇璜溪村邹家围；梅州市平远县东石镇凉庭村；梅州市平远县上举镇畲脑村；梅州市蕉岭县蓝坊镇大地村；梅州市蕉岭县蓝坊镇高思村；梅州市蕉岭县南磜镇南磜村；梅州市兴宁市石马镇习田村；梅州市兴宁市叶塘镇河西村；梅州市兴宁市新陂镇上长岭村；梅州市兴宁市刁坊镇周兴村；

汕尾市陆丰市潭西镇大楼村；

阳江市阳东县雅韶镇西元村阳江雅韶十八座；

清远市清新县龙颈镇凤塱村；清远市连州市西岸镇冲口村；清远市连州市西岸镇马带村；

东莞市茶山镇超朗村；东莞市寮步镇西溪村；

揭阳市榕城区仙桥街道西岐村；揭阳市揭西县东园镇月湄村；揭阳市普宁市洪阳镇德安里村；揭阳市普宁市梅塘镇溪南古村

续表

广西壮族自治区（30个）

南宁市江南区江西镇同新村木村坡；南宁市江南区江西镇同江村三江坡；南宁市横县平朗乡笔山村；

柳州市三江侗族自治县林溪乡平岩村；

桂林市阳朔县高田镇龙潭村；桂林市阳朔县高田镇朗梓村；桂林市阳朔县普益乡留公村；桂林市临桂县会仙镇旧村；桂林市灵川县大圩镇上桥村委会上桥；桂林市灵川县大圩镇廖家村委会毛村；桂林市灵川县青狮潭镇东源村委会新寨村；桂林市灵川县海洋乡大庙塘村委会大桐木湾村；桂林市永福县罗锦镇崇山村；桂林市灌阳县文市镇月岭村；桂林市灌阳县水车乡伍家湾村；桂林市平乐县张家镇榕津村；

防城港市防城区大菉镇那厚村；

钦州市灵山县新圩镇萍塘村；钦州市灵山县石塘镇苏村；钦州市浦北县小江镇平马村；

玉林市北流市新圩镇新圩村第五组；

贺州市八步区莲塘镇仁化村；贺州市八步区开山镇开山村上莫寨村；贺州市八步区信都镇祉洞村；贺州市钟山县石龙镇松桂村；贺州市钟山县清塘镇英家村英家街；贺州市富川瑶族自治县莲山镇大莲塘村；贺州市富川瑶族自治县葛坡镇深坡村；

河池市大化瑶族自治县板升乡弄立村二队；

来宾市金秀瑶族县六巷乡下古陈村

重庆市（2个）

涪陵区大顺乡大田村；

酉阳土家族苗族自治县可大乡七分村

四川省（42个）

成都市金堂县五凤镇金箱村；

自贡市贡井区艾叶镇李家桥社区；自贡市大安区三多寨镇三多寨村；自贡市大安区牛佛镇王爷庙社区；自贡市沿滩区仙市镇仙滩社区；

泸州市纳溪区天仙镇观音乐道古村；泸州市泸县方洞镇石牌坊村；泸州市叙永县水潦乡海涯彝族村；泸州市叙永县正东乡灯盏坪古村；泸州市古蔺县太平镇平丰村；泸州市古蔺县二郎镇红军街社区；泸州市古蔺县箭竹乡团结村苗寨；泸州市古蔺县双沙镇白沙社区；

绵阳市北川县青片乡上五村；绵阳市北川县马槽乡黑水村；绵阳市江油市二郎庙镇青林口村；

广元市昭化区柏林沟镇向阳村；广元市朝天区麻柳乡石板村；

续表

南充市南部县石河镇石河场村；

宜宾市江安县夕佳山镇五里村；

达州市达县石桥镇鲁家坪村；

雅安市雨城区望鱼乡望鱼村；雅安市汉源县宜东镇天罡村；雅安市汉源县清溪镇富民村；雅安市石棉县蟹螺藏族乡猛种村猛种堡子；雅安市石棉县蟹螺藏族乡猛种村木耳堡子；

巴中市平昌县白衣镇白衣庵居民委员会；

阿坝藏族羌族自治州茂县雅都乡四瓦村四组；阿坝藏族羌族自治州黑水县色尔古乡色尔古村；阿坝藏族羌族自治州黑水县木苏乡大别窝村；阿坝藏族羌族自治州黑水县维古乡西苏瓜子村；阿坝藏族羌族自治州马尔康县卓克基镇西索村；

甘孜藏族自治州炉霍县朱倭乡朱倭村；甘孜藏族自治州炉霍县雅德乡然柳村；甘孜藏族自治州乡城县青德乡仲德村；甘孜藏族自治州乡城县香巴拉镇色尔宫村；甘孜藏族自治州得荣县子庚乡阿称村；甘孜藏族自治州得荣县子庚乡子实村；甘孜藏族自治州得荣县子庚乡子庚村；

凉山彝族自治州盐源县泸沽湖镇木垮村；凉山彝族自治州美姑县依果觉乡古拖村；凉山彝族自治州美姑县依果觉乡四季吉村

贵州省（202个）

遵义市湄潭县茅坪镇地关村平顺坝；遵义市湄潭县西河乡石家寨村；遵义市湄潭县抄乐乡群星村石家寨；

安顺市普定县马官镇下坝屯村；安顺市镇宁布依族苗族自治县城关镇高荡村；安顺市镇宁布依族苗族自治县扁担山乡革老坟村；

毕节市织金县龙场镇阳光村营上古寨；

铜仁市石阡县青阳苗族仡佬族侗族乡青山村；铜仁市石阡县坪地场仡佬族侗族乡石榴坡村；铜仁市石阡县甘溪乡铺溪村；铜仁市思南县许家坝镇舟水村；铜仁市思南县文家店镇龙山村；铜仁市思南县青杠坡镇四野屯村；铜仁市思南县思林乡金龙村；铜仁市思南县思林乡黑河峡社区；铜仁市思南县板桥乡郝家湾村；铜仁市思南县兴隆乡天山村；铜仁市思南县杨家坳乡城头盖村；铜仁市印江土家族苗族自治县永义乡团龙村；铜仁市德江县枫香溪镇枫香溪村；铜仁市德江县复兴镇棋坝山村；铜仁市德江县共和乡焕河村；铜仁市德江县沙溪乡大寨村；铜仁市沿河土家族自治县思渠镇荷叶村；铜仁市沿河土家族自治县黑獭乡大溪村；铜仁市沿河土家族自治县新景乡白果村；铜仁市沿河土家族自治县后坪乡茶园村；铜仁市松桃苗族自治县普觉镇候溪屯村；铜仁市松桃苗族自治县正大乡薅菜村苗王城；

黔东南苗族侗族自治州黄平县谷陇乡苗陇村；黔东南苗族侗族自治州三穗县良上乡雅中村；黔东南苗族侗族自治州镇远县报京乡报京村；黔东南苗族侗族自治州岑巩县平庄乡平庄村凯空组；黔东南苗族侗族自治州剑河县南加镇塘边村；黔东南苗族侗族自治州剑河县柳川镇巫泥村；黔东南苗族侗族自治州剑河县革东镇八郎村；黔东南苗族侗族自治州剑河县久仰乡基佑村；黔东南苗族侗族自治州剑河县久仰乡久吉村；黔东南苗族侗族自治州剑河县太拥镇太坪村；黔东南苗族侗族自治州剑河县太拥镇九连村；黔东南苗族侗族自治州剑河县南哨乡巫沙村；黔东南苗族侗族自治州剑河县南哨乡反召村；黔东南苗族侗族自治州剑河县南寨乡展留村；黔东南苗族侗族自治州剑河县南寨乡柳富村；黔东南苗族侗族自治州剑河县磻溪镇洞脚村；黔东南苗族侗族自治州剑河县磻溪镇大广村；黔东南苗族侗族自治州剑河县敏洞乡沟洞村；黔东南苗族侗族自治州剑河县观么乡巫包村；黔东南苗族侗族自治州台江县台拱镇展福村；黔东南苗族侗族自治州台江县台拱镇板凳村；黔东南苗族侗族自治州台江县台拱镇南省村；黔东南苗族侗族自治州台江县台拱镇南冬村；黔东南苗族侗族自治州台江县台拱镇排朗村；黔东南苗族侗族自治州台江县台拱镇桃香村；黔东南苗族侗族自治州台江县台拱镇登鲁村；黔东南苗族侗族自治州台江县台拱镇交片村；黔东南苗族侗族自治州台江县台拱镇展下村；黔东南苗族侗族自治州台江县施洞镇小河村；黔东南苗族侗族自治州台江县施洞镇旧州村；黔东南苗族侗族自治州台江县施洞镇八梗村；黔东南苗族侗族自治州台江县施洞镇黄泡村；黔东南苗族侗族自治州台江县南宫乡交包村；黔东南苗族侗族自治州台江县南宫乡交下村；黔东南苗族侗族自治州台江县南宫乡交密村；黔东南苗族侗族自治州台江县南宫乡展忙村；黔东南苗族侗族自治州台江县排羊乡九摆村；黔东南苗族侗族自治州台江县排羊乡上南刀村；黔东南苗族侗族自治州台江县台盘乡德卷村；黔东南苗族侗族自治州台江县台盘乡南尧村；黔东南苗族侗族自治州台江县革一乡北方村；黔东南苗族侗族自治州台江县革一乡排生村；黔东南苗族侗族自治州台江县革一乡西南村；黔东南苗族侗族自治州台江县老屯乡长滩村；黔东南苗族侗族自治州台江县方召乡反排村；黔东南苗族侗族自治州台江县方召乡巫脚交村；黔东南苗族侗族自治州台江县方召乡巫梭村；黔东南苗族侗族自治州台江县方召乡交汪村；黔东南苗族侗族自治州黎平县孟彦镇罗溪村；黔东南苗族侗族自治州黎平县孟彦镇芩湖村；黔东南苗族侗族自治州黎平县九潮镇高维村；黔东南苗族侗族自治州黎平县九潮镇定八村；黔东南苗族侗族自治州黎平县九潮镇大榕村新寨；黔东南苗族侗族自治州黎平县九潮镇顺寨村；

续表

黔东南苗族侗族自治州黎平县水口镇花柳村；黔东南苗族侗族自治州黎平县水口镇南江村；黔东南苗族侗族自治州黎平县水口镇茨洞村；黔东南苗族侗族自治州黎平县水口镇宰洋村宰直寨；黔东南苗族侗族自治州黎平县尚重镇岑门村；黔东南苗族侗族自治州黎平县尚重镇顿路村；黔东南苗族侗族自治州黎平县尚重镇归德村；黔东南苗族侗族自治州黎平县尚重镇旧洞村；黔东南苗族侗族自治州黎平县尚重镇上洋村；黔东南苗族侗族自治州黎平县尚重镇下洋村；黔东南苗族侗族自治州黎平县尚重镇西迷村；黔东南苗族侗族自治州黎平县尚重镇宰蒙村；黔东南苗族侗族自治州黎平县雷洞乡岑管村；黔东南苗族侗族自治州黎平县雷洞乡牙双村；黔东南苗族侗族自治州黎平县永从乡九龙村；黔东南苗族侗族自治州黎平县永从乡中罗村；黔东南苗族侗族自治州黎平县茅贡乡额洞村；黔东南苗族侗族自治州黎平县茅贡乡寨南村；黔东南苗族侗族自治州黎平县茅贡乡己炭村汉寨；黔东南苗族侗族自治州黎平县坝寨乡高西村；黔东南苗族侗族自治州黎平县坝寨乡器寨村；黔东南苗族侗族自治州黎平县口江乡银朝村；黔东南苗族侗族自治州黎平县双江乡四寨村；黔东南苗族侗族自治州黎平县双江乡寨高村；黔东南苗族侗族自治州黎平县肇兴镇肇兴上寨村；黔东南苗族侗族自治州黎平县肇兴镇厦格村；黔东南苗族侗族自治州黎平县肇兴镇厦格上寨村；黔东南苗族侗族自治州黎平县龙额镇上地坪村；黔东南苗族侗族自治州黎平县地坪乡新丰村；黔东南苗族侗族自治州黎平县地坪乡下寨村；黔东南苗族侗族自治州黎平县大稼乡高孖村；黔东南苗族侗族自治州黎平县平寨乡纪德村；黔东南苗族侗族自治州黎平县德化乡高洋村；黔东南苗族侗族自治州黎平县德化乡下洋村；黔东南苗族侗族自治州榕江县寨蒿镇票寨村侗寨；黔东南苗族侗族自治州榕江县栽麻乡苗兰村侗寨；黔东南苗族侗族自治州榕江县三江乡脚车村苗寨；黔东南苗族侗族自治州榕江县塔石乡怎东村瑶寨；黔东南苗族侗族自治州从江县下江镇高良村；黔东南苗族侗族自治州从江县宰便镇引东村；黔东南苗族侗族自治州从江县西山镇田底村；黔东南苗族侗族自治州从江县停洞镇架里村；黔东南苗族侗族自治州从江县高增乡岜扒村；黔东南苗族侗族自治州从江县谷坪乡高吊村；黔东南苗族侗族自治州从江县雍里乡归林村；黔东南苗族侗族自治州从江县刚边壮族乡刚边村；黔东南苗族侗族自治州从江县往洞镇朝利村；黔东南苗族侗族自治州从江县往洞镇增盈村；黔东南苗族侗族自治州从江县东朗乡孔明村；黔东南苗族侗族自治州从江县加鸠乡加翁村；黔东南苗族侗族自治州从江县光辉乡加牙村；黔东南苗族侗族自治州雷山县丹江镇乌东村；黔东南苗族侗族自治州雷山县丹江镇虎阳村；

黔东南苗族侗族自治州雷山县丹江镇教厂村；黔东南苗族侗族自治州雷山县丹江镇脚猛村；黔东南苗族侗族自治州雷山县丹江镇干皎村；黔东南苗族侗族自治州雷山县丹江镇猫猫河村；黔东南苗族侗族自治州雷山县西江镇长乌村；黔东南苗族侗族自治州雷山县西江镇黄里村；黔东南苗族侗族自治州雷山县西江镇中寨村；黔东南苗族侗族自治州雷山县西江镇开觉村；黔东南苗族侗族自治州雷山县西江镇龙塘村；黔东南苗族侗族自治州雷山县西江镇麻料村；黔东南苗族侗族自治州雷山县西江镇乌尧村；黔东南苗族侗族自治州雷山县西江镇北建村；黔东南苗族侗族自治州雷山县永乐镇加鸟村；黔东南苗族侗族自治州雷山县永乐镇开屯村；黔东南苗族侗族自治州雷山县永乐镇乔洛村；黔东南苗族侗族自治州雷山县永乐镇乔歪村；黔东南苗族侗族自治州雷山县永乐镇肖家村；黔东南苗族侗族自治州雷山县郎德镇杨柳村；黔东南苗族侗族自治州雷山县郎德镇乌瓦村；黔东南苗族侗族自治州雷山县郎德镇乌流村；黔东南苗族侗族自治州雷山县郎德镇也改村；黔东南苗族侗族自治州雷山县郎德镇报德村；黔东南苗族侗族自治州雷山县郎德镇也利村；黔东南苗族侗族自治州雷山县望丰乡乌迭村；黔东南苗族侗族自治州雷山县望丰乡三角田村；黔东南苗族侗族自治州雷山县望丰乡公统村；黔东南苗族侗族自治州雷山县望丰乡丰塘村；黔东南苗族侗族自治州雷山县望丰乡乌的村；黔东南苗族侗族自治州雷山县望丰乡荣防村；黔东南苗族侗族自治州雷山县望丰乡乌响村；黔东南苗族侗族自治州雷山县望丰乡排肖村；黔东南苗族侗族自治州雷山县大塘乡新桥村；黔东南苗族侗族自治州雷山县大塘乡掌坳村；黔东南苗族侗族自治州雷山县大塘乡独南村；黔东南苗族侗族自治州雷山县桃江乡乔王村；黔东南苗族侗族自治州雷山县桃江乡岩寨村；黔东南苗族侗族自治州雷山县桃江乡掌雷村；黔东南苗族侗族自治州雷山县桃江乡龙河村；黔东南苗族侗族自治州雷山县达地水族乡也蒙村；黔东南苗族侗族自治州雷山县方祥乡陡寨村；黔东南苗族侗族自治州雷山县方祥乡毛坪村；黔东南苗族侗族自治州雷山县方祥乡格头村；黔东南苗族侗族自治州雷山县方祥乡提香村；黔东南苗族侗族自治州雷山县方祥乡雀鸟村；黔东南苗族侗族自治州麻江县杏山镇六堡村；黔东南苗族侗族自治州麻江县龙山乡河坝村；黔东南苗族侗族自治州麻江县龙山乡复兴村；黔东南苗族侗族自治州丹寨县排调镇麻鸟村；黔东南苗族侗族自治州丹寨县扬武镇扬颂村；黔东南苗族侗族自治州丹寨县雅灰乡送陇村；黔东南苗族侗族自治州丹寨县南皋乡石桥村；黔南布依族苗族自治州平塘县掌布镇掌布村

续表

云南省（232个）

昆明市西山区团结乡乐居村；昆明市晋宁县晋城镇福安村；昆明市晋宁县双河乡田坝村；昆明市晋宁县夕阳乡木鲊村；昆明市晋宁县夕阳乡打黑村；昆明市晋宁县六街镇新寨村；昆明市石林县圭山镇糯黑村；

曲靖市马龙县旧县镇黄土坡村；曲靖市马龙县马鸣乡咨卡村；曲靖市陆良县芳华镇雍家村；曲靖市师宗县竹基镇淑基村；曲靖市师宗县竹基镇大冲村；

玉溪市江川县江城镇海门村；玉溪市通海县河西镇河西村；玉溪市通海县高大乡高大社区克呆村；玉溪市通海县兴蒙乡北阁下村；玉溪市华宁县青龙镇海镜村；玉溪市元江县澧江街道龙潭村委会者嘎村；玉溪市元江县洼柽乡它才吉村委会坡柽村；

保山市隆阳区河图镇河村村委会西街；保山市隆阳区金鸡乡金鸡村；保山市隆阳区金鸡乡育德村；保山市隆阳区水寨乡水寨村；保山市隆阳区芒宽乡芒龙村；保山市施甸县旧城乡和尚田村；保山市施甸县由旺镇木榔村；保山市施甸县由旺镇银川村；保山市施甸县甸阳镇西山村；保山市施甸县姚关镇大乌邑村；保山市施甸县仁和镇保场村；保山市施甸县仁和镇热水塘村；保山市腾冲县界头镇新庄村；保山市腾冲县界头镇石墙村；保山市腾冲县曲石镇江苴古村；保山市腾冲县曲石镇箐桥村；保山市腾冲县明光镇尖山脚村；保山市腾冲县明光镇麻栎社区茶山河河外村；保山市腾冲县滇滩镇水城村；保山市腾冲县滇滩镇棋盘石村；保山市腾冲县滇滩镇烧灰坝村；保山市腾冲县固东镇甸苴村；保山市腾冲县固东镇江东社区银杏村；保山市腾冲县马站乡和睦村；保山市腾冲县猴桥镇老寨村；保山市腾冲县北海乡打苴村横寨；保山市腾冲县和顺镇大庄社区；保山市腾冲县和顺镇十字路社区；保山市腾冲县腾越镇油灯村油灯庄；保山市腾冲县腾越镇董官村；保山市腾冲县腾越镇洞山村；保山市腾冲县腾越镇尚家寨村；保山市腾冲县腾越镇朝阳村；保山市腾冲县腾越镇大宽邑村；保山市腾冲县腾越镇吴邑村；保山市腾冲县中和镇中营村；保山市腾冲县中和镇闫家冲社区；保山市腾冲县中和镇新岐村；保山市腾冲县中和镇民振村；保山市腾冲县中和镇樊家营社区；保山市腾冲县中和镇勐蚌社区；保山市腾冲县中和镇大村社区；保山市腾冲县荷花镇美多村；保山市腾冲县荷花镇甘蔗寨村；保山市腾冲县芒棒镇张家村；保山市腾冲县五合乡联盟社区帕连寨；保山市腾冲县五合乡鹿山村杨家寨；保山市腾冲县五合乡腾朗社区小地方；保山市腾冲县五合乡五合社区元甫；保山市腾冲县五合乡丙弄社区丙弄寨；保山市龙陵县龙山镇芒旦村；保山市龙陵县象达乡勐蚌村；保山市昌宁县卡斯乡毛寨村；

续表

保山市昌宁县温泉乡里睦村；保山市昌宁县大田坝乡铁匠寨村；保山市昌宁县鸡飞乡珠山村委会大水村；保山市昌宁县湾甸乡帕旭村；保山市昌宁县耈街乡打平村委会大水塘村；保山市昌宁县耈街乡耈街村委会老街子村；

昭通市昭阳区洒渔镇巡龙村；昭通市巧家县药山镇半箐村；昭通市巧家县老店镇老店村；昭通市永善县大兴镇大兴村驿马一社；昭通市绥江县南岸镇南岸村；昭通市镇雄县罗坎镇发达村；昭通市镇雄县罗坎镇凤翥村；

丽江市古城区金山乡良美村委会启良村；丽江市古城区金安镇义新村委会五坝里村；丽江市古城区七河镇羊见村委会金安村；丽江市古城区七河镇新民村委会新民下村；丽江市古城区七河镇共和村委会南溪村；丽江市古城区七河镇共和村委会东关村；丽江市古城区束河街道龙泉村委会；丽江市玉龙县黄山镇文华村委会文华中村；丽江市玉龙县黄山镇白华村委会吉来村；丽江市玉龙县石鼓镇石鼓村委会海螺村；丽江市玉龙县石鼓镇大新村委会竹园村；丽江市玉龙县石鼓镇仁和村委会石支村；丽江市玉龙县白沙镇玉湖村委会玉湖村；丽江市玉龙县拉市镇海南村委会丰乐村；丽江市玉龙县拉市镇南尧村委会南尧村；丽江市永胜县三川镇翠湖村委会翠湖村；丽江市宁蒗县拉伯乡加泽村委会油米村；丽江市宁蒗县永宁乡温泉村委会瓦拉别；

普洱市宁洱县宁洱镇宽宏村委会困鹿山村民小组；普洱市宁洱县勐先镇蚌扎村；普洱市宁洱县勐先镇上宣德村；普洱市墨江县联珠镇癸能村委会大寨村；普洱市景东县锦屏镇黄草岭村；普洱市景东县大街镇文山村田心村民小组；普洱市景东县林街乡林街村回营村民小组；普洱市景谷县景谷镇纪家村；普洱市江城县整董镇整董村大河边组；普洱市江城县整董镇整董村老伯寨；普洱市江城县整董镇整董村曼滩组；普洱市江城县整董镇整董村大青树；普洱市江城县整董镇整董村力哨坡；普洱市江城县整董镇整董村麻木树；普洱市江城县国庆乡摸等村博别寨组；普洱市澜沧县上允镇上允村老街组；普洱市澜沧县惠民镇景迈村糯干组；普洱市澜沧县惠民镇芒景村；普洱市澜沧县惠民镇芒景村翁基组；普洱市西盟县岳宋乡岳宋村永老寨；

临沧市临翔区南美乡南美村委会南楞田村；临沧市临翔区圈内乡斗阁村委会斗阁大寨；临沧市凤庆县洛党镇箐头村委会石洞寺村；临沧市凤庆县新华乡紫薇村平坦组；临沧市云县幸福镇邦信村；临沧市云县茂兰镇茂兰社区；临沧市云县大寨镇文丰村；临沧市永德县乌木龙乡二道桥俐侎部落村；临沧市双江县勐库镇冰岛村；

续表

临沧市沧源县勐懂镇芒摆村委会永点村；临沧市沧源县勐懂镇芒摆村委会永让村；临沧市沧源县芒卡镇湖广村；

楚雄彝族自治州楚雄市子午镇以口夸村；楚雄彝族自治州双柏县法脿镇雨龙村委会李方村；楚雄彝族自治州牟定县安乐乡小屯村委会小屯村；楚雄彝族自治州牟定县蟠猫乡蟠猫村委会母鲁打村；楚雄彝族自治州禄丰县金山镇炼象关村；楚雄彝族自治州禄丰县妥安乡琅井村；

红河哈尼族彝族自治州蒙自市草坝镇碧色寨村；红河哈尼族彝族自治州蒙自市新安所镇新安所村；红河哈尼族彝族自治州建水县西庄镇新房村；红河哈尼族彝族自治州红河县洛恩乡朋洛村；红河哈尼族彝族自治州红河县乐育乡龙车村；红河哈尼族彝族自治州红河县乐育乡坝美村；红河哈尼族彝族自治州红河县乐育乡尼美村；红河哈尼族彝族自治州红河县乐育乡桂东村；红河哈尼族彝族自治州红河县乐育乡玉古村；红河哈尼族彝族自治州红河县浪堤乡马龙村；

文山壮族苗族自治州砚山县者腊乡批洒村；文山壮族苗族自治州马关县马白镇马洒村；文山壮族苗族自治州马关县八寨镇街脚村；文山壮族苗族自治州丘北县曰者镇河边村；文山壮族苗族自治州丘北县平寨乡革雷村；文山壮族苗族自治州丘北县腻脚乡老寨村；文山壮族苗族自治州丘北县温浏乡石别村；文山壮族苗族自治州广南县坝美镇革乍村委会汤拿村；

西双版纳傣族自治州景洪市勐龙镇曼龙扣村委会曼飞龙村；西双版纳傣族自治州景洪市勐罕镇曼听村委会曼乍村；西双版纳傣族自治州景洪市嘎洒镇曼掌宰村委会曼景保村；西双版纳傣族自治州景洪市基诺族乡巴亚村委会巴坡村；西双版纳傣族自治州景洪市基诺族乡巴亚村委会巴卡老寨；西双版纳傣族自治州景洪市基诺族乡巴亚村委会扎吕村；西双版纳傣族自治州景洪市基诺族乡巴亚村委会巴亚中寨；西双版纳傣族自治州景洪市大渡岗乡大荒坝村委会勐满村；西双版纳傣族自治州勐海县打洛镇勐景莱村；西双版纳傣族自治州勐海县西定乡章朗村；西双版纳傣族自治州勐腊县勐腊镇曼龙勒村；西双版纳傣族自治州勐腊县勐腊镇曼旦村；

大理白族自治州大理市下关镇刘官厂村委会凤阳邑村；大理白族自治州大理市大理镇龙龛村委会龙下登村；大理白族自治州大理市凤仪镇丰乐村北汤天村；大理白族自治州大理市喜洲镇沙村村委会城北村；大理白族自治州大理市喜洲镇庆洞村；大理白族自治州大理市挖色镇大城村；大理白族自治州大理市双廊镇双廊村；大理白族自治州大理市双廊镇长育村；大理白族自治州大理市太邑彝族乡桃树村委会坦底么；

大理白族自治州祥云县刘厂镇大波那村委会大波那村；大理白族自治州宾川县金牛镇柳家湾华侨社区；大理白族自治州宾川县大营镇萂村；大理白族自治州弥渡县密祉乡文盛街村；大理白族自治州南涧县公郎镇罗佰克茶园村；大理白族自治州巍山县南诏镇新村村委会新村；大理白族自治州巍山县庙街镇阿朵村；大理白族自治州巍山县庙街镇利克村；大理白族自治州巍山县庙街镇盟石村委会陈德厂村；大理白族自治州巍山县大仓镇新胜村委会啄木郎村；大理白族自治州巍山县永建镇马米厂村委会米姓村；大理白族自治州巍山县马鞍山乡青云村；大理白族自治州云龙县关坪乡字衙村；大理白族自治州云龙县长新乡长春村；大理白族自治州云龙县长新乡包罗村大达社；大理白族自治州云龙县检槽乡检槽村委会大村；大理白族自治州云龙县苗尾傈僳族乡表村村委会表村；大理白族自治州云龙县苗尾傈僳族乡松坪村；大理白族自治州剑川县金华镇三河村；大理白族自治州剑川县金华镇向湖村；大理白族自治州剑川县沙溪镇甸头村；大理白族自治州剑川县沙溪镇四联村委会段家登村；大理白族自治州剑川县沙溪镇石龙村；大理白族自治州剑川县甸南镇天马村；大理白族自治州剑川县甸南镇龙门村；大理白族自治州剑川县弥沙乡文新村岩洞村；大理白族自治州剑川县弥沙乡弥新村弥井村；大理白族自治州鹤庆县松桂镇长头村；大理白族自治州州鹤庆县松桂镇龙珠村委会军营村；大理白族自治州鹤庆县松桂镇松桂村委会街南村；大理白族自治州鹤庆县金墩乡和邑村；大理白族自治州鹤庆县六合乡五星村五星大村；大理白族自治州鹤庆县六合乡灵地村灵地大村；

德宏傣族景颇族自治州梁河县九保乡九保村；德宏傣族景颇族自治州梁河县河西乡邦读村；德宏傣族景颇族自治州盈江县旧城镇旧城村委会大寨村；德宏傣族景颇族自治州盈江县太平镇芒允村；德宏傣族景颇族自治州盈江县新城乡繁勐村委会芒别村；

怒江傈僳族自治州泸水县鲁掌镇鲁祖村；

迪庆藏族自治州香格里拉县洛吉乡尼汝村；迪庆藏族自治州香格里拉县三坝乡白地村；迪庆藏族自治州香格里拉县建塘镇小街子村；迪庆藏族自治州德钦县云岭乡雨崩村；迪庆藏族自治州德钦县燕门乡茨中村；迪庆藏族自治州维西县叶枝镇同乐村；迪庆藏族自治州维西县叶枝镇叶枝村；迪庆藏族自治州维西县塔城镇塔城村塔城一二组；迪庆藏族自治州维西县塔城镇朵那阁村；迪庆藏族自治州维西县保和镇腊八底村；迪庆藏族自治州维西县保和镇永春村白帕塘；迪庆藏族自治州维西县巴迪乡结义村；迪庆藏族自治州维西县维登乡富川村

续表

西藏自治区（1个）

拉萨市墨竹工卡县甲玛乡赤康村

陕西省（8个）

咸阳市三原县新兴镇柏社村；咸阳市礼泉县烟霞镇袁家村；咸阳市永寿县监军镇等驾坡村；

安康市旬阳县赵湾镇中山村（郭家老院）；

渭南市富平县城关镇莲湖村；渭南市合阳县坊镇灵泉村；渭南市澄城县尧头镇尧头村；

榆林市佳县佳芦镇张庄村

甘肃省（6个）

天水市清水县贾川乡梅江村；

陇南市文县铁楼民族乡入贡山村；陇南市文县铁楼民族乡石门沟村案板地社；陇南市文县铁楼民族乡草河坝村；

临夏回族自治州临夏市城郊镇木场村；

甘南藏族自治州卓尼县尼巴乡尼巴村

青海省（7个）

海东地区平安县洪水泉乡硝水泉村；海东地区平安县洪水泉乡洪水泉村；海东地区互助土族自治县五十镇五十村；海东地区互助土族自治县红崖子沟乡张家村；

黄南藏族自治州同仁县扎毛乡牙什当村；

海南藏族自治州贵德县河西镇下排村；

玉树藏族自治州囊谦县娘拉乡多伦多村

新疆维吾尔自治区（3个）

克孜勒苏柯尔克孜自治州阿克陶县克孜勒陶乡艾杰克村；

阿勒泰地区布尔津县禾木哈纳斯蒙古民族乡禾木村；阿勒泰地区哈纳斯景区铁热克提乡白哈巴村

第三批中国传统村落名录（994个）

北京市（3个）

门头沟区雁翅镇碣石村；门头沟区斋堂镇沿河城村；密云县古北口镇古北口村

河北省（18个）

秦皇岛市抚宁县大新寨镇界岭口村；

邯郸市峰峰矿区和村镇金村；邯郸市涉县关防乡岭底村；邯郸市磁县陶泉乡北王庄村；邯郸市武安市管陶乡朝阳沟村；

邢台市沙河市白塔镇樊下曹村；邢台市沙河市十里亭镇上申庄村；邢台市沙河市刘石岗乡大坪村；邢台市沙河市刘石岗乡渐凹村；

保定市清苑县孙村乡戎宫营村；保定市清苑县闫庄乡国公营村；

张家口市张北县油篓沟乡黄花坪村；张家口市蔚县南留庄镇白后堡村；张家口市蔚县南留庄镇曹疃村；张家口市怀安县左卫镇石坡底村；张家口市怀安县西沙城乡东沙城村；张家口市怀安县西沙城乡段家庄村；张家口市怀安县西沙城乡朱家庄村

山西省（59个）

太原市阳曲县侯村乡青龙镇村；

大同市新荣区堡子湾乡得胜堡村；大同市浑源县永安镇神溪村；

阳泉市郊区荫营镇辛庄村；阳泉市平定县冠山镇宋家庄村；阳泉市平定县冶西镇苇池村；阳泉市平定县石门口乡乱流村；阳泉市平定县巨城镇南庄村；阳泉市平定县巨城镇上盘石村；阳泉市平定县张庄镇桃叶坡村；阳泉市盂县孙家庄镇乌玉村；

长治市郊区西白兔乡中村；长治市长治县荫城镇荫城村；长治市平顺县石城镇白杨坡村；长治市平顺县石城镇上马村；长治市平顺县东寺头乡神龙湾村；长治市平顺县北社乡西社村；长治市黎城县上遥镇河南村；长治市黎城县停河铺乡霞庄村；长治市壶关县树掌镇芳岱村；长治市壶关县东井岭乡崔家庄村；

晋城市沁水县嘉峰镇郭北村；晋城市沁水县嘉峰镇郭南村；晋城市阳城县凤城镇南安阳村；晋城市阳城县北留镇尧沟村；晋城市阳城县润城镇屯城村；晋城市阳城县河北镇孤堆底村；晋城市陵川县附城镇田庄村；晋城市泽州县大东沟镇东沟村；晋城市泽州县周村镇石淙头村；晋城市泽州县山河镇洞八岭村；晋城市泽州县南岭乡段河村；晋城市泽州县南村镇冶底村；晋城市高平市河西镇新庄村；晋城市高平市寺庄镇伯方村；

朔州市山阴县张家庄乡旧广武村；

晋中市昔阳县界都乡长岭村；晋中市平遥县段村镇段村；晋中市灵石县英武乡雷家庄村；晋中市介休市龙凤镇南庄村；

运城市稷山县西社镇马跑泉村；运城市稷山县清河镇北阳城村；

忻州市静乐县赤泥洼乡龙家庄村；

临汾市乡宁县关王庙乡鼎石村；临汾市乡宁县关王庙乡塔尔坡村；临汾市蒲县黑龙关镇化乐村；临汾市霍州市退沙街道许村；

吕梁市离石区枣林乡彩家庄村；吕梁市临县三交镇孙家沟村；吕梁市临县安业乡前青塘村；吕梁市柳林县孟门镇后冯家沟村；吕梁市柳林县陈家湾乡高家垣村；吕梁市柳林县王家沟乡南洼村；吕梁市石楼县龙交乡君庄村；吕梁市交口县桃红坡镇西宋庄村；吕梁市交口县回龙乡明志沟村；吕梁市孝义市新义街道贾家庄村；吕梁市孝义市崇文街道宋家庄村；吕梁市孝义市高阳镇白璧关村

内蒙古自治区（16个）

呼和浩特市清水河县北堡乡口子上村；呼和浩特市清水河县单台子乡老牛湾村；

包头市昆都仑区卜尔汉图镇卜尔汉图嘎查；包头市九原区阿嘎如泰苏木梅力更嘎查；包头市土默特右旗将军尧镇小召子村；包头市土默特右旗苏波盖乡美岱桥村；

赤峰市松山区老府镇东杖房村；

通辽市科左后旗阿古拉镇阿古拉嘎查；

鄂尔多斯市准格尔旗龙口镇杜家峁村；鄂尔多斯市鄂托克前旗城川镇大沟湾村；

呼伦贝尔市额尔古纳市蒙兀室韦苏木临江村；

巴彦淖尔市五原县隆兴昌镇新兴村一社；巴彦淖尔市五原县银定图镇胜利村一社；

乌兰察布市四子王旗查干补力格苏木王府村；乌兰察布市四子王旗红格尔苏木大庙村；

阿拉善盟阿右旗雅布赖镇巴丹吉林嘎查

续表

辽宁省（8个）

抚顺市新宾满族自治县永陵镇赫图阿拉村；抚顺市新宾满族自治县上夹河镇腰站村；

阜新市阜新蒙古族自治县佛寺镇佛寺村；

朝阳市朝阳县柳城镇西大杖子村；朝阳市朝阳县西五家子乡三道沟村；朝阳市朝阳县北四家子乡唐杖子村八盘沟；

葫芦岛市绥中县永安乡西沟村；葫芦岛市绥中县李家堡乡新堡子村

吉林省（4个）

白山市临江市六道沟镇三道阳岔村；白山市临江市花山镇珍珠村松岭屯；

延边朝鲜族自治州图们市月晴镇白龙村；延边朝鲜族自治州图们市石岘镇水南村

黑龙江省（2个）

哈尔滨市尚志市一面坡镇镇北村；

牡丹江市宁安市渤海镇江西村

江苏省（10个）

常州市武进区郑陆镇焦溪村；

苏州市吴中区金庭镇衙甪里村；苏州市吴中区金庭镇东蔡村；苏州市吴中区金庭镇植里村；苏州市吴中区香山街道舟山村；苏州市昆山市千灯镇歇马桥村；

南通市通州区二甲镇余西社区余西居；南通市通州区石港镇广济桥社区；

淮安市洪泽县老子山镇龟山村；

盐城市大丰市草堰镇草堰村

浙江省（86个）

杭州市桐庐县富春江镇茆坪村；杭州市桐庐县江南镇环溪村；杭州市桐庐县莪山畲族乡新丰民族村戴家山村；杭州市桐庐县合村乡瑶溪村；杭州市淳安县浪川乡芹川村；杭州市建德市大慈岩镇李村；杭州市建德市大慈岩镇上吴方村；

续表

宁波市鄞州区姜山镇走马塘村；宁波市鄞州区章水镇李家坑村；宁波市鄞州区章水镇蜜岩村；宁波市宁海县力洋镇力洋村；宁波市宁海县一市镇东岙村；宁波市宁海县越溪乡梅枝田村；宁波市奉化市萧王庙街道青云村；宁波市奉化市溪口镇栖霞坑村；

温州市瑞安市湖岭镇黄林村；

湖州市吴兴区织里镇义皋村；湖州市安吉县鄣吴镇鄣吴村；

金华市兰溪市永昌街道社峰村；金华市兰溪市黄店镇芝堰村；金华市东阳市巍山镇大爽村；金华市东阳市虎鹿镇蔡宅村；

衢州市龙游县溪口镇灵下村；衢州市江山市廿八都镇枫溪村；衢州市江山市廿八都镇花桥村；

台州市黄岩区富山乡半山村；台州市天台县街头镇街二村；台州市温岭市石塘镇东山村；台州市临海市邵家渡街道年坑村；台州市临海市白水洋镇龙泉村；

丽水市莲都区雅溪镇西溪村；丽水市缙云县壶镇镇岩下村；丽水市松阳县西屏街道桐溪村；丽水市松阳县水南街道桥头村；丽水市松阳县玉岩镇白麻山村；丽水市松阳县玉岩镇大岭脚村；丽水市松阳县玉岩镇交塘村；丽水市松阳县象溪镇南州村；丽水市松阳县象溪镇雅溪口村；丽水市松阳县大东坝镇后宅村；丽水市松阳县大东坝镇燕田村；丽水市松阳县大东坝镇洋坑埠头村；丽水市松阳县新兴镇官岭村；丽水市松阳县新兴镇平卿村；丽水市松阳县新兴镇山甫村；丽水市松阳县新兴镇朱山村；丽水市松阳县新兴镇庄后村；丽水市松阳县叶村乡岱头村；丽水市松阳县叶村乡横坑村；丽水市松阳县叶村乡南岱村；丽水市松阳县斋坛乡吊坛村；丽水市松阳县斋坛乡上垒村；丽水市松阳县三都乡呈回村；丽水市松阳县三都乡黄岭根村；丽水市松阳县三都乡毛源村；丽水市松阳县三都乡上庄村；丽水市松阳县三都乡松庄村；丽水市松阳县三都乡尹源村；丽水市松阳县三都乡酉田村；丽水市松阳县三都乡紫草村；丽水市松阳县竹源乡横岗村；丽水市松阳县竹源乡后畲村；丽水市松阳县竹源乡黄上村；丽水市松阳县四都乡陈家铺村；丽水市松阳县四都乡平田村；丽水市松阳县四都乡塘后村；丽水市松阳县四都乡西坑村；丽水市松阳县赤寿乡黄山头村；丽水市松阳县樟溪乡黄田村；丽水市松阳县樟溪乡球坑村；丽水市松阳县枫坪乡梨树下村；丽水市松阳县枫坪乡沿坑岭头村；丽水市松阳县板桥畲族乡张山村；丽水市松阳县安民乡安岱后村；丽水市云和县元和街道包山村；丽水市云和县元和街道梅垮村；丽水市云和县石塘镇桑岭村；

丽水市云和县崇头镇坑根村；丽水市云和县崇头镇沙铺村；丽水市景宁畲族自治县梧桐乡高演村；丽水市龙泉市塔石乡南弄村；丽水市龙泉市安仁镇大舍村；丽水市龙泉市屏南镇车盘坑村；丽水市龙泉市龙南乡蛟垟村；丽水市龙泉市龙南乡下田村；丽水市龙泉市龙南乡垟尾村

安徽省(46个)

合肥市巢湖市黄麓镇洪疃村；

芜湖市芜湖县红杨镇西河老街；

铜陵市铜陵县钟鸣镇龙潭肖村；铜陵市铜陵县东联乡水浒村赵氏戏楼村；

安庆市岳西县店前镇店前村；安庆市桐城市双港镇练潭村；

黄山市黄山区仙源镇龙山村；黄山市黄山区焦村镇郭村；黄山市黄山区三口镇湘潭村；黄山市黄山区新丰乡盛洪村；黄山市徽州区西溪南镇琶塘村；黄山市徽州区西溪南镇西溪南村；黄山市歙县霞坑镇石潭村；黄山市歙县三阳乡叶村；黄山市歙县深渡镇凤池村；黄山市歙县深渡镇深渡老街；黄山市歙县北岸镇北岸村；黄山市休宁县海阳镇万全村；黄山市休宁县海阳镇溪头村；黄山市休宁县溪口镇祖源村；黄山市休宁县流口镇流口村；黄山市休宁县汪村镇岭脚村；黄山市休宁县汪村镇石屋坑村；黄山市休宁县白际乡项山村；黄山市休宁县鹤城乡右龙村；黄山市黟县碧阳镇余光村；黄山市黟县宏村镇际村；黄山市黟县美溪乡兰湖村；黄山市祁门县溶口乡奇岭村；黄山市祁门县渚口乡大北村；黄山市祁门县渚口乡渚口村；

滁州市天长市铜城镇龙岗村；

六安市金寨县汤家汇镇上畈村朱家湾；六安市金寨县汤家汇镇瓦屋基村宴湾；六安市金寨县果子园乡姚冲村姜湾；

池州市石台县七都镇高路亭村；池州市石台县横渡镇琏溪村；池州市石台县仙寓镇南源村；池州市石台县仙寓镇河东村；池州市石台县大演乡泮巷村；

宣城市广德县柏垫镇前程村月克冲村；宣城市泾县茂林镇奎峰村；宣城市泾县云岭镇章渡村；宣城市绩溪县上庄镇上庄村；宣城市绩溪县伏岭镇湖村；宣城市旌德县蔡家桥镇朱旺村

续表

福建省（52个）

福州市罗源县中房镇深坑村；福州市永泰县嵩口镇月洲村；福州市永泰县嵩口镇中山村；福州市永泰县盖洋乡盖洋村；福州市福清市南岭镇大山村食菜厝村；

平潭综合实验区平潭县苏澳镇斗魁村；平潭综合实验区平潭县流水镇东美村；平潭综合实验区平潭县流水镇山门村；平潭综合实验区平潭县敖东镇青观顶村；平潭综合实验区平潭县白青乡白沙村；

莆田市仙游县石苍乡济川村；

三明市三元区岩前镇忠山村；三明市大田县桃源镇东坂村；三明市大田县广平镇万宅村；三明市永安市小陶镇新西村；

泉州市泉港区后龙镇土坑村；泉州市德化县国宝乡佛岭村；泉州市晋江市金井镇塘东村；泉州市晋江市龙湖镇南浔村；

漳州市漳浦县湖西镇赵家城村；漳州市诏安县西潭乡山河村；漳州市长泰县马洋溪生态旅游区山重村；漳州市东山县西埔镇梧龙村；漳州市东山县樟塘镇古港村；漳州市南靖县书洋镇河坑村；漳州市平和县秀峰乡福塘村；漳州市华安县马坑镇和春村；漳州市龙海市东园镇埭尾村；

南平市延平区茫荡镇宝珠村；南平市政和县镇前镇镇前村；南平市政和县杨源乡坂头村；南平市政和县杨源乡洞宫村；南平市政和县杨源乡杨源村；南平市政和县岭腰乡锦屏村；南平市邵武市金坑乡金坑村；南平市武夷山市吴屯乡红园村下山村；南平市建瓯市迪口镇郑魏村；南平市建瓯市东游镇党城村；

龙岩市长汀县南山镇中复村；龙岩市永定县下洋镇初溪村；龙岩市永定县湖坑镇南江村；龙岩市永定县高头乡高北村；

宁德市蕉城区虎贝乡文峰村；宁德市屏南县代溪镇北乾村；宁德市屏南县屏城乡后龙村；宁德市屏南县屏城乡厦地村；宁德市屏南县路下乡芳院村；宁德市屏南县寿山乡寿山村；宁德市寿宁县下党乡下党村；宁德市福安市潭头镇南岩村；宁德市福安市社口镇坦洋村；宁德市福安市溪柄镇楼下村

江西省（36个）

南昌市进贤县文港镇周坊村；

景德镇市浮梁县瑶里镇瑶里村；

九江市修水县黄坳乡朱砂村；九江市湖口县流泗镇庄前潘村；

新余市渝水区水北镇黄坑村；

赣州市赣县大埠乡大坑村；赣州市大余县左拔镇云山村；赣州市龙南县里仁镇新园村；赣州市于都县岭背镇谢屋村；赣州市于都县葛坳乡澄江村；赣州市于都县马安乡上宝村；赣州市会昌县筠门岭镇羊角村；赣州市瑞金市叶坪乡洋溪村；

吉安市吉州区曲濑镇卢家洲村；吉安市吉安县固江镇赛塘村；吉安市吉安县固江镇社边村；吉安市吉安县梅塘镇旧居村；吉安市吉水县水南镇高中村委会义富村；吉安市新干县七琴镇燥石村；吉安市永丰县沙溪镇河下村；吉安市安福县甘洛乡三舍村；

抚州市宜黄县棠阴镇建设村；抚州市宜黄县棠阴镇解放村；抚州市宜黄县棠阴镇民主村；抚州市金溪县合市镇东岗村；抚州市金溪县合市镇全坊村；抚州市金溪县琅琚镇疏口村；抚州市金溪县琉璃乡东源曾家村；抚州市金溪县琉璃乡印山村；抚州市东乡县黎圩镇浯溪村；

上饶市玉山县双明镇漏底村；上饶市铅山县石塘镇石塘村；上饶市婺源县清华镇诗春村；上饶市婺源县江湾镇篁岭村；上饶市婺源县中云镇豸峰村；上饶市婺源县沱川乡篁村

山东省（21个）

济南市平阴县洪范池镇东峪南崖村；

枣庄市滕州市羊庄镇东辛庄村；

烟台市牟平区姜格庄街道办事处里口山村；烟台市招远市辛庄镇徐家疃村；烟台市招远市张星镇北栾家河村；烟台市招远市张星镇川里林家村；烟台市招远市张星镇丛家村；烟台市招远市张星镇界沟姜家村；烟台市招远市张星镇口后王家村；烟台市招远市张星镇奶子场村；烟台市招远市张星镇上院村；烟台市招远市张星镇石棚村；

济宁市邹城市城前镇越峰村；济宁市邹城市石墙镇上九山村；

威海市荣成市俚岛镇大庄许家社区；威海市荣成市俚岛镇东烟墩社区；威海市荣成市俚岛镇烟墩角社区；

临沂市沂南县马牧池乡常山庄村；临沂市沂水县马站镇关顶村；临沂市平邑县柏林镇李家石屋村；临沂市平邑县地方镇九间棚村

河南省（37个）

郑州市登封市大金店镇大金店老街；郑州市登封市徐庄镇柏石崖村；

洛阳市新安县石井镇东山底村；洛阳市栾川县潭头镇大王庙村；洛阳市栾川县三川镇火神庙村抱犊寨；洛阳市宜阳县张坞镇苏羊村；

平顶山市郏县薛店镇冢王南村；平顶山市郏县茨芭镇齐村；平顶山市郏县茨芭镇山头赵村；平顶山市汝州市蟒川镇半扎村；平顶山市汝州市夏店乡山顶村；

安阳市林州市石板岩乡草庙村；安阳市林州市石板岩乡梨园坪村；安阳市林州市石板岩乡南湾村；

鹤壁市淇县黄洞乡石老公村；鹤壁市淇县黄洞乡温坡村；

新乡市辉县市拍石头乡张泗沟村；新乡市辉县市沙窑乡郭亮村；

焦作市修武县西村乡长岭村；焦作市温县赵堡镇陈家沟；

三门峡市陕县西张村镇丁管营村；三门峡市陕县张汴乡刘寺村；

南阳市南召县马市坪乡转角石村；南阳市淅川县盛湾镇土地岭村；南阳市唐河县马振抚乡前庄村；

信阳市光山县泼陂河镇何尔冲村徐楼村；信阳市光山县泼陂河镇黄涂村龚冲村；信阳市光山县南向店乡董湾村向楼村；信阳市光山县净居寺名胜管理区杨帆村；信阳市新县苏河乡新光村钱大湾；信阳市新县周河乡西河村大湾；信阳市新县陡山河乡白沙关村白沙关；信阳市新县卡房乡胡湾村刘咀村；信阳市新县田铺乡香山湖管理区水塝村韩山村；信阳市新县田铺乡田铺居委会大湾村；信阳市商城县吴河乡万安村何老湾；信阳市商城县余集镇迎水村余老湾

湖北省（46个）

黄石市大冶市保安镇沼山村刘通湾；黄石市阳新县三溪镇木林村枫杨庄；黄石市阳新县王英镇大田村清潭湾；

十堰市房县军店镇下店子村；十堰市丹江口市官山镇吕家河村；

襄阳市南漳县巡检镇漫云村；

孝感市孝昌县小悟乡向阳村；孝感市大悟县丰店镇桃岭村九房沟；孝感市安陆市王义贞镇钱冲村；

黄冈市团风县贾庙乡百丈崖村；黄冈市红安县华家河镇涂湾村；黄冈市红安县太平桥镇回龙寨村石头湾；黄冈市红安县永佳河镇欧桥村刘云四湾；黄冈市罗田县胜利镇瓦房基村老闫家垸；黄冈市英山县国营英山县吴家山林场大河冲村；黄冈市蕲春县向桥乡狮子堰村；黄冈市麻城市歧亭镇杏花村；黄冈市麻城市夫子河镇付兴湾；黄冈市麻城市木子店镇王家畈村；黄冈市麻城市黄土岗镇小漆园村；黄冈市武穴市龙坪镇花园居委会；

咸宁市咸安区马桥镇垅口村垅口冯；咸宁市咸安区桂花镇刘家桥村；咸宁市崇阳县白霓镇回头岭村；咸宁市通山县闯王镇宝石村；咸宁市通山县九宫山风景区中港村；咸宁市通山县大畈镇西泉村；咸宁市通山县大路乡吴田村畈上王；

续表

随州市曾都区洛阳镇九口堰村；随州市随县桐柏山太白顶风景名胜区解河村戴家仓屋；随州市广水市武胜关镇桃源村；

恩施土家族苗族自治州恩施市盛家坝乡二官寨村；恩施土家族苗族自治州利川市柏杨坝镇水井村；恩施土家族苗族自治州利川市忠路镇长干村张爷庙；恩施土家族苗族自治州利川市毛坝镇山青村；恩施土家族苗族自治州利川市毛坝镇石板村；恩施土家族苗族自治州利川市毛坝镇向阳村；恩施土家族苗族自治州宣恩县长潭河乡两溪河村；恩施土家族苗族自治州宣恩县晓关乡野椒园村；恩施土家族苗族自治州咸丰县坪坝营镇新场村蒋家花园；恩施土家族苗族自治州来凤县大河镇独石塘村；恩施土家族苗族自治州来凤县漫水乡兴隆坳村落衣湾；恩施土家族苗族自治州来凤县漫水乡渔塘村上渔塘；恩施土家族苗族自治州来凤县三胡乡石桥村；恩施土家族苗族自治州鹤峰县走马镇白果村；

仙桃市郑场镇渔泛村

湖南省（19个）

邵阳市绥宁县关峡苗族乡大园村；

郴州市宜章县白沙圩乡腊元村；

永州市双牌县五里牌镇塘基上村；永州市江永县兰溪瑶族乡兰溪村；

怀化市溆浦县葛竹坪镇山背村；怀化市会同县长寨乡小市村；怀化市会同县连山乡大坪村；怀化市会同县岩头乡墓脚村；怀化市新晃侗族自治县方家屯乡何家田村；怀化市新晃侗族自治县天堂乡地习村；怀化市新晃侗族自治县茶坪乡美岩村；怀化市通道侗族自治县双江镇芋头村；怀化市通道侗族自治县黄土乡皇都侗族文化村；

娄底市新化县水车镇正龙村；娄底市新化县奉家镇下团村；

湘西土家族苗族自治州凤凰县山江镇黄毛坪村；湘西土家族苗族自治州凤凰县山江镇早岗村；湘西土家族苗族自治州凤凰县麻冲乡竹山村；湘西土家族苗族自治州龙山县苗儿滩镇捞车村

广东省（35个）

广州市花都区花东镇港头村；广州市增城区新塘镇瓜岭村；广州市从化区太平镇钱岗村；

江门市蓬江区棠下镇良溪村；江门市台山市斗山镇浮石村；

湛江市遂溪县河头镇双村；湛江市遂溪县岭北镇调丰村；湛江市雷州市杨家镇北劳村；湛江市雷州市北和镇鹅感村；

肇庆市德庆县官圩镇金林村；肇庆市德庆县永丰镇古蓬村；肇庆市德庆县悦城镇罗洪村；

续表

惠州市惠东县稔山镇范和村；惠州市惠东县多祝镇皇思扬村；

梅州市梅县区松口镇大黄村；梅州市梅县区松口镇梅教村；梅州市梅县区松口镇南下村；梅州市梅县区松口镇小黄村；梅州市梅县区南口镇谢响塘村；梅州市大埔县高陂镇银滩村；梅州市大埔县西河镇北塘村；梅州市丰顺县汤南镇龙上古寨；梅州市五华县歧岭镇凤凰村；梅州市五华县横陂镇夏阜村；梅州市兴宁市径南镇星耀村；梅州市兴宁市龙田镇鸡公侨村；梅州市兴宁市龙田镇龙盘村；

清远市连南瑶族自治县三排镇油岭村；清远市连州市连州镇沙坊村；清远市连州市龙坪镇元壁村；清远市连州市西岸镇石兰寨；清远市连州市保安镇卿罡村；清远市连州市东陂镇白家城村；

东莞市塘厦镇龙背岭村；

中山市三乡镇古鹤村

广西壮族自治区（20个）

桂林市灌阳县灌阳镇孔家村；桂林市灌阳县灌阳镇仁义村委会唐家屯；桂林市灌阳县文市镇达溪村；桂林市灌阳县文市镇岩口村；桂林市灌阳县新街镇青箱村；桂林市灌阳县水车乡夏云村；桂林市恭城瑶族自治县恭城镇乐湾村乐湾屯；桂林市恭城瑶族自治县栗木镇常家村常家屯；桂林市恭城瑶族自治县栗木镇大合村大合屯；桂林市恭城瑶族自治县栗木镇石头村石头屯；桂林市恭城瑶族自治县莲花镇凤岩村凤岩屯；桂林市恭城瑶族自治县莲花镇朗山村朗山屯；桂林市恭城瑶族自治县莲花镇门等村高桂屯；桂林市恭城瑶族自治县西岭乡费村费村屯；桂林市恭城瑶族自治县西岭乡杨溪村杨溪屯；桂林市恭城瑶族自治县观音乡狮塘村焦山屯；桂林市恭城瑶族自治县观音乡水滨村；桂林市恭城瑶族自治县龙虎乡龙岭村实乐屯；

玉林市博白县松旺镇松茂村；

贺州市昭平县樟木林乡新华村

海南省（12个）

海口市秀英区石山镇三卿村；

澄迈县金江镇大美村；澄迈县金江镇美朗村；澄迈县金江镇扬坤村；澄迈县老城镇龙吉村；澄迈县老城镇罗驿村；澄迈县老城镇石石矍村；澄迈县老城镇谭昌村；澄迈县永发镇道吉村；澄迈县永发镇儒音村；

昌江黎族自治县王下乡洪水村；

乐东黎族自治县佛罗镇老丹村

重庆市（47个）

涪陵区蔺市镇凤阳村；

大足区玉龙镇玉峰村；大足区铁山镇继光村；

巴南区丰盛镇桥上村；

黔江区小南海镇新建村；黔江区阿蓬江镇大坪村；黔江区五里乡五里社区程家特色大院；黔江区水市乡水车坪老街；

江津区塘河镇硐寨村；江津区吴滩镇邢家村；江津区塘河镇石龙门村；江津区白沙镇宝珠村东海沱；

合川区涞滩镇二佛村；

永川区松溉镇松江村；永川区板桥镇大沟村；

潼南县双江镇金龙村；潼南县花岩镇花岩村花岩场；

梁平县聚奎镇席帽村；

武隆县后坪苗族土家族乡文凤村天池坝组；武隆县沧沟乡大田村大田组；武隆县浩口苗族仡佬族乡浩口村田家寨；

忠县洋渡镇上祠村2组；忠县永丰镇东方村9组；

巫山县龙溪镇龙溪村2社；

秀山土家族苗族自治县清溪场镇大寨村；秀山土家族苗族自治县清溪场镇两河村；秀山土家族苗族自治县洪安镇边城村；秀山土家族苗族自治县洪安镇猛董村大沟组；秀山土家族苗族自治县梅江镇凯干村；秀山土家族苗族自治县钟灵镇凯堡村陈家坝；秀山土家族苗族自治县海洋乡岩院村；

酉阳土家族苗族自治县桃花源镇龙池村洞子坨；酉阳土家族苗族自治县龙潭镇堰提村；酉阳土家族苗族自治县酉酬镇江西村；酉阳土家族苗族自治县丁市镇汇家村神童溪；酉阳土家族苗族自治县龚滩镇小银村；酉阳土家族苗族自治县酉水河镇大江村；酉阳土家族苗族自治县酉水河镇河湾村恐虎溪寨；酉阳土家族苗族自治县苍岭镇苍岭村池流水；酉阳土家族苗族自治县苍岭镇南溪村；酉阳土家族苗族自治县花田乡何家岩村；酉阳土家族苗族自治县浪坪乡浪水坝村小山坡；酉阳土家族苗族自治县双泉乡永祥村；

彭水苗族土家族自治县梅子垭镇佛山村；彭水苗族土家族自治县润溪乡樱桃村；彭水苗族土家族自治县朗溪乡田湾村；彭水苗族土家族自治县龙塘乡双龙村

续表

四川省（22个）

自贡市富顺县狮市镇狮子滩社区；自贡市富顺县赵化镇培村社区；自贡市富顺县长滩镇长滩坝社区；

泸州市纳溪区打古镇古纯村；泸州市叙永县石坝彝族乡堰塘彝族村；泸州市叙永县永潦彝族乡九家沟苗族村；

绵阳市游仙区魏城镇绣山村；

广元市昭化区昭化镇城关村；广元市朝天区曾家镇石鹰村；

乐山市沐川县箭板镇顺河古街；

南充市西充县青龙乡蚕华山村；南充市阆中市水观镇永安寺村；

宜宾市宜宾县横江镇金钟村；宜宾市筠连县大雪山镇五河村；宜宾市筠连县镇舟镇马家村；

广安市武胜县宝箴塞乡方家沟村；

巴中市通江县泥溪乡犁辕坝村；

资阳市乐至县劳动镇旧居村；

甘孜藏族自治州乡城县尼斯乡马色村；甘孜藏族自治州稻城县香格里拉镇亚丁村；甘孜藏族自治州稻城县赤土乡仲堆村；甘孜藏族自治州得荣县瓦卡镇阿洛贡村

贵州省（134个）

六盘水市六枝特区梭戛苗族彝族回族乡高兴村；六盘水市水城县花戛苗族布依族彝族乡天门村；六盘水市盘县石桥镇妥乐村；六盘水市盘县羊场布依族白族苗族乡大中村；六盘水市盘县保基苗族彝族乡陆家寨村；

遵义市遵义县枫香镇苟坝村；遵义市遵义县毛石镇毛石村；遵义市凤冈县琊川镇杨家寨；遵义市凤冈县土溪镇黑溪古寨；遵义市凤冈县新建乡长碛古寨；遵义市湄潭县西河镇官寨；遵义市湄潭县洗马镇石笋沟；

安顺市西秀区宁谷镇小呈堡村；安顺市西秀区七眼桥镇猴场村；安顺市西秀区七眼桥镇雷屯村；安顺市西秀区七眼桥镇本寨村；安顺市西秀区轿子山镇秀水村；安顺市西秀区新场布依族苗族乡花庆村石头组；安顺市西秀区新场布依族苗族乡勇江村勇克组；安顺市西秀区东屯乡高官居委会高官组；安顺市西秀区东屯乡金山村山旗组；安顺市平坝县白云镇肖家村；安顺市平坝县白云镇平元村元河组；安顺市平坝县天龙镇打磨村虾儿井组；安顺市平坝县天龙镇二官村；安顺市平坝县天龙镇合旺村岩上组；安顺市平坝县天龙镇兴旺村双硐组；安顺市平坝县天龙镇天龙村；安顺市普定县城关镇陈旗堡村；安顺市普定县猴场苗族仡佬族乡猛舟村；安顺市镇宁布依族苗族自治县江龙镇竹王村（原猛正村）；

安顺市关岭布依族苗族自治县普利乡马马崖村下瓜组；安顺市黄果树风景名胜区黄果树镇大三新村大洋溪组；安顺市黄果树风景名胜区黄果树镇募龙村；安顺市黄果树风景名胜区黄果树镇石头寨村偏坡组；安顺市黄果树风景名胜区黄果树镇油寨村山岔组；安顺市黄果树风景名胜区黄果树镇石头寨村石头寨组；安顺市黄果树风景名胜区黄果树镇白水河村殷家庄组；安顺市黄果树风景名胜区白水镇大坪地村滑石哨组；

铜仁市碧江区坝黄镇宋家坝村塘边古树园；铜仁市碧江区瓦屋侗族乡克兰寨村；铜仁市玉屏侗族自治县新店乡朝阳村；铜仁市玉屏侗族自治县新店乡大湾村；铜仁市思南县合朋溪镇鱼塘村；铜仁市思南县塘头镇甲秀社区；铜仁市思南县塘头镇街子村；铜仁市思南县大坝场镇官塘坝村；铜仁市思南县大坝场镇尧上村；铜仁市思南县瓮溪镇瓮溪社区马家山组；铜仁市印江土家族苗族自治县板溪镇渠沟村；铜仁市印江土家族苗族自治县天堂镇中尧村；铜仁市印江土家族苗族自治县合水镇兴旺村；铜仁市印江土家族苗族自治县缠溪镇方家岭村；铜仁市印江土家族苗族自治县新寨乡黔溪村；铜仁市印江土家族苗族自治县中坝乡虹穴村；铜仁市印江土家族苗族自治县新业乡芙蓉村；铜仁市印江土家族苗族自治县新业乡坪所村；铜仁市德江县煎茶镇付家村；铜仁市德江县复兴镇稳溪村；铜仁市德江县合兴镇朝阳村；铜仁市德江县高山镇梨子水村；铜仁市沿河土家族自治县夹石镇闵子溪村；铜仁市沿河土家族自治县官舟镇木子岭村；铜仁市沿河土家族自治县板场乡洋溪村；铜仁市沿河土家族自治县后坪乡下坝村；铜仁市松桃苗族自治县普觉镇半坡村；铜仁市松桃苗族自治县寨英镇大水村；铜仁市松桃苗族自治县寨英镇邓堡村；铜仁市松桃苗族自治县寨英镇寨英村；铜仁市松桃苗族自治县孟溪镇头京村；铜仁市万山特区黄道乡瓦寨村；铜仁市万山特区敖寨乡石头寨；

黔西南布依族苗族自治州兴义市巴结镇南龙村；黔西南布依族苗族自治州兴义市泥凼镇堵德村；黔西南布依族苗族自治州册亨县丫他镇板万村；

黔东南苗族侗族自治州凯里市三棵树镇乐平村季刀寨；黔东南苗族侗族自治州黄平县重安镇枫香村；黔东南苗族侗族自治州黄平县重安镇塘都村；黔东南苗族侗族自治州黄平县重安镇望坝村；黔东南苗族侗族自治州黄平县谷陇镇平寨村；黔东南苗族侗族自治州黄平县野洞河镇新华村；黔东南苗族侗族自治州施秉县双井镇龙塘村；黔东南苗族侗族自治州天柱县高酿镇地良村；黔东南苗族侗族自治州锦屏县彦洞乡瑶白村；黔东南苗族侗族自治州剑河县柳川镇返排村；黔东南苗族侗族自治州剑河县柳川镇巫库村；黔东南苗族侗族自治州剑河县岑松镇稿旁村；

黔东南苗族侗族自治州剑河县南加镇九旁村；黔东南苗族侗族自治州剑河县南加镇柳基村；黔东南苗族侗族自治州剑河县南明镇小湳村；黔东南苗族侗族自治州剑河县革东镇大皆道村；黔东南苗族侗族自治州剑河县久仰乡毕下村；黔东南苗族侗族自治州剑河县久仰乡巫交村；黔东南苗族侗族自治州剑河县南哨乡高定村；黔东南苗族侗族自治州剑河县敏洞乡高坵村；黔东南苗族侗族自治州剑河县观么乡平下村；黔东南苗族侗族自治州台江县南宫乡石灰河村；黔东南苗族侗族自治州台江县排羊乡大塘村；黔东南苗族侗族自治州台江县台盘乡空寨村；黔东南苗族侗族自治州台江县台盘乡南瓦村；黔东南苗族侗族自治州台江县革一乡江边村；黔东南苗族侗族自治州台江县革一乡茅坪村；黔东南苗族侗族自治州台江县老屯乡白土村；黔东南苗族侗族自治州黎平县水口镇平善村；黔东南苗族侗族自治州黎平县尚重镇绞洞村；黔东南苗族侗族自治州黎平县尚重镇洋卫村；黔东南苗族侗族自治州黎平县大稼乡岑桃村；黔东南苗族侗族自治州黎平县德化乡俾翁村；黔东南苗族侗族自治州从江县下江镇巨洞村；黔东南苗族侗族自治州从江县下江镇中华村；黔东南苗族侗族自治州从江县西山镇顶洞村；黔东南苗族侗族自治州从江县高增乡小黄村；黔东南苗族侗族自治州从江县高增乡占里村；黔东南苗族侗族自治州从江县庆云乡单阳村；黔东南苗族侗族自治州从江县刚边乡三联村；黔东南苗族侗族自治州从江县加榜乡党扭村；黔东南苗族侗族自治州从江县翠里瑶族壮族乡岑丰村；黔东南苗族侗族自治州从江县东朗乡苗谷村；黔东南苗族侗族自治州雷山县西江镇大龙苗寨；黔东南苗族侗族自治州雷山县西江镇乌高村；黔东南苗族侗族自治州雷山县大塘镇桥港村；黔东南苗族侗族自治州雷山县达地水族乡马路苗寨；黔东南苗族侗族自治州雷山县达地水族乡同鸟水寨；黔东南苗族侗族自治州雷山县方祥乡平祥村；黔东南苗族侗族自治州雷山县方祥乡水寨村；黔东南苗族侗族自治州丹寨县兴仁镇王家寨村；

黔南布依族苗族自治州都匀经济开发区匀东镇洛邦社区绕河村；黔南布依族苗族自治州都匀经济开发区匀东镇王司社区新场村；黔南布依族苗族自治州荔波县玉屏街道办事处水甫村；黔南布依族苗族自治州荔波县方村乡丙花村者吕组；黔南布依族苗族自治州平塘县平舟镇乐康村；黔南布依族苗族自治州平塘县塘边镇新建村打鸟组；黔南布依族苗族自治州平塘县塘边镇新街村落辉大寨；黔南布依族苗族自治州平塘县新塘乡新营村摆仗组

云南省（208个）

昆明市西山区团结街道办事处永靖社区居委会白石岩村；昆明市东川区铜都街道办事处箐口村委会汪家箐村；昆明市晋宁县双河乡双河营村委会；昆明市晋宁县夕阳乡田房村委会大摆衣村；昆明市晋宁县夕阳乡保安村委会雷响田村；昆明市晋宁县夕阳乡新山村委会鸭打甸村；昆明市晋宁县夕阳乡一字格村委会；昆明市晋宁县六街镇干海村委会；昆明市富民县赤鹫镇平地村委会平地村；昆明市宜良县匡远街道办事处福谊社区居委会墩子村；昆明市嵩明县牛栏江镇荒田村委会马鞍山村；昆明市禄劝县撒营盘镇撒老乌村委会；昆明市安宁市禄脿街道办事处禄脿村委会禄脿村；

曲靖市罗平县富乐镇富乐村委会富乐村；曲靖市沾益县大坡乡河尾村委会大村；曲靖市宣威市杨柳乡可渡村委会关上村；

玉溪市澄江县海口镇松元村委会石门村；玉溪市通海县里山乡大黑冲村委会大黑冲村；玉溪市华宁县宁州街道办事处冲麦村委会冲麦村；玉溪市华宁县青龙镇落梅村委会来保康村；玉溪市峨山县塔甸镇大西村委会戈嘎村；玉溪市峨山县塔甸镇亚尼村委会伙枇杷村；

保山市隆阳区潞江镇芒旦村委会老城村；保山市隆阳区瓦房乡党东村委会党东村；保山市施甸县旧城乡芭蕉林村委会小中山村；保山市施甸县旧城乡旧城村委会大坪子村；保山市施甸县木老元乡哈寨村委会哈寨村；保山市施甸县木老元乡木老元村委会下木老元村；保山市腾冲县滇滩镇河西社区村委会；保山市腾冲县界头镇大塘社区村委会；保山市腾冲县界头镇大园子社区村委会；保山市腾冲县界头镇永安社区村委会；保山市腾冲县明光镇中塘社区村委会白石岩村；保山市腾冲县明光镇中塘社区村委会丰盛坝村；保山市腾冲县芒棒镇老桥头社区桥头村；保山市腾冲县荷花镇朗蒲社区村委会；保山市腾冲县荷花镇民团社区村委会坝派村；保山市腾冲县荷花镇肖庄社区村委会荷花池村；保山市腾冲县马站乡三联社区村委会碗窑村；保山市腾冲县清水乡良盈社区村委会蔺家寨村；保山市腾冲县清水乡良盈社区村委会镇邑关村；保山市腾冲县蒲川乡曼朵社区曼堆村；保山市腾冲县新华乡龙洒社区龙洒村；保山市腾冲县新华乡新山社区坝角村；保山市龙陵县镇安镇大坝社区向阳寨村；保山市龙陵县勐糯镇大寨村委会大寨村；保山市龙陵县象达乡棠梨坪社区中寨村；保山市昌宁县漭水镇明华村委会徐家寨村；保山市昌宁县柯街镇扁瓦村委会秀雅村；保山市昌宁县田园镇勐廷社区大寨子村；保山市昌宁县珠街乡羊街村委会子原村；保山市昌宁县耇街乡新厂村委会汪家箐村；

昭通市威信县高田乡新华村委会石坝子村；

丽江市古城区束河街道黄山社区忠信村；丽江市古城区束河街道中济社区普济村；丽江市古城区文化街道东江居委会向阳村；丽江市古城区七河镇五峰村委会中排村；丽江市古城区七河镇新民村委会上村；丽江市玉龙县黄山镇五台村委会夏禾下束河村；丽江市玉龙县拉市镇海东村委会梅子村；丽江市玉龙县拉市镇吉余村委会余乐村；丽江市玉龙县拉市镇均良村委会打渔村；丽江市玉龙县拉市镇美泉村委会美泉村；丽江市玉龙县石头乡四华村委会龙华村；丽江市玉龙县大具乡培良村委会营盘村；丽江市玉龙县宝山乡吾木村委会吾木村；丽江市玉龙县龙蟠乡新联村委会土官村；丽江市玉龙县龙蟠乡兴文村委会宏文村；丽江市永胜县期纳镇文凤村委会果园南村；丽江市永胜县程海镇海腰村委会蒲米村；丽江市永胜县六德乡双河村委会双河二村；丽江市永胜县东山乡河东村委会妈知务岜啰村；丽江市永胜县松坪乡下啦嘛村委会看牦牛村；

普洱市镇沅县勐大镇文仆村委会平掌上村；普洱市镇沅县勐大镇英德村委会英德村；普洱市镇沅县镇太镇太和村委会紫马街村；普洱市孟连县娜允镇芒街村委会傣族村；普洱市孟连县娜允镇芒掌村委会猛外村；普洱市孟连县公信乡糯董村委会糯董老寨村；普洱市孟连县芒信镇海东村委会笼帅村；普洱市孟连县芒信镇芒卡村委会芒畔村；普洱市澜沧县糯福乡阿里村委会老迈寨村；

临沧市凤庆县诗礼乡古墨村委会古墨村；临沧市凤庆县诗礼乡清华村委会中兴村；临沧市云县茂兰镇哨街村委会哨街村；临沧市永德县永康镇忙腊村委会旧城村；临沧市永德县大山乡忙兑村委会大忙简村；临沧市镇康县凤尾镇芦子园村委会小落水村；临沧市耿马傣族佤族自治县孟定镇芒团村；临沧市沧源县勐来乡丁来村委会丁来村；

楚雄州楚雄市吕合镇吕合村委会吕合村；楚雄州楚雄市吕合镇中屯村委会马家庄村；楚雄州牟定县江坡镇江坡村委会江坡大村；楚雄州永仁县宜就镇外普拉村委会大村；楚雄州永仁县中和镇中和村委会中和村；楚雄州武定县猫街镇猫街村委会咪三咱村；楚雄州武定县插甸乡水城村委会水城村；楚雄州武定县发窝乡大西邑村委会大西邑村；楚雄州武定县白路乡平地村委会木高古村；楚雄州武定县万德乡万德村委会万德村；楚雄州武定县己衣乡己衣村委会己衣大村；楚雄州禄丰县黑井镇黑井村委会板桥村；楚雄州禄丰县黑井镇黑井村委会黑井村；

红河州个旧市贾沙乡陡岩村委会陡岩村；红河州屏边县白河乡胜利村委会洒卡村；红河州建水县临安镇韩家村委会碗窑村；红河州建水县官厅镇牛滚塘村委会柑子树村；红河州建水县西庄镇白家营村委会阿瓦寨村；

续表

红河州建水县西庄镇他广村委会贝贡村；红河州建水县西庄镇荒地村委会荒地村；红河州建水县西庄镇马坊村委会马坊村；红河州建水县西庄镇马坊村委会汤伍村；红河州建水县西庄镇马家营村委会马家营村；红河州建水县西庄镇马家营村委会绍伍村；红河州建水县南庄镇小龙潭村委会钱家湾村；红河州建水县岔科镇岔科村委会双见峰村；红河州建水县曲江镇欧营村委会欧营村；红河州建水县面甸镇红田村委会谷家山村；红河州建水县普雄乡纸厂村委会上纸厂村；红河州建水县塔瓦村委会塔瓦村；红河州建水县李浩寨乡温塘村委会湾塘村；红河州建水县坡头乡坡头村委会黄草坝村；红河州建水县坡头乡回新村委会回新村；红河州建水县盘江乡苏租村委会本善村；红河州建水县甸尾乡高楼寨村委会高楼寨村；红河州石屏县异龙镇陶村村委会符家营村；红河州石屏县异龙镇豆地湾村委会罗色湾村；红河州石屏县异龙镇大瑞城村委会小瑞城村；红河州石屏县异龙镇冒合村委会岳家湾村；红河州石屏县宝秀镇哥白孔村委会小冲村；红河州石屏县坝心镇白浪村委会白浪村；红河州石屏县坝心镇新街村委会关上村；红河州石屏县坝心镇老街村委会龙港村；红河州石屏县坝心镇芦子沟村委会小高田、苏家寨村；红河州石屏县哨冲镇水瓜冲村委会慕善村；红河州石屏县哨冲镇水瓜冲村委会水瓜冲村；红河州石屏县牛街镇迷奋龙村委会迷奋龙村；红河州石屏县牛街镇他腊村委会他腊村；红河州石屏县牛街镇邑黑吉村委会邑黑吉村；红河州弥勒县西一镇起飞村委会红万村；红河州元阳县新街镇爱春村委会阿者科村；红河州元阳县新街镇土锅寨村委会箐口村；红河州元阳县攀枝花乡一碗水村委会垭口村；红河州红河县迤萨镇东门街村；红河州红河县甲寅乡甲寅村委会甲寅村；红河州红河县甲寅乡他撒村委会作夫村；红河州红河县大羊街乡大妥赊村委会大妥赊村；红河州红河县大羊街乡大羊街村委会大羊街村；红河州红河县驾车乡架车村委会哈冲上寨；红河州红河县驾车乡扎坭村委会妥女村；红河州红河县垤玛乡曼培村委会八哈村；红河州红河县垤玛乡曼培村委会树落村；红河州红河县垤玛乡牛红村委会腊约村；红河州河口县桥头乡桥头村委会白黑村；

文山州广南县者兔乡者妈村委会里夺村；文山州广南县者兔乡者兔村委会西牙村；文山州广南县者兔乡者妈村委会者妈村；文山州广南县者太乡未昔村委会上米哈村；文山州广南县者太乡未昔村委会下米哈村；

大理州大理市湾桥镇中庄村委会古生村；大理州大理市银桥镇五里桥村委会沙粟木村；大理州大理市上关镇青索村委会；大理州漾濞县苍山西镇上街村委会；大理州宾川县宾居镇宾居村委会；大理州宾川县州城镇老赵村委会；大理州宾川县州城镇州城村委会；

大理州宾川县鸡足山镇上沧村委会；大理州宾川县鸡足山镇沙址村委会寺前村；大理州宾川县平川镇朱苦拉村委会；大理州弥渡县牛街乡牛街村委会；大理州南涧县南涧镇南涧街居委会向阳村；大理州南涧县公郎镇沙乐村委会旧村；大理州南涧县宝华镇虎街村委会虎街村；大理州南涧县无量山镇红星村委会黑么苴村；大理州巍山县庙街镇盟石村委会山塔村；大理州巍山县永建镇永胜村委会回辉登村；大理州永平县水泄乡阿波村委会阿波寨村；大理州云龙县漕涧镇漕涧村委会；大理州云龙县诺邓镇和平村委会天井村；大理州云龙县诺邓镇象麓村委会大井村；大理州云龙县功果桥镇下坞村委会；大理州洱源县茈碧湖镇碧云村委会碧云村；大理州洱源县茈碧湖镇海口村委会梨园村；大理州洱源县邓川镇旧州村委会旧州村；大理州洱源县凤羽镇凤翔村委会；大理州剑川县金华镇庆华村委会；大理州剑川县金华镇桑岭村委会；大理州剑川县马登镇东华村委会；大理州剑川县马登镇西宅村委会；大理州剑川县马登镇新华村委会；大理州剑川县沙溪镇鳌凤村委会；大理州剑川县沙溪镇华龙村委会；大理州剑川县沙溪镇长乐村委会；大理州剑川县弥沙乡文新村委会横场村；大理州鹤庆县草海镇新华村委会；大理州鹤庆县金墩乡银河村委会金翅禾村；

德宏州瑞丽市勐卯镇姐东村委会喊沙村；德宏州芒市勐戛镇勐戛村委会勐戛村；德宏州芒市风平镇风平村委会弄么村；德宏州盈江县支那乡支那村委会硝塘村；

怒江州兰坪县通甸镇黄松村委会；

迪庆州香格里拉县建塘镇红坡村委会霞给村；迪庆州香格里拉县尼西乡汤满村委会汤堆村；迪庆州香格里拉县格咱乡木鲁村委会；迪庆州德钦县佛山乡江坡村委会江坡村；迪庆州德钦县拖顶乡大村村委会；迪庆州德钦县霞若乡霞若村委会；迪庆州维西县塔城镇塔城村委会托洛顶村

西藏自治区（5个）

拉萨市林周县江热夏乡连巴村；拉萨市尼木县吞巴乡吞达村；

昌都地区洛隆县硕督镇硕督村；

那曲地区尼玛县文部乡南村；

林芝地区波密县玉普乡米堆村

陕西省（17个）

宝鸡市麟游县酒房镇万家城村；

渭南市合阳县同家庄镇南长益村；渭南市韩城市芝阳镇清水村；

延安市黄龙县白马滩镇张峰村；

续表

汉中市宁强县青木川镇青木川村;

榆林市绥德县四十里铺镇艾家沟村;榆林市绥德县满堂川乡常家沟村;榆林市绥德县满堂川乡郭家沟村;榆林市佳县康家港乡沙坪村;榆林市佳县峪口乡峪口村;榆林市佳县朱家坬镇泥河沟村;榆林市子洲县双湖峪镇张寨村;

安康市石泉县后柳镇长兴村;安康市紫阳县向阳镇营梁村;安康市旬阳县赤岩镇七里村庙湾村;安康市旬阳县赤岩镇万福村;安康市旬阳县赤岩镇湛家湾村

甘肃省(2个)

白银市景泰县中泉乡三合村;白银市景泰县寺滩乡宽沟村

青海省(21个)

海东市互助土族自治县东沟乡洛少村;海东市互助土族自治县东沟乡年先村;海东市循化撒拉族自治县街子镇三兰巴海村;海东市循化撒拉族自治县街子镇团结村;

黄南藏族自治州同仁县双朋西乡环主村;黄南藏族自治州同仁县双朋西乡宁他村;黄南藏族自治州同仁县双朋西乡双朋西村;黄南藏族自治州同仁县扎毛乡和日村;黄南藏族自治州同仁县黄乃亥乡日秀麻村;黄南藏族自治州同仁县曲库乎乡江龙农业村;黄南藏族自治州同仁县曲库乎乡木合沙村;黄南藏族自治州同仁县曲库乎乡索乃亥村;黄南藏族自治州同仁县年都乎乡尕沙日村;黄南藏族自治州同仁县加吾乡吉仓村;黄南藏族自治州尖扎县贾加乡贾加村;黄南藏族自治州尖扎县昂拉乡尖巴昂村;黄南藏族自治州尖扎县昂拉乡牙那东村;

海南藏族自治州贵德县河西镇上刘屯村;

果洛藏族自治州班玛县江日堂乡多日麻村;果洛藏族自治州班玛县灯塔乡班前村;

玉树藏族自治州玉树市安冲乡拉则村

新疆维吾尔自治区(8个)

昌吉回族自治州木垒哈萨克自治县照壁山乡河坝沿村;昌吉回族自治州木垒哈萨克自治县西吉尔镇水磨沟村;昌吉回族自治州木垒哈萨克自治县西吉尔镇屯庄子村;昌吉回族自治州木垒哈萨克自治县英格堡乡街街子村;昌吉回族自治州木垒哈萨克自治县英格堡乡马场窝子村;昌吉回族自治州木垒哈萨克自治县英格堡乡英格堡村;昌吉回族自治州木垒哈萨克自治县英格堡乡月亮地村;

和田地区民丰县萨勒吾则克乡喀帕克阿斯干村

第四批中国传统村落（1598个）

北京市（5个）

门头沟区斋堂镇西胡林村；门头沟区王平镇东石古岩村；房山区南窖乡南窖村；房山区蒲洼乡宝水村；密云区太师屯镇令公村

天津市（2个）

西青区杨柳青镇六街村；蓟州区下营镇黄崖关村

河北省（88个）

石家庄市井陉县天长镇核桃园村；石家庄市井陉县天长镇长生口村；石家庄市井陉县天长镇吴家垴村；石家庄市井陉县天长镇庄旺村；石家庄市井陉县天长镇板桥村；石家庄市井陉县天长镇石桥头村；石家庄市井陉县天长镇乏驴岭村；石家庄市井陉县天长镇北关村；石家庄市井陉县天长镇东关村；石家庄市井陉县秀林镇南横口村；石家庄市井陉县小作镇卢峪村；石家庄市井陉县小作镇沙窑村；石家庄市井陉县南障城镇七狮村；石家庄市井陉县苍岩山镇杨庄村；石家庄市井陉县苍岩山镇汪里村；石家庄市井陉县测鱼镇石门村；石家庄市井陉县于家乡南张井村；石家庄市井陉县于家乡张家村；石家庄市井陉县于家乡狼窝村；石家庄市井陉县辛庄乡小切村；石家庄市井陉县辛庄乡苏家嘴村；石家庄市井陉县辛庄乡胡仁村；石家庄市井陉县辛庄乡洪河漕村；石家庄市井陉县南王庄乡河应村；石家庄市平山县北冶乡黄安村；石家庄市平山县杨家桥乡九里铺村；石家庄市鹿泉区石井乡封庄村；

唐山市滦县泡石淀乡西刘各庄村；

邯郸市峰峰矿区和村镇李岗西村；邯郸市峰峰矿区界城镇老鸦峪村；邯郸市涉县更乐镇大洼村；邯郸市涉县固新镇原曲村；邯郸市涉县辽城乡岩上村；邯郸市涉县鹿头乡东鹿头村；邯郸市磁县白土镇吴家河村；邯郸市磁县白土镇五合村；邯郸市磁县都党乡同义村；邯郸市磁县北贾璧乡岗西村；邯郸市武安市贺进镇后临河村；邯郸市武安市管陶乡万谷城村；邯郸市武安市马家庄乡没口峪村；

邢台市沙河市綦村镇城湾村；邢台市沙河市册井乡册井村；邢台市沙河市册井乡北盆水村；邢台市沙河市柴关乡安河村；邢台市沙河市柴关乡绿水池村；邢台市沙河市柴关乡彭硇村；邢台市沙河市柴关乡石门沟村；邢台市沙河市柴关乡西沟村；邢台市沙河市蝉房乡后渐寺村；邢台市沙河市蝉房乡口上村；邢台市沙河市蝉房乡王茜村；

续表

保定市涞水县九龙镇岭南台；保定市安新县圈头乡圈头村；保定市顺平县大悲乡刘家庄村；

张家口市蔚县代王城镇张中堡；张家口市蔚县暖泉镇千字村；张家口市蔚县暖泉镇中小堡村；张家口市蔚县南留庄镇史家堡村；张家口市蔚县南留庄镇单堠村；张家口市蔚县南留庄镇杜杨庄村；张家口市蔚县南留庄镇大饮马泉村；张家口市蔚县南留庄镇小饮马泉村；张家口市蔚县南留庄镇白河东村；张家口市蔚县南留庄镇白南堡；张家口市蔚县南留庄镇白宁堡村；张家口市蔚县南留庄镇埚串堡村；张家口市蔚县南留庄镇白中堡村；张家口市蔚县阳眷镇南堡村；张家口市蔚县宋家庄镇宋家庄村；张家口市蔚县宋家庄镇邢家庄村；张家口市蔚县宋家庄镇郑家庄；张家口市蔚县宋家庄镇王良庄；张家口市蔚县宋家庄镇大固城村；张家口市蔚县宋家庄镇吕家庄村；张家口市蔚县宋家庄镇邀渠村；张家口市蔚县宋家庄镇大探口村；张家口市蔚县宋家庄镇北口村；张家口市蔚县下宫村乡浮图村；张家口市蔚县涌泉庄乡卜北堡村；张家口市蔚县涌泉庄乡任家涧村；张家口市蔚县涌泉庄乡辛庄村；张家口市蔚县白草村乡钟楼村；张家口市怀安县西沙城乡北庄堡村；张家口市怀安县西沙城乡水闸屯村；张家口市怀安县西沙城乡西沙城村；

承德市丰宁满族自治县凤山镇石桥村；

衡水市冀州市门家庄乡堤北桥村

山西省（150个）

太原市晋源区晋源街道程家峪村；

大同市新荣区郭家窑乡助马堡村；大同市天镇县谷前堡镇水磨口村；大同市广灵县蕉山乡殷家庄村；大同市广灵县蕉山乡西蕉山村；大同市大同县杜庄乡落阵营村；大同市大同县许堡乡许堡村；

阳泉市平定县娘子关镇新关村；阳泉市平定县巨城镇下盘石村；阳泉市平定县巨城镇岩会村；阳泉市平定县巨城镇移穰村；阳泉市平定县石门口乡西郊村；阳泉市平定县岔口乡冯家峪村；阳泉市平定县岔口乡大前村；

长治市长治县荫城镇琚寨村；长治市长治县南宋乡南宋村；长治市平顺县石城镇黄花村；长治市平顺县石城镇豆峪村；长治市平顺县石城镇蟒岩村；长治市黎城县东阳关镇枣镇村；长治市黎城县西井镇东骆驼村；长治市壶关县百尺镇西岭底村；长治市壶关县店上镇瓜掌村；长治市壶关县树掌镇神北村；长治市长子县慈林镇南张店村；长治市武乡县蟠龙镇砖壁村；长治市武乡县石盘农业开发区泉之头村；长治市沁源县王和镇古寨村；长治市潞城市黄牛蹄乡辛安村；长治市潞城市黄牛蹄乡土脚村；

续表

  晋城市沁水县中村镇上阁村；晋城市沁水县端氏镇端氏村；晋城市沁水县嘉峰镇嘉峰村；晋城市沁水县嘉峰镇尉迟村；晋城市沁水县嘉峰镇武安村；晋城市阳城县润城镇中庄村；晋城市阳城县润城镇润城村；晋城市阳城县润城镇上伏村；晋城市阳城县河北镇匠礼村；晋城市陵川县礼义镇平川村；晋城市陵川县礼义镇东街村；晋城市陵川县附城镇夏壁村；晋城市陵川县附城镇丈河村；晋城市陵川县西河底镇黄庄村；晋城市陵川县杨村镇平居村；晋城市陵川县六泉乡浙水村；晋城市陵川县六泉乡六泉村；晋城市陵川县秦家庄乡侯家庄村；晋城市泽州县大东沟镇贺坡村；晋城市泽州县犁川镇成庄村；晋城市泽州县晋庙铺镇窑掌村；晋城市泽州县高都镇善获村；晋城市泽州县大阳镇金汤寨村；晋城市泽州县大箕镇南沟村；晋城市泽州县大箕镇秋木洼村；晋城市泽州县李寨乡陟椒村；晋城市泽州县南岭乡葛万村；晋城市高平市河西镇永宁寨村；晋城市高平市河西镇西李门村；晋城市高平市河西镇常乐村；晋城市高平市马村镇东周村；晋城市高平市马村镇西周村；晋城市高平市马村镇康营村；晋城市高平市建宁乡建北村；晋城市高平市石末乡石末村；晋城市高平市石末乡侯庄村；晋城市高平市原村乡原村；晋城市高平市原村乡下马游村；

  朔州市朔城区南榆林乡青钟村；朔州市朔城区南榆林乡王化庄村；朔州市平鲁区高石庄乡七墩村；朔州市右玉县李达窑乡破虎堡村；

  晋中市榆次区什贴镇小寨村；晋中市榆次区长凝镇相立村；晋中市榆社县河峪乡下赤峪村；晋中市昔阳县乐平镇西南沟村；晋中市昔阳县皋落镇北岩村；晋中市昔阳县大寨镇大寨村；晋中市昔阳县赵壁乡楼坪村；晋中市昔阳县赵壁乡东寨村；晋中市昔阳县孔氏乡三教河村；晋中市寿阳县宗艾镇下洲村；晋中市寿阳县宗艾镇宗艾村；晋中市寿阳县西洛镇南东村；晋中市寿阳县西洛镇南河村；晋中市寿阳县西洛镇林家坡村；晋中市寿阳县西洛镇杏凹村；晋中市寿阳县平舒乡龙门河村；晋中市太谷县阳邑乡阳邑村；晋中市太谷县小白乡白燕村；晋中市祁县古县镇孙家河村；晋中市祁县贾令镇贾令村；晋中市祁县来远镇唐河底村；晋中市祁县峪口乡上庄村；晋中市平遥县段村镇横坡村；晋中市平遥县岳壁乡西源祠村；晋中市平遥县朱坑乡喜村；晋中市介休市张兰镇板峪村；晋中市介休市张兰镇张村；晋中市介休市张兰镇旧新堡村；晋中市介休市连福镇刘家山村；晋中市介休市连福镇张良村；晋中市介休市绵山镇焦家堡村；晋中市介休市绵山镇兴地村；晋中市介休市绵山镇小靳村；

  运城市新绛县北张镇西庄村；运城市新绛县泉掌镇泉掌村；运城市垣曲县历山镇南堡村；运城市平陆县张店镇侯王村；

续表

忻州市五台县豆村镇东会村；忻州市定襄县宏道镇北社东村；忻州市五台县东冶镇槐荫村；忻州市五台县东冶镇永安村；忻州市繁峙县神堂堡乡韩庄村；忻州市繁峙县岩头乡岩头村；忻州市岢岚县王家岔乡王家岔村；忻州市河曲县楼子营镇罗圈堡村；忻州市河曲县巡镇五花城堡村；

临汾市翼城县西闫镇古桃园村；临汾市翼城县西闫镇曹公村；临汾市襄汾县景毛乡北李村；临汾市浮山县响水河镇东陈村；临汾市乡宁县关王庙乡康家坪村；临汾市乡宁县关王庙乡安汾村；临汾市乡宁县关王庙乡鹿凹峪村；临汾市乡宁县关王庙乡下川村；临汾市乡宁县关王庙乡后庄村；临汾市乡宁县关王庙乡上川村；临汾市汾西县团柏乡下团柏村；

吕梁市离石区吴城镇街上村；吕梁市文水县凤城镇前周村；吕梁市文水县开栅镇北徐村；吕梁市文水县刘胡兰镇刘胡兰村；吕梁市文水县下曲镇北辛店村；吕梁市兴县高家村镇碧村；吕梁市临县林家坪镇南圪垛村（含沙垣组）；吕梁市临县招贤镇渠家坡村；吕梁市临县碛口镇寨则山村；吕梁市临县碛口镇寨则坪村；吕梁市柳林县王家沟乡曹家塔村；吕梁市柳林县西王家沟乡兴隆湾村；吕梁市孝义市高阳镇临水村；吕梁市石楼县义牒镇义牒村；吕梁市方山县峪口镇张家塔村；吕梁市交口县康城镇康城村；吕梁市交口县回龙乡韩家沟村；吕梁市孝义市下堡镇官窑村；吕梁市孝义市下堡镇昔颉堡村；吕梁市汾阳市杏花村镇东堡村；吕梁市汾阳市阳城乡虞城村

内蒙古自治区（20个）

呼和浩特市清水河县城关镇古城坡村；呼和浩特市清水河县城关镇雷胡坡村；

包头市土默特右旗美岱召镇楼房沟村；包头市土默特右旗美岱召镇毛岱村；包头市土默特右旗九峰山生态管理委员会巴总尧村；

赤峰市松山区老府镇二道河子村；赤峰市松山区城子乡北沟村；赤峰市松山区城子乡城子村；赤峰市松山区大夫营子乡大杖房村；赤峰市敖汉旗丰收乡宋杖子村；

呼伦贝尔市莫力达瓦达斡尔族自治旗腾克镇腾克村；呼伦贝尔市牙克石市博克图镇西沟经济合作管理委员会；呼伦贝尔市牙克石市免渡河镇胜利村；呼伦贝尔市额尔古纳市莫尔道嘎镇太平村；呼伦贝尔市额尔古纳市三河回族乡下护林村；呼伦贝尔市根河市敖鲁古雅乡敖鲁古雅村；

巴彦淖尔市五原县新公中镇光联村二社；巴彦淖尔市乌拉特前旗沙德格苏木沙德格嘎查；巴彦淖尔市乌拉特后旗新忽热苏木莫仁嘎查；

乌兰察布市卓资县梨花镇土城子村

辽宁省（9个）

锦州市北镇市富屯街道龙岗子村；锦州市北镇市富屯街道石佛村；锦州市北镇市大市镇华山村；

朝阳市朝阳县羊山镇肖家店村；朝阳市朝阳县胜利镇三家村；朝阳市北票市下府开发区三府村；朝阳市凌源市三十家子镇裂山梁村；朝阳市凌源市沟门子镇二安沟村；

葫芦岛市连山区塔山乡盘道沟村

吉林省（3个）

吉林市蛟河市漂河镇富江村；
白山市临江市六道沟镇夹皮沟村；
延边朝鲜族自治州敦化市大蒲柴河镇大蒲柴河村

黑龙江省（1个）

齐齐哈尔市讷河市兴旺鄂温克族乡索伦村

江苏省（2个）

苏州市吴中区金庭镇蒋东村后埠村；苏州市吴中区金庭镇堂里村堂里

浙江省（225个）

杭州市萧山区河上镇东山村；杭州市桐庐县凤川街道三鑫村；杭州市桐庐县江南镇石阜村；杭州市桐庐县江南镇彰坞村；杭州市桐庐县新合乡引坑村；杭州市建德市更楼街道于合村；杭州市建德市杨村桥镇徐坑村百箩畈自然村；杭州市建德市大洋镇建南村章家自然村；杭州市建德市三都镇乌祥村；杭州市建德市大慈岩镇里叶村；杭州市建德市大慈岩镇双泉村；杭州市建德市大慈岩镇三元村麻车岗自然村；杭州市建德市大慈岩镇檀村村樟宅坞自然村；杭州市建德市大慈岩镇大慈岩村大坞自然村；杭州市建德市大同镇劳村；杭州市建德市大同镇上马村石郭源自然村；杭州市富阳区场口镇东梓关村；杭州市临安市锦南街道横岭村；杭州市临安市湍口镇童家村；杭州市临安市清凉峰镇杨溪村；杭州市临安市岛石镇呼日村；

宁波市鄞州区东吴镇勤勇村；宁波市宁海县一市镇箬岙村；宁波市奉化区裘村镇马头村；宁波市奉化区西坞街道西坞村；

温州市永嘉县岩坦镇张溪林坑村；温州市平阳县顺溪镇顺溪村；温州市苍南县马站镇金城村；温州市文成县珊溪镇朱川村；温州市文成县岩口镇东方村；温州市泰顺县罗阳镇仙居村；温州市泰顺县罗阳镇洲滨村；温州市泰顺县司前畲族镇左溪村；温州市泰顺县筱村镇库村；温州市泰顺县筱村镇徐岙村；温州市瑞安市湖岭镇均路村；

续表

湖州市南浔区旧馆镇港胡-新兴港村；湖州市长兴县泗安镇上泗安村；

绍兴市柯桥区兰亭镇紫洪山村；绍兴市上虞区上浦镇董家山村；绍兴市新昌县回山镇回山村；绍兴市诸暨市次坞镇次坞村；绍兴市诸暨市五泄镇十四都村；绍兴市诸暨市璜山镇溪北村；绍兴市嵊州市崇仁镇崇仁六村；绍兴市嵊州市石璜镇楼家村；绍兴市嵊州市下王镇泉岗村；

金华市金东区江东镇雅湖村；金华市武义县柳城畲族镇橄榄源村；金华市武义县柳城畲族镇梁家山村；金华市武义县柳城畲族镇东西村；金华市武义县柳城畲族镇上黄村；金华市武义县履坦镇范村；金华市武义县新宅镇上少妃村；金华市武义县桃溪镇陶村；金华市武义县柳城畲族镇金川村；金华市浦江县仙华街道登高村；金华市浦江县黄宅镇古塘村；金华市浦江县岩头镇礼张村；金华市浦江县檀溪镇潘周家村；金华市浦江县杭坪镇杭坪村；金华市浦江县杭坪镇石宅村；金华市磐安县尖山镇里岙村；金华市磐安县冷水镇朱山村；金华市兰溪市永昌街道永昌村；金华市兰溪市水亭畲族乡西姜村；金华市义乌市赤岸镇尚阳村；金华市义乌市赤岸镇朱店村；金华市义乌市义亭镇缸窑村；金华市东阳市城东街道李宅村；金华市东阳市巍山镇白坦村；金华市东阳市虎鹿镇厦程里村；金华市东阳市虎鹿镇西坞村；金华市东阳市马宅镇雅坑村；金华市东阳市画水镇天鹅村；金华市永康市石柱镇塘里村；

衢州市柯城区航埠镇北二村；衢州市衢江区湖南镇破石村；衢州市衢江区黄坛口乡茶坪村；衢州市衢江区举村乡翁源村；衢州市衢江区举村乡洋坑村；衢州市江山市峡口镇三卿口村；衢州市江山市峡口镇柴村；衢州市江山市峡口镇广渡村；衢州市江山市峡口镇枫石村；衢州市江山市廿八都镇浔里村；衢州市江山市张村乡秀峰村；衢州市江山市张村乡先峰村；衢州市江山市塘源口乡洪福村；衢州市龙游县湖镇镇星火村；衢州市龙游县沐尘畲族乡双戴村；衢州市开化县齐溪镇龙门村；衢州市开化县长虹乡高田坑村；衢州市开化县林山乡姜坞村；

舟山市定海区金塘镇大鹏岛村；

台州市天台县石梁镇迹溪村；台州市天台县街头镇后岸村；台州市天台县街头镇九遮村；台州市天台县南屏乡山头郑村；台州市天台县南屏乡上杨村；台州市天台县泳溪乡灵坑村；台州市仙居县南峰街道管山村；台州市仙居县横溪镇苍岭坑村；台州市仙居县横溪镇溪头村；台州市仙居县横溪镇上江垟村；台州市仙居县埠头镇埠头村；台州市仙居县埠头镇十都英二村；台州市仙居县埠头镇西亚村；台州市仙居县田市镇垟㟃村；台州市仙居县田市镇九思村；台州市仙居县田市镇公盂村；台州市仙居县下各镇羊棚头村；台州市仙居县朱溪镇朱家岸村；

台州市仙居县朱溪镇上岙村；台州市仙居县朱溪镇兴隆村；台州市仙居县朱溪镇朱溪村；台州市仙居县溪港乡仁庄村；台州市仙居县湫山乡方宅村；台州市仙居县湫山乡四都村；台州市仙居县广度乡祖庙村；台州市仙居县广度乡三井村；台州市仙居县淡竹乡尚仁村；台州市仙居县淡竹乡油溪村；台州市仙居县皤滩乡枫树桥村；台州市仙居县皤滩乡山下村；台州市仙居县步路乡西炉村；台州市仙居县大战乡大战索村；台州市仙居县大战乡白岩下村；台州市仙居县双庙乡上王村；台州市温岭市石塘镇东海村；台州市临海市江南街道岙底罗村；台州市临海市东塍镇坦头村；台州市临海市东塍镇呈岐村；台州市临海市汇溪镇善家洋村；台州市临海市小芝镇胜坑村；台州市临海市小芝镇桥头村石牛坑自然村；台州市临海市沿江镇南蒋村；台州市临海市白水洋镇大泛村；台州市临海市白水洋镇西洋庄村；台州市临海市白水洋镇前塘村；台州市临海市河头镇殿前村；台州市临海市河头镇下湾村；台州市临海市括苍镇黄石坦村；台州市临海市桃渚镇城里村；

丽水市莲都区联城街道官桥村；丽水市莲都区碧湖镇堰头村；丽水市莲都区大港头镇官岭村；丽水市莲都区雅溪镇库川村；丽水市莲都区雅溪镇龚山村；丽水市莲都区峰源乡库坑垟村；丽水市莲都区峰源乡赛源村；丽水市莲都区峰源乡夏庄村；丽水市龙泉市塔石街道炉地垟村；丽水市龙泉市塔石街道李山头村；丽水市龙泉市八都镇双溪口村；丽水市龙泉市上垟镇源底村；丽水市龙泉市小梅镇黄南村；丽水市龙泉市小梅镇孙坑村；丽水市龙泉市安仁镇李登村；丽水市龙泉市安仁镇湖尖下村；丽水市龙泉市安仁镇金蝉湖村；丽水市龙泉市屏南镇横坑头村；丽水市龙泉市屏南镇垟顺村；丽水市龙泉市屏南镇石玄铺村；丽水市龙泉市兰巨乡梅地村；丽水市龙泉市宝溪乡车盂村；丽水市龙泉市竹垟乡安坑村；丽水市龙泉市道太乡夏安村；丽水市龙泉市岩樟乡柳山头村；丽水市龙泉市城北乡盛山后村；丽水市龙泉市龙南乡杨山头村；丽水市龙泉市龙南乡底村；丽水市龙泉市龙南乡上南坑村；丽水市龙泉市龙南乡大庄村；丽水市龙泉市龙南乡金川村；丽水市遂昌县云峰街道长濂村；丽水市遂昌县北界镇淤弓村下坪自然村；丽水市遂昌县应村乡竹溪村斋堂下自然村；丽水市遂昌县湖山乡福罗淤村；丽水市遂昌县湖山乡姚岭村；丽水市遂昌县蔡源乡大柯村；丽水市云和县石塘镇竹子坪村；丽水市庆元县松源街道九漈村；丽水市庆元县五大堡乡西川村；丽水市庆元县张村乡南阳村；丽水市庆元县张村乡后溪村；丽水市庆元县官塘乡横坑村；丽水市庆元县官塘乡白柘洋村；丽水市青田县祯旺乡牛路坑村；丽水市青田县阜山乡陈宅村；丽水市青田县石溪乡考坑村；丽水市缙云县新碧街道黄碧虞村；

续表

丽水市缙云县壶镇镇宫前村；丽水市缙云县新建镇笕川村；丽水市缙云县东渡镇桃花岭村隘头自然村；丽水市缙云县大源镇寮车头村；丽水市缙云县大源镇吾丰村；丽水市缙云县溶江乡岩门村上官坑自然村；丽水市景宁畲族自治县鹤溪街道东弄村；丽水市景宁畲族自治县鹤溪街道周湖村；丽水市景宁畲族自治县东坑镇桃源村；丽水市景宁畲族自治县英川镇隆川村；丽水市景宁畲族自治县郑坑乡吴布村；丽水市景宁畲族自治县毛垟乡库头村；丽水市松阳县玉岩镇玉岩村；丽水市松阳县玉岩镇何山头村；丽水市松阳县大东坝镇蔡宅村；丽水市松阳县大东坝镇内大阴百鸟朝凰自然村；丽水市松阳县大东坝镇小后畲；丽水市松阳县新兴镇竹圆岗头自然村；丽水市松阳县新兴镇张山头村；丽水市松阳县新兴镇东北头村；丽水市松阳县叶村乡膳垄村；丽水市松阳县叶村乡斗米岙村；丽水市松阳县斋坛乡下垄村；丽水市松阳县三都乡后湾村；丽水市松阳县三都乡下田村；丽水市松阳县三都乡上田村；丽水市松阳县竹源乡呈田村；丽水市松阳县竹源乡周岭根村；丽水市松阳县四都乡汤城村；丽水市松阳县枫坪乡钱余宝钱源旧处自然村；丽水市松阳县板桥畲族乡大毛科麒上自然村；丽水市松阳县裕溪乡木岱坑村；丽水市松阳县安民乡大泮坑村

安徽省（52个）

马鞍山市含山县运漕镇蓼花洲村；

铜陵市郊区大通镇和悦村；

安庆市潜山县官庄镇官庄村；安庆市宿松县趾凤乡吴河村；安庆市岳西县黄尾镇马元村；

黄山市徽州区潜口镇蜀源村；黄山市徽州区西溪南镇竦塘村；黄山市歙县北岸镇白杨村；黄山市歙县杞梓里镇杞梓里村；黄山市歙县杞梓里镇苏村；黄山市歙县杞梓里镇滩培村；黄山市歙县霞坑镇萌坑村；黄山市歙县岔口镇祝筒坦村；黄山市歙县岔口镇庐山村；黄山市歙县坑口乡柔川村；黄山市歙县上丰乡蕃村；黄山市歙县昌溪乡沧山源村；黄山市歙县森村乡黄备村；黄山市休宁县蓝田镇枧潭村；黄山市休宁县蓝田镇五陵村；黄山市休宁县鹤城乡樟源里村；黄山市黟县碧阳镇柏山立川村；黄山市黟县碧阳镇赤岭村；黄山市黟县宏村镇江村；黄山市黟县宏村镇横断村；黄山市黟县渔亭镇桃源村青岭山；黄山市黟县西递镇霭峰上村；黄山市祁门县芦溪乡芦溪村；黄山市祁门县新安乡珠林自然村；

六安市裕安区独山镇蔬菜村；六安市金寨县汤家汇镇斗林村李家湾；

池州市青阳县陵阳镇上章村；池州市青阳县酉华镇宋冲村；

宣城市宣州区水东镇七岭村；宣城市宣州区水东镇东胜村小胡村；宣城市泾县桃花潭镇桃花潭村；宣城市泾县桃花潭镇厚岸村；宣城市泾县桃花潭镇宝峰村；宣城市泾县桃花潭镇龙潭村；宣城市泾县茂林镇潘村；宣城市泾县榔桥镇溪头村；宣城市泾县琴溪镇马头村；宣城市泾县黄村镇九峰村；宣城市宁国市港口镇山门村；宣城市宁国市霞西镇白茂村；宣城市绩溪县上庄镇石家村；宣城市绩溪县上庄镇宅坦村；宣城市绩溪县伏岭镇伏岭村；宣城市绩溪县家朋乡尚村；宣城市绩溪县家朋乡霞水村；宣城市旌德县蔡家桥镇乔亭村；宣城市旌德县俞村镇仕川村

福建省（104个）

福州市罗源县中房镇岭兜村；福州市罗源县飞竹镇塔里洋村；福州市闽清县梅溪镇桥东村；福州市闽清县坂东镇新壶村；福州市永泰县嵩口镇溪口村；福州市永泰县嵩口镇月阙村；福州市永泰县嵩口镇道南村；福州市永泰县嵩口镇芦洋村；

三明市三元区莘口镇龙泉村龙安自然村；三明市明溪县夏坊乡苎畲村；三明市宁化县泉上镇延祥村；三明市大田县建设镇建国村；三明市大田县华兴乡杞溪村；三明市大田县吴山乡张坑村；三明市大田县梅山乡香坪村；三明市尤溪县洋中镇浮洋村武洋自然村；三明市尤溪县西城镇新坑村；三明市尤溪县汤川乡黄林村豪峰自然村；三明市沙县凤岗街道水美村；三明市将乐县大源乡肖坊村；三明市永安市贡川镇洋峰村；三明市永安市小陶镇石丰村；

泉州市晋江市灵源街道灵水社区；泉州市晋江市新塘街道梧林社区；泉州市晋江市龙湖镇福林村；泉州市德化县三班镇三班村；泉州市德化县三班镇桥内村；泉州市德化县三班镇泗滨村；泉州市德化县龙门滩镇碧坑村；泉州市德化县上涌镇曾坂村；泉州市南安市眉山乡观山村；

漳州市云霄县火田镇菜埔村；漳州市漳浦县湖西乡城内村；漳州市南靖县书洋镇塔下村；漳州市南靖县书洋镇石桥村；漳州市南靖县书洋镇下版寮村；漳州市南靖县书洋镇南欧村；漳州市南靖县奎洋镇上洋村；漳州市华安县马坑乡福田村；漳州市长泰县岩溪镇珪后村；漳州市龙海市港尾镇城内社村；

南平市延平区峡阳镇江汜村；南平市延平区巨口乡村头村；南平市顺昌县洋墩乡洋坑村；南平市光泽县止马镇亲睦村；南平市政和县星溪乡九蓬村；南平市政和县澄源乡前村；南平市政和县澄源乡赤溪村；南平市政和县杨源乡禾洋村；南平市政和县澄源乡上榅洋村；南平市邵武市和平镇坎头村；南平市邵武市和平镇和平村；南平市邵武市桂林乡横坑村；

续表

南平市武夷山市上梅乡茶景村；南平市武夷山市上梅乡上梅村；南平市建瓯市徐墩镇伍石村；南平市建瓯市小桥镇阳泽村；南平市建阳区莒口镇长埂村小源；南平市建阳区崇雒乡后畲村；

龙岩市新罗区万安镇梅村；龙岩市永定区下洋镇中川村；龙岩市永定区高陂镇西陂村；龙岩市永定区湖坑镇实佳村；龙岩市永定区古竹乡大德村；龙岩市永定区洪山乡上山村；龙岩市永定区陈东乡岩太村；龙岩市上杭县中都镇罗溪村；龙岩市上杭县中都镇田背村；龙岩市上杭县中都镇兴坊村；龙岩市长汀县古城镇丁黄村；龙岩市长汀县四都镇汤屋村；龙岩市连城县曲溪乡白石村；

宁德市蕉城区八都镇猴盾村；宁德市蕉城区八都镇洋头村；宁德市蕉城区八都镇闽坑村；宁德市蕉城区九都镇贵村；宁德市蕉城区霍童镇石桥村；宁德市蕉城区霍童镇外表村；宁德市蕉城区霍童镇邑坂村；宁德市蕉城区赤溪镇赤溪村；宁德市蕉城区赤溪镇夏村；宁德市蕉城区赤溪镇桃源村；宁德市蕉城区赤溪镇官岭村；宁德市蕉城区洋中镇代都村；宁德市蕉城区洋中镇东山村；宁德市蕉城区三都镇松岐村；宁德市蕉城区三都镇斗帽村；宁德市蕉城区金涵乡后溪村；宁德市蕉城区洪口乡吴峰村；宁德市蕉城区虎贝乡梅鹤村；宁德市古田县城东街道桃溪村；宁德市古田县大桥镇瑞岩村；宁德市古田县杉洋镇岭里村；宁德市古田县杉洋镇白溪村；宁德市古田县卓洋乡前洋村；宁德市周宁县咸村镇洋中村；宁德市周宁县咸村镇川中村；宁德市周宁县纯池镇桃坑村；宁德市周宁县礼门乡陈峭村；宁德市屏南县代溪镇忠洋村；宁德市屏南县寿山乡降龙村；宁德市屏南县岭下乡岭下村；宁德市寿宁县下党乡碑坑村；宁德市福安市潭头镇龙井坑村

江西省（50个）

南昌市进贤县前坊镇西湖李家；南昌市新建区大塘坪乡汪山村；

景德镇市浮梁县蛟潭镇礼芳村；景德镇市浮梁县蛟潭镇胡宅村；

九江市修水县黄沙镇岭斜村箖竹自然村；九江市修水县黄沙镇下高丽村内石陂自然村；九江市都昌县苏山乡鹤舍村；九江市彭泽县浩山乡岚陵村；

鹰潭市贵溪市文坊镇车家村；

赣州市崇义县聂都乡竹洞村；赣州市龙南县杨村镇乌石村；赣州市全南县龙源坝镇雅溪村；赣州市兴国县枫边乡山阳寨村；赣州市宁都县黄陂镇杨依村；赣州市于都县银坑镇平安村；赣州市于都县岭背镇禾溪埠村石溪圳自然村；赣州市石城县琴江镇沙塅河背自然村；赣州市石城县小松镇丹溪村；

续表

吉安市吉州区兴桥镇丁塘村；吉安市吉州区兴桥镇上藤桥村；吉安市青原区富田镇王家村；吉安市吉安县泾田镇田岸上村；吉安市泰和县马市镇蜀江村；吉安市泰和县螺溪镇爵誉村；

宜春市宜丰县天宝乡平溪村；宜春市奉新县宋埠镇牌楼村；宜春市靖安县仁首镇雷家村；宜春市丰城市湖塘乡坑里村；

抚州市南丰县洽湾镇洽湾村；抚州市黎川县华山镇洲湖村；抚州市金溪县浒湾镇浒湾村；抚州市金溪县浒湾镇黄坊村；抚州市金溪县合市镇龚家村；抚州市金溪县合市镇大耿村；抚州市金溪县合市镇游垫村；抚州市金溪县合市镇戌源村；抚州市金溪县合市镇乌墩塘村；抚州市金溪县左坊镇后车村；抚州市金溪县对桥镇旸田村；抚州市金溪县陆坊乡下李村；抚州市金溪县陈坊积乡岐山村；抚州市金溪县琉璃乡蒲塘村；抚州市金溪县琉璃乡北坑村；抚州市金溪县琉璃乡谢坊村；抚州市金溪县石门乡石门村；

上饶市婺源县赋春镇上严田村；上饶市婺源县赋春镇甲路村；上饶市婺源县段莘乡东山村；上饶市婺源县大鄣山乡黄村；上饶市广丰区东阳乡龙溪村

山东省（38个）

济南市长清区归德街道双乳村；济南市长清区孝里镇方峪村；济南市章丘区普集街道博平村；济南市章丘区文祖街道三德范村；

淄博市淄川区昆仑镇张李村；淄博市淄川区洪山镇蒲家庄村；淄博市淄川区寨里镇南峪村；淄博市淄川区太河镇柏树村；淄博市淄川区太河镇永泉村；淄博市淄川区太河镇罗圈村；淄博市博山区域城镇黄连峪村；淄博市博山区域城镇蝴蝶峪村；淄博市博山区域城镇龙堂村；淄博市周村区北郊镇大七村；淄博市周村区王村镇万家村；

枣庄市山亭区北庄镇双山涧村；枣庄市山亭区冯卯镇独古城村；枣庄市山亭区冯卯镇冯卯村；枣庄市滕州市柴胡店镇胡套老村；

烟台市龙口市徐福街道桑岛村；烟台市龙口市诸由观镇西河阳村；烟台市龙口市芦头镇庵夼村；

潍坊市青州市王府街道井塘村；潍坊市昌邑市龙池镇齐西村；

泰安市东平县接山镇朝阳庄村；

威海市荣成市俚岛镇东崖村；威海市荣成市人和镇院夼村；

莱芜市莱城区茶业口镇卧铺村；

临沂市沂南县铜井镇竹泉村；临沂市沂水县马站镇八大庄村；临沂市沂水县夏蔚镇王庄村；临沂市沂水县泉庄镇崮崖村；临沂市费县梁邱镇邵庄村；临沂市费县马庄镇西南峪村；临沂市临沭县曹庄镇朱村；临沂市蒙山旅游区柏林镇金三峪村；

菏泽市巨野县核桃园镇付庙村；菏泽市巨野县核桃园镇前王庄村

河南省（25个）

郑州市荥阳市高山镇石洞沟村；郑州市新密市刘寨镇吕楼村；

开封市祥符区朱仙镇西街村；

洛阳市新安县北冶镇甘泉村；洛阳市新安县仓头镇孙都村；洛阳市洛宁县下峪镇后上庄村；

平顶山市鲁山县梁洼镇鹁鸽吴村；平顶山市郏县薛店镇后冢王西村；平顶山市郏县黄道镇前谢湾村；平顶山市郏县渣园乡马鸿庄；平顶山市汝州市焦村乡张村；

鹤壁市浚县白寺乡白寺村；鹤壁市淇县灵山办事处赵庄村；

新乡市辉县市沙窑乡水磨村；

许昌市禹州市浅井镇扒村；许昌市禹州市浅井镇浅井村；许昌市禹州市花石镇白北村；许昌市禹州市张得镇张西村；

三门峡市陕州区张湾乡官寨头村；三门峡市渑池县张村镇苏秦村；

南阳市方城县独树镇砚山铺村；

信阳市光山县马畈镇代洼村杨柳湾组；信阳市光山县晏河乡管围孜村徐畈组；信阳市新县郭家河乡土门村徐冲组；

驻马店市西平县杨庄乡仪封村

湖北省（29个）

武汉市黄陂区王家河街罗家岗村罗家岗湾；武汉市黄陂区蔡家榨街蔡官田村蔡官田湾；

黄石市阳新县浮屠镇李山下村；

十堰市张湾区黄龙镇黄龙滩村；十堰市郧阳区胡家营镇冻青沟村；十堰市丹江口市浪河镇黄龙村；

宜昌市点军区土城乡高岩村；宜昌市兴山县昭君镇滩坪村；宜昌市五峰县湾潭镇茶园村；宜昌市五峰县采花乡栗子坪村；

襄阳市南漳县板桥镇冯家湾村；

孝感市大悟县城关镇双桥村；

续表

黄冈市红安县八里镇陡山村；黄冈市红安县永佳河镇喻畈村；黄冈市红安县永佳河镇椿树店村；黄冈市麻城市宋埠镇谢店古村；黄冈市麻城市木子店镇刘家垮村；黄冈市麻城市木子店镇龙门河村；黄冈市麻城市黄土岗镇大屋垸村；黄冈市麻城市黄土岗镇桐枧冲村茯苓窝；

咸宁市通城县塘湖镇大埚村；咸宁市通城县大坪乡内冲瑶族村；咸宁市通山县闯王镇高湖村朱家湾；

恩施州恩施市红土乡天落水村马弓坝组；恩施州恩施市盛家坝乡大集场村；恩施州利川市毛坝镇人头山村；恩施州宣恩县长潭河乡白果村黄家寨；恩施州宣恩县高罗镇大茅坡营村；恩施州来凤县旧司镇板沙界村

湖南省（166个）

湘潭市湘潭县石鼓镇顶峰村；湘潭市湘乡市壶天镇壶天村；

衡阳市衡南县宝盖镇宝盖村；衡阳市衡南县栗江镇大渔村；衡阳市衡东县草市镇草市村；衡阳市衡东县荣桓镇南湾村；衡阳市耒阳市小水镇小墟村；衡阳市耒阳市太平圩乡寿州村；衡阳市耒阳市上架乡珊钿村；衡阳市常宁市白沙镇上游村；衡阳市常宁市西岭镇六图村；衡阳市常宁市罗桥镇下冲村；

邵阳市新邵县潭溪镇爽溪村；邵阳市新邵县坪上镇仓场村；邵阳市新邵县潭府乡小白水村；邵阳市隆回县山界回族乡老屋村；邵阳市绥宁县东山侗族乡横坡村；邵阳市绥宁县鹅公岭侗族苗族乡上白村；邵阳市城步苗族自治县儒林镇清溪村；邵阳市城步苗族自治县蒋坊乡杉坊村；

岳阳市平江县上塔市镇黄桥村；岳阳市汨罗市新市镇新市村；岳阳市汨罗市长乐镇长新村；

张家界市永定区王家坪镇伞家湾村；张家界市永定区四都坪乡庙岗村；张家界市桑植县洪家关白族乡洪家关村；

益阳市桃江县桃花江镇花园洞村；益阳市安化县南金乡九龙池村；

郴州市北湖区鲁塘镇陂副村；郴州市北湖区鲁塘镇村头村；郴州市苏仙区坳上镇坳上村；郴州市苏仙区望仙镇长冲村；郴州市桂阳县和平镇筱塘村；郴州市桂阳县正和镇阳山村；郴州市宜章县迎春镇碛石村；郴州市宜章县长村乡千家岸村；郴州市永兴县油市镇坪洞村；郴州市嘉禾县石桥镇仙江村；郴州市嘉禾县石桥镇石桥铺村；郴州市嘉禾县珠泉镇雷公井村；郴州市临武县汾市镇南福村；郴州市临武县麦市镇上乔村；郴州市临武县大冲乡乐岭村；郴州市汝城县土桥镇金山村；郴州市汝城县卢阳镇东溪村；郴州市汝城县卢阳镇津江村；郴州市汝城县文明镇沙洲村；郴州市汝城县马桥镇石泉村；郴州市汝城县永丰乡先锋村；郴州市资兴市三都镇辰冈岭村；郴州市资兴市三都镇流华湾村；

郴州市资兴市三都镇中田村；郴州市资兴市程水镇星塘村；郴州市资兴市程水镇石鼓村；郴州市资兴市东坪乡新坳村；

永州市零陵区大庆坪乡芬香村；永州市祁阳县大忠桥镇蔗塘村；永州市祁阳县肖家村镇九泥村；永州市祁阳县进宝塘镇陈朝村；永州市祁阳县下马渡镇元家庙村；永州市东安县横塘镇横塘村；永州市双牌县江村镇访尧村；永州市道县清塘镇楼田村；永州市道县清塘镇小坪村；永州市道县祥霖铺镇田广洞村；永州市宁远县湾井镇下灌村；永州市蓝山县祠堂圩乡虎溪村；永州市新田县三井乡谈文溪村；永州市江华瑶族自治县东田镇水东村；永州市江华瑶族自治县大圩镇宝镜村；永州市江华瑶族自治县大石桥乡井头湾村；

怀化市中方县中方镇荆坪村；怀化市中方县铜湾镇黄溪村；怀化市中方县铁坡镇江坪村；怀化市中方县接龙镇桥头村；怀化市沅陵县明溪口镇浪潮村烧火岩；怀化市沅陵县明溪口镇胡家溪村；怀化市沅陵县二酉苗族乡莲花池村；怀化市沅陵县荔溪乡明中村；怀化市溆浦县黄茅园镇金中村；怀化市溆浦县小江口乡蓑衣溪村；怀化市溆浦县九溪江乡光明村；怀化市溆浦县横板桥乡株木村阳雀坡；怀化市溆浦县横板桥乡乌峰村；怀化市会同县广坪镇吉朗村；怀化市会同县高椅乡翁高村；怀化市新晃侗族自治县天堂乡道丁村；怀化市新晃侗族自治县贡溪乡天井寨村；怀化市靖州苗族侗族自治县甘棠镇燎原村；怀化市靖州苗族侗族自治县甘棠镇寨姓村；怀化市靖州苗族侗族自治县坳上镇九龙村；怀化市靖州苗族侗族自治县坳上镇木洞村；怀化市靖州苗族侗族自治县平茶镇江边村；怀化市靖州苗族侗族自治县寨牙乡岩脚村；怀化市靖州苗族侗族自治县寨牙乡大林村；怀化市靖州苗族侗族自治县三锹乡地笋村；怀化市靖州苗族侗族自治县铺口乡林源村；怀化市靖州苗族侗族自治县藕团乡老里村；怀化市通道侗族自治县播阳镇上湘村；怀化市通道侗族自治县播阳镇陈团村；怀化市通道侗族自治县锅冲乡占字村；怀化市通道侗族自治县黄土乡半坡村；怀化市通道侗族自治县坪坦乡高步片；怀化市通道侗族自治县坪坦乡高团村；怀化市通道侗族自治县甘溪乡洞雷村；怀化市洪江市沅河镇沅城村；怀化市洪江市茅渡乡洒溪村；怀化市洪江市湾溪乡埕上古村；怀化市洪江市湾溪乡山下陇古村；怀化市洪江市洗马乡古楼坪村；

娄底市双峰县荷叶镇硖石村；娄底市涟源市三甲乡铜盆村；娄底市新化县水车镇楼下村；

湘西土家族苗族自治州吉首市矮寨镇坪年村；湘西土家族苗族自治州吉首市寨阳乡坪朗村；湘西土家族苗族自治州吉首市寨阳乡补点村；

续表

湘西土家族苗族自治州泸溪县梁家潭乡芭蕉坪村；湘西土家族苗族自治州泸溪县梁家潭乡梛木溪村；湘西土家族苗族自治州泸溪县八什坪乡欧溪村；湘西土家族苗族自治州凤凰县茶田镇塘坳村；湘西土家族苗族自治州凤凰县吉信镇大塘村；湘西土家族苗族自治州凤凰县吉信镇火炉坪村；湘西土家族苗族自治州凤凰县山江镇东就村；湘西土家族苗族自治州凤凰县都里乡塘头村芭蕉冲；湘西土家族苗族自治州凤凰县三拱桥乡泡水村；湘西土家族苗族自治州凤凰县麻冲乡扭光村；湘西土家族苗族自治州凤凰县千工坪乡香炉山村；湘西土家族苗族自治州凤凰县木里乡关田山村；湘西土家族苗族自治州凤凰县木里乡黄沙坪村；湘西土家族苗族自治州凤凰县米良乡米良村；湘西土家族苗族自治州花垣县雅酉镇高务村；湘西土家族苗族自治州花垣县雅酉镇五斗村；湘西土家族苗族自治州花垣县排碧乡十八洞村；湘西土家族苗族自治州花垣县排碧乡张刀村；湘西土家族苗族自治州花垣县排料乡芷耳村；湘西土家族苗族自治州花垣县排料乡金龙村；湘西土家族苗族自治州花垣县雅桥乡油麻村；湘西土家族苗族自治州保靖县水田河镇金落河村；湘西土家族苗族自治州保靖县葫芦镇新民村；湘西土家族苗族自治州保靖县葫芦镇木芽村；湘西土家族苗族自治州保靖县葫芦镇傍海村；湘西土家族苗族自治州保靖县葫芦镇黄金村；湘西土家族苗族自治州保靖县清水坪镇魏家寨村；湘西土家族苗族自治州保靖县夯沙乡吕洞村；湘西土家族苗族自治州保靖县夯沙乡夯吉村；湘西土家族苗族自治州保靖县夯沙乡梯子村；湘西土家族苗族自治州古丈县默戎镇李家村；湘西土家族苗族自治州古丈县默戎镇中寨村；湘西土家族苗族自治州古丈县默戎镇九龙村；湘西土家族苗族自治州古丈县默戎镇毛坪村；湘西土家族苗族自治州古丈县默戎镇翁草村；湘西土家族苗族自治州古丈县红石林镇列溪村；湘西土家族苗族自治州古丈县岩头寨镇洞溪村；湘西土家族苗族自治州古丈县双溪乡宋家村；湘西土家族苗族自治州永顺县灵溪镇爬出科村；湘西土家族苗族自治州永顺县灵溪镇博射坪村；湘西土家族苗族自治州永顺县泽家镇砂土村；湘西土家族苗族自治州永顺县大坝乡大井村；湘西土家族苗族自治州永顺县列夕乡芷州村；湘西土家族苗族自治州永顺县列夕乡列夕村；湘西土家族苗族自治州永顺县万民乡伍伦村；湘西土家族苗族自治州永顺县泽家镇西那村；湘西土家族苗族自治州龙山县洗车镇老洞村；湘西土家族苗族自治州龙山县苗儿滩镇树比村；湘西土家族苗族自治州龙山县贾市乡街上村；湘西土家族苗族自治州龙山县贾市乡巴沙村

续表

广东省（34个）

韶关市仁化县扶溪镇古夏村；

珠海市斗门区斗门镇南门村；珠海市斗门区斗门镇八甲村委排山村；

佛山市禅城区南庄镇罗格村委孔家村；佛山市南海区九江镇烟南烟桥村；佛山市顺德区乐从镇沙滘村；佛山市顺德区杏坛镇逢简村；佛山市顺德区杏坛镇马东村；佛山市三水区白坭镇岗头村；佛山市三水区芦苞镇长岐村；佛山市高明区明城镇罗稳村委深水村；

江门市台山市斗山镇浮月村；江门市开平市百合镇马降龙村；江门市鹤山市鹤城镇田心村；

肇庆市高要区回龙镇黎槎村；

惠州市惠东县铁涌镇溪美村；惠州市龙门县永汉镇鹤湖围村；惠州市龙门县龙华镇功武村；

梅州市梅县区松口镇圳头村；梅州市梅县区白渡镇峰溪村委石溪村；梅州市梅县区松源镇横坊村委横江村；梅州市丰顺县黄金镇清溪村；梅州市平远县石正镇南台村；梅州市平远县泗水镇梅畲村；

河源市和平县东水镇大坝村；

清远市佛冈县汤塘镇汤塘村；清远市佛冈县迳头镇土仓下村；清远市连南瑶族自治县大坪镇大掌村；清远市连南瑶族自治县三江镇石泉村；清远市连州市丰阳镇丰阳村；

潮州市潮安区浮洋镇井里村；潮州市饶平县所城镇所城居委大城所村；

云浮市郁南县大湾镇五星村；云浮市郁南县连滩镇兰寨村

广西壮族自治区（72个）

柳州市融水苗族自治县安太乡寨怀村新寨屯；柳州市融水苗族自治县良寨乡大里村国里屯；柳州市融水苗族自治县杆洞乡党鸠村乌英屯；柳州市三江侗族自治县独峒镇林略村；柳州市三江侗族自治县独峒镇岜团村；柳州市三江侗族自治县独峒镇座龙村；柳州市三江侗族自治县林溪镇高秀村；柳州市三江侗族自治县梅林乡车寨村；

桂林市雁山区大埠乡大埠村委大岗埠村；桂林市雁山区柘木镇禄坊村委禄坊村；桂林市临桂区两江镇信果村委（木田木）头村；桂林市临桂区宛田乡宛田村委东宅江村；桂林市阳朔县白沙镇遇龙村委遇龙堡村；桂林市灵川县灵田镇正义村委宅庆村；桂林市兴安县高尚镇东河村委菜子岩村；桂林市兴安县高尚镇东河村委山湾村；桂林市兴安县高尚镇金山村委待漏村；桂林市兴安县溶江镇佑安村委青山湾村；桂林市灌阳县文市镇桂岩村委白竹坪屯；桂林市龙胜各族自治县龙脊镇金江村委金竹壮寨；

桂林市龙胜各族自治县龙脊镇马海村委田寨组；桂林市龙胜各族自治县龙脊镇小寨村委小寨屯；桂林市龙胜各族自治县瓢里镇平岭村委上下甘塘屯；桂林市龙胜各族自治县江底乡城岭村委江口屯；桂林市龙胜各族自治县江底乡建新村委矮岭红瑶组；桂林市龙胜各族自治县江底乡建新村委江门口屯；桂林市龙胜各族自治县江底乡李江村委金竹组；桂林市龙胜各族自治县马堤乡芙蓉村委芙蓉村；桂林市龙胜各族自治县马堤乡龙家村委龙家村；桂林市龙胜各族自治县马堤乡民合村委民合屯；桂林市龙胜各族自治县伟江乡新寨村委老寨屯；桂林市龙胜各族自治县平等镇小江村委田段组；桂林市龙胜各族自治县平等镇龙坪村委龙坪村；桂林市龙胜各族自治县平等镇平等村委平等村；桂林市龙胜各族自治县乐江乡宝赠村委宝赠村；桂林市龙胜各族自治县乐江乡地灵村委地灵村；桂林市龙胜各族自治县乐江乡石甲村委泥寨组、岩寨组；桂林市龙胜各族自治县乐江乡西腰村委西腰大屯；桂林市恭城瑶族自治县莲花镇门等村委矮寨屯；桂林市恭城瑶族自治县莲花镇竹山村委红岩老村屯；桂林市恭城瑶族自治县平安乡巨塘村委巨塘屯；桂林市恭城瑶族自治县西岭乡西岭村委西岭屯；桂林市平乐县同安镇屯塘村委屯塘村；桂林市平乐县张家镇钓鱼村委和村；

梧州市蒙山县长坪瑶族乡六坪村；

北海市铁山港区营盘镇白龙社区白龙村；北海市合浦县曲樟乡璋嘉村委老屋村；

玉林市兴业县葵阳镇葵联村榜山村；玉林市兴业县城隍镇大西村；

贺州市平桂管理区羊头镇柿木园村；贺州市昭平县走马镇黄胆村罗旭屯；贺州市钟山县石龙镇源头村；贺州市钟山县珊瑚镇同乐村；贺州市钟山县公安镇荷塘村；贺州市钟山县清塘镇白竹新寨；贺州市钟山县两安乡星寨村；贺州市富川瑶族自治县福利镇毛家村；贺州市富川瑶族自治县福利镇留家湾村；贺州市富川瑶族自治县福利镇红岩村；贺州市富川瑶族自治县麦岭镇村头岗村；贺州市富川瑶族自治县葛坡镇义竹村；贺州市富川瑶族自治县葛坡镇谷母井村；贺州市富川瑶族自治县城北镇凤溪村；贺州市富川瑶族自治县石家乡龙湾村；贺州市富川瑶族自治县石家乡城上村；贺州市富川瑶族自治县石家乡石枧村；贺州市富川瑶族自治县柳家乡茅樟村；

河池市南丹县里湖瑶族乡怀里村蛮降屯；河池市南丹县里湖瑶族乡八雅村巴哈屯；河池市天峨县三堡乡三堡村堡上屯；

崇左市龙州县上金乡卷逢村白雪屯；崇左市龙州县上金乡中山村

续表

海南省（28个）

海口市秀英区永兴镇冯塘村；海口市秀英区石山镇美社村；海口市秀英区永兴镇美孝村；海口市琼山区旧州镇包道村；海口市琼山区红旗镇昌文湖村；海口市美兰区灵山镇道郡村；海口市美兰区三江镇罗梧村；海口市美兰区大致坡镇美篆村；海口市桂林洋农场迈德村；

琼海市中原镇仙寨莲塘村；琼海市博鳌镇留客村；

文昌市东阁镇富宅村；文昌市文城镇松树下村；文昌市文城镇义门二村；

定安县定城镇春内村；定安县新竹镇三滩村；定安县新竹镇卜效村；定安县雷鸣镇龙梅村；定安县雷鸣镇仙坡村；定安县岭口镇皇坡村；

澄迈县永发镇美傲村；澄迈县永发镇美墩村；澄迈县永发镇美楠村；澄迈县永发镇那雅村；澄迈县永发镇南轩村；澄迈县永发镇秀灵村；

乐东县黄流镇黄流村；

琼中县湾岭镇金妙朗村

重庆市（11个）

万州区太安镇凤凰村；万州区罗田镇用坪村；

江津区中山镇鱼垮村；

潼南区古溪镇禄沟村；

城口县高楠镇方斗村；

武隆县平桥镇红隆村；

酉阳土家族苗族自治县麻旺镇亮垭村烂田沟；酉阳土家族苗族自治县泔溪镇大板村皮都；酉阳土家族苗族自治县板溪镇山羊村山羊古寨；酉阳土家族苗族自治县可大乡昔比村；酉阳土家族苗族自治县板桥乡井园村仡佬溪

四川省（141个）

成都市龙泉驿区洛带镇老街社区；成都市金堂县五凤镇五凤溪社区；成都市大邑县安仁镇街道社区；成都市邛崃市平落镇禹王社区；

自贡市自流井区龙凤山社区；自贡市贡井区艾叶镇竹林村；自贡市大安区三多寨镇徐家村；自贡市沿滩区永安镇鳌头铺社区；自贡市荣县墨林乡吕仙村；自贡市富顺县富世镇后街社区；

攀枝花市米易县麻陇彝族乡中心村；

泸州市泸县立石镇玉龙村；泸州市泸县百和镇东林观村；泸州市泸县方洞镇宋田村；泸州市合江县白沙镇芦稿村；泸州市合江县先市镇下坝村；泸州市合江县尧坝镇白村；泸州市合江县九支镇柏香湾村；

泸州市合江县五通镇五通村；泸州市合江县凤鸣镇文理村；泸州市合江县福宝镇大亨村；泸州市合江县福宝镇穆村；泸州市合江县法王寺镇法王寺村；泸州市叙永县白腊苗族乡天堂村；

德阳市广汉市连山镇川江村；德阳市旌阳区孝泉镇正阳街居委会；德阳市中江县仓山镇三江村；德阳市罗江县御营镇响石村；德阳市罗江县白马关镇白马村；德阳市什邡市师古镇红豆村；

绵阳市安县桑枣镇红牌村；绵阳市涪城区丰谷镇二社区；绵阳市游仙区魏城镇铁炉村；绵阳市游仙区刘家镇曾家垭村；绵阳市游仙区玉河镇上方寺村；绵阳市游仙区东宣乡鱼泉村；绵阳市盐亭县林山乡青峰村；绵阳市平武县虎牙藏族乡上游村；绵阳市平武县白马藏族乡亚者造祖村；绵阳市平武县木座藏族乡民族村；

广元市旺苍县东河镇东郊村；广元市旺苍县福庆乡农经村；广元市旺苍县化龙乡石川村；广元市旺苍县化龙乡亭子村；广元市青川县观音店乡两河村；广元市剑阁县秀钟乡青岭村；

遂宁市安居区玉丰镇高石村；

内江市威远县向义镇静宁古村；内江市资中县罗泉镇禹王宫村；内江市隆昌县渔箭镇渔箭社区；内江市隆昌县云顶镇云峰村；

乐山市五通桥区竹根镇兴隆里村；乐山市犍为县罗城镇菜佳村；乐山市犍为县芭沟镇芭蕉沟社区；乐山市犍为县铁炉乡铁炉社区；乐山市井研县千佛镇民建村；

南充市仪陇县马鞍镇琳琅村；南充市阆中市河楼乡白虎村；

眉山市洪雅县高庙镇花源村；眉山市洪雅县瓦屋山镇复兴村；眉山市青神县汉阳镇汉阳场社区；

宜宾市宜宾县横江镇民主社区；宜宾市江安县夕佳山镇坝上村；宜宾市屏山县龙华镇汇龙社区；

广安市广安区协兴镇协兴村；广安市广安区肖溪镇肖家溪社区；广安市广安区石笋镇石笋村；广安市武胜县中心镇环江村；广安市武胜县飞龙镇莲花坪村；广安市武胜县三溪镇观音桥村；广安市岳池县顾县镇顾兴社区；广安市邻水县王家镇地选村；

达州市通川区金石乡金山村；达州市大竹县童家乡童家村；达州市宣汉县庙安乡龙潭河村；达州市宣汉县马渡乡百丈村；达州市万源市秦河乡三官场村；

雅安市名山区中峰乡朱场村；雅安市荥经县新添乡新添村；雅安市汉源县九襄镇民主村；雅安市天全县小河乡红星村；

续表

巴中市巴州区光辉镇白鹤山村；巴中市恩阳区登科街道办事处恩阳古镇；巴中市通江县洪口镇古宁寨村；巴中市通江县龙凤场乡环山村；巴中市通江县澌波乡苟家湾村；巴中市通江县胜利乡大营村；巴中市通江县胜利乡迪坪村；巴中市通江县文胜乡白石寺村；巴中市通江县毛浴乡迎春村；巴中市南江县朱公乡百坪村；

资阳市安岳县协和乡治山村；资阳市乐至县大佛镇红土地村；

阿坝藏族羌族自治州汶川县水磨镇老人村；阿坝藏族羌族自治州汶川县龙溪乡阿尔村；阿坝藏族羌族自治州汶川县龙溪乡联合村；阿坝藏族羌族自治州理县薛城镇较场村；阿坝藏族羌族自治州理县甘堡乡甘堡村；阿坝藏族羌族自治州理县蒲溪乡休溪村；阿坝藏族羌族自治州理县下孟乡沙吉村；阿坝藏族羌族自治州理县桃坪乡增头村；阿坝藏族羌族自治州茂县太平乡牛尾村；阿坝藏族羌族自治州松潘县十里回族乡大屯村；阿坝藏族羌族自治州九寨沟县漳扎镇中查村；阿坝藏族羌族自治州九寨沟县永和乡大城村；阿坝藏族羌族自治州九寨沟县罗依乡大寨村；阿坝藏族羌族自治州九寨沟县马家乡苗州村；阿坝藏族羌族自治州九寨沟县草地乡下草地村；阿坝藏族羌族自治州九寨沟县大录乡大录村；阿坝藏族羌族自治州九寨沟县大录乡东北村；阿坝藏族羌族自治州黑水县知木林乡知木林村；阿坝藏族羌族自治州马尔康县松岗镇直波村；阿坝藏族羌族自治州马尔康县梭磨乡色尔米村；阿坝藏族羌族自治州马尔康县党坝乡尕兰村；阿坝藏族羌族自治州马尔康县大藏乡春口村；阿坝藏族羌族自治州马尔康县草登乡代基村；阿坝藏族羌族自治州壤塘县宗科乡加斯满村；阿坝藏族羌族自治州壤塘县吾依乡修卡村；阿坝藏族羌族自治州壤塘县茸木达乡茸木达村；阿坝藏族羌族自治州壤塘县中壤塘乡壤塘村；

甘孜藏族自治州丹巴县巴底乡齐鲁村；甘孜藏族自治州丹巴县聂呷乡妖枯村；甘孜藏族自治州丹巴县梭坡乡宋达村；甘孜藏族自治州丹巴县中路乡克格依村；甘孜藏族自治州丹巴县中路乡波色龙村；甘孜藏族自治州白玉县章都乡边坝村；甘孜藏族自治州白玉县热加乡麻通村；甘孜藏族自治州白玉县灯龙乡帮帮村；甘孜藏族自治州白玉县灯龙乡龚巴村；甘孜藏族自治州白玉县赠科乡下比沙村；甘孜藏族自治州理塘县高城镇车马村；甘孜藏族自治州理塘县高城镇德西二村；甘孜藏族自治州理塘县高城镇德西三村；甘孜藏族自治州理塘县高城镇德西一村；甘孜藏族自治州理塘县格木乡查卡村；

续表

凉山彝族自治州木里藏族自治县俄亚纳西族乡大村；凉山彝族自治州木里藏族自治县东朗乡亚英村；凉山彝族自治州木里藏族自治县唐央乡里多村；凉山彝族自治州木里藏族自治县瓦厂镇桃巴村；凉山彝族自治州盐源县泸沽湖镇母支村；凉山彝族自治州盐源县泸沽湖镇舍垮村

贵州省（119个）

六盘水市六枝特区落别乡长湾村长田组；六盘水市盘县石桥镇乐民村；六盘水市盘县保田镇鹅毛寨村；六盘水市盘县丹霞镇水塘村；

遵义市汇川区高坪街道海龙屯村；遵义市播州区尚嵇镇乌江村；遵义市桐梓县高桥镇周市金鸡水古寨；遵义市桐梓县狮溪镇狮溪村；遵义市正安县芙蓉江镇祝家坪村；遵义市正安县流渡镇白花村；遵义市道真县阳溪镇阳溪村；遵义市务川县丰乐镇造纸塘；遵义市务川县黄都镇大竹村；遵义市务川县黄都镇沈家坝；遵义市务川县丹砂街道马拱坡；遵义市赤水市元厚镇陛诏村；

安顺市经济技术开发区幺铺镇磊跨村歪寨组；安顺市平坝区安平街道办事处大寨村；安顺市平坝区白云镇白云村白云庄自然村；安顺市平坝区白云镇车头村；安顺市平坝区白云镇高寨村高寨自然村；安顺市平坝区乐平镇大屯村；安顺市平坝区乐平镇小屯村；安顺市普定县马场镇云盘村；安顺市西秀区双堡镇山京村；安顺市西秀区双堡镇骟马牛村；安顺市西秀区大西桥镇西陇村；安顺市西秀区七眼桥镇仁岗村；安顺市西秀区蔡官镇罗大寨村；安顺市西秀区轿子山镇郭家屯村；安顺市西秀区旧州镇詹屯村；安顺市西秀区旧州镇海马村；安顺市西秀区新场乡绿泉村石关组；安顺市西秀区杨武乡顺河村顺河组；安顺市西秀区黄腊乡龙青村；安顺市西秀区刘官乡周官村；安顺市镇宁布依族苗族自治县丁旗街道办事处官寨村官寨组；安顺市紫云苗族布依族自治县格凸河镇格井村；

铜仁市碧江区川硐镇板栗园村杨家坡；铜仁市碧江区六龙山侗族土家族乡瓮慢村；铜仁市江口县民和镇韭菜村；铜仁市江口县怒溪镇梵星村；铜仁市石阡县河坝场乡深溪村；铜仁市思南县瓮溪镇三星村；铜仁市思南县胡家湾乡周家柩村；铜仁市印江自治县新寨乡乐洋村；铜仁市印江自治县木黄镇木良村；铜仁市印江自治县紫薇镇大园址村；铜仁市德江县合兴镇龙溪村岩头坝；铜仁市德江县长堡镇马家溪村岩阡头组；铜仁市沿河县夹石镇山羊村；铜仁市沿河县泉坝镇三坝村；铜仁市松桃县蓼皋镇文山村；铜仁市松桃县盘信镇大湾村；铜仁市松桃县普觉镇干背河村罗溪屯；铜仁市松桃县普觉镇高坎村；铜仁市松桃县普觉镇真武堡村；铜仁市松桃县寨英镇蕉溪村；铜仁市松桃县寨英镇凯牌村；

续表

铜仁市松桃县世昌乡世昌村底哨;铜仁市松桃县长坪乡地甲司村;铜仁市松桃县长坪乡干沙坪村;铜仁市松桃县沙坝河乡界牌村;

黔西南布依族苗族自治州贞丰县挽澜镇兴农村;黔西南布依族苗族自治州贞丰县平街乡花江村;黔西南布依族苗族自治州册亨县弼佑镇秧佑村;

黔东南苗族侗族自治州凯里市三棵树镇朗利村;黔东南苗族侗族自治州凯里市三棵树镇南花村;黔东南苗族侗族自治州凯里市凯棠乡南江村;黔东南苗族侗族自治州黄平县谷陇镇岩门司村;黔东南苗族侗族自治州镇远县金堡镇爱和村;黔东南苗族侗族自治州锦屏县三江镇瓮寨村;黔东南苗族侗族自治州锦屏县茅坪镇茅坪村;黔东南苗族侗族自治州剑河县久仰镇巫溜村;黔东南苗族侗族自治州台江县方召镇方召村;黔东南苗族侗族自治州黎平县顺化瑶族乡高孖村;黔东南苗族侗族自治州黎平县茅贡镇腊洞村;黔东南苗族侗族自治州黎平县口江乡朝坪村;黔东南苗族侗族自治州榕江县忠诚镇定弄村;黔东南苗族侗族自治州榕江县寨蒿镇晚寨村;黔东南苗族侗族自治州榕江县寨蒿镇乌公村;黔东南苗族侗族自治州榕江县朗洞镇卡寨村;黔东南苗族侗族自治州榕江县栽麻镇归柳村;黔东南苗族侗族自治州榕江县计划乡加宜村;黔东南苗族侗族自治州榕江县平阳乡丹江村;黔东南苗族侗族自治州从江县贯洞镇潘今滚村;黔东南苗族侗族自治州从江县洛香镇登岜村;黔东南苗族侗族自治州从江县往洞镇高传村;黔东南苗族侗族自治州从江县往洞镇信地村;黔东南苗族侗族自治州从江县往洞镇秧里村;黔东南苗族侗族自治州从江县高增乡美德村;黔东南苗族侗族自治州从江县谷坪乡留架村;黔东南苗族侗族自治州从江县丙妹镇大塘村;黔东南苗族侗族自治州从江县庆云镇转珠村;黔东南苗族侗族自治州从江县加鸠镇加学村;黔东南苗族侗族自治州从江县斗里镇马安村;黔东南苗族侗族自治州从江县东郎镇党相村;黔东南苗族侗族自治州雷山县望丰乡羊卡村;黔东南苗族侗族自治州丹寨县兴仁镇排佐村;

黔南布依族苗族自治州荔波县瑶山瑶族乡拉片村一、二组;黔南布依族苗族自治州三都水族自治县三合街道高寨村大寨;黔南布依族苗族自治州三都水族自治县三合街道姑挂村姑鲁寨;黔南布依族苗族自治州三都水族自治县三合街道行偿村姑八寨;黔南布依族苗族自治州三都水族自治县三合街道龙台村王家寨;黔南布依族苗族自治州三都水族自治县三合街道牛场村巴卯寨;黔南布依族苗族自治州三都水族自治县三合街道排招村排招寨;黔南布依族苗族自治州三都水族自治县大河镇甲照村甲照大寨;黔南布依族苗族自治州三都水族自治县大河镇蕊抹村;

黔南布依族苗族自治州三都水族自治县都江镇摆鸟村；黔南布依族苗族自治州三都水族自治县都江镇达荣村羊告组；黔南布依族苗族自治州三都水族自治县都江镇盖赖村；黔南布依族苗族自治州三都水族自治县都江镇控抗村；黔南布依族苗族自治州三都水族自治县都江镇来术村；黔南布依族苗族自治州三都水族自治县都江镇排抱村；黔南布依族苗族自治州三都水族自治县都江镇排怪村；黔南布依族苗族自治州三都水族自治县都江镇排外村；黔南布依族苗族自治州三都水族自治县都江镇小脑村；黔南布依族苗族自治州三都水族自治县都江镇小昔村党虾组；黔南布依族苗族自治州三都水族自治县都江镇小昔村火烧组

云南省（113个）

曲靖市麒麟区珠街街道办事处箐口村；曲靖市麒麟区越州镇潦浒社区大村；曲靖市陆良县马街镇良迪村；曲靖市沾益县花山街道松林村；曲靖市宣威市落水镇宁营自然村；

玉溪市红塔区春和街道黄草坝村委会玉碗水村；玉溪市通海县河西镇大回村；玉溪市通海县里山乡小荒田村；玉溪市通海县兴蒙乡桃家嘴村；玉溪市华宁县宁州街道办事处碗窑村；玉溪市易门县小街乡歪头山村；玉溪市峨山县甸中镇八字岭村；玉溪市峨山县甸中镇栖木墀村；玉溪市峨山县塔甸镇大西村；玉溪市峨山县岔河乡安居村；玉溪市峨山县富良棚乡雨果村；玉溪市新平县戛洒镇大平掌小组村；玉溪市元江县那诺乡二掌村；玉溪市元江县洼垤乡邑慈碑村；

保山市隆阳区蒲缥镇塘子沟村；保山市隆阳区水寨乡平坡村；保山市腾冲县腾越镇马常村；保山市腾冲县腾越镇热海村；保山市腾冲县腾越镇洞坪村；保山市腾冲县清水乡大寨村；保山市腾冲县清水乡荆陈社区；保山市龙陵县象达乡营坡社区南海寨村；

昭通市巧家县小河镇拖车村；昭通市巧家县大寨镇车坪村；昭通市威信县双河乡后房村；

丽江市古城区九子海村；丽江市玉龙县巨甸镇拉市坝村；丽江市玉龙县塔城乡拉市落村；丽江市宁蒗县翠玉乡培德村；

普洱市镇沅县振太镇文索村杨家组；普洱市澜沧县南岭乡勐炳村龙塘老寨村；

临沧市凤庆县鲁史镇老道箐村老议山自然村；临沧市凤庆县鲁史镇金鸡村先锋自然村；临沧市凤庆县诗礼乡永兴村；临沧市凤庆县诗礼乡三合学堂村；临沧市云县后箐乡后箐村；临沧市沧源县单甲乡嘎多村；

楚雄州武定县高桥镇老滔村；楚雄州禄丰县勤丰镇马街村委会旧县村；

续表

红河州蒙自市鸣鹫镇鸣鹫村；红河州蒙自市老寨乡老寨村；红河州建水县西庄镇东者村；红河州建水县普雄乡藤子寨村；红河州建水县坡头乡咪的村；红河州建水县利民乡小幕阳村；红河州建水县李浩寨乡马占户村；红河州建水县甸尾乡泥冲村；红河州建水县甸尾乡期租碑村；红河州石屏县异龙镇大水村；红河州石屏县异龙镇冒合村；红河州石屏县异龙镇松村；红河州石屏县异龙镇太岳村；红河州石屏县异龙镇李家寨村；红河州石屏县异龙镇豆地湾村；红河州石屏县宝秀镇宝秀村；红河州石屏县宝秀镇张本寨村；红河州石屏县宝秀镇吴营村；红河州石屏县坝心镇新街村；红河州石屏县龙朋镇桃园村；红河州石屏县龙朋镇大寨村；红河州石屏县龙朋镇龙朋村；红河州石屏县龙武镇坡头甸村；红河州石屏县哨冲镇莫测甸村；红河州石屏县哨冲镇龙黑村；红河州石屏县哨冲镇哨冲村；红河州石屏县哨冲镇曲左村；红河州石屏县哨冲镇撒妈鲊村；红河州弥勒市西一镇滥泥箐村；红河州泸西县金马镇嘉乐村；红河州泸西县旧城镇黑舍村；红河州泸西县午街铺镇普泽村；红河州泸西县白水镇小红杏村；红河州泸西县向阳乡小沙马村；红河州泸西县三塘乡大阿定村；红河州元阳县新街镇大鱼塘村；红河州元阳县大坪乡太阳老寨村；红河州红河县迤萨镇他竜村；红河州红河县甲寅乡阿撒村；红河州红河县大羊街乡小妥赊村；

文山州广南县者兔乡下者偏村；文山州广南县者兔乡上者偏村；文山州广南县者兔乡那坝村；

大理州大理市喜洲镇上关村；大理州祥云县下庄镇大仓村；大理州宾川县力角镇中营村；大理州宾川县平川镇盘古村；大理州弥渡县寅街镇朵祜村；大理州弥渡县寅街镇大庄村；大理州弥渡县苴力镇大寺村；大理州巍山县庙街镇顾旗厂村；大理州巍山县大仓镇回营村；大理州巍山县巍宝山乡玉碗水村；大理州巍山县五印乡鼠街村；大理州云龙县白石镇顺荡村；大理州洱源县茈碧湖镇松鹤村；大理州洱源县乔后镇老街村；大理州洱源县牛街乡牛街村；大理州鹤庆县辛屯镇逢密村；大理州鹤庆县金墩乡金登村；

德宏州芒市遮放镇芒丙村；德宏州芒市遮放镇遮冒村；德宏州芒市三台山乡出冬瓜村；德宏州芒市轩岗乡芒项村；德宏州盈江县铜壁关乡松克村；德宏州盈江县盏西镇扒欠村；

怒江州贡山县丙中洛镇甲生村；怒江州贡山县丙中洛镇秋那桶村；

迪庆州香格里拉市虎跳峡镇海典村

续表

陕西省（41个）

西安市蓝田县葛牌镇石船沟村；西安市周至县厚畛子乡老县城村；

咸阳市三原县鲁桥镇东里村；咸阳市彬县香庙乡程家川村；

渭南市华县赤水镇辛村；渭南市大荔县朝邑镇大寨村；渭南市大荔县段家镇东高垣村；渭南市合阳县百良镇东宫城村；渭南市蒲城县椿林镇山西村；渭南市韩城市新城办相里堡村；渭南市韩城市龙门镇西原村；渭南市韩城市桑树坪镇王峰村；渭南市韩城市西庄镇柳枝村；渭南市韩城市西庄镇郭庄砦村；渭南市韩城市西庄镇柳村；渭南市韩城市西庄镇薛村；渭南市韩城市西庄镇张代村；

延安市宝塔区临镇镇石村；延安市子长县安定镇安定村；

汉中市城固县上元观镇乐丰村；

榆林市绥德县义和镇虎焉村；榆林市绥德县中角镇梁家甲村；榆林市米脂县银州办事处高庙山村；榆林市米脂县桃镇桃镇村；榆林市米脂县桃镇黑圪塔村；榆林市米脂县杨家沟镇寺沟村；榆林市米脂县杨家沟镇岳家岔村；榆林市米脂县郭兴庄镇白兴庄村；榆林市米脂县乔河岔乡刘家峁村；榆林市米脂县城郊镇镇子湾村；榆林市佳县木头峪乡木头峪村；榆林市清涧县高杰村镇高杰村；榆林市子洲县何家集镇眠虎沟；

安康市汉滨区石转镇双柏村；安康市汉滨区双龙镇天宝村；安康市汉滨区叶坪镇双桥村；安康市汉滨区早阳镇王庄村；安康市汉滨区共进镇高山村；安康市汉滨区墇坝镇马河村；安康市旬阳县仙河镇牛家阴坡村；

商洛市镇安县云盖寺镇云镇村

西藏自治区（8个）

日喀则市南木林县土布加乡岗嘎村；日喀则市定日县岗嘎镇岗嘎村；日喀则市谢通门县通门乡坚白村；日喀则市亚东县帕里镇一、二、三、四居委；

林芝市巴宜区鲁朗镇扎西岗村；林芝市波密县八盖乡日卡村；

山南市乃东县扎西曲登村；山南市琼结县下水乡唐布齐行政村

甘肃省（21个）

兰州市榆中县金崖镇永丰村；

白银市景泰县中泉乡龙湾村；白银市景泰县中泉乡尾泉村；

张掖市高台县罗城乡天城村；

平凉市华亭县安口镇高镇村；

庆阳市正宁县永和镇罗川村；

陇南市文县碧口镇白果村郑家社；陇南市文县铁楼乡强曲村；陇南市宕昌县狮子乡东裕村；陇南市康县岸门口镇朱家沟村；陇南市西和县兴隆乡下庙村；陇南市西和县大桥镇仇池村；陇南市礼县宽川乡火烧寨村；

陇南市礼县崖城乡父坪村；陇南市徽县嘉陵镇稻坪村；陇南市徽县嘉陵镇田河村；陇南市徽县麻沿乡柴家社；陇南市徽县大河乡青泥村；

甘南州迭部县益哇乡扎尕那村；甘南州临潭县流顺乡红堡子村；甘南州临潭县王旗乡磨沟村

青海省（38个）

西宁市大通回族土族自治县东峡镇衙门庄村；西宁市大通回族土族自治县景阳镇寺沟村；西宁市湟中县田家寨镇沙尔湾村；西宁市湟中县田家寨镇下营一村；西宁市湟中县鲁沙尔镇石咀一村；西宁市湟中县土门关乡贾尔藏村；西宁市湟源县日月藏族乡兔尔干村；

海东市乐都区芦花乡十字村；海东市乐都区马营乡昆仑村；海东市乐都区马营乡龙王岗村；海东市化隆回族自治县扎巴镇黄麻村；海东市化隆回族自治县扎巴镇南滩村；海东市化隆回族自治县金源藏族乡恰加村；海东市化隆回族自治县塔加藏族乡塔加一村；海东市化隆回族自治县塔加藏族乡塔加二村；海东市化隆回族自治县塔加藏族乡牙什扎村；海东市化隆回族自治县塔加藏族乡尕洞村；海东市循化撒拉族自治县积石镇西沟村；海东市循化撒拉族自治县积石镇瓦匠庄村；海东市循化撒拉族自治县白庄镇上科哇村；海东市循化撒拉族自治县白庄镇下张尕村；海东市循化撒拉族自治县道帏藏族乡比隆村；海东市循化撒拉族自治县道帏藏族乡张沙村；海东市循化撒拉族自治县查汗都斯乡苏志村；海东市循化撒拉族自治县文都藏族乡牙循村；海东市循化撒拉族自治县文都藏族乡毛玉村；海东市循化撒拉族自治县尕楞藏族乡合然村；

黄南藏族自治州同仁县隆务镇吾屯上庄村；黄南藏族自治州同仁县兰采乡土房村；黄南藏族自治州同仁县年都乎乡录合相村；

海南藏族自治州贵德县拉西瓦镇罗汉堂村；海南藏族自治州贵德县拉西瓦镇昨那村；

玉树藏族自治州玉树市安冲乡结拉村查同社；玉树藏族自治州玉树市安冲乡拉则村英达社、英群社；玉树藏族自治州称多县清水河镇扎哈村；玉树藏族自治州称多县尕朵乡吾云达村；玉树藏族自治州称多县尕朵乡卓木其村；玉树藏族自治州囊谦县白扎乡也巴村

宁夏回族自治区（1个）

宁夏吴忠市利通区东塔寺乡石佛寺村

新疆维吾尔自治区（2个）

吐鲁番市高昌区葡萄沟街道办事处拜西买里村；吐鲁番市鄯善县鲁克沁镇赛尔克甫村

第五批中国传统村落（2666个）

北京市（1个）

房山区佛子庄乡黑龙关村

天津市（1个）

宝坻区八门城镇陈塘庄村

河北省（61个）

石家庄市井陉矿区贾庄镇贾庄村；石家庄市井陉矿区凤山镇南凤山村；石家庄市井陉县天长镇河东村；石家庄市井陉县南峪镇南峪村；石家庄市井陉县南峪镇台头村；石家庄市井陉县威州镇北平望村；石家庄市井陉县南障城镇小梁江村；石家庄市井陉县南障城镇大王帮村；石家庄市井陉县苍岩山镇固兰村；石家庄市井陉县北正乡赵村铺村；石家庄市井陉县于家乡高家坡村；石家庄市井陉县于家乡水窑洼村；石家庄市井陉县于家乡当泉村；石家庄市井陉县孙庄乡孙庄村；石家庄市井陉县辛庄乡桃王庄村；

唐山市遵化市马兰峪镇马兰关一村；

邯郸市峰峰矿区义井镇王三村；邯郸市峰峰矿区义井镇北侯村；邯郸市峰峰矿区彭城镇张家楼村；邯郸市涉县井店镇禅房村；邯郸市涉县更乐镇南漫驼村；邯郸市涉县关防乡后岩村；邯郸市磁县陶泉乡西花园村；邯郸市磁县陶泉乡齐家岭村；邯郸市磁县北贾璧乡双和村；邯郸市磁县北贾璧乡西苗庄村；邯郸市武安市午汲镇大贺庄村；邯郸市武安市北安庄乡黄粟山村；邯郸市武安市石洞乡什里店村；

邢台市邢台县南石门镇崔路村；邢台市邢台县南石门镇姚坪村；邢台市邢台县南石门镇大贾乡村；邢台市邢台县皇寺镇皇寺村；邢台市邢台县路罗镇桃树坪村；邢台市邢台县路罗镇鱼林沟村；邢台市邢台县路罗镇茶旧沟村；邢台市邢台县将军墓镇内阳村；邢台市邢台县太子井乡龙化村；邢台市邢台县太子井乡石坡头村；邢台市邢台县北小庄乡东石善村；邢台市邢台县北小庄乡白杨庄村；邢台市邢台县北小庄乡龙门村；邢台市临城县郝庄镇郝庄村；邢台市内丘县獐么乡黄岔村；邢台市内丘县侯家庄乡小西村；邢台市沙河市綦村镇西南沟村；邢台市沙河市册井乡白庄村；邢台市沙河市册井乡通元井村；邢台市沙河市柴关乡马峪村；邢台市沙河市柴关乡陈硇村；邢台市沙河市柴关乡杜硇村；

保定市阜平县龙泉关镇骆驼湾村；保定市阜平县天生桥镇朱家庵村；保定市唐县军城镇和家庄村；保定市唐县齐家佐乡史家佐村；保定市顺平县台鱼乡北康关村；

续表

张家口市蔚县下宫村乡苏贾堡村；张家口市蔚县涌泉庄乡闫家寨村；张家口市蔚县涌泉庄乡西陈家涧村；张家口市怀来县瑞云观乡镇边城村；张家口市怀来县王家楼回族乡麻峪口村

山西省（271个）

太原市晋源区晋祠镇赤桥村；

大同市云冈区高山镇高山村；大同市天镇县谷前堡镇白羊口村；大同市天镇县马家皂乡安家皂村；大同市广灵县壶泉镇涧西村；大同市灵丘县独峪乡花塔村；大同市云州区峰峪乡徐疃村；

阳泉市郊区荫营镇三都村；阳泉市郊区西南舁乡大洼村；阳泉市平定县锁簧镇东锁簧村；阳泉市平定县张庄镇张庄村；阳泉市平定县张庄镇土岭头村；阳泉市平定县张庄镇下马郡头村；阳泉市平定县张庄镇宁艾村；阳泉市平定县东回镇马山村；阳泉市平定县东回镇七亘村；阳泉市平定县东回镇南峪村；阳泉市平定县柏井镇柏井四村；阳泉市平定县柏井镇柏井一村；阳泉市平定县柏井镇白灰村；阳泉市平定县娘子关镇河北村；阳泉市平定县娘子关镇旧关村；阳泉市平定县巨城镇会里村；阳泉市平定县巨城镇西岭村；阳泉市平定县石门口乡大石门村；阳泉市盂县梁家寨乡骆驼道村；阳泉市盂县梁家寨乡石家塔村；阳泉市盂县梁家寨乡黄树岩村；

长治市上党区荫城镇桑梓一村；长治市上党区荫城镇桑梓二村；长治市上党区西火镇西队村；长治市上党区西火镇东火村；长治市上党区西火镇平家庄村；长治市上党区八义镇张家沟村；长治市上党区南宋乡太义掌村；长治市上党区南宋乡赵村；长治市平顺县石城镇青草凹村；长治市平顺县石城镇窑上村；长治市平顺县石城镇恭水村；长治市平顺县石城镇遮峪村；长治市平顺县石城镇牛岭村；长治市平顺县石城镇老申岐村；长治市平顺县石城镇豆口村；长治市平顺县石城镇苇水村；长治市平顺县石城镇流吉村；长治市平顺县虹梯关乡龙柏庵村；长治市平顺县阳高乡南庄村；长治市平顺县阳高乡侯壁村；长治市平顺县阳高乡车当村；长治市平顺县阳高乡槲树园村；长治市平顺县北耽车乡安乐村；长治市平顺县北耽车乡实会村；长治市黎城县东阳关镇长宁村；长治市黎城县西井镇新庄村；长治市黎城县西井镇仟仵村；长治市黎城县洪井乡孔家峧村；长治市壶关县晋庄镇东七里村；长治市壶关县树掌镇河东村；长治市壶关县树掌镇树掌村；长治市壶关县树掌镇大会村；长治市武乡县韩北乡王家峪村；长治市沁县南里乡唐村；长治市沁源县灵空山镇下兴居村；长治市沁源县王和镇大栅村；长治市潞城区翟店镇寨上村；

晋城市沁水县中村镇蒲泓村；晋城市沁水县中村镇张马村；晋城市沁水县端氏镇坪上村；晋城市沁水县土沃乡塘坪村；晋城市沁水县土沃乡南阳村；晋城市沁水县土沃乡交口村；晋城市阳城县北留镇大桥村；晋城市阳城县北留镇章训村；晋城市阳城县北留镇石苑村；晋城市阳城县北留镇史山村；晋城市阳城县润城镇北音村；晋城市阳城县润城镇王村；晋城市阳城县润城镇下庄村；晋城市阳城县横河镇中寺村；晋城市阳城县横河镇受益村；晋城市阳城县河北镇下交村；晋城市阳城县东冶镇西冶村；晋城市阳城县东冶镇月院村；晋城市阳城县白桑乡洪上村；晋城市阳城县白桑乡通义村；晋城市阳城县固隆乡府底村；晋城市阳城县固隆乡泽城村；晋城市阳城县固隆乡固隆村；晋城市陵川县附城镇西瑶泉村；晋城市陵川县西河底镇张仰村；晋城市陵川县西河底镇现岭村；晋城市泽州县下村镇上村；晋城市泽州县大东沟镇峪南村；晋城市泽州县大东沟镇贾泉村；晋城市泽州县大东沟镇辛壁村；晋城市泽州县大东沟镇黑泉沟村；晋城市泽州县大东沟镇西洼村；晋城市泽州县周村镇杨山村；晋城市泽州县犁川镇西沟村；晋城市泽州县犁川镇马寨村；晋城市泽州县晋庙铺镇黑石岭村；晋城市泽州县晋庙铺镇小口村；晋城市泽州县金村镇水北村；晋城市泽州县高都镇岭上村；晋城市泽州县高都镇薛庄村；晋城市泽州县巴公镇渠头村；晋城市泽州县大阳镇一分街村；晋城市泽州县大阳镇四分街村；晋城市泽州县大阳镇李家庄村；晋城市泽州县大阳镇都家山村；晋城市泽州县大箕镇南河底村；晋城市泽州县大箕镇两谷坨村；晋城市泽州县大箕镇南峪村；晋城市泽州县柳树口镇南庄村；晋城市泽州县川底乡董山村；晋城市泽州县南岭乡李沟村；晋城市泽州县南岭乡陈河村；晋城市泽州县南岭乡白背村；晋城市泽州县南岭乡黄砂底村；晋城市泽州县南岭乡宋泉村；晋城市泽州县南岭乡漏道底村；晋城市泽州县南岭乡阎庄村；晋城市泽州县南岭乡裴凹村；晋城市高平市东城街道店上村；晋城市高平市南城街道北陈村；晋城市高平市南城街道上韩庄村；晋城市高平市南城街道上庄村；晋城市高平市米山镇孝义村；晋城市高平市三甲镇北庄村；晋城市高平市三甲镇赤祥村；晋城市高平市三甲镇邢村；晋城市高平市三甲镇赵家山村；晋城市高平市神农镇邱村；晋城市高平市神农镇故关村；晋城市高平市神农镇团东村；晋城市高平市神农镇团西村；晋城市高平市神农镇中庙村；晋城市高平市陈区镇铁炉村；晋城市高平市北诗镇丹水村；晋城市高平市北诗镇东吴庄村；晋城市高平市北诗镇龙尾村；晋城市高平市河西镇回山村；晋城市高平市河西镇河西村；晋城市高平市河西镇下庄村；晋城市高平市河西镇焦河村；

续表

晋城市高平市河西镇牛村；晋城市高平市马村镇陈村；晋城市高平市马村镇东崛山村；晋城市高平市马村镇东宅村；晋城市高平市马村镇古寨村；晋城市高平市马村镇马村；晋城市高平市马村镇唐东村；晋城市高平市野川镇杜寨村；晋城市高平市寺庄镇长平村；晋城市高平市寺庄镇釜山村；晋城市高平市寺庄镇高良村；晋城市高平市寺庄镇寺庄村；晋城市高平市寺庄镇王报村；晋城市高平市建宁乡郭庄村；晋城市高平市建宁乡建南村；晋城市高平市建宁乡李家河村；晋城市高平市石末乡瓮庄村；

朔州市朔城区北旺庄街道新安庄村；朔州市山阴县北周庄镇燕庄村；朔州市山阴县马营庄乡故驿村；朔州市应县南河种镇小石口村；朔州市应县大临河乡北楼口村；朔州市怀仁市云中镇中街村；朔州市怀仁市河头乡王皓疃村；

晋中市榆社县云簇镇桃阳村；晋中市昔阳县乐平镇李家沟村；晋中市昔阳县乐平镇北掌城村；晋中市昔阳县界都乡前车掌村；晋中市寿阳县宗艾镇神武村尖山村；晋中市寿阳县宗艾镇荣生村周家垴村；晋中市寿阳县西洛镇篡木村；晋中市寿阳县尹灵芝镇尹灵芝村；晋中市寿阳县尹灵芝镇郭王庄村；晋中市寿阳县羊头崖乡西草庄村；晋中市太谷县范村镇上安村；晋中市太谷县侯城乡范家庄村；晋中市太谷县水秀乡北郭村；晋中市祁县贾令镇沙堡村；晋中市祁县城赵镇修善村；晋中市祁县来远镇盘陀村；晋中市平遥县东泉镇东泉村；晋中市平遥县东泉镇彭坡头村；晋中市平遥县卜宜乡梁家滩村；晋中市平遥县朱坑乡六河村；晋中市介休市张兰镇新堡村；晋中市介休市张兰镇史村；晋中市介休市张兰镇下李候村；晋中市介休市张兰镇旧堡村；晋中市介休市洪山镇洪山村；晋中市介休市绵山镇大靳村；晋中市介休市义棠镇田村；

运城市闻喜县郭家庄镇陈家庄村；运城市稷山县翟店镇西位村；运城市绛县古绛镇柴家坡村；运城市绛县古绛镇南城村；运城市绛县古绛镇尧寓村；运城市绛县大交镇续鲁峪村北坂村；运城市垣曲县历山镇同善村；运城市垣曲县蒲掌乡西阳村；运城市平陆县坡底乡郭原村；运城市河津市樊村镇樊村堡村；

忻州市定襄县宏道镇西社村；忻州市五台县豆村镇闫家寨村；忻州市宁武县东寨镇二马营村；忻州市宁武县迭台寺乡西沟村；忻州市保德县东关镇陈家梁村；忻州市原平市东社镇王东社村；忻州市原平市中阳乡大阳村；忻州市原平市王家庄乡南怀化村；

临汾市曲沃县乐昌镇安吉村；临汾市曲沃县曲村镇曲村；临汾市曲沃县里村镇石滩村；临汾市曲沃县北董乡南林交村；临汾市翼城县唐兴镇城内村；临汾市翼城县隆化镇史伯村；临汾市翼城县隆化镇南撖村；

临汾市翼城县隆化镇尧都村；临汾市翼城县隆化镇下石门村；临汾市翼城县桥上镇撖庄村；临汾市翼城县西阎镇西阎村；临汾市翼城县西阎镇兴石村；临汾市翼城县西阎镇堡子村；临汾市翼城县西阎镇十河村；临汾市翼城县西阎镇古十银村；临汾市翼城县西阎镇大河村；临汾市翼城县浇底乡青城村；临汾市襄汾县新城镇伯玉村；临汾市襄汾县古城镇京安村；临汾市襄汾县襄陵镇黄崖村；临汾市洪洞县曲亭镇上寨村；临汾市洪洞县万安镇韩家庄村；临汾市洪洞县万安镇万安村；临汾市乡宁县关王庙乡前庄村；临汾市乡宁县枣岭乡石鼻村；临汾市霍州市退沙街道退沙村；临汾市霍州市大张镇贾村；临汾市霍州市三教乡库拔村；

吕梁市离石区交口街道杜家山村；吕梁市文水县凤城镇南徐村；吕梁市文水县孝义镇上贤村；吕梁市文水县马西乡神堂村；吕梁市交城县天宁镇磁窑村；吕梁市交城县夏家营镇段村；吕梁市临县招贤镇小塔则村；吕梁市临县碛口镇尧昌里村；吕梁市临县碛口镇白家山村；吕梁市临县碛口镇垣上村；吕梁市临县曲峪镇白道峪村；吕梁市柳林县柳林镇于家沟村；吕梁市柳林县穆村镇穆村第二村；吕梁市柳林县薛村镇军渡村；吕梁市柳林县三交镇下塔村；吕梁市柳林县成家庄镇王家坡村；吕梁市柳林县孟门镇西坡村；吕梁市柳林县贾家垣乡冯家垣村康家垣村；吕梁市柳林县陈家湾乡闫家湾村；吕梁市柳林县西王家沟乡大庄村；吕梁市石楼县义牒镇留村；吕梁市中阳县武家庄镇刘家圪垯村；吕梁市孝义市高阳镇高阳村；吕梁市孝义市高阳镇小垣村；吕梁市汾阳市三泉镇巩村；吕梁市汾阳市三泉镇南马庄村；吕梁市汾阳市三泉镇任家堡村；吕梁市汾阳市三泉镇东赵村；吕梁市汾阳市峪道河镇下张家庄村

内蒙古自治区（2个）

包头市固阳县下湿壕镇电报局村大英图村；
赤峰市阿鲁科尔沁旗巴拉奇如德苏木达兰花嘎查

辽宁省（13个）

沈阳市沈北新区石佛寺街道石佛一村；沈阳市沈北新区石佛寺街道石佛寺二村；沈阳市法库县叶茂台镇叶茂台村；沈阳市法库县四家子蒙古族乡公主陵村；

鞍山市岫岩满族自治县石庙子镇丁字峪村；

朝阳市朝阳县西五家子乡新地村；朝阳市喀喇沁左翼蒙古族自治县南哨街道白音爱里村；朝阳市北票市大板镇金岭寺村；朝阳市北票市大板镇波台沟村；朝阳市北票市上园镇三巨兴村；朝阳市凌源市四官营子镇小窝铺村；朝阳市凌源市乌兰白镇十二官营子村；

葫芦岛市绥中县加碑岩乡王家店村

续表

吉林省（2个）

白山市临江市桦树镇西小山村转头山屯；白山市临江市六道沟镇火绒沟村

黑龙江省（8个）

齐齐哈尔市讷河市兴旺鄂温克族乡百路村；
大庆市杜尔伯特蒙古族自治县胡吉吐莫镇东吐莫村；
伊春市嘉荫县乌拉嘎镇胜利村；伊春市嘉荫县常胜乡桦树林子村；
佳木斯市同江市街津口乡街津口村；
牡丹江市海林市横道河子镇顺桥村；
黑河市爱辉区瑷珲镇瑷珲村；黑河市爱辉区坤河乡坤河村

江苏省（5个）

扬州市仪征市新城镇蒲薪村；扬州市高邮市界首镇甓湖社区；
镇江市丹徒区辛丰镇黄墟村；
泰州市靖江市季市镇季东村；
常州市溧阳市昆仑街道沙涨村

浙江省（235个）

杭州市桐庐县桐君街道梅蓉村；杭州市桐庐县莪山畲族乡莪山民族村；杭州市淳安县威坪镇洞源村；杭州市淳安县梓桐镇练溪村；杭州市淳安县汾口镇赤川口村；杭州市淳安县中洲镇札溪村；杭州市淳安县中洲镇泂溪村；杭州市淳安县枫树岭镇上江村；杭州市淳安县左口乡龙源庄村；杭州市淳安县王阜乡龙头村；杭州市淳安县王阜乡金家岙村；杭州市建德市寿昌镇石泉村；杭州市建德市寿昌镇乌石村；杭州市建德市大慈岩镇檀村村湖塘村；杭州市临安区高虹镇石门村；杭州市临安区湍口镇塘秀村塘里村；

宁波市鄞州区塘溪镇童夏家村；宁波市象山县墙头镇墙头村；宁波市宁海县强蛟镇峡山社区峡山村；宁波市慈溪市龙山镇方家河头村；宁波市奉化区大堰镇大堰村；宁波市奉化区大堰镇董家村；

温州市瓯海区泽雅镇水碓坑村；温州市永嘉县岩坦镇黄南林坑村；温州市永嘉县岩坦镇岩龙村；温州市苍南县桥墩镇矴步头村；温州市苍南县马站镇龙门村；温州市泰顺县罗阳镇上交垟村；温州市泰顺县司前畲族镇台边村；温州市泰顺县筱村镇东垟村；温州市乐清市乐成街道黄檀硐村；

嘉兴市南湖区凤桥镇新民村；嘉兴市海宁市斜桥镇路仲村；嘉兴市桐乡市乌镇镇民合村；

湖州市长兴县煤山镇仰峰村；

绍兴市越城区东浦街道东浦村；绍兴市柯桥区夏履镇双叶村；绍兴市上虞区岭南乡梁宅村；绍兴市新昌县南明街道班竹村；绍兴市新昌县梅渚镇梅渚村；绍兴市新昌县镜岭镇西坑村；绍兴市新昌县镜岭镇外婆坑村；绍兴市新昌县儒岙镇南山村；绍兴市嵊州市甘霖镇黄胜堂村；绍兴市嵊州市长乐镇小昆村；绍兴市嵊州市崇仁镇七八村；绍兴市嵊州市通源乡松明培村；

金华市婺城区汤溪镇上境村；金华市婺城区汤溪镇上堰头村；金华市婺城区汤溪镇下伊村；金华市婺城区汤溪镇鸽坞塔村；金华市婺城区塔石乡岱上村；金华市金东区孝顺镇中柔村；金华市金东区傅村镇畈田蒋村；金华市金东区澧浦镇琐园村；金华市金东区澧浦镇蒲塘村；金华市金东区澧浦镇郑店村；金华市金东区岭下镇岭五村；金华市金东区岭下镇后溪村；金华市金东区赤松镇仙桥村；金华市武义县柳城畲族镇乌漱村；金华市武义县柳城畲族镇新塘村；金华市武义县柳城畲族镇云溪村；金华市武义县白姆乡水阁村；金华市武义县坦洪乡上坦村；金华市武义县坦洪乡上周村；金华市武义县大溪口乡桥头村；金华市磐安县安文街道墨林村；金华市磐安县九和乡三水潭村；金华市兰溪市兰江街道上戴村；金华市兰溪市永昌街道下孟塘村；金华市兰溪市游埠镇潦溪桥村；金华市兰溪市诸葛镇厚伦方村；金华市兰溪市黄店镇三泉村；金华市兰溪市黄店镇上包村；金华市兰溪市黄店镇上唐村；金华市兰溪市黄店镇刘家村；金华市兰溪市黄店镇桐山后金村；金华市兰溪市梅江镇聚仁村；金华市义乌市廿三里街道何宅村；金华市义乌市佛堂镇倍磊村；金华市义乌市佛堂镇寺前街村；金华市义乌市赤岸镇乔亭村；金华市义乌市赤岸镇雅端村；金华市义乌市赤岸镇雅治街村；金华市义乌市赤岸镇东朱村；金华市义乌市义亭镇陇头朱村；金华市义乌市义亭镇何店村；金华市义乌市大陈镇红峰村；金华市东阳市六石街道北后周村；金华市东阳市六石街道吴良村；金华市东阳市巍山镇古渊头村；金华市东阳市虎鹿镇葛宅村；金华市东阳市湖溪镇郭宅村；金华市东阳市三单乡前田村；金华市永康市前仓镇大陈村；金华市永康市舟山镇舟二村；金华市永康市芝英镇芝英一村；

衢州市柯城区石梁镇双溪村；衢州市柯城区航埠镇墩头村；衢州市柯城区九华乡妙源村；衢州市柯城区九华乡新宅村；衢州市柯城区九华乡源口村；衢州市柯城区沟溪乡沟溪村；衢州市柯城区华墅乡园林村；衢州市衢江区湖南镇山尖岙村大丘田村；衢州市衢江区云溪乡车塘村；衢州市衢江区岭洋乡赖家村；衢州市常山县招贤镇五里村；衢州市常山县青石镇江家村；衢州市常山县球川镇球川村；衢州市常山县辉埠镇大埂村；

续表

衢州市常山县芳村镇芳村；衢州市常山县同弓乡彤弓山村；衢州市常山县东案乡金源村；衢州市开化县马金镇霞田村；衢州市开化县何田乡陆联村；衢州市开化县音坑乡儒山村读经源村；衢州市龙游县溪口镇灵山村；衢州市龙游县石佛乡西金源村；衢州市龙游县大街乡方旦村祝家村；衢州市龙游县沐尘畲族乡社里村；衢州市江山市清湖街道清湖一村；衢州市江山市清湖街道清湖三村；衢州市江山市石门镇江郎山村；

舟山市普陀区东极镇东极社区庙子湖村；

台州市椒江区下陈街道横河陈村；台州市黄岩区北洋镇潮济村；台州市黄岩区宁溪镇乌岩头村；台州市黄岩区茅畲乡下街村；台州市玉环县干江镇炮台村；台州市仙居县白塔镇厚仁中街村；台州市仙居县上张乡滕山村；台州市仙居县上张乡西片村滕庄村；台州市仙居县上张乡上张村马安山村；台州市三门县横渡镇岩下村；

丽水市莲都区碧湖镇联济村联济村；丽水市莲都区村；丽水市莲都区仙渡乡梅田村；丽水市莲都区峰源乡庞山村西坑村；丽水市缙云县新碧街道黄碧村；丽水市缙云县壶镇镇岩背村；丽水市缙云县壶镇镇金竹村；丽水市缙云县胡源乡胡村；丽水市遂昌县妙高街道仙岩村汤山头村阴坑村；丽水市遂昌县北界镇苏村；丽水市遂昌县大柘镇车前村；丽水市遂昌县石练镇柳村；丽水市遂昌县黄沙腰镇大洞源村；丽水市遂昌县黄沙腰镇黄沙腰村；丽水市遂昌县濂竹乡大竹小岱村小岱村；丽水市遂昌县濂竹乡横坑村；丽水市遂昌县濂竹乡千义坑村；丽水市遂昌县濂竹乡治岭头村；丽水市遂昌县高坪乡茶树坪村；丽水市遂昌县高坪乡淡竹村；丽水市遂昌县湖山乡三归村大畈村；丽水市遂昌县湖山乡奕山村；丽水市遂昌县蔡源乡蔡和村；丽水市遂昌县西畈乡举淤口村；丽水市遂昌县垵口乡徐村；丽水市松阳县大东坝镇七村；丽水市松阳县三都乡里庄村；丽水市松阳县三都乡上源村；丽水市松阳县裕溪乡凤弄源村；丽水市云和县崇头镇叶山头村；丽水市云和县崇头镇坑下村；丽水市云和县安溪乡黄处村；丽水市庆元县贤良镇黄淤村黄坛村；丽水市庆元县张村乡岙头村；丽水市庆元县江根乡坝头村；丽水市庆元县江根乡箬坑村；丽水市庆元县龙溪乡转水村；丽水市庆元县龙溪乡鱼川村；丽水市庆元县龙溪乡冯家山村；丽水市庆元县龙溪乡岙里村；丽水市景宁县红星街道岗石村；丽水市景宁县红星街道金包山村；丽水市景宁县鹤溪街道鹤溪村；丽水市景宁县渤海镇安亭村；丽水市景宁县东坑镇深垟村；丽水市景宁县东坑镇徐砦村；丽水市景宁县东坑镇章坑村；丽水市景宁县东坑镇大张坑村；丽水市景宁县东坑镇茗源村；丽水市景宁县英川镇英川村；丽水市景宁县英川镇董川村；丽水市景宁县英川镇黄谢圩村；

续表

丽水市景宁县英川镇梅漈村；丽水市景宁县英川镇王宅村；丽水市景宁县英川镇跃垟村；丽水市景宁县沙湾镇七里村；丽水市景宁县沙湾镇道化村；丽水市景宁县沙湾镇何处村；丽水市景宁县沙湾镇季庄村；丽水市景宁县沙湾镇李处村；丽水市景宁县沙湾镇小地村；丽水市景宁县沙湾镇叶桥村；丽水市景宁县沙湾镇张庄村；丽水市景宁县大均乡大均村；丽水市景宁县大均乡李宝村；丽水市景宁县澄照乡金丘村；丽水市景宁县澄照乡漈头村；丽水市景宁县大漈乡小佐村；丽水市景宁县景南乡东垟村；丽水市景宁县雁溪乡雁溪村；丽水市景宁县鸬鹚乡鸬鹚村；丽水市景宁县鸬鹚乡仁字坑村；丽水市景宁县鸬鹚乡山下村；丽水市景宁县鸬鹚乡印章村；丽水市景宁县鸬鹚乡驮戡村；丽水市景宁县鸬鹚乡徐崇村；丽水市景宁县标溪乡标溪村；丽水市景宁县标溪乡叶谢村；丽水市景宁县毛垟乡毛垟村；丽水市景宁县毛垟乡陈坪村；丽水市景宁县毛垟乡炉西村；丽水市景宁县毛垟乡上沙湾村；丽水市景宁县秋炉乡秋炉村；丽水市景宁县秋炉乡新塘垟村；丽水市景宁县大地乡驮垟村；丽水市景宁县大地乡张坑村；丽水市景宁县九龙乡高沈村；丽水市龙泉市剑池街道周际村；丽水市龙泉市住龙镇西井村；丽水市龙泉市屏南镇库租坑村；丽水市龙泉市屏南镇上畲村；丽水市龙泉市屏南镇地畲村；丽水市龙泉市屏南镇南垟村；丽水市龙泉市竹垟畲族乡盖竹村；丽水市龙泉市道太乡外翁村；丽水市龙泉市道太乡荷上畈村；丽水市龙泉市城北乡内双溪村；丽水市龙泉市龙南乡龙井村；丽水市龙泉市龙南乡兴源村

安徽省（237个）

合肥市巢湖市柘皋镇北闸老街；合肥市巢湖市烔炀镇烔炀老街；合肥市巢湖市黄麓镇张疃村；

淮南市寿县隐贤镇隐贤老街；

铜陵市郊区铜山镇南泉村岭上吴村；铜陵市枞阳县陈瑶湖镇水圩村；铜陵市义安区天门镇板桥村江村；

安庆市潜山市黄泥镇黄泥村；安庆市潜山市龙潭乡万涧村；安庆市潜山市龙潭乡龙潭村；安庆市岳西县五河镇李凹村；安庆市岳西县青天乡青天村；安庆市桐城市唐湾镇唐湾村；

黄山市黄山区甘棠镇庄里村；黄山市黄山区仙源镇水东村；黄山市黄山区汤口镇芳村；黄山市黄山区三口镇联中村；黄山市黄山区乌石镇长芦村；黄山市徽州区岩寺镇洪坑村；黄山市徽州区富溪乡光明村；黄山市徽州区富溪乡碣石村；黄山市歙县徽城镇就田村；黄山市歙县深渡镇外河坑村；黄山市歙县深渡镇棉溪村；黄山市歙县深渡镇洪济村；黄山市歙县深渡镇三源村；黄山市歙县深渡镇定潭村；黄山市歙县深渡镇绵潭村；

续表

黄山市歙县深渡镇九砂村；黄山市歙县深渡镇琶坑村；黄山市深渡镇安梅村；黄山市歙县深渡镇下产村；黄山市歙县北岸镇显村；黄山市歙县北岸镇五渡村；黄山市歙县北岸镇大阜村；黄山市歙县北岸镇长坑村；黄山市歙县北岸镇槐棠村；黄山市歙县北岸镇高山村；黄山市歙县北岸镇留村；黄山市歙县北岸镇瞻田村；黄山市歙县富堨镇三田村；黄山市歙县富堨镇高金村；黄山市歙县富堨镇富堨村；黄山市歙县富堨镇仁里村；黄山市歙县郑村镇稠墅村；黄山市歙县郑村镇郑村；黄山市歙县郑村镇潭渡村；黄山市歙县桂林镇西坑村；黄山市歙县桂林镇双河村；黄山市歙县许村镇箬岭村；黄山市歙县许村镇环泉村；黄山市歙县许村镇金村；黄山市歙县许村镇沙堨村；黄山市歙县许村镇姚家村；黄山市歙县许村镇东山村；黄山市歙县溪头镇汪岔村；黄山市歙县溪头镇金锅岭村；黄山市歙县溪头镇竹园村；黄山市歙县溪头镇竦坑村；黄山市歙县溪头镇桃岭村；黄山市歙县溪头镇晔岔村；黄山市歙县溪头镇蓝田村；黄山市歙县溪头镇汪满田村；黄山市歙县杞梓里镇铜山村；黄山市歙县杞梓里镇大备坑村；黄山市歙县杞梓里镇上坑村；黄山市歙县杞梓里镇齐武村；黄山市歙县杞梓里镇外磻村；黄山市歙县杞梓里镇车田村；黄山市歙县杞梓里镇唐里村；黄山市歙县杞梓里镇磻溪村；黄山市歙县杞梓里镇坡山村；黄山市歙县杞梓里镇金竹村；黄山市歙县杞梓里镇水竹坑村；黄山市歙县杞梓里镇英坑村；黄山市歙县霞坑镇鸿飞村；黄山市歙县霞坑镇洪琴村；黄山市歙县霞坑镇里方村；黄山市歙县霞坑镇北山村；黄山市歙县霞坑镇士川村；黄山市歙县霞坑镇村头村；黄山市歙县霞坑镇察坑村；黄山市歙县霞坑镇科村；黄山市歙县霞坑镇水川村；黄山市歙县霞坑镇溪上村；黄山市歙县岔口镇茶园坪村；黄山市歙县岔口镇庙前村；黄山市歙县岔口镇岭里村；黄山市歙县岔口镇井潭村；黄山市歙县岔口镇金村；黄山市歙县岔口镇益州村；黄山市歙县岔口镇岔口村；黄山市歙县岔口镇高演村；黄山市歙县街口镇街口村；黄山市歙县坑口乡汪村；黄山市歙县坑口乡瀹坑村；黄山市歙县坑口乡瀹潭村；黄山市歙县坑口乡瀹岭坞村；黄山市歙县雄村镇义成村；黄山市歙县雄村镇浦口村；黄山市歙县雄村镇航步村；黄山市歙县雄村镇庄源村；黄山市歙县上丰乡上丰村；黄山市歙县上丰乡屯田村；黄山市歙县上丰乡赵村；黄山市歙县上丰乡里溪村；黄山市歙县上丰乡杨家坦村；黄山市歙县昌溪乡万二村；黄山市歙县昌溪乡昌溪村；黄山市歙县昌溪乡关山村；黄山市歙县武阳乡武阳村；黄山市歙县武阳乡梅川村；黄山市歙县武阳乡约里村；黄山市歙县武阳乡峰山村；黄山市歙县三阳镇三阳村；黄山市歙县三阳镇崇山村；黄山市歙县三阳镇竹铺村；黄山市歙县三阳镇竹源村；黄山市歙县三阳镇岭脚村；

续表

黄山市歙县三阳镇中村；黄山市歙县三阳镇荷花形村；黄山市歙县三阳镇外南庄村；黄山市歙县三阳镇英川村；黄山市歙县三阳镇慈坑村；黄山市歙县金川乡金川村；黄山市歙县金川乡柏川村；黄山市歙县金川乡山郭村；黄山市歙县小川乡田庄村；黄山市歙县小川乡盘苏村；黄山市歙县小川乡西坡村；黄山市歙县新溪口乡太平村；黄山市歙县璜田乡六联村；黄山市歙县璜田乡璜田村；黄山市歙县璜田乡蜈蚣岭村；黄山市歙县璜田乡源头村；黄山市歙县璜田乡天堂村；黄山市歙县森村乡绍村；黄山市歙县森村乡渔岸村；黄山市歙县森村乡满田村；黄山市歙县森村乡鸡川村；黄山市歙县森村乡皋径村；黄山市歙县森村乡隐里村；黄山市歙县绍濂乡坑口村；黄山市歙县石门乡青峰村；黄山市休宁县五城镇月潭村；黄山市休宁县五城镇五城村；黄山市休宁县蓝田镇前川村；黄山市休宁县蓝田镇秋洪川村；黄山市休宁县溪口镇小坑村；黄山市休宁县溪口镇源头村；黄山市休宁县流口镇茗洲村；黄山市休宁县流口镇泉坑村；黄山市休宁县汪村镇左源村；黄山市休宁县汪村镇广源村；黄山市休宁县汪村镇麻田村；黄山市休宁县汪村镇大连村；黄山市休宁县商山镇双桥村；黄山市休宁县山斗乡金源村；黄山市休宁县板桥乡杨林湾村；黄山市休宁县板桥乡梓坞村；黄山市休宁县鹤城乡高坑村；黄山市休宁县榆村乡富溪村；黄山市黟县碧阳镇光村；黄山市黟县碧阳镇南门村；黄山市黟县碧阳镇郭门村；黄山市黟县碧阳镇西街村；黄山市黟县宏村镇万村；黄山市黟县宏村镇蜀里村；黄山市黟县宏村镇蓬厦村；黄山市黟县宏村镇历舍村；黄山市黟县西递镇燕川村；黄山市黟县柯村镇东坑村；黄山市黟县宏潭乡佘溪上村；黄山市黟县宏潭乡宏潭村；黄山市黟县洪星乡奕村；黄山市祁门县祁山镇六都村；黄山市祁门县历口镇彭龙村；黄山市祁门县历口镇许村；黄山市祁门县历口镇武陵村；黄山市祁门县闪里镇文堂村；黄山市祁门县闪里镇桃源村；黄山市祁门县安凌镇广联村；黄山市祁门县新安镇高塘村；黄山市祁门县新安镇炼丹石村；黄山市祁门县柏溪乡柏溪村；黄山市祁门县祁红乡塘坑头村；黄山市祁门县芦溪乡奇口村；黄山市祁门县芦溪乡查湾村；黄山市祁门县古溪乡黄龙口村；黄山市祁门县箬坑乡伦坑村；黄山市祁门县箬坑乡下汪村；黄山市祁门县箬坑乡马山村；

六安市金安区毛坦厂镇浸堰村；六安市金寨县天堂寨镇前畈村；

池州市贵池区墩上街道茅坦村；池州市贵池区梅街镇刘街村；池州市东至县尧渡镇尚合村阳山村；池州市东至县尧渡镇高岭村胡村；池州市东至县木塔乡木塔村木塔口村；池州市石台县仙寓镇奇峰村；池州市青阳县陵阳镇陵阳村；

续表

宣城市郎溪县飞鲤镇裴村；宣城市广德县四合乡宏霞村遐嵩林村；宣城市广德县四合乡耿村村大耿村；宣城市泾县茂林镇茂林村；宣城市泾县榔桥镇涌溪村；宣城市泾县榔桥镇浙溪村；宣城市泾县榔桥镇乌溪村；宣城市泾县榔桥镇西阳村；宣城市泾县榔桥镇双河村；宣城市泾县琴溪镇赤滩村；宣城市泾县云岭镇郭峰村冰山村；宣城市泾县云岭镇中村；宣城市泾县云岭镇靠山村；宣城市泾县黄村镇安吴村；宣城市泾县丁家桥镇后山村；宣城市泾县丁家桥镇小岭村；宣城市绩溪县临溪镇孔灵村；宣城市绩溪县长安镇镇头村；宣城市绩溪县长安镇浩寨村冯村；宣城市绩溪县长安镇庄团村；宣城市绩溪县长安镇坦头村；宣城市绩溪县上庄镇旺川村；宣城市绩溪县扬溪镇石门村；宣城市绩溪县伏岭镇西川村；宣城市绩溪县伏岭镇水村；宣城市绩溪县伏岭镇北村；宣城市绩溪县伏岭镇江南村；宣城市绩溪县伏岭镇胡家村；宣城市绩溪县瀛洲镇瀛洲村汪村；宣城市绩溪县板桥头乡蜀马村；宣城市绩溪县家朋乡磡头村；宣城市绩溪县家朋乡松木岭村；宣城市绩溪县家朋乡鱼龙山村；宣城市旌德县庙首镇庙首村；宣城市宁国市仙霞镇仙霞村；宣城市宁国市云梯畲族乡千秋畲族村

福建省（265个）

福州市仓山区城门镇林浦村；福州市罗源县中房镇林家村；福州市罗源县中房镇吉际村；福州市罗源县中房镇满盾村；福州市罗源县中房镇厚富村；福州市永泰县嵩口镇漈头村；福州市永泰县嵩口镇赤水村；福州市永泰县梧桐镇椿阳村；福州市永泰县梧桐镇后溪村；福州市永泰县梧桐镇潼关村；福州市永泰县葛岭镇巫洋村；福州市永泰县长庆镇中埔村；福州市永泰县同安镇同安村；福州市永泰县同安镇三捷村；福州市永泰县大洋镇大展村；福州市永泰县岭路乡长坑村；福州市永泰县洑口乡山寨村；福州市永泰县洑口乡紫山村；福州市永泰县盖洋乡珠峰村；福州市永泰县盖洋乡湖里村；福州市永泰县盖洋乡前湖村；福州市永泰县盖洋乡碓头村；福州市永泰县东洋乡周坑村；福州市永泰县东洋乡东洋村；福州市永泰县霞拔乡下园村；福州市永泰县霞拔乡锦安村；福州市永泰县白云乡寨里村；福州市永泰县白云乡石岸村；福州市永泰县白云乡白云村；福州市永泰县丹云乡赤岸村；福州市永泰县丹云乡翠云村；福州市福清市一都镇东山村；

莆田市荔城区西天尾镇后黄村；莆田市秀屿区平海镇平海村；

三明市明溪县夏阳乡旦上村；三明市清流县赖坊镇官坊村；三明市清流县赖坊镇南山村；三明市清流县李家乡鲜水村；三明市宁化县曹坊镇下曹村；三明市大田县石牌镇盖山村；三明市大田县太华镇魁城村；

续表

三明市大田县太华镇小华村；三明市大田县华兴镇张墘村；三明市大田县华兴镇早兴村；三明市大田县华兴镇柯坑村；三明市大田县华兴乡横坑村；三明市大田县屏山乡杨梅村；三明市大田县济阳乡上丰村；三明市尤溪县西滨镇双洋村；三明市尤溪县洋中镇上塘村；三明市尤溪县新阳镇大坋村；三明市尤溪县坂面镇京口村；三明市尤溪县溪尾乡莘田村逢春村；三明市尤溪县中仙乡西华村；三明市沙县夏茂镇李窠村；三明市沙县富口镇盖竹村；三明市将乐县大源乡山坊村；三明市永安市贡川镇张荆村；三明市永安市小陶镇美坂村；三明市永安市小陶镇坬头村；三明市永安市槐南镇洋头村；三明市永安市青水畲族乡龙塘村；

泉州市泉港区峰尾镇诚峰村；泉州市泉港区涂岭镇樟脚村；泉州市惠安县净峰镇西头村；泉州市安溪县西坪镇南岩村；泉州市安溪县桃舟乡吾培村；泉州市永春县五里街镇西安村；泉州市德化县浔中镇祖厝村；泉州市德化县龙浔镇高阳村；泉州市德化县水口镇上湖村白潭村；泉州市德化县水口镇淳湖村；泉州市德化县盖德镇山坪村；泉州市德化县美湖镇美湖村；泉州市德化县美湖镇洋坑村；泉州市德化县美湖镇洋田村；泉州市德化县杨梅乡云溪村；泉州市德化县桂阳乡桂阳村；泉州市德化县大铭乡大铭村；泉州市德化县春美乡双翰村；泉州市德化县春美乡春美村；泉州市台商投资区洛阳镇万安村；泉州市石狮市灵秀镇华山村；泉州市晋江市安海镇瑶前村；泉州市晋江市金井镇围头村；

漳州市云霄县火田镇溪口村；漳州市漳浦县官浔镇红霞村；漳州市漳浦县深土镇山尾村；漳州市漳浦县六鳌镇鳌西村；漳州市诏安县金星乡湖内村；漳州市长泰县枋洋镇林溪村；漳州市南靖县金山镇霞涌村；漳州市南靖县和溪镇林中村；漳州市南靖县和溪镇林坂村；漳州市南靖县奎洋镇罗坑村；漳州市南靖县梅林镇璞山村；漳州市南靖县梅林镇坎下村；漳州市南靖县梅林镇磜头村；漳州市南靖县梅林镇梅林村；漳州市南靖县船场镇坑头村；漳州市南靖县南坑镇葛竹村；漳州市南靖县南坑镇新罗村；漳州市平和县九峰镇黄田村；漳州市华安县仙都镇大地村；漳州市龙海市东泗乡渐山村；

南平市延平区樟湖镇剧头村；南平市延平区塔前镇莒上村；南平市延平区茫荡镇际头村；南平市延平区茫荡镇聪坑村；南平市延平区茫荡镇三楼村；南平市延平区巨口乡上埔村；南平市延平区巨口乡馀庆村；南平市延平区巨口乡谷园村；南平市顺昌县大干镇武坊村；南平市顺昌县高阳乡大富村；南平市顺昌县高阳乡上村；南平市浦城县富岭镇山路村；南平市浦城县石陂镇徐墩村北岩井后村；南平市浦城县仙阳镇永建村；南平市浦城县古楼乡洋溪村；南平市浦城县古楼乡叶山村；

续表

南平市浦城县官路乡毛处村上源头村；南平市光泽县崇仁乡崇仁村；南平市光泽县李坊乡管蜜村；南平市光泽县华桥乡牛田村；南平市松溪县河东乡大布村；南平市政和县东平镇凤头村；南平市政和县铁山镇凤林村；南平市政和县铁山镇罗家地村；南平市政和县铁山镇大岭村；南平市政和县镇前镇筠竹洋村；南平市政和县星溪乡念山村；南平市政和县星溪乡地坪村；南平市政和县外屯乡稠岭村；南平市政和县杨源乡西岩村；南平市政和县杨源乡桃洋村；南平市政和县澄源乡富垅村；南平市政和县澄源乡上洋村；南平市政和县澄源乡牛途村；南平市政和县澄源乡黄岭村；南平市政和县岭腰乡高山村；南平市邵武市桂林乡桂林村扬名坊村；南平市邵武市桂林乡余山村；南平市武夷山市上梅乡厅下村岩后村；南平市武夷山市上梅乡地尾村；南平市武夷山市吴屯乡大浑村；南平市武夷山市吴屯乡后源村；南平市武夷山市岚谷乡横源村；南平市武夷山市岚谷乡岚头村；南平市建瓯市迪口镇值源村；南平市建瓯市东游镇岐头村；南平市建瓯市东峰镇裴桥村；

龙岩市新罗区雁石镇云山村；龙岩市新罗区白沙镇官洋村；龙岩市新罗区白沙镇孔党村；龙岩市新罗区白沙镇营边村；龙岩市新罗区岩山镇玉宝村；龙岩市新罗区苏坂镇美山村；龙岩市永定区下洋镇三联村；龙岩市永定区抚市镇新民村；龙岩市永定区抚市镇社前村；龙岩市永定区湖坑镇西片村；龙岩市永定区湖坑镇新南村；龙岩市永定区古竹乡瑶下村；龙岩市永定区大溪乡坑头村；龙岩市永定区高头乡高东村；龙岩市长汀县童坊镇彭坊村；龙岩市长汀县河田镇蔡坊村；龙岩市长汀县南山镇桥下村；龙岩市长汀县濯田镇水头村；龙岩市长汀县濯田镇同睦村；龙岩市长汀县铁长乡洋坊村；龙岩市上杭县太拔镇坵辉村；龙岩市连城县莒溪镇陈地村；龙岩市连城县莒溪镇太平僚村；龙岩市连城县新泉镇新泉村；龙岩市连城县庙前镇丰图村；龙岩市连城县塘前乡迪坑村；龙岩市连城县四堡乡田茶村；龙岩市连城县四堡乡四桥村；龙岩市连城县赖源乡黄宗村；龙岩市漳平市新桥镇产盂村；龙岩市漳平市双洋镇西洋村；龙岩市漳平市溪南镇东湖村；龙岩市漳平市象湖镇土坑村；龙岩市漳平市象湖镇下德安村；龙岩市漳平市南洋镇营仑村；

宁德市蕉城区城南镇叶厝村；宁德市蕉城区八都镇水漈村；宁德市蕉城区霍童镇凤桥村；宁德市蕉城区石后乡芹后村；宁德市蕉城区虎贝乡黄柏村；宁德市霞浦县沙江镇竹江村；宁德市霞浦县沙江镇八堡村；宁德市霞浦县柏洋乡院边村；宁德市古田县城东街道利洋村；宁德市古田县城西街道罗峰村；宁德市古田县平湖镇银坑村；宁德市古田县平湖镇端上村；宁德市古田县平湖镇玉源村；宁德市古田县鹤塘镇溪边村；

续表

宁德市古田县鹤塘镇路上村；宁德市古田县鹤塘镇田地村；宁德市古田县鹤塘镇樟厅村；宁德市古田县杉洋镇洪湾村；宁德市古田县杉洋镇夏庄村；宁德市古田县杉洋镇东吉村；宁德市古田县杉洋镇善德村；宁德市古田县杉洋镇珠洋村；宁德市古田县大甲镇林峰村；宁德市古田县大甲镇邹洋村；宁德市古田县泮洋乡凤竹村；宁德市古田县卓洋乡京峰村；宁德市古田县卓洋乡廖厝村；宁德市屏南县双溪镇前洋村；宁德市屏南县黛溪镇恩洋村；宁德市屏南县黛溪镇康里村；宁德市屏南县屏城乡里汾溪村；宁德市屏南县熙岭乡前塘村；宁德市屏南县路下乡罗沙洋村；宁德市屏南县岭下乡谢坑村；宁德市寿宁县斜滩镇印潭村；宁德市寿宁县斜滩镇厝基村大溪头村；宁德市寿宁县南阳镇含溪村；宁德市寿宁县武曲镇梅洋村；宁德市寿宁县武曲镇甲峰村；宁德市寿宁县犀溪镇甲坑村；宁德市寿宁县平溪镇南溪村；宁德市寿宁县平溪镇东溪村；宁德市寿宁县大安乡亭溪村；宁德市寿宁县芹洋乡尤溪村；宁德市寿宁县芹洋乡阜莽村；宁德市寿宁县托溪乡圈石村；宁德市寿宁县下党乡曹坑村；宁德市寿宁县下党乡杨溪头村；宁德市周宁县李墩镇楼坪村；宁德市周宁县纯池镇前溪村；宁德市周宁县纯池镇祖龙村；宁德市周宁县泗桥乡赤岩村；宁德市周宁县礼门乡仕本村；宁德市周宁县礼门乡常源村；宁德市周宁县礼门乡礼门村；宁德市周宁县玛坑乡紫竹村；宁德市柘荣县乍洋乡溪口村；宁德市柘荣县黄柏乡黄柏村；宁德市柘荣县黄柏乡上黄柏村；宁德市柘荣县黄柏乡长冠村；宁德市柘荣县英山乡官安村；宁德市福安市潭头镇棠溪村；宁德市福安市潭头镇富罗坂村下洋中村；宁德市福安市潭头镇千诗亭村车岭村；宁德市福安市潭头镇康源村；宁德市福安市社口镇秀峰村；宁德市福安市晓阳镇晓阳村；宁德市福安市晓阳镇岭下村；宁德市福安市晓阳镇首洋村；宁德市福安市溪潭镇周家山村；宁德市福安市甘棠镇观里村；宁德市福安市坂中畲族乡仙源里村；宁德市福安市穆云畲族乡桥溪村；宁德市福鼎市磻溪镇桑海村；宁德市福鼎市白琳镇翁江村；宁德市福鼎市点头镇举州村；宁德市福鼎市点头镇柏柳村；宁德市福鼎市硖门畲族乡秦石村石兰村

江西省（168个）

南昌市进贤县李渡镇桂桥村；南昌市进贤县文港镇前塘村；

九江市武宁县甫田乡太平山村合港村；九江市修水县布甲乡太阳村；

景德镇市浮梁县鹅湖镇桃岭村楚岗村；景德镇市浮梁县经公桥镇鸦桥村；景德镇市浮梁县瑶里镇五华村；景德镇市浮梁县峙滩镇龙潭村；景德镇市浮梁县兴田乡城门村；景德镇市浮梁县兴田乡程家山村龙源村；景德镇市浮梁县江村乡诰峰村；景德镇市浮梁县江村乡江村；

续表

景德镇市乐平市镇桥镇浒崦村；景德镇市乐平市涌山镇东岗村石峡村；景德镇市乐平市涌山镇车溪村；景德镇市乐平市洪岩镇小坑村；景德镇市乐平市双田镇耆德村；

新余市渝水区欧里镇白梅村；新余市渝水区南安乡新生村哲山村；新余市渝水区新溪乡西江村；新余市分宜县操场乡塘西村；

鹰潭市贵溪市塘湾镇上祝村闵坑村；

赣州市南康区唐江镇幸屋村；赣州市南康区唐江镇卢屋村；赣州市赣县区南塘镇清溪村；赣州市赣县区南塘镇大都村；赣州市信丰县万隆乡李庄村上龙村；赣州市大余县池江镇杨梅村；赣州市上犹县安和乡陶朱村；赣州市上犹县双溪乡大石门村；赣州市安远县长沙乡筼筜村；赣州市龙南县武当镇大坝村；赣州市龙南县里仁镇正桂村；赣州市龙南县里仁镇新里村；赣州市定南县老城镇老城村；赣州市宁都县大沽乡旸霁村；赣州市于都县车溪乡坝脑村；赣州市兴国县社富乡东韶村；赣州市兴国县城岗乡白石村；赣州市寻乌县澄江镇周田村；赣州市寻乌县项山乡桥头村；赣州市石城县琴江镇大畲村；赣州市瑞金市瑞林镇下坝村；赣州市瑞金市武阳镇粟田村黄田村；赣州市瑞金市武阳镇武阳村；赣州市瑞金市冈面乡上田村；

吉安市吉州区兴桥镇湖田村饱塘村；吉安市吉州区兴桥镇藤桥村菰塘村；吉安市吉州区长塘镇赵塘村上赵塘村；吉安市吉州区曲濑镇彭家村胡家村；吉安市青原区值夏镇永乐村永乐村；吉安市青原区值夏镇毛家村源头村；吉安市青原区新圩镇江头村毛家村；吉安市吉安县登龙乡泗塘村第泗塘村；吉安市吉水县枫江镇坪洲村东塘村；吉安市吉水县枫江镇兰田村林桥村；吉安市吉水县枫江镇上陇洲村；吉安市吉水县黄桥镇涖塘村；吉安市吉水县黄桥镇西岭村上栋村；吉安市吉水县黄桥镇云庄村；吉安市吉水县金滩镇荷塘村栗头村；吉安市吉水县醪桥镇固洲村；吉安市吉水县水南镇金城村大圳村；吉安市吉水县尚贤乡桥头村；吉安市吉水县尚贤乡王家村栗下村；吉安市新干县麦斪镇上寨村；吉安市新干县荷浦乡塘下村新居村；吉安市永丰县陶唐乡金溪村；吉安市泰和县苑前镇书院村；吉安市泰和县苑前镇王山村；吉安市泰和县万合镇钟埠村；吉安市泰和县万合镇店边村梅冈村；吉安市安福县平都镇浮山村下李家村；吉安市安福县洲湖镇毛田村龙田村；吉安市安福县枫田镇枫田村松田村；吉安市安福县洋门乡嘉溪村；吉安市永新县石桥镇樟枧村；

续表

宜春市奉新县干洲镇长青村；宜春市宜丰县潭山镇店上村；宜春市宜丰县潭山镇龙岗村；宜春市宜丰县芳溪镇下屋村；宜春市靖安县仁首镇大团村水垱村；宜春市靖安县仁首镇象湖村占坊村；宜春市靖安县中源乡船湾村；宜春市丰城市段潭乡湖茫村；宜春市丰城市湖塘乡湖塘村；宜春市丰城市湖塘乡红湖村赤坑村；宜春市丰城市湖塘乡六坊村富塘村；宜春市丰城市湖塘乡洛溪村；宜春市丰城市同田乡长塘村；

抚州市临川区荣山镇新街村；抚州市临川区龙溪镇梅溪村张家村；抚州市临川区太阳镇娄溪村门楼黎家村；抚州市临川区东馆镇玉湖村李家村；抚州市临川区腾桥镇腾桥村；抚州市临川区腾桥镇石池村；抚州市临川区湖南乡洪塘村游家村；抚州市临川区湖南乡竹溪村喻家村；抚州市临川区嵩湖乡陈油村田南傅家村；抚州市临川区嵩湖乡江下村下丁村；抚州市临川区鹏田乡陈坊村；抚州市临川区河埠乡河埠村周家村；抚州市南城县株良镇红米丘村磁主村；抚州市南城县株良镇云市村；抚州市南城县上唐镇上唐村；抚州市南城县上唐镇上舍村；抚州市南城县上唐镇源头村；抚州市南城县上唐镇下崔村；抚州市南城县沙洲镇临坊村；抚州市南城县新丰街镇新丰村；抚州市南城县新丰街镇汾水村；抚州市黎川县樟溪乡中洲村；抚州市黎川县中田乡中田村；抚州市南丰县琴城镇瑶浦村；抚州市南丰县白舍镇上甘村；抚州市南丰县白舍镇古竹村；抚州市南丰县洽湾镇长岭村梅坑村；抚州市南丰县三溪乡石邮村；抚州市南丰县傅坊乡港下村；抚州市崇仁县相山镇浯漳村；抚州市崇仁县河上镇陈村段家车村；抚州市崇仁县白露乡吴坊村华家村；抚州市崇仁县许坊乡谙源村；抚州市乐安县牛田镇水南村；抚州市乐安县万崇镇丰林村万坊村；抚州市乐安县罗陂乡右源村峡源村；抚州市乐安县罗陂乡水溪村；抚州市乐安县罗陂乡罗陂村古村；抚州市乐安县南村乡炉桐村稠溪村；抚州市乐安县谷岗乡汤山村；抚州市金溪县秀谷镇马街村符竹村；抚州市金溪县秀谷镇先锋村傅家村；抚州市金溪县浒湾镇荣坊村；抚州市金溪县双塘镇古圩村铜岭村；抚州市金溪县双塘镇对塘村湖山村；抚州市金溪县合市镇坪上村楼下村里姜村；抚州市金溪县合市镇湖坊村珊珂村仲岭村；抚州市金溪县合市镇崇麓村；抚州市金溪县合市镇良种场郑坊村；抚州市金溪县琅琚镇安吉村彭家村；抚州市金溪县左坊镇徐源村；抚州市金溪县左坊镇后龚村；抚州市金溪县陆坊乡陆坊村；抚州市金溪县陆坊乡植源村；抚州市金溪县陆坊乡桥上村；抚州市金溪县陈坊积乡城湖村；抚州市金溪县陈坊积乡陈坊村上张村；抚州市金溪县陈坊积乡高坪村；抚州市金溪县琉璃乡桂家村下宋村；抚州市金溪县石门乡白沿村横源村；抚州市金溪县石门乡靖思村；抚州市资溪县鹤城镇大觉山村上傅村；

抚州市资溪县高阜镇莒洲村；抚州市资溪县嵩市镇杜兰村；抚州市东乡区岗上积镇段溪村艾家村；

上饶市广丰区嵩峰乡十都村；上饶市玉山县仙岩镇官溪社区；上饶市铅山县陈坊乡陈坊村；上饶市铅山县太源畲族乡太源村水美村；上饶市横峰县葛源镇枫林村；上饶市鄱阳县莲花山乡清溪村新屋下村；上饶市鄱阳县枧田街乡丰田村；上饶市婺源县思口镇河山坦村新源村；上饶市婺源县思口镇长滩村龙腾上村；上饶市婺源县中云镇桃溪村坑头村；上饶市婺源县大鄣山乡菊径村；上饶市婺源县大鄣山乡水岚村；上饶市德兴市海口镇海口村

山东省（50个）

济南市历城区柳埠街道石匣村；济南市章丘区普集街道袭家村；济南市章丘区相公庄街道梭庄村；济南市章丘区官庄街道东矾硫村；

淄博市淄川区昆仑镇磁村；淄博市淄川区昆仑镇刘瓦村；淄博市淄川区罗村镇大窎桥村；淄博市淄川区太河镇纱帽村；淄博市淄川区太河镇土泉村；淄博市淄川区太河镇鲁子峪村；淄博市淄川区太河镇池板村；淄博市博山区域城镇东流泉村；淄博市博山区域城镇上恶石坞村；淄博市博山区源泉镇南崮山北村；淄博市沂源县燕崖镇姚南峪村；

枣庄市薛城区陶庄镇前西仓村；枣庄市山亭区城头镇东岭村；枣庄市山亭区冯卯镇朱元村；枣庄市山亭区冯卯镇付庄村；

烟台市龙口市黄山馆镇馆前后徐村；烟台市龙口市芦头镇界沟张家村；烟台市莱州市程郭镇前武官村；烟台市招远市蚕庄镇山后冯家村；烟台市招远市张星镇段家洼村；烟台市招远市张星镇仓口陈家村；烟台市招远市张星镇宅科村；烟台市栖霞市苏家店镇后寨村；

潍坊市青州市庙子镇黄鹿井村；潍坊市昌邑市卜庄镇夏店街村；潍坊市昌邑市卜庄镇姜泊村；

济宁市邹城市香城镇石鼓墩村；济宁市邹城市石墙镇东深井村；

泰安市岱岳区道朗镇二奇楼村；泰安市肥城市孙伯镇五埠村；泰安市肥城市孙伯镇岈山村；

威海市荣成市宁津街道东墩村；威海市荣成市宁津街道留村；威海市荣成市宁津街道马栏耩村；威海市荣成市宁津街道渠隔村；威海市荣成市港湾街道大鱼岛村；威海市荣成市港西镇小西村；威海市荣成市港西镇巍巍村；威海市乳山市城区街道腾甲庄村；威海市乳山市崖子镇大崮头村；威海市乳山市诸往镇东尚山村；

日照市莒县东莞镇赵家石河村；日照市莒县桑园镇柏庄村；

续表

莱芜市莱城区和庄镇马杓湾村；

临沂市沂水县夏蔚镇云头峪村；临沂市沂水县泉庄镇石棚村

河南省（81个）

郑州市巩义市大峪沟镇海上桥村；郑州市登封市少林街道玄天庙村杨家门村；郑州市登封市徐庄镇杨林村；郑州市登封市徐庄镇安沟村；

洛阳市孟津县城关镇寺河南村大阳河村；洛阳市孟津县横水镇横水村；洛阳市新安县铁门镇土古洞村；洛阳市嵩县白河镇下寺村；洛阳市嵩县白河镇大青村；洛阳市嵩县白河镇白河街村；洛阳市嵩县白河镇火神庙村；洛阳市嵩县九店乡王楼村洼口村；

平顶山市鲁山县瓦屋镇红石崖村；平顶山市郏县黄道镇王英沟村；平顶山市郏县黄道镇纸坊村；平顶山市郏县薛店镇冢王村；平顶山市郏县薛店镇下宫村；平顶山市汝州市大峪镇青山后村；平顶山市宝丰县李庄乡翟集村；

安阳市安阳县磊口乡清凉山村；安阳市林州市合涧镇肖街村北庵沟村；安阳市林州市临淇镇占元村；安阳市林州市临淇镇白泉村；安阳市林州市临淇镇黄落池村郜家庄村；安阳市林州市东姚镇石大沟村；安阳市林州市东姚镇齐家村；安阳市林州市任村镇白家庄村；安阳市林州市任村镇牛岭山村马刨泉村；安阳市林州市任村镇盘龙山村；安阳市林州市任村镇皇后村；安阳市林州市任村镇后峪村；安阳市林州市五龙镇石阵村中石阵村；安阳市林州市五龙镇七峪村；安阳市林州市石板岩镇贤麻沟村；安阳市林州市石板岩镇石板岩村东湾村；安阳市林州市石板岩镇西乡坪村；安阳市林州市石板岩镇高家台村；

鹤壁市鹤山区鹤壁集镇西杨邑村；鹤壁市鹤山区姬家山乡西顶村；鹤壁市鹤山区姬家山乡石门村；鹤壁市鹤山区姬家山乡沙锅窑村；鹤壁市鹤山区姬家山乡蒋家顶村；鹤壁市鹤山区姬家山乡施家沟村；鹤壁市山城区石林镇中石林村；鹤壁市山城区鹿楼乡寺湾村；鹤壁市淇滨区上峪乡柏尖山村；鹤壁市淇滨区上峪乡老望岩村；鹤壁市淇滨区上峪乡白龙庙村；鹤壁市淇滨区上峪乡桑园村；鹤壁市淇县灵山街道大石岩村；

新乡市卫辉市狮豹头乡土池村；新乡市卫辉市狮豹头乡里峪村；新乡市卫辉市狮豹头乡定沟村；新乡市辉县市南村镇西王村；新乡市辉县市南村镇丁庄村；新乡市辉县市南寨镇齐王寨村；新乡市辉县市黄水乡韩口村；新乡市辉县市张村乡赵窑村；新乡市辉县市沙窑乡新庄村；

焦作市山阳区苏家作乡寨卜昌村；焦作市修武县西村乡东交口村；焦作市孟州市西虢镇莫沟村；

濮阳市华龙区岳村镇东北庄村；

许昌市禹州市鸠山镇天垌村；许昌市禹州市鸠山镇魏井村；

三门峡市陕州区张汴乡曲村；三门峡市卢氏县文峪乡大桑沟村；三门峡市灵宝市朱阳镇两岔河村；

南阳市南召县云阳镇铁佛寺村石窝坑村；南阳市方城县柳河乡段庄村王老庄村；

商丘市梁园区谢集镇西街村老谢集村；商丘市睢阳区李口镇清河口村刘旬庄村；

信阳市光山县弦山街道同心村黄底下组；信阳市光山县泼陂河镇崔村宋桥组；信阳市光山县凉亭乡梁冲村晏洼组；信阳市光山县槐店乡陈洼村陈洼组；信阳市光山县文殊乡花山村周洼组；信阳市新县沙窝镇朴树店村宋冲组；

周口市商水县邓城镇邓城东村；

济源市邵原镇双房村；济源市思礼镇水洪池村

湖北省（88个）

黄石市大冶市金湖街道姜桥村；黄石市大冶市金湖街道焦和村；黄石市大冶市金湖街道门楼村；黄石市大冶市大箕铺镇柯大兴村；黄石市大冶市大箕铺镇水南湾村；黄石市阳新县大王镇金寨村；

十堰市郧阳区安阳镇冷水庙村；十堰市郧西县上津镇津城村；十堰市竹山县秦古镇独山村；十堰市丹江口市六里坪镇伍家沟村；十堰市丹江口市盐池河镇盐池湾村；十堰市丹江口市蒿坪镇蒿坪村；十堰市丹江口市石鼓镇贾家寨村；

宜昌市远安县花林寺镇龙凤村庞家湾；宜昌市远安县茅坪场镇九龙村；宜昌市兴山县昭君镇青华村；宜昌市秭归县归州镇香溪村；宜昌市长阳土家族自治县渔峡口镇龙池村；宜昌市五峰土家族自治县采花乡楠木桥村；宜昌市当阳市坝陵街道慈化村；

襄阳市南漳县东巩镇麻城河村；襄阳市南漳县东巩镇昌集村；襄阳市南漳县肖堰镇观音岩村；

荆门市钟祥市石牌镇荆台村；荆门市钟祥市张集镇张家集村；

孝感市大悟县阳平镇中秋村；孝感市大悟县黄站镇熊畈村；孝感市大悟县宣化店镇姚畈村；

荆州市洪湖市老湾回族乡珂里村；

黄冈市团风县回龙山镇林家大湾村；黄冈市红安县七里坪镇柏林寺村；黄冈市黄梅县柳林乡商子垹村；黄冈市麻城市阎家河镇石桥垱村；黄冈市麻城市宋埠镇龙井村；黄冈市麻城市龟山镇东垱村；黄冈市麻城市龟山镇熊家铺村梨树山村；黄冈市麻城市木子店镇牌楼村；

续表

黄冈市麻城市黄土岗镇东冲村；黄冈市武穴市石佛寺镇武山寨村廖宗泰村；

咸宁市咸安区汀泗桥镇彭碑村；咸宁市崇阳县天城镇郭家岭村；咸宁市崇阳县白霓镇纸棚村；咸宁市通山县通羊镇郑家坪村；咸宁市通山县南林桥镇石门村；咸宁市通山县黄沙铺镇西庄村；咸宁市通山县黄沙铺镇上坳村；咸宁市通山县厦铺镇厦铺村；咸宁市通山县大畈镇白泥村；咸宁市赤壁市官塘驿镇张司边村；

随州市随县草店镇三道河村柯家寨村；

恩施土家族苗族自治州恩施市板桥镇新田村鹿院坪组；恩施土家族苗族自治州恩施市沙地乡落都村；恩施土家族苗族自治州恩施市屯堡乡双龙村雾树吼组；恩施土家族苗族自治州恩施市白果乡见天坝村水田坝组；恩施土家族苗族自治州恩施市芭蕉侗族乡庠口村彩虹山组；恩施土家族苗族自治州恩施市盛家坝乡车蓼坝村；恩施土家族苗族自治州恩施市盛家坝乡麻茶沟村；恩施土家族苗族自治州利川市谋道镇太平村；恩施土家族苗族自治州利川市柏杨坝镇高仰台村；恩施土家族苗族自治州利川市建南镇黎明村；恩施土家族苗族自治州利川市忠路镇合心村；恩施土家族苗族自治州利川市忠路镇双庙村；恩施土家族苗族自治州利川市忠路镇钟灵村；恩施土家族苗族自治州利川市凉雾乡纳水村；恩施土家族苗族自治州利川市文斗乡金龙村；恩施土家族苗族自治州建始县官店镇陈子山村；恩施土家族苗族自治州巴东县野三关镇穿心岩村；恩施土家族苗族自治州宣恩县椒园镇水田坝村；恩施土家族苗族自治州宣恩县沙道沟镇大白溪村；恩施土家族苗族自治州宣恩县沙道沟镇药铺村；恩施土家族苗族自治州宣恩县李家河镇中大湾村；恩施土家族苗族自治州宣恩县高罗镇腊树园村；恩施土家族苗族自治州宣恩县高罗镇清水塘村；恩施土家族苗族自治州宣恩县万寨乡金龙坪村；恩施土家族苗族自治州宣恩县晓关侗族乡中村坝村；恩施土家族苗族自治州宣恩县晓关侗族乡骡马洞村；恩施土家族苗族自治州咸丰县高乐山镇官坝村；恩施土家族苗族自治州咸丰县高乐山镇龙家界村；恩施土家族苗族自治州咸丰县高乐山镇牛栏界村；恩施土家族苗族自治州来凤县百福司镇冉家村；恩施土家族苗族自治州来凤县百福司镇观音坪村；恩施土家族苗族自治州来凤县大河镇车洞湖村；恩施土家族苗族自治州来凤县绿水镇田家寨村；恩施土家族苗族自治州来凤县旧司镇梅子垭村；恩施土家族苗族自治州鹤峰县容美镇屏山村；恩施土家族苗族自治州鹤峰县容美镇大溪村；恩施土家族苗族自治州鹤峰县五里乡湄坪村；恩施土家族苗族自治州鹤峰县邬阳乡邬阳村

湖南省（401个）

长沙市长沙县开慧镇开慧村；长沙市浏阳市小河乡潭湾村；

株洲市攸县莲塘坳镇泉坪村；株洲市茶陵县桃坑乡双元村；株洲市炎陵县鹿原镇西草坪村；株洲市醴陵市沩山镇沩山村；

湘潭市韶山市韶山乡韶山村；

衡阳市衡南县花桥镇高新村；衡阳市耒阳市仁义镇罗渡村；衡阳市耒阳市导子镇导子社区；衡阳市耒阳市余庆街道水口村；衡阳市耒阳市长坪乡石枧村；衡阳市常宁市白沙镇上洲村；衡阳市常宁市白沙镇光荣村；衡阳市常宁市西岭镇大洪村；衡阳市常宁市西岭镇五冲村；衡阳市常宁市三角塘镇双湾村；衡阳市常宁市三角塘镇玄塘村；衡阳市常宁市罗桥镇石盘村；衡阳市常宁市胜桥镇大茅坪村；

邵阳市邵东县杨桥镇清水村；邵阳市新邵县严塘镇白水洞村；邵阳市新邵县坪上镇清水村；邵阳市新邵县巨口铺镇刘家村；邵阳市新邵县太芝庙镇龙山村；邵阳市邵阳县白仓镇三门村；邵阳市邵阳县金称市镇青石塘村；邵阳市邵阳县塘田市镇芙蓉社区；邵阳市邵阳县五峰铺镇六里村；邵阳市邵阳县小溪市乡文昌村；邵阳市邵阳县河伯乡易仕村；邵阳市洞口县罗溪瑶族乡白椒村；邵阳市洞口县罗溪瑶族乡宝瑶村；邵阳市洞口县罗溪瑶族乡大麻溪村；邵阳市绥宁县东山侗族乡翁溪村；邵阳市绥宁县乐安铺苗族侗族乡大团村；邵阳市绥宁县关峡苗族乡插柳村；邵阳市绥宁县关峡苗族乡花园角村；邵阳市绥宁县长铺子苗族侗族乡道口村；邵阳市城步苗族自治县儒林镇杨家将村；邵阳市城步苗族自治县丹口镇下团村；邵阳市城步苗族自治县丹口镇羊石村；邵阳市城步苗族自治县长安营镇长安营村；邵阳市城步苗族自治县蒋坊乡铺头村；

常德市汉寿县丰家铺镇铁甲村；常德市桃源县牛车河镇三红村；常德市桃源县牛车河镇毛坪村；

张家界市永定区沅古坪镇栗山村；张家界市永定区沅古坪镇红星村；张家界市永定区沅古坪镇盘塘村；张家界市永定区沅古坪镇红土坪村；张家界市永定区沅古坪镇栗子坪村；张家界市永定区王家坪镇马头溪村；张家界市永定区王家坪镇紫荆塔村；张家界市永定区王家坪镇太阳山村；张家界市永定区王家坪镇宋家溪村；张家界市永定区王家坪镇桥边河村；张家界市永定区王家坪镇木山村；张家界市永定区王家坪镇砂子垭村；张家界市永定区王家坪镇韭菜垭村；张家界市永定区谢家垭乡高坪村；张家界市永定区谢家垭乡龙阳村；张家界市永定区谢家垭乡孙阳坪村；张家界市永定区谢家垭乡筒车坝村；张家界市永定区罗水乡龙凤村；张家界市永定区四都坪乡黄家河村；张家界市永定区四都坪乡熊家塔村；张家界市永定区四都坪乡铜斗村；

续表

张家界市永定区四都坪乡和平村；张家界市慈利县广福桥镇老棚村；张家界市桑植县人潮溪镇廖城村；张家界市桑植县刘家坪白族乡双溪桥村；

益阳市安化县烟溪镇双烟村；益阳市安化县渠江镇大安村；益阳市安化县平口镇金辉村；益阳市安化县江南镇高城村；益阳市安化县田庄乡天子山村；

郴州市北湖区石盖塘街道小溪村；郴州市北湖区华塘镇吴山村；郴州市北湖区华塘镇土坑下村；郴州市北湖区华塘镇豪里村；郴州市北湖区鲁塘镇下鲁塘村；郴州市北湖区安和街道小埠村；郴州市北湖区安和街道新田岭村；郴州市北湖区仰天湖瑶族乡安源村；郴州市苏仙区良田镇两湾洞村；郴州市苏仙区良田镇堆上村；郴州市苏仙区良田镇高雅岭村；郴州市苏仙区栖凤渡镇岗脚村；郴州市苏仙区栖凤渡镇朱家湾村；郴州市苏仙区栖凤渡镇正源村；郴州市桂阳县太和镇长乐村；郴州市桂阳县莲塘镇锦湖村；郴州市宜章县杨梅山镇月梅村；郴州市宜章县黄沙镇沙坪村；郴州市宜章县天塘镇水尾村；郴州市宜章县天塘镇林家排村；郴州市宜章县莽山瑶族乡黄家塝村；郴州市宜章县关溪乡双溪村；郴州市永兴县马田镇井岗村；郴州市永兴县金龟镇牛头村；郴州市永兴县高亭司镇车田村；郴州市永兴县油麻镇柏树村；郴州市嘉禾县塘村镇英花村；郴州市嘉禾县石桥镇中华山村；郴州市嘉禾县石桥镇周家村；郴州市嘉禾县广发镇忠良村；郴州市嘉禾县普满乡雷家村；郴州市嘉禾县普满乡茶坞村；郴州市临武县武水镇坦下村；郴州市临武县汾市镇龙归坪村；郴州市临武县水东镇油湾村；郴州市临武县花塘乡石门村；郴州市汝城县土桥镇土桥村；郴州市汝城县土桥镇永安村；郴州市汝城县土桥镇永丰村；郴州市汝城县泉水镇星村；郴州市汝城县暖水镇北水村；郴州市汝城县卢阳镇云善村；郴州市汝城县马桥镇高村；郴州市汝城县井坡镇大村；郴州市汝城县文明瑶族乡文市村；郴州市汝城县文明瑶族乡韩田村；郴州市桂东县沙田镇龙头村；郴州市资兴市三都镇辰南村；郴州市资兴市蓼江镇蓼江村；郴州市资兴市蓼江镇秧田村；郴州市资兴市兴宁镇岭脚村；郴州市资兴市州门司镇鸭公垅村；郴州市资兴市清江镇羊场村；郴州市资兴市清江镇黄嘉村；郴州市资兴市回龙山瑶族乡回龙村；

永州市零陵区水口山镇大皮口村；永州市零陵区邮亭圩镇杉木桥村；永州市零陵区石岩头镇杏木元村；永州市零陵区大庆坪乡田家湾村；永州市零陵区大庆坪乡大庆坪社区；永州市零陵区大庆坪乡夫江仔村；永州市祁阳县观音滩镇八尺村；永州市祁阳县大忠桥镇双凤村；永州市祁阳县进宝塘镇枫梓塘村；永州市祁阳县潘市镇董家埠村；永州市祁阳县潘市镇八角岭村；永州市祁阳县潘市镇侧树坪村；永州市祁阳县潘市镇柏家村；

永州市祁阳县羊角塘镇泉口村；永州市祁阳县七里桥镇云腾村；永州市双牌县泷泊镇平福头村；永州市双牌县茶林镇大河江村；永州市道县梅花镇修宜村；永州市道县清塘镇达村；永州市道县清塘镇土墙村；永州市道县祥霖铺镇老村；永州市道县祥霖铺镇郎龙村；永州市道县祥霖铺镇达头山村；永州市道县桥头镇庄村；永州市道县桥头镇坦口村；永州市道县桥头镇桥头村；永州市道县乐福堂乡龙村；永州市道县横岭乡菖路村；永州市道县横岭乡横岭村；永州市江永县潇浦镇何家湾村；永州市江永县潇浦镇向光村；永州市江永县上江圩镇河渊村；永州市江永县上江圩镇夏湾村；永州市江永县上江圩镇浦尾村；永州市江永县上江圩镇桐口村；永州市江永县夏层铺镇高家村；永州市江永县夏层铺镇东塘村；永州市江永县桃川镇大地坪村；永州市江永县粗石江镇城下村；永州市江永县松柏瑶族乡黄甲岭社区；永州市江永县松柏瑶族乡松柏社区；永州市江永县兰溪瑶族乡新桥村；永州市江永县兰溪瑶族乡棠下村；永州市江永县源口瑶族乡古调村；永州市江永县源口瑶族乡清溪村；永州市宁远县天堂镇大阳洞村；永州市宁远县湾井镇路亭村；永州市宁远县湾井镇久安背村；永州市宁远县冷水镇骆家村；永州市宁远县太平镇城盘岭村；永州市宁远县禾亭镇琵琶岗村；永州市宁远县中和镇岭头村；永州市宁远县柏家坪镇柏家村；永州市宁远县清水桥镇平田村；永州市宁远县九嶷山瑶族乡西湾村；永州市新田县枧头镇龙家大院村；永州市新田县枧头镇彭梓城村；永州市新田县石羊镇乐大晚村；永州市新田县石羊镇厦源村；永州市新田县金盆镇骆铭孙村；永州市江华瑶族自治县河路口镇牛路社区；

怀化市沅陵县沅陵镇栗坡村板树坪村；怀化市沅陵县明溪口镇大岩头村楠木垭古寨；怀化市沅陵县明溪口镇梓木坪村上古古寨；怀化市沅陵县凉水井镇洞溪村；怀化市沅陵县凉水井镇金花殿村；怀化市沅陵县七甲坪镇金河村金河村；怀化市沅陵县七甲坪镇三星村；怀化市沅陵县七甲坪镇拖舟村；怀化市沅陵县七甲坪镇楠木村；怀化市沅陵县火场土家族乡中村；怀化市沅陵县借母溪乡借母溪村；怀化市沅陵县北溶乡洞上坪村；怀化市沅陵县北溶乡碣滩村；怀化市沅陵县二酉乡浪古村黄泥田村；怀化市沅陵县二酉乡四方溪村粟家古寨；怀化市辰溪县辰阳镇张家溜村；怀化市辰溪县孝坪镇板桥村；怀化市辰溪县修溪镇龚家湾村；怀化市辰溪县修溪镇椒坪溪村；怀化市辰溪县船溪乡船溪驿村；怀化市辰溪县长田湾乡雷家坡村；怀化市辰溪县后塘瑶族乡纪岩村；怀化市辰溪县罗子山瑶族乡刘家坨村；怀化市辰溪县上蒲溪瑶族乡梯田村；怀化市辰溪县上蒲溪瑶族乡保树坪村；怀化市辰溪县上蒲溪瑶族乡茂兰冲村；

怀化市辰溪县上蒲溪瑶族乡当峰村；怀化市辰溪县仙人湾瑶族乡光明堂村；怀化市辰溪县谭家场乡狮头坡村；怀化市溆浦县低庄镇金子湖村；怀化市溆浦县龙潭镇金牛村；怀化市溆浦县龙潭镇岩板村；怀化市溆浦县均坪镇白雾头村；怀化市溆浦县均坪镇金屋湾村；怀化市溆浦县黄茅园镇高桥村；怀化市溆浦县祖师殿镇青龙溪村；怀化市溆浦县思蒙镇仁里冲村；怀化市溆浦县统溪河镇穿岩山村；怀化市溆浦县统溪河镇牛溪村；怀化市溆浦县淘金坪乡令溪塘村；怀化市溆浦县中都乡高坪村；怀化市溆浦县中都乡上尚村；怀化市溆浦县北斗溪镇茅坡村；怀化市会同县林城镇金寨村；怀化市会同县林城镇东岳司村；怀化市会同县团河镇官舟村；怀化市会同县团河镇盛储村；怀化市会同县若水镇望东村；怀化市会同县若水镇檀木村；怀化市会同县若水镇长田村；怀化市会同县广坪镇西楼村；怀化市会同县广坪镇羊角坪村；怀化市会同县马鞍镇相见村；怀化市会同县沙溪乡市田村；怀化市会同县金子岩侗族苗族乡白市村；怀化市会同县金子岩侗族苗族乡利溪村；怀化市会同县高椅乡邓家村；怀化市新晃侗族自治县凉伞镇桓胆村；怀化市新晃侗族自治县凉伞镇坪南村；怀化市新晃侗族自治县凉伞镇黄雷村；怀化市新晃侗族自治县步头降苗族乡天雷村；怀化市新晃侗族自治县林冲镇大堡村；怀化市新晃侗族自治县贡溪镇绍溪村；怀化市新晃侗族自治县米贝苗族乡烂泥村；怀化市靖州苗族侗族自治县大堡子镇前进村；怀化市靖州苗族侗族自治县大堡子镇铜锣村；怀化市靖州苗族侗族自治县大堡子镇岩寨村；怀化市靖州苗族侗族自治县坳上镇戈盈村；怀化市靖州苗族侗族自治县新厂镇姚家村；怀化市靖州苗族侗族自治县平茶镇小岔村新寨村；怀化市靖州苗族侗族自治县太阳坪乡地芒村；怀化市靖州苗族侗族自治县三锹乡三锹村金山寨村；怀化市靖州苗族侗族自治县三锹乡元贞凤冲村；怀化市靖州苗族侗族自治县寨牙乡地卢村；怀化市靖州苗族侗族自治县寨牙乡芳团村；怀化市靖州苗族侗族自治县藕团乡高营村塘保寨；怀化市靖州苗族侗族自治县藕团乡康头村；怀化市靖州苗族侗族自治县藕团乡新街村；怀化市通道侗族自治县县溪镇西流村；怀化市通道侗族自治县县溪镇恭城村；怀化市通道侗族自治县县溪镇水涌村；怀化市通道侗族自治县播阳镇新团村贯团村；怀化市通道侗族自治县万佛山镇官团村；怀化市通道侗族自治县牙屯堡镇炉溪村；怀化市通道侗族自治县牙屯堡镇文坡村枫香村元现村；怀化市通道侗族自治县溪口镇杉木桥村定溪村；怀化市通道侗族自治县溪口镇北麻村；怀化市通道侗族自治县溪口镇坪头村盂冲村；怀化市通道侗族自治县溪口镇画笔村；怀化市通道侗族自治县陇城镇张里村；怀化市通道侗族自治县陇城镇老寨村；怀化市通道侗族自治县大高坪苗族乡龙寨塘村；

怀化市通道侗族自治县独坡镇地坪村；怀化市通道侗族自治县坪坦乡中步村；怀化市通道侗族自治县坪坦乡横岭村；怀化市通道侗族自治县坪坦乡岭南村；怀化市洪江市黔城镇长坡村；怀化市洪江市雪峰镇界脚村；怀化市洪江市岔头乡大沅村；怀化市洪江市岔头乡大年溪村；怀化市洪江市岔头乡双松村；怀化市洪江市岔头乡羊坡村；怀化市洪江市熟坪乡罗翁村；怀化市洪江市铁山乡铁山村；怀化市洪江市群峰乡芙蓉溪村；怀化市洪江市湾溪乡蒿菜坪村；怀化市洪江市深渡苗族乡花洋溪村；怀化市洪江市龙船塘瑶族乡龙船塘社区小熟坪村；怀化市洪江市龙船塘瑶族乡黄家村；怀化市洪江市龙船塘瑶族乡白龙村；怀化市洪江市龙船塘瑶族乡翁朗溪村；怀化市洪江市岩垅乡竹坪垅村；怀化市洪江市岩垅乡青树村；

娄底市双峰县甘棠镇香花村；娄底市新化县水车镇上溪村；娄底市新化县琅塘镇琅塘社区；娄底市涟源市杨市镇泅水村；娄底市涟源市三甲乡三甲村；

湘西土家族苗族自治州吉首市矮寨镇家庭村；湘西土家族苗族自治州吉首市矮寨镇联团村；湘西土家族苗族自治州吉首市马颈坳镇隘口村林农寨；湘西土家族苗族自治州吉首市丹青镇锦坪村；湘西土家族苗族自治州吉首市己略乡红坪村古者寨；湘西土家族苗族自治州泸溪县潭溪镇新寨坪村；湘西土家族苗族自治州泸溪县洗溪镇塘食溪村；湘西土家族苗族自治州泸溪县洗溪镇三角潭村；湘西土家族苗族自治州泸溪县洗溪镇布条坪村；湘西土家族苗族自治州泸溪县洗溪镇李什坪村；湘西土家族苗族自治州泸溪县洗溪镇张家坪村；湘西土家族苗族自治州凤凰县腊尔山镇苏马河村；湘西土家族苗族自治州凤凰县禾库镇米坨村；湘西土家族苗族自治州凤凰县麻冲乡扭仁村；湘西土家族苗族自治州花垣县民乐镇土屯村；湘西土家族苗族自治州花垣县吉卫镇大夯来村；湘西土家族苗族自治州花垣县吉卫镇夜郎坪村；湘西土家族苗族自治州花垣县雅酉镇扪岱村；湘西土家族苗族自治州花垣县雅酉镇东卫村；湘西土家族苗族自治州花垣县雅酉镇排腊村；湘西土家族苗族自治州花垣县雅酉镇坡脚村；湘西土家族苗族自治州花垣县花垣镇紫霞村；湘西土家族苗族自治州花垣县双龙镇鸡坡岭村；湘西土家族苗族自治州花垣县双龙镇龙孔村；湘西土家族苗族自治州花垣县双龙镇鼓戎湖村；湘西土家族苗族自治州花垣县双龙镇板栗村；湘西土家族苗族自治州花垣县石栏镇磨子村；湘西土家族苗族自治州花垣县石栏镇雅桥村；湘西土家族苗族自治州花垣县石栏镇子腊村；湘西土家族苗族自治州花垣县石栏镇懂马村；湘西土家族苗族自治州花垣县石栏镇大兴村；湘西土家族苗族自治州花垣县石栏镇石栏村；

续表

湘西土家族苗族自治州花垣县石栏镇岩科村；湘西土家族苗族自治州花垣县长乐乡谷坡村；湘西土家族苗族自治州花垣县补抽乡桃子村；湘西土家族苗族自治州花垣县补抽乡懂哨村；湘西土家族苗族自治州保靖县普戎镇波溪村；湘西土家族苗族自治州保靖县普戎镇亨章村；湘西土家族苗族自治州保靖县迁陵镇陇木村；湘西土家族苗族自治州保靖县迁陵镇阿扎河村；湘西土家族苗族自治州保靖县迁陵镇陡滩村；湘西土家族苗族自治州保靖县毛沟镇巴科村；湘西土家族苗族自治州保靖县水田河镇丰宏村；湘西土家族苗族自治州保靖县葫芦镇新印村；湘西土家族苗族自治州保靖县碗米坡镇白云山村；湘西土家族苗族自治州保靖县碗米坡镇磋比村；湘西土家族苗族自治州保靖县碗米坡镇沙湾村；湘西土家族苗族自治州保靖县阳朝乡米溪村；湘西土家族苗族自治州古丈县古阳镇丫角村；湘西土家族苗族自治州古丈县古阳镇排茹村；湘西土家族苗族自治州古丈县岩头寨镇沽潭村；湘西土家族苗族自治州古丈县岩头寨镇梓木村；湘西土家族苗族自治州古丈县岩头寨镇磨刀岩村；湘西土家族苗族自治州古丈县默戎镇夯娄村；湘西土家族苗族自治州古丈县默戎镇新窝村；湘西土家族苗族自治州古丈县红石林镇白果树村；湘西土家族苗族自治州古丈县红石林镇坐龙峡村；湘西土家族苗族自治州古丈县高峰镇三坪村；湘西土家族苗族自治州古丈县高峰镇陈家村；湘西土家族苗族自治州古丈县坪坝镇曹家村；湘西土家族苗族自治州古丈县坪坝镇溪口村窝米寨；湘西土家族苗族自治州古丈县高峰镇葫芦坪村；湘西土家族苗族自治州永顺县首车镇龙珠村；湘西土家族苗族自治州永顺县芙蓉镇兰花洞村；湘西土家族苗族自治州永顺县石堤镇大明村；湘西土家族苗族自治州永顺县灵溪镇那必村；湘西土家族苗族自治州永顺县西歧乡西龙村；湘西土家族苗族自治州永顺县西歧乡流浪溪村；湘西土家族苗族自治州永顺县西歧乡西岐村；湘西土家族苗族自治州永顺县车坪乡咱河村；湘西土家族苗族自治州龙山县洗车河镇耳洞村；湘西土家族苗族自治州龙山县洗车河镇天井村；湘西土家族苗族自治州龙山县红岩溪镇头车村大字沟；湘西土家族苗族自治州龙山县靛房镇百型村；湘西土家族苗族自治州龙山县靛房镇信地村；湘西土家族苗族自治州龙山县靛房镇中心村；湘西土家族苗族自治州龙山县苗儿滩镇东风村；湘西土家族苗族自治州龙山县里耶镇兔吐村；湘西土家族苗族自治州龙山县里耶镇双树村；湘西土家族苗族自治州龙山县里耶镇双坪村；湘西土家族苗族自治州龙山县桂塘镇前丰村；湘西土家族苗族自治州龙山县召市镇神州社区马洛沟；湘西土家族苗族自治州龙山县洛塔乡泽果村；湘西土家族苗族自治州龙山县洛塔乡猛西村；湘西土家族苗族自治州龙山县洛塔乡烈坝村；

湘西土家族苗族自治州龙山县内溪乡五官村喇宗坡寨；湘西土家族苗族自治州龙山县农车乡天桥村；湘西土家族苗族自治州龙山县农车乡塔泥村；湘西土家族苗族自治州龙山县咱果乡脉龙村；湘西土家族苗族自治州龙山县茅坪乡长兴村

广东省（103个）

广州市黄埔区长洲街道深井村；

韶关市始兴县城南镇周前村；韶关市仁化县城口镇恩村村恩村；韶关市乳源瑶族自治县大桥镇大桥村；韶关市乳源瑶族自治县大桥镇深源村；韶关市新丰县马头镇潭石村九栋十八井村；韶关市乐昌市梅花镇大坪村；韶关市乐昌市黄圃镇石溪村；韶关市南雄市油山镇上朔村；韶关市南雄市南亩镇鱼鲜村；韶关市南雄市百顺镇百顺村黄屋城村；

汕头市金平区鮀莲街道玉井社区；汕头市金平区月浦街道沟南社区；汕头市濠江区马滘街道凤岗社区；汕头市潮阳区关埠镇下底村；汕头市潮阳区金灶镇柳岗村；汕头市潮南区陇田镇东仙社区；汕头市潮南区陇田镇华瑶社区；汕头市澄海区隆都镇上北村侯邦村；汕头市澄海区莲下镇程洋冈村；汕头市澄海区东里镇樟林村；汕头市澄海区莲华镇隆城村；

佛山市南海区丹灶镇仙岗社区；佛山市南海区狮山镇高边社区璜溪村；佛山市南海区狮山镇狮岭村黎边村；佛山市南海区里水镇汤村村汤南村；佛山市南海区里水镇赤山村赤山村；佛山市三水区芦苞镇独树岗村；佛山市高明区荷城街道上秀丽村阮埇村；佛山市高明区荷城街道照明社区榴村；佛山市高明区荷城街道江湾社区上湾村；佛山市高明区更合镇新圩社区朗锦村；

江门市蓬江区潮连街道卢边村；江门市台山市斗山镇横江村；江门市台山市端芬镇海阳村东宁村；江门市开平市塘口镇仓前村；江门市鹤山市龙口镇霄南村；

肇庆市广宁县南街镇黄坪村里仁村；肇庆市德庆县武垄镇武垄村；

梅州市梅县区梅南镇罗田上村；梅州市梅县区松口镇桃宝村；梅州市梅县区松口镇富坑村；梅州市梅县区南口镇竹香村；梅州市梅县区南口镇蕉坑村；梅州市梅县区南口镇瑶美村；梅州市梅县区南口镇瑶上村；梅州市梅县区南口镇锦鸡村；梅州市梅县区南口镇铅畲村；梅州市大埔县湖寮镇龙岗村河头村；梅州市大埔县青溪镇蕉坑村大水坑村；梅州市大埔县光德镇上漳村；梅州市大埔县桃源镇桃锋村；梅州市大埔县桃源镇桃星村；梅州市大埔县百侯镇侯北村；梅州市大埔县百侯镇旧寨里村松柏坑村；梅州市大埔县大东镇坪山村；梅州市大埔县大东镇联丰村；梅州市大埔县大麻镇下村；梅州市大埔县大麻镇恭下村；梅州市大埔县枫朗镇坎下村；

梅州市大埔县枫朗镇上木村；梅州市大埔县茶阳镇花窗村；梅州市大埔县茶阳镇茅坪村；梅州市大埔县高陂镇古田村；梅州市大埔县高陂镇党溪村；梅州市大埔县茶阳镇溪上村；梅州市丰顺县埔寨镇埔西村；梅州市平远县泗水镇文贵村；梅州市平远县泗水镇成文村；梅州市兴宁市宁中镇和新村；梅州市兴宁市坭陂镇汤一村；

河源市紫金县水墩镇群丰村；河源市龙川县丰稔镇黄岭村；河源市连平县陂头镇夏田村；河源市连平县隆街镇长沙村；河源市连平县隆街镇东坑村；河源市连平县忠信镇司前村；河源市连平县大湖镇湖东村大湖寨村；河源市和平县大坝镇水背村；河源市和平县热水镇北联兴隆村；河源市东源县仙塘镇仙塘村南园村；河源市东源县义合镇下屯村；河源市东源县义合镇义合村苏家围村；河源市东源县康禾镇仙坑村；

清远市阳山县太平镇太平村三和洞村；清远市英德市沙口镇新建村杨塘村；清远市英德市沙口镇长江坝村；清远市英德市青塘镇青南村石桥塘村；清远市英德市西牛镇金竹村下寨村；清远市英德市横石塘镇龙建村围子下村；清远市连州市星子镇新村老滂塘村；清远市连州市星子镇四方村大元村；清远市连州市星子镇联西村黄村；清远市连州市大路边镇大路边村大路边村；清远市连州市大路边镇黄太村凤头村；清远市连州市大路边镇山洲村；清远市连州市西江镇大岭村南坪村；

中山市中山县黄圃镇鳌山村；中山市中山县沙溪镇龙头环村；中山市中山县南朗镇榄边茶东村；中山市中山县大涌镇安堂村；

揭阳市榕城区渔湖镇长美村；揭阳市惠来县隆江镇孔美村

广西壮族自治区（119个）

南宁市江南区江西镇安平村那马坡；南宁市西乡塘区石埠街道老口村那告坡；南宁市邕宁区那楼镇那良村那蒙坡；南宁市上林县巷贤镇长联村古民庄；南宁市宾阳县中华镇上施村下施村；南宁市宾阳县古辣镇古辣社区蔡村；

柳州市融安县大将镇龙妙村龙妙屯；柳州市融水苗族自治县杆洞乡杆洞村松美屯；柳州市融水苗族自治县红水乡良双村；柳州市三江侗族自治县八江镇八斗屯；柳州市三江侗族自治县八江镇归大屯；柳州市三江侗族自治县八江镇马胖村磨寨屯；柳州市三江侗族自治县八江镇中朝屯；柳州市三江侗族自治县林溪镇冠洞村；柳州市三江侗族自治县独峒镇玉马村；柳州市三江侗族自治县独峒镇唐朝村；柳州市三江侗族自治县洋溪乡高露村；柳州市三江侗族自治县老堡乡老巴村；柳州市三江侗族自治县和平乡和平村；

桂林市临桂区茶洞镇茶洞村垠头屯；桂林市临桂区茶洞镇富合村；

续表

桂林市灵川县大圩镇秦岸村大埠村；桂林市灵川县灵田镇正义村金盆村；桂林市灵川县海洋乡黄土塘村；桂林市灵川县海洋乡大塘边村大塘边村；桂林市灵川县海洋乡小平乐村画眉弄村；桂林市灵川县兰田瑶族乡兰田村西洲壮寨村；桂林市全州县全州镇邓家埠村大庚岭村；桂林市全州县大西江镇满稼村鹿鸣村；桂林市全州县龙水镇桥渡村石脚村；桂林市全州县绍水镇三友村梅塘村；桂林市全州县绍水镇洛口村张家村；桂林市全州县石塘镇沛田村；桂林市全州县两河镇大田村；桂林市全州县两河镇鲁水村；桂林市全州县永岁镇湘山村井头村；桂林市全州县永岁镇慕霞村慕道村；桂林市全州县东山瑶族乡上塘村；桂林市全州县东山瑶族乡清水村；桂林市兴安县兴安镇三桂村东村；桂林市兴安县漠川乡钟山坪村；桂林市永福县罗锦镇下村樟树头村；桂林市永福县罗锦镇尚水村尚水老村；桂林市灌阳县灌阳镇徐源村；桂林市灌阳县黄关镇兴秀村桐子山屯；桂林市灌阳县文市镇王道村；桂林市灌阳县文市镇会湘村；桂林市灌阳县文市镇勒塘村；桂林市灌阳县新街镇飞熊村杉木屯；桂林市灌阳县新街镇葛洞村大路坡屯；桂林市灌阳县新街镇龙云村猛山屯；桂林市灌阳县新街镇石丰村杨家湾屯；桂林市灌阳县新街镇龙中村富水坪屯；桂林市灌阳县洞井瑶族乡太和村田心屯；桂林市灌阳县洞井瑶族乡桂岩村；桂林市灌阳县观音阁乡大井塘村；桂林市灌阳县水车镇德里村；桂林市龙胜各族自治县三门镇大罗村滩底屯；桂林市龙胜各族自治县三门镇同列村；桂林市龙胜各族自治县龙脊镇江柳村旧屋屯；桂林市龙胜各族自治县龙脊镇中六村中六屯；桂林市龙胜各族自治县平等镇广南村；桂林市龙胜各族自治县平等镇庖田村甲业屯；桂林市龙胜各族自治县泗水乡潘内村杨梅屯、浪头屯；桂林市龙胜各族自治县泗水乡周家村白面组；桂林市龙胜各族自治县江底乡泥塘村半界组；桂林市龙胜各族自治县伟江乡洋湾村；桂林市资源县两水苗族乡社水村；桂林市资源县河口瑶族乡葱坪村坪水村；桂林市平乐县二塘镇大水村八仙村；桂林市恭城瑶族自治县莲花镇门等村东寨屯；桂林市恭城瑶族自治县嘉会镇太平村太平屯；

梧州市岑溪市筋竹镇云龙村；

北海市海城区涠洲镇盛塘村；

钦州市灵山县新圩镇漂塘村；钦州市灵山县佛子镇佛子村马肚塘村；钦州市灵山县太平镇那马村华屏岭村；

贵港市港南区木格镇云垌村；贵港市平南县镇隆镇富藏村中团屯；贵港市平南县思旺镇双上村上宋屯；贵港市平南县大鹏镇大鹏村石门屯；贵港市桂平市中沙镇南乡村；

玉林市玉州区南江街道岭塘村砆砂垌村；玉林市玉州区仁东镇鹏垌村；玉林市玉州区仁厚镇茂岺村；玉林市福绵区福绵镇福西村；玉林市福绵区新桥镇大楼村；玉林市容县杨村镇东华村；玉林市容县罗江镇顶良村；玉林市陆川县平乐镇长旺村；玉林市博白县新田镇亭子村老屋屯玉林市兴业县石南镇东山村；玉林市兴业县石南镇谭良村；玉林市兴业县石南镇庞村；玉林市兴业县蒲塘镇石山村石山坡；玉林市兴业县龙安镇龙安村；玉林市北流市新圩镇白鸠江村河城组；玉林市北流市塘岸镇塘肚村十一组；

贺州市八步区贺街镇河西村；贺州市八步区桂岭镇善华村田尾寨；贺州市平桂区沙田镇龙井村；贺州市平桂区羊头镇大井村大岩寨；贺州市钟山县公安镇大田村；贺州市富川瑶族自治县富阳镇茶家村；贺州市富川瑶族自治县古城镇丁山村；贺州市富川瑶族自治县古城镇秀山村；贺州市富川瑶族自治县朝东镇东水村；贺州市富川瑶族自治县朝东镇油沐大村；贺州市富川瑶族自治县朝东镇岔山村；

来宾市象州县运江镇新运村新运街；来宾市象州县运江镇运江社区红星街、红光街；来宾市象州县罗秀镇军田村；来宾市武宣县东乡镇金岗村永安村；来宾市金秀瑶族自治县金秀镇共和村古卜屯；来宾市金秀瑶族自治县桐木镇那安村龙腾屯；来宾市金秀瑶族自治县忠良乡三合村岭祖屯；来宾市金秀瑶族自治县罗香乡平竹村平林屯；来宾市金秀瑶族自治县六巷乡六巷村六巷屯、朗冲屯、上古陈屯；

崇左市江州区驮卢镇连塘村花梨屯

海南省（17个）

海口市琼山区三门坡镇晨光村莲塘村；海口市美兰区演丰镇边海村林市村；

琼海市龙江镇深造村石头岭村；琼海市龙江镇滨滩村南望沟村；琼海市龙江镇中洞村双举岭村；

文昌市文城镇下山村下山陈村；文昌市潭牛镇大顶村仕头村；文昌市铺前镇东坡村美宝村；

定安县龙门镇久温塘村久温塘村；定安县龙门镇龙拔塘村；定安县龙门镇红花岭村；定安县岭口镇群山村九锡山村；

临高县皇桐镇美香村美巢村；临高县皇桐镇红专居透滩村；

乐东县九所镇镜湖村镜湖老村；乐东县佛罗镇佛罗老村；

陵水县新村镇疍家渔村（海鹰村、海燕村、海鸥村）

续表

重庆市（36个）

万州区燕山乡泉水村；

黔江区金洞乡凤台村；

大足区雍溪镇红星社区；大足区高升镇双牌村；

武隆区文复苗族土家族乡铜锣村冉家湾村；

石柱县黄水镇金花村；石柱县河嘴乡富民村；石柱县中益乡坪坝村；石柱县金铃乡石笋村；石柱县金铃乡响水村；

秀山土家族苗族自治县平凯街道贵贤村大野山寨村；秀山土家族苗族自治县隘口镇富裕村；秀山土家族苗族自治县隘口镇岑龙村；秀山土家族苗族自治县隘口镇东坪村；秀山土家族苗族自治县溶溪镇红光社区曹家沟村；秀山土家族苗族自治县官庄镇柏香村；秀山土家族苗族自治县官庄镇鸳鸯村；秀山土家族苗族自治县石堤镇水坝村；秀山土家族苗族自治县梅江镇财塘村；秀山土家族苗族自治县膏田镇茅坡社区熊家坡组；秀山土家族苗族自治县溪口镇黄杨扁担村；秀山土家族苗族自治县孝溪乡中心村；秀山土家族苗族自治县大溪乡前进村；秀山土家族苗族自治县涌洞乡新农村；

酉阳土家族苗族自治县麻旺镇青龙村青龙寨；酉阳土家族苗族自治县麻旺镇光明村铧匠沟；酉阳土家族苗族自治县大溪镇杉岭村四组；酉阳土家族苗族自治县酉水河镇老柏村；酉阳土家族苗族自治县酉水河镇长远村；酉阳土家族苗族自治县苍岭镇岭口村杨家宅村；酉阳土家族苗族自治县天馆乡魏市村宜居沟；酉阳土家族苗族自治县庙溪乡庙溪村五龙村；酉阳土家族苗族自治县楠木乡红霞村三组；

彭水苗族土家族自治县万足镇廖家村瓦厂坝村；彭水苗族土家族自治县鞍子镇干田村木欧水村；彭水苗族土家族自治县棣棠乡黄泥村担子峡村

四川省（108个）

成都市青白江区姚渡镇光明村；成都市蒲江县朝阳湖镇仙阁村；成都市都江堰市石羊镇马祖社区；成都市邛崃市高何镇高兴村；

攀枝花市盐边县和爱彝族乡联合村；

泸州市古蔺县双沙镇陈坪村；

绵阳市盐亭县黄甸镇龙台村；绵阳市梓潼县文昌镇七曲村；

广元市昭化区王家镇方山村；广元市昭化区磨滩镇金堂村；广元市昭化区磨滩镇长青村；广元市昭化区太公镇太公岭村；广元市昭化区石井铺镇板庙村；广元市昭化区文村乡双龙村；广元市昭化区白果乡田岩村；

续表

广元市昭化区梅树乡梅岭村；广元市昭化区大朝乡牛头村；广元市昭化区大朝乡云台村；广元市旺苍县木门镇天星村；广元市旺苍县黄洋镇水营村；广元市旺苍县水磨乡桥板村；广元市青川县茶坝乡双河村；广元市青川县大院乡竹坝村；广元市青川县观音店乡河坝村；

乐山市夹江县华头镇正街村；乐山市峨眉山市罗目镇青龙社区；

南充市阆中市柏垭镇老房嘴；

眉山市洪雅县槽渔滩镇兴盛社区；眉山市洪雅县柳江镇红星村；

宜宾市叙州区蕨溪镇顶仙村；宜宾市江安县仁和乡鹿鸣村；

广安市武胜县龙女镇小河村；广安市邻水县牟家镇麻河村；

达州市通川区新村乡曾家沟村；达州市通川区檬双乡松坪村；达州市通川区青宁乡长梯村；达州市万源市玉带乡太平坎村；

雅安市雨城区严桥镇大里村；雅安市雨城区碧峰峡镇后盐村；雅安市荥经县花滩镇齐心村；雅安市汉源县永利彝族乡古路村；雅安市石棉县蟹螺藏族乡俄足村；

巴中市恩阳区柳林镇铜城寨村；巴中市恩阳区兴隆镇玉皇村；巴中市恩阳区玉井乡玉女村；巴中市通江县广纳镇龙家扁村；巴中市通江县永安镇得汉城村；巴中市通江县三溪乡纳溪坝村；巴中市通江县唱歌乡石板溪村；巴中市通江县板凳乡学堂山村；巴中市通江县兴隆乡紫荆村；巴中市通江县板桥口镇黄村坪村；巴中市南江县下两镇下两社区；巴中市南江县双流镇元包村；巴中市平昌县灵山镇巴灵寨村；巴中市平昌县土垭镇石峰村；

阿坝藏族羌族自治州松潘县川主寺镇林坡村；阿坝藏族羌族自治州金川县集沐乡根扎村；阿坝藏族羌族自治州小金县沃日乡官寨村；阿坝藏族羌族自治州黑水县沙石多乡银真村；阿坝藏族羌族自治州壤塘县中壤塘镇布康木达村；

甘孜藏族自治州丹巴县巴底镇小坪村；甘孜藏族自治州丹巴县巴底镇大坪村；甘孜藏族自治州丹巴县巴底镇沈洛村；甘孜藏族自治州丹巴县巴底镇木纳山村；甘孜藏族自治州丹巴县巴底镇邛山一村；甘孜藏族自治州丹巴县聂呷乡喀咔一村；甘孜藏族自治州丹巴县聂呷乡喀咔三村；甘孜藏族自治州丹巴县聂呷乡喀咔二村；甘孜藏族自治州丹巴县革什扎镇大桑村；甘孜藏族自治州丹巴县革什扎镇吉汝村；甘孜藏族自治州丹巴县革什扎镇俄洛村；甘孜藏族自治州丹巴县革什扎镇三道桥村；甘孜藏族自治州丹巴县丹东乡莫斯卡村；甘孜藏族自治州甘孜县甘孜镇根布夏村；甘孜藏族自治州甘孜县甘孜镇甲布卡村；甘孜藏族自治州甘孜县甘孜镇麻达卡村；甘孜藏族自治州甘孜县康生乡白日村；

续表

甘孜藏族自治州德格县更庆镇八美村；甘孜藏族自治州德格县八邦乡曲池村；甘孜藏族自治州德格县柯洛洞乡牛麦村；甘孜藏族自治州白玉县建设镇布麦村；甘孜藏族自治州白玉县赠科乡扎马村；甘孜藏族自治州石渠县奔达乡满真村；甘孜藏族自治州色达县翁达镇翁达村；甘孜藏族自治州色达县旭日乡旭日村；甘孜藏族自治州色达县杨各乡加更达村；甘孜藏族自治州色达县歌乐沱乡切科村；甘孜藏族自治州理塘县高城镇替然尼巴村；甘孜藏族自治州理塘县甲洼镇江达村；甘孜藏族自治州理塘县甲洼镇俄丁村；甘孜藏族自治州理塘县君坝乡火古龙村；甘孜藏族自治州理塘县哈依乡哈依村；甘孜藏族自治州理塘县喇嘛垭乡日戈村；甘孜藏族自治州理塘县章纳乡乃干多村；甘孜藏族自治州理塘县格木乡加细村；甘孜藏族自治州理塘县拉波乡容古村；甘孜藏族自治州理塘县拉波乡中扎村；甘孜藏族自治州乡城县青麦乡木差村；甘孜藏族自治州稻城县邓波乡下邓坡村；甘孜藏族自治州稻城县各卡乡卡斯村；

凉山彝族自治州木里藏族自治县宁朗乡甲店村；凉山彝族自治州木里藏族自治县屋脚蒙古族乡屋脚村；凉山彝族自治州木里藏族自治县克尔乡宣洼村；凉山彝族自治州盐源县泸沽湖镇山南村；凉山彝族自治州盐源县泸沽湖镇多舍村；凉山彝族自治州会理县绿水镇松坪村；凉山彝族自治州昭觉县龙沟乡龙沟村

贵州省（179个）

贵阳市开阳县楠木渡镇黄木村付家湾组；贵阳市开阳县南龙乡佘家营村营上组；贵阳市开阳县南龙乡东官村湾子寨组；贵阳市开阳县毛云乡毛栗庄村新庄组；

六盘水市六枝特区木岗镇夏陇塘村；

遵义市桐梓县花秋镇岔水村河扁组；遵义市务川仡佬族苗族自治县大坪街道三坑村板场组；遵义市凤冈县进化镇沙坝村；遵义市凤冈县王寨镇高坝村；遵义市凤冈县新建镇新建社区龙塘溪组；遵义市湄潭县高台镇三联村麻凼组；遵义市湄潭县石莲镇沿江村细沙组；遵义市湄潭县西河镇西坪村西坪组；遵义市湄潭县洗马镇团结村程家湾村；遵义市余庆县白泥镇桂花村榨溪组；遵义市习水县隆兴镇淋滩村；遵义市习水县良村镇洋化村白土台组；遵义市赤水市大同镇古镇社区；遵义市仁怀市三合镇两岔村；

安顺市西秀区龙宫镇油菜湖村小苑组；安顺市西秀区龙宫镇蔡官村；安顺市西秀区大西桥镇九溪村；安顺市西秀区蔡官镇格来月村；安顺市西秀区刘官乡嘉穗村大寨村；安顺市镇宁布依族苗族自治县江龙镇陇西村二组、三组；安顺市镇宁布依族苗族自治县江龙镇木志河村下院组；

续表

安顺市紫云苗族布依族自治县猴场镇打哈村；安顺市紫云苗族布依族自治县猫营镇黄土村佑卯组；安顺市紫云苗族布依族自治县坝羊乡五星村云上组；安顺市紫云苗族布依族自治县火花乡九岭村；

毕节市大方县黄泥塘镇背座村；毕节市大方县雨冲乡油杉河村；

铜仁市碧江区云场坪镇路腊村；铜仁市江口县官和侗族土家族苗族乡泗渡村后溪组；铜仁市石阡县五德镇大鸡公村；铜仁市石阡县国荣乡周家寨村；铜仁市石阡县龙井乡克麻场村；铜仁市石阡县青阳乡高塘村；铜仁市石阡县甘溪乡铺溪村红岩组；铜仁市思南县许家坝镇坑水村浸底峡组；铜仁市德江县平原镇杉园社区中坝村；铜仁市沿河土家族自治县思渠镇马福云村；铜仁市沿河土家族自治县客田镇红溪村；

黔西南州兴义市泥凼镇乌舍村；黔西南州兴义市清水河镇雨补鲁村；黔西南州兴仁县新龙场镇冬瓜林村；黔西南州普安县青山镇青山社区；

黔东南州凯里市湾水镇岩寨村；黔东南州凯里市炉山镇角冲村；黔东南州凯里市炉山镇六个鸡村；黔东南州凯里市下司镇清江村；黔东南州黄平县一碗水乡印地坝村；黔东南州岑巩县凯本镇凯府村；黔东南州天柱县蓝田镇碧雅村和当寨；黔东南州天柱县高酿镇坐寨村；黔东南州天柱县高酿镇木杉村大寨；黔东南州天柱县高酿镇邦寨村邦寨；黔东南州天柱县远口镇元田村；黔东南州天柱县坌处镇抱塘村；黔东南州天柱县坌处镇三门塘村；黔东南州天柱县渡马镇共和村甘溪寨；黔东南州锦屏县启蒙镇腊洞村；黔东南州锦屏县平秋镇圭叶村；黔东南州锦屏县平秋镇魁胆村；黔东南州锦屏县平略镇平敖村；黔东南州锦屏县新化乡新化寨村；黔东南州锦屏县河口乡韶霭村；黔东南州剑河县南哨镇九虎村；黔东南州台江县台拱街道红阳村；黔东南州台江县南宫镇交宫村；黔东南州台江县排羊乡下南刀村；黔东南州台江县台盘乡水寨村；黔东南州黎平县中潮镇上黄村兰洞寨；黔东南州黎平县水口镇胜利村；黔东南州黎平县洪州镇六爽村；黔东南州黎平县洪州镇赏方村；黔东南州黎平县茅贡镇寨母村；黔东南州榕江县古州镇三盘村；黔东南州榕江县古州镇高兴村；黔东南州榕江县寨蒿镇寿洞村；黔东南州榕江县乐里镇乔勒村；黔东南州榕江县乐里镇大瑞村；黔东南州榕江县乐里镇本里村；黔东南州榕江县乐里镇保里村；黔东南州榕江县朗洞镇高略村；黔东南州榕江县崇义乡纯厚村；黔东南州榕江县平江乡高乌村；黔东南州榕江县塔石乡同流村；黔东南州榕江县定威乡计水村；黔东南州榕江县平阳乡硐里村；黔东南州从江县丙妹镇大歹村；黔东南州从江县丙妹镇老或村；黔东南州从江县丙妹镇龙江村；黔东南州从江县丙妹镇銮里村岑报寨；黔东南州从江县洛香镇平乐村；黔东南州从江县洛香镇大桥村；

续表

黔东南州从江县西山镇卡翁村；黔东南州从江县西山镇秋卡村；黔东南州从江县西山镇滚郎村；黔东南州从江县停洞镇归奶村；黔东南州从江县停洞镇摆也村；黔东南州从江县停洞镇苗朋村；黔东南州从江县往洞镇贡寨村；黔东南州从江县往洞镇德秋村；黔东南州从江县往洞镇德桥村；黔东南州从江县往洞镇往洞村平楼寨；黔东南州从江县高增乡付中村；黔东南州从江县谷坪乡山岗村燕窝寨；黔东南州从江县谷坪乡五一村党苟寨；黔东南州从江县庆云镇广力村归料寨；黔东南州从江县庆云镇佰你村迫面寨；黔东南州从江县刚边乡宰船村；黔东南州从江县刚边乡鸡脸村；黔东南州从江县加榜乡加页村；黔东南州从江县秀塘乡打格村；黔东南州从江县秀塘乡下敖村；黔东南州从江县斗里镇台里村；黔东南州从江县斗里镇潘里村八组；黔东南州从江县翠里乡污牙村；黔东南州从江县翠里乡高文村；黔东南州从江县翠里乡宰转村；黔东南州从江县翠里乡高开村；黔东南州从江县加鸠镇白岩村；黔东南州从江县加鸠镇加能村；黔东南州从江县加勉乡加坡村；黔东南州从江县加勉乡污俄村；黔东南州从江县加勉乡真由村；黔东南州雷山县丹江镇阳苟村；黔东南州雷山县丹江镇排翁村；黔东南州雷山县西江镇小龙村；黔东南州雷山县永乐镇乔配村；黔东南州雷山县永乐镇小开屯村；黔东南州雷山县郎德镇乌肖村；黔东南州雷山县望丰乡甘益村；黔东南州雷山县望丰乡乌江村；黔东南州雷山县达地乡乌空村；黔东南州雷山县达地乡里勇村；黔东南州丹寨县龙泉镇排牙村；黔东南州丹寨县龙泉镇高要村；黔东南州丹寨县兴仁镇翻仰村；黔东南州丹寨县兴仁镇岩英村；黔东南州丹寨县兴仁镇乌佐村；黔东南州丹寨县排调镇排结村；黔东南州丹寨县排调镇刘家寨村；黔东南州丹寨县雅灰乡夺鸟村；黔东南州丹寨县南皋乡清江村；黔东南州丹寨县南皋乡九门村；

　　黔南州荔波县甲良镇甲良村金对组；黔南州平塘县金盆街道苗二河村甲乙寨；黔南州平塘县金盆街道吉古村吉古大寨、小米牙寨；黔南州三都县三合街道下排正村下排正寨；黔南州三都县大河镇轿山村轿山大寨；黔南州三都县大河镇五星村者然大寨；黔南州三都县大河镇敖寨村敖寨大寨；黔南州三都县普安镇望月村排月寨；黔南州三都县普安镇野记村；黔南州三都县普安镇总奖村总奖大寨；黔南州三都县普安镇鸡照村鸡照大寨；黔南州三都县普安镇合心村的刁大寨；黔南州三都县都江镇摆乌村水坳寨；黔南州三都县都江镇达荣村达洛寨；黔南州三都县都江镇大坝村凤柳寨；黔南州三都县都江镇高坪村西音寨；黔南州三都县都江镇高尧村；黔南州三都县都江镇甲雄村；黔南州三都县都江镇交德村；黔南州三都县都江镇孔荣村排引寨；黔南州三都县都江镇岩捞村万响寨；

续表

黔南州三都县都江镇羊瓮村大中寨；黔南州三都县都江镇坝辉村里捞寨；黔南州三都县中和镇科寨村；黔南州三都县中和镇拉佑村鲁寨组；黔南州三都县中和镇板良村；黔南州三都县中和镇灯光村；黔南州三都县中和镇下岳村；黔南州三都县中和镇塘赖村二组、三组、四组；黔南州三都县中和镇拉旦村；黔南州三都县周覃镇和勇村和气寨；黔南州三都县九阡镇石板村石板大寨

云南省（93个）

曲靖市罗平县钟山乡普理村白古村；曲靖市会泽县大井镇里可村大蒿地小组；

玉溪市易门县六街街道旧县村；玉溪市易门县十街乡十街村；玉溪市易门县小街乡甲浦村核桃箐村；玉溪市峨山县甸中镇甸尾村甸尾村；玉溪市峨山县岔河乡安居村青龙村；玉溪市峨山县大龙潭乡迭所村大塔克冲村；玉溪市新平县漠沙镇曼线村南蕨村；玉溪市元江县羊街乡羊街村羊街村；

保山市隆阳区潞江镇芒颜村坪河村；保山市隆阳区瓦马乡拉攀村拉攀村；保山市龙陵县象达镇象达村小石房村；保山市昌宁县珠街乡金宝村银宝村；保山市腾冲市腾越镇玉璧村；保山市腾冲市腾越镇盈水村；保山市腾冲市固东镇小甸村；保山市腾冲市固东镇爱国村坡脚村；保山市腾冲市猴桥镇猴桥村黑泥潭国门新村；保山市腾冲市猴桥镇永兴村；保山市腾冲市界头镇永乐村；保山市腾冲市明光镇顺龙村松山村；保山市腾冲市明光镇东营村；保山市腾冲市明光镇中塘村二尖山村；保山市腾冲市中和镇新街村郭家营村；保山市腾冲市芒棒镇桥街村；保山市腾冲市芒棒镇窜龙村窜龙村；保山市腾冲市芒棒镇郑山村甘露寺村；保山市腾冲市荷花镇雨伞村；保山市腾冲市荷花镇明朗村；保山市腾冲市荷花镇肖庄村肖庄老寨子村；保山市腾冲市北海乡双海村；保山市腾冲市清水乡良盈村；保山市腾冲市清水乡三家村；保山市腾冲市清水乡驼峰村；保山市腾冲市五合乡金塘村金塘寨村；保山市腾冲市五合乡联盟村畹岭寨村；保山市腾冲市新华乡中心村；

昭通市永善县大兴镇滨江社区白雕村；昭通市威信县扎西镇龙井社区老街村；

丽江市玉龙县黎明乡中兴村、柏木村、木瓜村；丽江市永胜县程海镇兴仁村青草湾村；

临沧市永德县班卡乡班卡村；临沧市永德县大山乡纸厂村纸厂村；

楚雄州大姚县桂花镇大村村塔苞谷么村；

续表

红河州蒙自市冷泉镇冷泉村冯家寨村；红河州弥勒市西一镇中和村黑路丫二村；红河州弥勒市西二镇矣维村乐多上寨、乐多下寨；红河州弥勒市西二镇四道水村三道水村；红河州建水县岔科镇二龙村王凤庄村；红河州建水县普雄乡龙岔村大寨村、两岔河村、仓房村；红河州建水县坡头乡大石洞村炭山村；红河州石屏县异龙镇弥太柏村朱冲村；红河州石屏县宝秀镇许刘营村大杨营村、盘营村；红河州石屏县宝秀镇朱洼子村白洒坟村；红河州石屏县坝心镇坝心村；红河州石屏县坝心镇海东村石缸村；红河州石屏县坝心镇老街村陆来村；红河州石屏县牛街镇老旭甸村老旭甸村；红河州元阳县新街镇全福庄村全福庄中寨村；红河州元阳县牛角寨镇果期村大顺寨村；红河州绿春县牛孔镇牛孔村牛孔村；

文山州广南县者兔乡者莫村马碧村、革里村；文山州广南县者兔乡者妈村板江村；文山州广南县者太乡大田村蚌古村；

西双版纳州景洪市勐罕镇曼景村曼景村；西双版纳州景洪市勐罕镇曼累讷村曼远村；

大理州祥云县下庄镇金旦村金旦大村；大理州祥云县刘厂镇王家庄村；大理州弥渡县红岩镇大营村古城村；大理州弥渡县密祉镇兴隆村；大理州巍山县永建镇永乐村大五茂林村；大理州巍山县永建镇永胜村箐门口村；大理州永平县杉阳镇杉阳村街头村；大理州永平县杉阳镇岩洞村湾子村；大理州永平县龙街镇龙街村老街子村；大理州剑川县金华镇永丰村；大理州剑川县金华镇金和村；大理州剑川县老君山镇新生村；大理州剑川县羊岑乡兴文村；大理州剑川县象图乡象图村；大理州鹤庆县辛屯镇士庄村；大理州鹤庆县草海镇新峰村东登村；大理州鹤庆县草海镇彭屯村；大理州鹤庆县西邑镇奇峰村下营村；大理州鹤庆县金墩乡化龙村；

德宏州盈江县支那乡芒嘎村；德宏州盈江县支那乡东村达海村；德宏州陇川县清平乡清平村中么村；

怒江州泸水市老窝镇中元村；怒江州兰坪县营盘镇新华村；怒江州兰坪县河西乡共兴村高轩井村；怒江州兰坪县河西乡箐花村玉狮场村

陕西省（42个）

咸阳市礼泉县烽火镇烽火村；

铜川市印台区陈炉镇立地坡村；铜川市耀州区小丘镇移村；

渭南市大荔县两宜镇东白池村；渭南市大荔县范家镇结草村；渭南市合阳县新池镇行家庄村；渭南市合阳县黑池镇南社村；渭南市合阳县黑池镇黑东村；渭南市合阳县路井镇杨家坡村；渭南市澄城县冯原镇吉安城村；渭南市蒲城县兴镇曹家村；渭南市蒲城县尧山镇陶池村；渭南市白水县杜康镇康家卫村；渭南市白水县北塬镇杨武村；渭南市富平县老庙镇笃祜村；

渭南市韩城市新城街道周原村；渭南市华阴市岳庙街道双泉村；

延安市延长县雷赤镇凉水岸村；延安市延川县永坪镇赵家河村；延安市延川县文安驿镇梁家河村；延安市延川县贾家坪镇磨义沟村马家湾村；延安市延川县贾家坪镇田家川村上田家川村；延安市延川县关庄镇甄家湾村；延安市延川县关庄镇太相寺村；延安市延川县乾坤湾镇碾畔村；延安市延川县乾坤湾镇刘家山村；

榆林市榆阳区古塔镇罗硷村；榆林市横山区横山街道贾大峁村；榆林市横山区响水镇响水村；榆林市横山区殿市镇五龙山村；榆林市横山区赵石畔镇王皮庄村；榆林市靖边县镇靖镇镇靖村；榆林市绥德县中角镇中角村；榆林市佳县螅镇荷叶坪村；榆林市佳县螅镇刘家坪村；榆林市子洲县裴家湾镇园则坪村；

汉中市留坝县城关镇城关村；汉中市留坝县留侯镇庙台子村；汉中市留坝县江口镇磨坪村；

安康市汉滨区谭坝镇前河村；安康市石泉县熨斗镇长岭村；

商洛市山阳县漫川关镇古镇社区

西藏自治区（16个）

拉萨市堆龙德庆县柳梧乡达东村；

日喀则市定日县协格尔镇曲下村；日喀则市仁布县切洼乡嘎布久嘎村；日喀则市康马县少岗乡朗巴村；

昌都市左贡县旺达镇木龙村；

林芝市墨脱县背崩乡巴登村；

山南市贡嘎县岗堆镇桑布日村；山南市桑日县桑日镇雪巴村；山南市琼结县拉玉乡强吉村；山南市措美县乃西乡鲁麦村；山南市洛扎县边巴乡美秀村；山南市洛扎县扎日乡拉隆村；山南市错那县勒门巴民族乡贤村；山南市错那县库局乡桑玉村；山南市错那县库局乡库局村；

阿里地区普兰县普兰镇科迦村

甘肃省（18个）

白银市靖远县平堡乡平堡村；

天水市麦积区党川乡马坪村；

张掖市山丹县老军乡硖口村；

平凉市静宁县界石铺镇继红村；

定西市通渭县榜罗镇文丰村；

陇南市文县铁楼藏族乡新寨村；陇南市徽县粟川乡郇家庄村；

临夏州东乡族自治县达板镇舀水村；

续表

甘南州合作市勒秀乡罗哇上村；甘南州临潭县新城镇西街村；甘南州卓尼县木耳镇博峪村；甘南州舟曲县坪定乡坪定村；甘南州迭部县达拉乡高吉村；甘南州迭部县旺藏乡次日那村；甘南州迭部县多儿乡洋布村；甘南州玛曲县阿万仓乡沃特村；甘南州玛曲县木西合乡木拉村；甘南州夏河县甘加乡八角城村

青海省（44个）

西宁市大通回族土族自治县景阳镇土关村；西宁市湟中县上新庄镇黑城村；

海东市互助土族自治县东山乡白牙合村；海东市化隆回族自治县昂思多镇尕吾塘村；海东市循化撒拉族自治县白庄镇朱格村；海东市循化撒拉族自治县白庄镇立庄村；海东市循化撒拉族自治县街子镇波立吉村；海东市循化撒拉族自治县街子镇古吉来村；海东市循化撒拉族自治县街子镇塘坊村；海东市循化撒拉族自治县街子镇洋苦浪村；海东市循化撒拉族自治县街子镇马家村；海东市循化撒拉族自治县道帏藏族乡旦麻村；海东市循化撒拉族自治县道帏藏族乡古雷村；海东市循化撒拉族自治县道帏藏族乡贺庄村；海东市循化撒拉族自治县道帏藏族乡牙木村；海东市循化撒拉族自治县道帏藏族乡宁巴村；海东市循化撒拉族自治县道帏藏族乡起台堡村；海东市循化撒拉族自治县清水乡阿什江村；海东市循化撒拉族自治县清水乡乙亥麻村；海东市循化撒拉族自治县清水乡专堂村；海东市循化撒拉族自治县清水乡下庄村；海东市循化撒拉族自治县清水乡塔沙坡村；海东市循化撒拉族自治县查汗都斯乡大庄村；海东市循化撒拉族自治县文都藏族乡拉代村；海东市循化撒拉族自治县尕楞藏族乡比塘村；海东市循化撒拉族自治县尕楞藏族乡秀日村；

黄南藏族自治州同仁县隆务镇措玉村；黄南藏族自治州同仁县隆务镇隆务庄村；黄南藏族自治州同仁县保安镇浪加村；黄南藏族自治州同仁县保安镇新城村；黄南藏族自治州同仁县保安镇银扎木村；黄南藏族自治州同仁县扎毛乡国盖立仓村；黄南藏族自治州同仁县黄乃亥乡奴让村；黄南藏族自治州同仁县曲库乎乡瓜什则村；

果洛藏族自治州班玛县亚尔堂乡王柔村；果洛藏族自治州班玛县灯塔乡科培村；

玉树藏族自治州称多县称文镇赛河村；玉树藏族自治州称多县称文镇者贝村；玉树藏族自治州称多县尕朵乡岗由村；玉树藏族自治州称多县尕朵乡科玛村；玉树藏族自治州称多县尕朵乡布由村；玉树藏族自治州称多县尕朵乡木苏村；玉树藏族自治州称多县拉布乡帮布村；玉树藏族自治州称多县拉布乡郭吾村

续表

宁夏回族自治区（1个）

固原市彭阳县城阳乡长城村乔区组

新疆维吾尔自治区（1个）

昌吉回族自治州奇台县大泉塔塔尔族乡大泉湖村

注：本附录根据住房城乡建设部、文化部（现文化和旅游部）、财政部等政府部门公布的五批中国传统村落名录（2012—2019）整理而得。

后记
AFTERWORD

中国传统村落作为中华文化遗产的重要载体，承载着中华民族的历史记忆，是人类农耕文明的重要见证，也是中华民族认同的根源，具有重要的文化价值、生态价值和经济价值。但在快速城镇化、现代化的冲击下，中国传统村落正在面临生存的挑战。传统村落的消失不仅意味着村落建筑的消亡，更意味着传统村落所蕴含的文化价值的消亡。近几十年来，随着经济的大发展以及城镇化的推进，大量青壮年走出乡村，定居城市，传统村落面临着"空心化"的窘境。如今，国家已经充分意识到传统村落保护的重要性，采取了一系列的保护措施。

"中国传统村落文化抢救与研究"系列丛书于2016年入选了"十三五"出版规划。本套丛书从文化区、物质文化、非物质文化三个方面全方位阐释中国传统村落文化。其第一辑文化区系列于2020年付梓，项目从策划到出版历时近5年。

一本书的诞生，包含着主编、编写者、编辑、校对、审读专家等众多参与者的心血。为了保证图书的如期出版，每个人都奉献和付出了许多。

感谢每一位编写者的勤勉，在繁重的教学和科研任务压力之下，他们利用每一个休息的空隙，孜孜不倦地书写着中国传统村落的过去、现在和未来，用朴实真挚的文字记录着村落的每一次成长与新生。

本书还配有大量精美图片帮助读者解读内容，但由于信息的更迭和转换，仍然有个别图片找不到原始版权的所有人。希望读到这本书，或者通过其他途径获取到这个信息的版权人，发送邮件至459202365@qq.com，主动与我们取得联系，我们感谢您的理解和支持。

我们本着保护和弘扬村落文化的初心，试图对中国传统村落进行一次科学的梳理、抢救性记录和提出保护建议，通过深度挖掘传统村落的价值，重新唤起社会关注，重振乡居生活方式。让越来越多的人通过阅读，了解传统村落文化的美好与珍贵，从而加入到保护者的行列。

2020年，突如其来的新冠肺炎疫情打乱了每个人的生活工作节奏，但是大家克服了自身的困难和心里的不安，携手走到了最后。再次感谢参与这套丛书出版的每一个人，大家的努力与付出，才促成了图书的成功付梓。我们撒下关爱村落的种子，期待在不久的未来它将长成参天大树，将传统村落文化扎根于每一位读者心间，愿这套丛书为传统村落文化的传承贡献一份微薄的力量。

丛书编委会
2020年12月